KB274480

애프터
스마트

Copyright ⓒ 2011, KT경제경영연구소, 김중태, 정지훈, 황병선
이 책은 한국경제신문 (주)한경BP가 발행한 것으로,
본사의 허락 없이 이 책의 일부 또는 전체를
복사하거나 전재하는 행위를 금합니다.

After Smart

애프터 스마트

KT경제경영연구소 지음

한국경제신문

국내 스마트폰 이용자가 올 해 2천2백만 명을 넘어설 것이라고 합니다. KT가 2009년 아이폰을 도입한 지 2년 만에 국민 10명 중 4명이 스마트폰을 사용하게 된 것입니다. 2년 전, 스마트폰 이용자 수가 20만 명이 채 안 되었던 걸 떠올리면 정말 놀라운 일입니다. 이런 추세로 볼 때 2012년에는 우리나라의 스마트폰 보급률이 스마트폰 종주국인 미국을 제치고 세계 선두로 올라설 것입니다. 돌이켜 보면 지난 2000년대 초반 우리나라가 IT강국으로 도약할 수 있었던 데는 '국민PC'의 보급과 초고속 인터넷의 확산이라는 튼튼한 기반이 큰 역할을 했습니다. 지금도 상황은 비슷합니다. 모바일 인터넷 강국이 되기 위한 기반인 네트워크와 단말기 제조 기술 측면에서 우리나라는 이미 세계 최고 수준입니다. 이제 우리에게 남은 것은 이런 세계 최고 수준의 산업 기반으로 무엇을 할 것인가 입니다.

2009년 아이폰이 도입되면서 IT강국 코리아가 얼마나 허약한 실체였는지를 깨닫게 해주었습니다. 세계 휴대폰 업계 2, 3위 업체인 삼성과 LG는 구글의 안드로이드 OEM 사업자, 애플의 부품 제공업체로 전락할 위기에 처했고 아직도 그 위기에서 완전히 벗어나지는 못했습니다. 전세계 SNS 역사에서 가장 먼저 성공한 서비스인 싸이월드는 2000년대 PC통신과 같이 명맥을 유지하고 있을 뿐, 트위터나 페이스북과 같이 이슈를 생산하는 소통의 장이 되지 못하고 있습니다. 인터넷 강국을 만드는 데 견인차 역할을 했던 통신사업자들도 별반 다르지 않습니다. 지난 10년간에 이어 지금도 새로운 성장동력을 찾지 못하고 깊은 터널 속을 헤매고 있습니다. 이 모든 것의 원인은 다가올 변화를 미리 준비하지 못하고, 글로벌 선발기업의 뒤만 좇아왔기 때문입니다. 그런 의미에서 우리에게 지금 중요한 일은 눈앞의 현상에 대응하는 것이 아니라 다가올 큰 변화를 예상하고 앞서 가는 것입니다.

스마트폰과 소셜 네트워크 서비스 등과 관련된 많은 책이 출간되었지만, 상당수가 트렌드를 나열하거나 이용방법, 신기술 등을 소개하는 수준에 그치고 있습니다. 그러나 스마트 혁명으로 인한 작금의 변화는 IT산업은 물론 경제 전반을 혁신적으로 변화시키는 경제 혁명이며, 개인의 일상 생활과 사회는 물론, 인간 자체의 성향마저 바꾸는 사회 혁명입니다. 이러한 혁명적 변화의 내용을 미리 알아야, IT산업의 성장과 일자리 창출이라는 우리 사회의 고민을 해결할 수 있습니다. 이 책은 그러한 혁명적 변화가 무엇이고, 어떠한 문제가 나타날 수 있는지 구체적으로 다루고 있습니다.

앨런 웨버의 책 《당신이 알아야 할 모든 것은 그들에게 있었다
(Rules of Thumb)》에 보면 '위기를 일찍 알면, 기회가 된다.' 는 말이
있습니다. 지금 진행되고 있는 스마트 혁명은 어떤 이들에게는 기회
가 되고, 어떤 이들에게는 위기가 될 것입니다. 그러나, 미래를 준비
한 모든 이들에겐 어떠한 변화도 좋은 기회입니다. 이 책이 미래를
준비하는 모든 이들에게 조금이나마 도움이 되길 바랍니다.

KT CEO

이 석 채

스마트폰이 바꾼 라이프 혁명

2011년 5월, 캄보디아 씨엠립 공항에 발을 내디뎠다. 앙코르와트 여행을 위해 홀로 한국에서 캄보디아까지 날아온 것이다.

앙코르와트로 가기 위해서는 차로 시내를 벗어나 열대 우림 속을 한참 달려야 했다. 그리고 마주한 그곳은 그야말로 신비로운 미지의 세계였다. 앙코르와트를 비롯한 10여 개의 사원 및 유적지들은 오토바이나 차로 이동해야 할 만큼 서로 멀리 떨어져 있었고, 그중 몇몇 유적지는 출구를 찾아 나오는 것이 어려울 만큼 상당히 큰 규모를 자랑했다. 특히 안젤리나 졸리 주연의 영화 '툼레이더'의 촬영지로 알려진 타프롬 사원은 인적이 드문 외진 곳에 자리하고 있어서 유적지 내에서 자칫 길을 잃기 일쑤였다. 숲속 깊이 너무 들어간 나머지 돌아 나오는 길을 찾지 못해 당황한 적도 있었다.

숲에서 길을 잃었을 때 나는 혹시나 하는 마음에 스마트폰을 켜서 구글 맵을 실행시켜 보았다. 다행히 현재 위치 인식 기능이 작동되어 나오는 길을 찾을 수 있었다. 만일 스마트폰이 없었다면 얼마나 거기서 더 헤매야 했을까? 나는 안도의 한숨을 내쉬었다.

그곳에서 스마트폰은 길을 안내해주는 훌륭한 가이드였다. 스마트폰을 켜서 구글 맵을 실행시키면 혼자서도 길을 잃지 않고 여러 곳을 돌아다닐 수 있었다. 그뿐 아니다. 현지인과 가격 흥정을 할 때에도 스마트폰은 요긴하게 쓰였다. 스마트폰으로 인터넷이나 SNS에 접속하여 다른 여행자의 경험담과 조언을 참고할 수 있었기 때문이다. 그래서 바가지 쓰는 일이 거의 없었다.

이처럼 스마트폰은 우리가 생활하는 데 유용하다. 안내자 없이 앙코르와트를 문제없이 여행할 수 있었던 건 바로 스마트폰이 있었기 때문이다. 하지만 이제 스마트폰은 단순한 유용성을 넘어 우리의 생활 자체를 바꾸고 있다. 2011년 6월, 〈뉴욕타임즈〉는 스마트폰이 우리의 생활을 어떻게 바꿔놓고 있는지에 대한 기사를 내보냈다. 그 기사를 중심으로 스마트폰이 우리 일상을 어떻게 변화시키고 있는지, 몇 가지 사례와 함께 살펴보자.

1. 더 이상 길을 잃지 않는다

전화로 "나 여기 강남역 3번 출구인데, 거기 가려면 어떻게 해야 해?"라고 묻는 일은 점차 사라지고 있다. "거기 상호 좀 알려줘."라고 문자를 보낸 뒤 회신이 오면 스마트폰의 지도 애플리케이션을 실행하면 되기 때문이다.

2. 더 이상 상술에 속지 않는다

책표지, 바코드 등을 통한 실시간 가격 검색은 오프라인 매장의 가격 거품을 모두 걷어버렸다. 백화점이든 대형마트이든 표시된 정가와 상관없이 가능한 최저가를 제시하는 곳이 늘고 있다. 똑같은 제품을 최저가로 제시하는 곳에 가서 물건을 구매하면 된다.

3. 더 이상 시간낭비를 하지 않는다

사무실에 있지 않아도 이메일과 결재서류를 볼 수 있다. 버스 도착시간에 맞추어 정류장으로 가 버스를 타고, 자투리 시간에는 음악도 듣고 최신 뉴스를 읽는다. '심심함'은 점점 사라져가고 있는 정서일지도 모른다.

4. 모든 문제에 대한 답을 알 수 있다

《죄와 벌》이 도스토예프스키 작품인지 톨스토이 작품인지 기억이 떠오르지 않더라도 이제 난감해할 필요가 없다. 스마트폰으로 바로 인터넷에 접속해 알아볼 수 있기 때문이다.

5. 이제 어떤 것도 잊지 않는다

스마트폰은 우리가 어딜 갔는지, 누구와 무슨 이야기를 했는지, 어디서 무엇을 샀는지 등 거의 모든 행동을 기록한다. 가족들의 생일 및 결혼기념일 등 기억해야 할 사소한 모든 정보를 저장하고 때가 되면 먼저 알려준다. 주차장 번호와 자필 메모 등도 카메라로 찍어 저장하고 필요할 때마다 얼마든지 불러올 수 있다. 우리가 기억해야 할 것은 단지 내가 스마트폰을 둔 곳뿐이다.

이처럼 말 그대로 스마트폰으로 인해 우리는 더 편리하고 더 똑똑한 생활을 영위할 수 있게 되었다. 그런데 단순히 이것뿐일까? 이것은 단지 빙산의 일각에 불과하다. 스마트폰이 가져올 미래의 변화는 이보다 더 크고 고차원적이다.

2011년 9월 현재 국내 스마트폰 이용자수는 2000만 명을 넘어섰다. 아이폰을 들여온지 불과 2년만에 한국의 스마트폰 보급률은 40%를 넘게 되었고, 미국과 더불어 세계 최고의 수준이 될 전망이다.

그렇다면 이렇게 빠른 스마트폰의 확산이 의미하는 바는 무엇일까? '네트워크 외부 효과'를 생각해볼 수 있다.

싸이월드는 유선 인터넷 시절에 가입자 1000만 명을 확보하는 데 5년이란 시간이 걸렸다. 반면에 현재 인기 많은 카카오톡은 서비스 출시 불과 1년 반 만에 가입자 1500만 명을 확보했다. 무슨 비결이 있었던 것일까? 무료 메시징 서비스라는 카카오톡 서비스 자체의 매력이 이용자에게 어필한 것이 가장 주효했겠지만, '네트워크 외부 효과'도 빼놓을 수 없는 요인이다.

'네트워크 외부 효과'란 어떤 서비스를 이용하는 사람이 늘어나면 늘어날수록 그 서비스의 효용도 증가하는 현상을 말한다. 리서치 기관인 트렌드 모니터는 최근 모바일 메신저 사용 이유에 대한 조사를 실시했다. 조사 결과에 의하면, 주변 사람들이 많이 사용하기 때문에 모바일 메신저를 사용하게 되었다는 응답이 무려 51.1%(복수 응답 허용)나

나왔다. 즉 카카오톡과 같은 모바일 메신저의 효용은 주변 사람들이 많이 사용하면 사용할수록 높아지고, 이는 다시 모바일 메신저 이용자의 증가로 이어지는 선순환 구조가 성립되는 셈이다.

이러한 외부 네트워크 효과는 비단 모바일 메신저 서비스에만 머무르지는 않을 것이다. 트위터, 페이스북, SNS, 모바일 결제, 상거래 등 모바일 서비스 전반에 걸쳐서 확인하게 될 것이다. 실제로 트위터나 페이스북도 "너 트위터 해?" 혹은 "너 페이스북 해?"라는 인사가 주를 이룰 정도로 빈번하게 언급되고 있다. 이에 따라서 가입자 수도 늘고 있고, 그 세력이 더 확대되고 있다.

대한민국 성인 인구의 거의 절반인 2000만 명이 스마트폰을 이용하게 되면서 이러한 현상은 더욱 가속화될 것이다. 스마트폰 이용자 수도 이전보다 급속하게 늘어날 것이며, 일상생활뿐 아니라 사회 · 경제적 관계에 있어서도 꽤나 많은 영향을 미칠 것이다. 그리고 사회 · 경제적 관계를 넘어서서 사회 및 경제 구조, 국가 정책에도 영향을 끼칠 것이다. 바야흐로 스마트 혁명이 일어나고 있다. 2011년은 이러한 스마트 혁명의 원년이라고 할 수 있다.

스마트 혁명을 이끄는 삼두마차 : MIS(Mobile, Intelligence, Social)

2007년 6월, 미국 애플 사의 아이폰 출시는 '스마트 시대'를 여는 변곡점이 되었다. 물론 그 이전에도 블랙베리, 윈도우 모바일 폰 등과 같은 스마트폰이 존재하긴 했다. 하지만 아이폰이 가져온 변화에는 비교가 되지 않았다. 국내에는 2009년 11월이 되어서야 아이폰 3GS가 도입되었지만, 아이폰이 주도하는 스마트 혁명의 변화는 미국 못지않았으며, 이후 '스마트 시대', '스마트 혁명'이라는 신조어가 생겨났다.

그런데 대체 '스마트 시대'란 무엇일까? 아이폰의 성공 요인에 비추어 유추해본다면, '스마트화'란 '모바일 기술을 기반으로 하여 언제 어디서든지 사물 혹은 타인을 통해 적절한 지식을 획득하고 활용할 수 있게 되는 것'이라고 정의할 수 있다. 그렇다면 '스마트 시대'란 이러한 '스마트화'가 상당히 지속되어 사람들이 자유자재로 스마트한 생활을 즐기는 것을 뜻할 것이다.

현재 스마트화는 상당히 진행되었고, 앞으로는 더 가속화될 것이다. 향후 스마트화를 가속화시키는 세 가지 동인(Driving Forces)을 꼽을 수 있는데 바로 모바일(Mobile), 인텔리전스(Intelligence), 소셜(Social)화이다.

먼저 모바일을 살펴보자. 2000년대 중반 이후 한국, 일본 등을 중심으로 본격 보급되기 시작한 3G 모바일 기술은 사실상 글로벌 표준 기술로 등장하게 된다. 이러한 기술표준화는 글로벌 로밍을 활성화했을 뿐 아니라 데이터 통신 속도를 유선 인터넷 수준으로 개선하여 모바일 서비스의 중심이 음성에서 데이터로 이동할 수 있는 발판이 마련되었다.

다음으로 인텔리전스를 살펴보자. 인텔리전스란 간단한 프로그램

설치로 원하는 기능을 제공하고, 다른 기기와 연결되어 단순한 전화가
아닌 다른 도구로 변화하는 능력을 말한다. 이러한 인텔리전스가 스마
트폰을 일반 피처폰과 구분 짓는 가장 큰 특징이다. 자동차와 연결하
면 차량에 대한 원격 모니터가 가능하고, GPS 기능과 전자지도를 결
합하여 네비게이션으로 변신시킬 수도 있다. 센서와 컴퓨팅 능력의 결
합을 통해서 새로운 지능을 만들어내고 있는 것이다.

마지막으로 소셜화, 즉 소셜 네트워크 서비스(SNS)의 부상을 살펴보
자. 스마트폰을 통해서 언제 어디서든지 손쉽게 SNS를 이용할 수 있
게 되면서 트위터, 페이스북 등 '소셜' 서비스는 인터넷상의 참여, 공
유, 개방 정신을 구현하는 대표적 서비스가 되었다. 이러한 참여, 공
유, 개방 정신은 더 많은 사람에게 전파되고 있으며, 사람들은 이를 더
욱더 적극적으로 받아들이고 있다.

왜 지금 스마트 혁명에 주목해야 하는가?

사람들은 말한다. 미래를 알면 성공할 수 있다고. 5년 후, 10년 후 트
렌드를 예측하고 미리 준비할 수 있다면 적어도 실패하거나 큰 위험에
빠지는 일은 줄일 수 있다고. 그 예측과 전망이 항상 100% 맞아떨어
지는 것은 아니라서 때로는 예상과는 다른 결과가 나오기도 하지만,
미래를 내다보고 준비하는 사람에게 더 많은 기회가 오며 다른 사람보
다 위험 요소를 적게 맞닥뜨릴 수 있다는 사실만큼은 확실하다.

IT산업에서는 대략 10년 주기로 혁신적인 상품/서비스의 개발이 이어져 왔다. 1960년대 IBM의 메인프레임컴퓨터, 1970년대 미니컴퓨터 (기업용 서버), 1980년대 퍼스널 컴퓨터(PC), 1990년대 인터넷 혁명, 2010년 스마트 혁명이 대표적 예이다. 이러한 혁신적인 변화가 있을 때마다 변화에 신속하고 적절하게 대응하지 못한 선도 기업이 몰락하는 등 시장의 경쟁구도에도 변곡점이 발생했다.

스마트 혁명에 미처 대응하지 못해 위기에 처한 대표적인 실패 사례로 핀란드 핸드폰 제조사인 노키아를 들 수 있을 것이다. 노키아는 불과 2~3년 전까지만 하더라도 휴대전화 시장에서 세계 1위를 차지하는 독보적인 존재였다. 그러나 최근 휴대전화 시장이 스마트폰 경쟁으로 급속히 재편되면서 아이폰과 안드로이드 폰으로 양분되어 가는 변화의 바람에 재대로 대응하지 못했다. 그 결과, 2011년 2분기 노키아의 스마트폰 출하량은 애플, 삼성에 이어 3위로 주저앉고 말았다.

이처럼 IT 분야는 그 어떤 분야보다도 변화의 속도가 빨라서 미래를 전망하기가 어렵다. 하지만 역으로 나름대로의 시각으로 미래를 전망하고 적기에 준비할 수만 있다면 새로운 사업 기회를 맞이할 수 있으며, 막대한 이득을 얻을 수 있는 기회도 만나게 된다.

또한 IT 분야의 변화는 그것이 IT 영역에서만 머무르지 않고, 일상생활 및 기업 활동 등 사회·경제 분야로까지 파급되는 특징을 보인다. IBM의 메인프레임컴퓨터의 등장은 기업의 IT 활용을 본격화하였고, PC의 보급은 전문가가 아닌 일반 개인들도 일상생활에서 컴퓨터를 활용할 수 있는 토대를 마련했다. 90년대 중반 웹 브라우저와 인터넷 보급은 지식 검색, 온라인 쇼핑, 인터넷 뱅킹 등 우리의 생활방식과 기업 활동을 송두리째 바꾸어놓았으며 현재까지도 영향을 미치고 있다. 이미 우리사회에 자리 잡고 있는 인터넷 혁명의 토대 위에서 앞서 살펴본 스마트 시대의 3대 동인 MIS, 즉 모바일, 인텔리전스, 소셜화가 가속화됨에 따라 스마트 혁명은 개인의 생활은 물론, 사회·경제 전 분야에 걸쳐 막대한 변화를 가져올 것이다.

스마트 혁명이 가져올 미래의 변화

지금 모두가 신형 아이폰, 구글과 페이스북의 새로운 서비스에 주목하고 있다. SNS, 스마트폰 등 단편적인 주제에 대해서는 이미 수많은 책이 발간되었다. 그러나 보다 중요한 것은 단말기 혹은 서비스 자체가 아니라, 이를 통해 사람들이 소통하고 소비하는 방식이 어떻게 변화할 것인가에 있다. 미래 사회와 경제는 어떤 변화를 맞이하게 될 것인가? 이 책은 바로 이 물음에 대한 답을 찾기 위한 탐구로부터 시작되었다.

먼저 1부에서는 스마트 혁명 이후 전개될 라이프스타일의 변화에 대해 살펴보았다. 스마트 혁명은 개개인이 콘텐츠 및 미디어를 이용하고 쇼핑하는 방식을 바꾸어놓을 것이다.

1장에서는 모바일 네트워크와 스마트 기기로 무장한 이용자들 개개인을 위하여 미디어, 광고, 쇼핑 등 개별 맞춤형 서비스가 발달하는 과정을, 2장에서는 전자책의 경우와 같이 소유하는 대신 접속을 통해서 정보 및 콘텐츠를 이용하게 되는 과정을 짚어보았다. 3장에서는 최근 중동에서 벌어진 민주화 운동에 SNS가 큰 역할을 한 것처럼 정보기기 기술을 통한 집단지성이 어떻게 우리 사회에 영향을 끼치는지 알아보았다. 아울러 어떻게 아이디어 공유를 넘어서서 자동차, 자전거와 같은 실물 자산에 대한 공유도 활발해지는지도 짚어보았다. 4장에서는 스마트 센서에 의해 안전하고 편리한 사회가 구현되는 과정과 그로 인한 사생활 침해 문제의 가능성을 함께 살펴보았다. 5장에서는 스마트 시대의 인간은 과연 더 똑똑해질 것인가에 대한 고민과 함께, 미래의 IT와 인간과의 관계에 대해서 고찰해 보았다.

그리고 2부에서는 초연결 시대가 가져올 새로운 경제현상을 짚어보았다.

6장에서는 통신이 음성 및 데이터 전송 역할을 뛰어넘어 TV 및 자동차 등 사물과의 연결을 통해 가치 전달 역할을 맡게 되는 과정을, 7장에서는 고객과의 관계 구축 및 기업 내외부의 협업을 위해 기업이 어떻게 소셜 네트워크를 활용해 가는지를 살펴보았다. 8장에서는 개별 제품과 서비스 경쟁력보다 플랫폼 지배력이 중요한 이유와 현재의 플랫폼 경쟁 상황을 짚어보고, 9장에서는 온라인과 오프라인으로 분리되었던 기존 경제가 어떻게 융합되고 어떤 효과를 불러올 것인지 짚어보았다. 10장에서는 네트워크 연결을 통해 발생하는 빅 데이터 분석을 통해 새로운 사업 기회가 어떻게 창출되는지를 고찰해보았다.

스마트폰이라는 새로운 기기의 등장 자체는 미래에 다가올 변화에 비하면 빙산의 일각에 불과하다. 앞으로 기업의 경영, 경제, 정치, 사회문제 해결 등 보다 근본적이고 광범위한 분야에서 변화가 일어날 것이다. 이제 스마트 혁명에 대한 이해를 넘어서서 그 이후의 미래 모습에 대한 예측과 조명이 필요한 시점이다.

지금 우리가 살고 있는 세계에서 어떤 일이 벌어지고 있을까? 그리고 또 앞으로는 어떤 일이 벌어지게 될까? 지금부터 한국의 미래를 바꿀 10가지 혁명을 하나하나 살펴보자.

|1부|

접속하는 인간,
소통하는 인간

1장

'내'가 중심이 된 맞춤형 세상
Me World

수많은 관람객이 가득 들어찬 대형극장. 지금 막 SF영화가 시작되었다. 우주선을 타고 우주를 탐사하는 내용의 이 영화에는 파일럿과 승무원 등 등장하는 인물이 꽤나 많다. 그런데 영화가 시작되자마자 여기저기서 키득거리는 웃음소리가 새어나온다. SF영화가 아닌 코미디 영화인가?

아니다. 사람들은 영화 속에 등장한 자신과 옆에 앉은 동료의 얼굴을 보고 웃는 것이다. 영화 속에 등장하는 파일럿과 승무원은 배우가 아니라 내가, 옆 동료가 익히 알고 있는 바로 그 얼굴이다. 관객들은 스크린을 향해 손짓하며 즐거워하고 있다. 서로 배역이 어울리네 마네

논평도 오고간다. 영화 관람은 조용히 해야 하는데, 누구도 지적하지 않는다. 지금 관객들은 즐거움과 새로움에 빠져 있다.

이는 2005년 일본 나고야에서 열린 일본국제박람회(2005 World Expo)에서 미쓰이-도시바관에서 벌어진 장면이다. 당시 미쓰이-도시바가 선보인 이 영화는 현재 관람석에 앉아 있는 관객들의 얼굴을 스캔하여 영화 속 등장인물의 얼굴로 매핑시키는 새로운 기술을 이용한 것이었다. 이 기술은 입체 스캐너로 관람객의 얼굴을 읽어 들여 3D 그래픽을 만들고, 이를 영화에 반영시켜 관람객이 영화의 주인공으로 나오게 하도록 되어 있다. 미쓰이-도시바는 세계 최초로 '미래 캐스트 시스템'을 대중에게 직접 시연한 것이다.

'미래 캐스트 시스템'은 현재 관람 중인 관객을 영화 속 주인공을 비롯한 여러 인물들로 등장시켜 영화가 상영될 때마다 각기 다른 등장인물로 구성할 수 있는 프로그램이다. 다시 말해 영화를 관람하는 사람에 따라서 영화 속 인물도 바뀌는 것으로, 현재 관객에 대한 맞춤형 영화 콘텐츠가 실시간으로 만들어지는 것이다. 물론 아직까지는 관객의 얼굴 이미지를 단순하게 매핑시키는 데 그치고 있지만, 앞으로는 관객 개개인의 현재 기분과 취향, 그리고 당일에 경험했던 행동 특성들도 읽어 들여 실제 영화 스토리가 달라지는 개개인 맞춤형 스토리가 등장할지도 모를 일이다.

이러한 프로그램에 따르면 앞으로 영화관에서 나는 김태희의 연인도, 전지현의 연인도, 이민정의 연인도 될 수 있을 것이다. 또는 슈퍼맨이나 배트맨 같은 정의의 사도, 인간을 구원하는 영웅이 되어 악의

미래 캐스트 시스템에 의한 실제 관객 얼굴이 매핑된 영화 속 등장인물 모습.

세력을 응징할 수도 있을 것이다. 내가 꿈꾸었던 상황이, 혹은 머릿속으로만 그리던 상황이 영화를 통해 구현된다는 사실은 그야말로 흥미진진하다. 앞으로는 '꿈속의 연인' 보다 '영화 속 연인' 이라는 말이 더 쓰일지도 모른다. 이제 꿈 대신 영화가 내 상상을 내 눈 앞에 실현시켜줄 테니까. 앞으로 DVD에까지 그런 기술이 구현된다면 영원히 소장하는 것도 가능할 것이다.

앞으로 내가 현재 경험하고 있는 콘텐츠는 내게 맞추어진 특별한 것으로 진화하게 될 것이다. 콘텐츠뿐일까? 우리 주변에 있는 모든 콘텐츠가 나를 중심으로 움직이게 될 것이다. 옥외 간판은 나를 직접 부르면서 지금 내가 찾으려고 하는 품목에 대한 광고를 송출하고, 주머니 속에 들어 있는 전자지갑 시스템은 지금 내가 필요로 하는 쿠폰이나 마일리지 정보를 즉시 내게 통보해줄 것이다. 이 모든 변화들은 내게 맞춘 개인화된 세상을 만들게 될 것이다. 우리는 조만간 세상의 중심에서 '나' 를 외치게 될 것이다.

나만을 위한 '맞춤형 서비스' 시대

미국의 프레스 리서치는 "매스미디어의 종말이 다가온다."라고 선언한 적이 있다. 이 말처럼 현재 신문과 TV 같은 전통 미디어는 제자리걸음을 하거나 신뢰도와 영향력이 점차 감소하고 있다. 1990년대 초반까지 한국의 지상파 방송과 신문의 위력은 대단했다. 특히 지상파 방송의 저녁 9시 뉴스는 온 국민의 관심과 이목을 집중시켰고, 여론을 형성하는 데 있어 중요한 역할을 하였다. 이는 인터넷이 본격화되지도 않았고, 케이블 방송도 아직 시작 단계였기 때문에 가능한 일이었다. TV와 신문 등의 매스미디어는 단방향 통신으로, 방송시간의 제약, 지면의 한계 등으로 인해 국민의 모든 관심사를 다루지는 못하는 한계를 가지고 있었다. 대중들은 매스미디어에서 보내는 기자, PD, 편집자 등이 선택한 일부 특정 정보를 받아들일 수 있을 뿐이지, 역으로 정보를 전달할 수 있는 기회는 거의 얻지 못했다.

이후 1990년대 중반 등장한 온라인 미디어는 매스미디어만큼의 파괴력은 갖추지 못하였으나, 방송과 지면의 한계를 극복했다. 댓글을 통한 양방향성을 강조하면서 국내 전체 광고 매출의 14%를 차지하며 주요 미디어로 등장할 수 있었다.

특히 온라인 미디어는 양방향성을 통해 기존 매스미디어와 같은 오늘의 주요 뉴스뿐 아니라, 실시간 주요 뉴스(실시간 뉴스 검색어), 이용자들에게 가장 인기 있는 뉴스(많이 본 뉴스), 이용자들에게 논쟁이 되는 뉴스(댓글 많은 뉴스), 지역 및 연령대별 주요 뉴스(지역별 인기 기사, 연령대

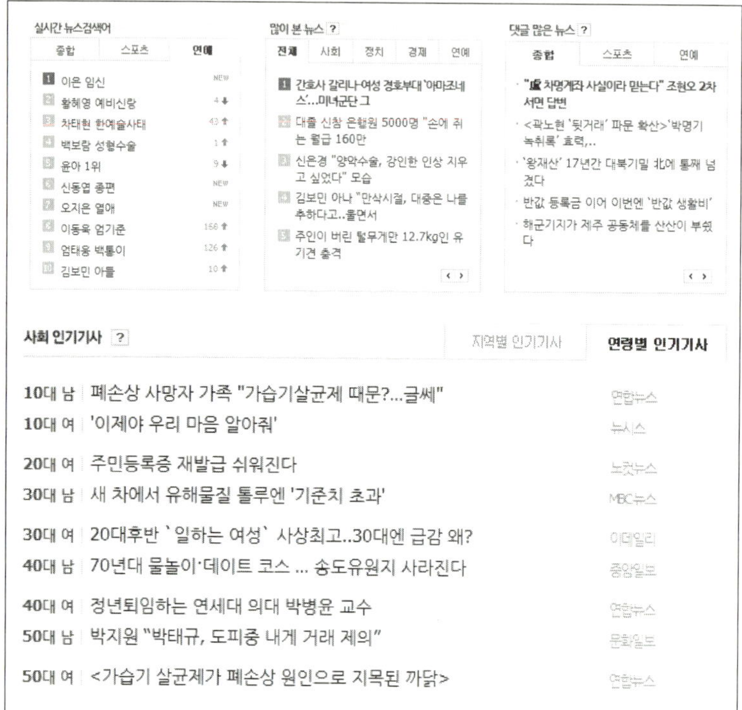

별 인기 기사) 등 맞춤형 뉴스를 제공했다.

유선 인터넷 시대의 온라인 미디어는 자유로운 의사소통 등 개방성 및 접근성을 어느 정도 보여주고 개인 맞춤형 서비스를 보여주었지만, 인터넷이 연결된 PC가 있어야 접속 가능한 시간적·공간적 한계가 있었고, 이용자가 누구이고, 지금 어디에 있는지 알 수 없는 개인화의 한계가 존재했다.

그리고 2009년 하반기에 출시된 아이폰과 아이패드로 우리는 스마트폰과 태블릿 PC를 이용한 새로운 모바일 시대에 접어들었다. 2010년 이후 급속도로 확산된 스마트폰은 또 한 차례 온라인 미디어의 진화를 이루고 있다. 스마트폰은 PC와 달리 24시간 휴대할 수 있고, 책상과 침대 등 항시 우리 곁에 위치하고 있다. 이제 우리는 주변에 PC가 없더라도 혹은 1~2분씩 걸리는 PC의 부팅시간을 기다릴 필요 없이, 언제 어디서나 바로 원하는 장소에서 원하는 시간에 콘텐츠를 이용할 수 있게 되었다. 1990년대에 웹의 발명으로 인터넷 세상이 열린 것처럼 스마트폰과 태블릿 PC의 출현은 미디어 환경을 급속하게 변화시키고 있다. 미디어 서비스 제공자들은 누가 어디서 서비스를 이용하는지 알게 되었고, 이에 따라 사용자를 위한 '개인 맞춤형 서비스' 시대가 열리고 있다.

생산자와 소비자를 변화시키다

콘텐츠 생산자와 소비자의 진화

과거에는 카메라 한 대만 있어도 '잘 사는 집' 대접을 받던 때가 있었다. 하지만 2000년대 들어 디지털 카메라가 보편화되면서 '1인 1카메라' 시대가 열렸다. 특히 디지털과 만난 카메라는 크기가 작아지고 다양한 성능을 갖추며 현대인의 필수품이 되었다. 디지털 카메라는 다양한 문화활동과 구매 상승 작용을 일으키며 빠르게 확산됐다. 이는 자신을 드러내고 싶은 욕구와 취미활동을 겸한 블로그, 카페, 미니홈

피 등이 큰 역할을 했다.

이처럼 개방과 공유, 참여를 모토로 한 '웹 2.0'은 웹 기반의 온라인 미디어의 확산과 더불어 일반 이용자들을 정보의 소비자에서 생산자로 바꾸어놓았다. 이제 사용자가 직접 디지털 카메라로 찍은 사진이나 영상을 등록하고 글을 작성하는 등 콘텐츠가 풍부해지고 있다. 특히 디지털 카메라 구입에 필요한 초기비용을 제외하면, 이후 별도의 커다란 추가비용 없이 자유롭게 콘텐츠를 생산하고 주변 사람들과 공유할 수 있게 됨으로써 걸림돌이 되었던 비용장벽이 해소되었다.

그리고 2009년 스마트폰이 등장하면서 콘텐츠의 양과 질은 비약적으로 발전하게 된다. 기존 PC의 콘텐츠 생산 과정과 비교해볼 때, 스마트폰의 콘텐츠 제작 방법은 획기적으로 간소화되고 편리성이 강조되었기 때문이다. 일일이 PC를 부팅하고, 브라우저를 열어 로그인하고, 디지털 카메라에 저장된 사진들을 PC로 옮기고 하는 번거로운 작업들이 불필요하게 되었다. 대신 고성능의 카메라가 내장된 스마트폰을 휴대하고 다니면서 언제 어디서든 사진과 동영상을 촬영하고, 클릭한 번으로 바로 공유 및 전파할 수 있게 되었다. 또한 스마트폰에서 촬영된 사진은 GPS위치 정보 등 메타 데이터 등이 포함되어, 추후 장소에 따른 정보 분류까지도 가능한 상태다. 이렇게 생산된 콘텐츠는 기존의 웹 플랫폼을 통해 전파되는 것이 아니라 트위터, 페이스북 등으로 대표되는 모바일 SNS를 통해서 전파·공유된다.

콘텐츠 소비자 입장에서도 실시간으로 최신의 업데이트된 정보를 제공받을 수 있게 되었을 뿐 아니라, 'RT(Retweet: 트위터에서의 메시지 공유)’와 ‘좋아요(페이스북의 콘텐츠 공유 기능)’와 같은 버튼 하나를 통해서 다시 재전파할 수 있게 되었다. 한발 더 나아가 공식적인 언론취재 현장에서도 모바일 이용이 점차 늘고 있다. 예를 들어, 미국 CBS방송은 ‘아이모빌(EyeMobile)’ 아이폰용 앱을 제공하여, 아이폰 이용자들이라면 누구나 현장에서 벌어지는 사건 사고들을 동영상이나 사진으로 찍은 뒤 클릭 몇 번만으로 언제 어디서든지 간편하게 기사를 등록할 수 있게 했다.

결국 콘텐츠 유통 비용은 물론 유통시간까지 단축되었다. 모바일과 SNS는 콘텐츠의 생산, 유통, 소비 단계의 비용 및 시간을 획기적으로 단축시켰고, 일반인들이 콘텐츠 소비자에 머무르지 않고 생산과 소비를 같이 하는 프로슈머로 전환할 수 있게 했다.

집단과 가정에서 개인화되가는 콘텐츠 소비

컬럼비아 대학교의 엘리 노엄 교수는 미디어의 유통, 제작 비용이 하락함에 따라 미디어 소비 방식에도 변화가 온다는 주장을 펼쳤다. 그는 새로운 미디어가 등장하고, 유통 및 제작 비용이 비싼 초기에는 소수의 엘리트만이 미디어를 독점적으로 소비하지만, 이후 동시적 공유 소비(Synchronized Shared Consumption : 예를 들어 똑같은 TV프로그램을 동시에 전국민이 시청하는 것) 단계를 거치면서 변화가 올 것이라고 말한다. 예를 들면 극장, 콘서트, 오페라, 영화관, 지상파 방송사, 위성/케이블 채널 등이 미디어의 동시적 공유소비 단계에 해당된다. 시간이 경과하고 기술이 진보함에 따라 비용이 하락하게 되는데, 이때 미디어 소비는 개인화되고(Individualized), 비동시적(Asynchronous)인 성격을 띠게 된다는 것을 강조한다.

중세 시대 소수의 왕족들은 당대 최고의 음악가들을 궁전으로 불러들여 실연으로 음악을 감상하였다. 근대 시대에는 극장이라는 전용공간에서 소수 왕족뿐 아니라 귀족과 평민들까지도 공연을 감상할 수 있게 되었다. 이때까지는 정해진 시간에 모두 모여서 같은 음악을 감상하는 공유형 미디어 소비였다. 이후 축음기가 발명되고 나서 비로소 일반 개인들이 자기가 원하는 시간에 원하는 음악을 감상할 수 있는 개인화 시대가 열리게 되었다. 그리고 지금은 곡 단위로 MP3에 저장하여 재생순서까지 편집하는 등 개개인의 재생리스트를 만들어 감상하는 것이 가능해졌다.

엘리 노엄 교수는 특히 현재 이용하고 있는 공유 미디어의 이용현황과, 전송단위(Bit)당 비용하락을 가정한다면, 장래 개인화된 소비 형태를 예측할 수 있다고 말한다. 얼마 전까지 극장에서만 볼 수 있었던 3D 영화를 3D TV를 통해 이제 집에서도 시청할 수 있는 세상이 되었다. 그의 말대로 3D 영상이나, 가상현실 등 현재 발전하고 있는 뉴미디어도 지금의 추세를 반영한다면 조만간 개인화된 소비가 열릴 것으로 보인다.

개인에 맞춘 '콘텐츠 해체' 시대

과거 신문이나 방송 등 매스미디어는 막강한 영향력을 발휘했다. 그 영향력은 유통 장악력에서 나왔었다. 신문은 자체 배급소를 통해서 반

나절이면 전국 각지에 소식을 전달할 수 있었고, 방송은 전국적 채널을 통해서 시청자의 안방까지 전파를 송출할 수 있었다. 특히 신문은 콘텐츠의 내용 자체보다는 유통의 힘이 더욱 강력해 일반 대중들에게 막대한 영향력을 발휘할 수 있었다.

그런데 지금은 종이신문을 구독하는 대신 인터넷 포털사이트를 통해 신문기사를 읽는 경향이 점차 늘고 있다. 대중은 언론사 웹사이트를 방문하는 대신 네이버, 다음 등 포털 검색을 통해서 신문기사를 읽는다. 2009년 네이버에서 뉴스 캐스트 방식을 선보였으나 일반 대중은 언론사 웹사이트보다 포털사이트에서 보는 뉴스를 더 선호했다.

이제 언론사에서 제작된 뉴스는 개별 기사 단위로 해체되고 데이터화되어 포털에서 관리되고 검색될 수 있는 상태로 만들어진다. 원래 하나의 신문이라면, 종합 · 경제 · 정치면 등 각각의 지면이 나름의 의도를 가지고 구성되어 있게 마련이다. 게다가 편집자가 중요하다고 판단하는 기사는 그 위치나 제목의 활자를 크게 하여 독자의 주목을 끌기도 한다. 그러나 인터넷 포털을 통해서 접근하는 신문기사는 개별 기사 단위로 파편화되어 대중에게 전달되고 있다. 결국 대중은 신문이 제공하는 기사들을 편집자의 의도대로 기사 전체를 읽고 뉴스를 접하는 것이 아니라, 포털 지면의 재편집 프로세스의 영향을 받아 기사를 읽고 있는 것이다.

이러한 현상은 방송 프로그램에서도 쉽게 발견된다. 예를 들어 KBS의 '해피선데이' 라는 프로그램은 '남자의 자격' 과 '1박2일' 등 개별 단위의 프로그램으로 해체되어 유튜브와 같은 온라인 미디어를 통해 재

전파되곤 한다.

이처럼 미디어 소비의 개별화 · 개인화 현상은 이미 곳곳에서 '콘텐츠의 해체'로 나타나고 있다. 현대 사회에서는 매스미디어의 유통 장악력이 약해지면서, 일반 개인들이 자기 취향에 맞추어 개별 편집하는 현상이 계속해서 벌어질 것이다.

그렇다면 콘텐츠 생산의 증가, 유통비용 하락, 콘텐츠 해체 등이 의미하는 바는 무엇일까? 매스미디어의 쇠퇴와 향후 미디어 소비의 주도권을 일반 소비자가 쥐는 것을 뜻한다. 이러한 변화의 기반은 유무선 네트워크를 통한 콘텐츠 생산과 뉴미디어와 같은 대체 유통망의 증가에 있다. 이때 소비자가 주도권을 쥐는 대신 대가를 하나 치러야 한다. 바로 소비자가 네트워크에서 소비하는 행동이 모두 노출되는 것이다.

대표적인 예로 웹에 기록이 남는 쿠키(Cookie)를 들 수 있다. 쿠키란 웹 사이트에 접속한 이용자의 행동을 기록하여 보다 편리한 사용을 돕는 4~5킬로바이트(KB: Kilobyte)에 불과한 파일이다. 그러나 특정 팝업 창이 뜨지 않게 하는 것과 장바구니의 구매 예정 품목, 로그인 기록 등 이용자의 모든 행동 데이터를 저장하고 있다. 이런 데이터들은 이용자가 네트워크상에서 언제 어디서 어떤 행동을 했는지, 어떤 단어들을 검색했는지 등을 모두 담고 있다. 그러므로 쿠키를 잘 이용하면 이용자의 성향 및 소비 패턴을 알 수 있다.

이러한 소비자의 이용 정보는 해당 사이트는 물론 전문 광고 마케팅 업체에게 활용될 수 있다. 전문가들은 이러한 상황정보(Context)가 콘텐츠 소비에 있어 더욱 중요해질 것으로 전망한다. 상황정보란 무엇인가? 이용자들의 취향, 관심이 될 수도 있고, TPO(Time, Place, Occasion: 때와 장소, 상황)와 같은 것이 될 수도 있다. 만일 어떤 이용자가 클래식 음악을 매우 좋아한다는 사실을 알 수 있다면 콘텐츠 사업자 측에서는 매우 유용한 정보일 것이다. 판도라라는 앱은 주문형 음악 서비스인데, 사용자의 취향을 분석해서 좋아할 만한 음악을 자동으로 추천해서 제공해준다. 애플 아이튠즈(iTunes)의 지니어스(Genius) 기능도 이와 유사하다. 이러한 콘텐츠 분야의 맞춤형 경향과 맞물려 상업적으로 가장 먼저 변화가 나타날 것으로 기대되는 서비스가 모바일 광고이다.

정보를 제공하는 맞춤형 광고

전 세계적으로 급성장 중인 SNS 광고

미디어의 영향력을 판단하는 잣대로서 가장 효과적인 지표는 광고매출이다. 전 세계적으로 온라인의 성장과 신문·잡지의 쇠락이 점차 가속화되고 있다. 온라인 광고 증가율은 전체 광고 증가율의 3배를 기록할 정도로 빠르게 성장하고 있어, 이에 따라 광고매체 가운데 온라인의 비중도 2010년도 14%에서 2013년도에는 18%로 늘어날 전망이다. 현재 41%의 점유율을 지키고 있는 TV는 2013년엔 점유율이 42% 수준에 그칠 것으로 예상되고, 신문과 잡지의 광고물량은 2% 하락할 것으로 전망된다. 미국의 광고기업 마그나 글로벌(Magna Global)은 심지어 2013년에는 온라인이 신문을 제치고 2위 광고매체가 될 것으로 예상하고 있다. 이미 북미에서는 온라인과 신문의 광고비율이 대등해진 상태이고, 아시아와 유럽에서도 16%를 차지하며 3대 광고매체로 자리 잡고 있다.

우리나라의 초기 온라인 광고 시장에서는 웹사이트의 일정 공간에 들어가는 배너광고가 대부분이었다. 이때까지 온라인 광고 시장의 성장률은 크지 않았다. 사용자가 검색한 내용과 관련된 맞춤화된 광고를 볼 수 있게 한 이후 우리나라 온라인 광고 시장은 폭발적인 성장을 이어오고 있다. 현재 온라인 광고는 급변하는 미디어 및 광고 시장에서 사용자에 따라 맞춤화된 타깃광고를 선보이고 있다. 인터넷 초기의 배너광고와 같은 디스플레이 광고가 사용자들의 차이를 고려하지 않고 사용자 모두에게 동일하게 노출되는 방식이었다면, 현재의 온라인 광고는 각기 다른 사용자의 성별이나 관심사, 취향, 행동 패턴 등에 따라 매칭되는 광고를 보여준다.

이러한 광고 방식은 인터넷 사용자 개개인의 검색 패턴에 대한 심도 높은 이해를 바탕으로 만들어진 것이다. 이러한 맞춤형 광고는 광고주나 소비자 모두를 만족시킨다. 광고주의 경우 타깃 소비자들로만 대상 범위를 좁혀 보다 집중적인 광고 집행을 할 수 있어 비용 대비 높은 효율성을 기대할 수 있고, 소비자들도 인터넷에 난무하는 불필요한 스팸광고에서 벗어나 관심 있는 분야의 상품 정보를 접할 수 있어 일석이조의 효과가 있다.

온라인 광고는 이제 디스플레이 광고 · 지능형 검색 광고 · SNS를 활용한 신유형 광고 등으로 영역이 확장, 진화되고 있다. 특히 최근에는 SNS를 활용한 광고 시장이 급속하게 성장하고 있다. 미국의 시장조사 기관인 '이마케터(eMarketer)'는 올해 세계 SNS 광고 시장이 59억 7천만 달러로 성장하고, 전체 온라인 광고 시장에서 차지하는 비중은 8.7%가 될 것이라고 분석했다. 이러한 성장세가 계속 이어진다면 2012년에는 글로벌 온라인 광고 시장은 790억 달러로 증가하고, 이 가운데 SNS 광고 시장은 80억 9천만 달러로 확대될 전망이다.

SNS 광고 시장이 급속하게 성장한 배경에는 세계 시장 진출을 가속화하면서 빠르게 성장하고 있는 페이스북, 트위터 등이 있다. 전문가들은 세계 최대 SNS 사업자인 페이스북이 2011년에는 야후를 제치고

| 그림 2 | 전 세계 SNS 광고 시장 (단위 : 달러)

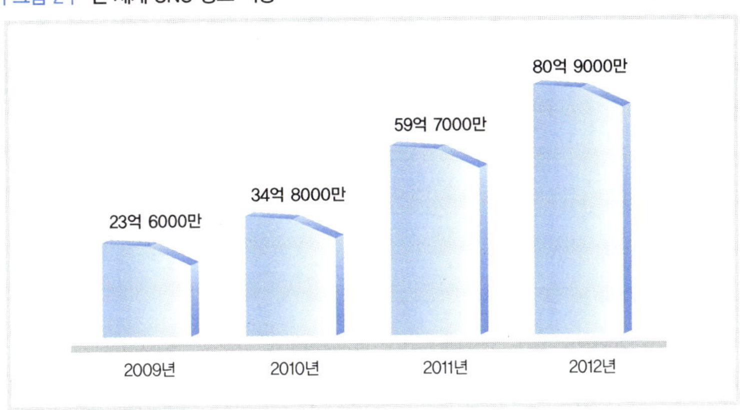

자료 : 이마케터(eMarketer)

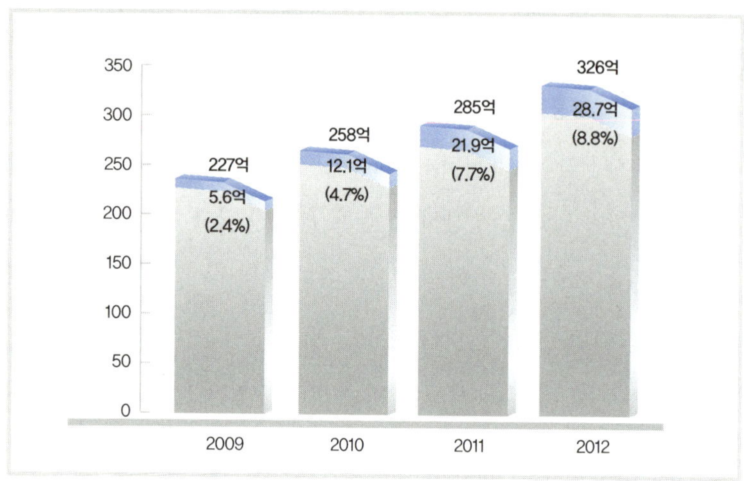

자료 : 이마케터(eMarketer)

미국 디스플레이 광고(배너광고) 시장에서 1위를 차지할 것으로 전망한
다. 페이스북은 작년 한해 광고매출로만 18억 6천만 달러를 벌어들였
고, 올해는 22억 달러에 이를 것으로 예상되고 있다. 특히 페이스북은
미국 시장에서만 12억 1천 달러의 매출을 올려 전체 시장의 4.7%를
점유한 것으로 집계되었다. 이에 따라 페이스북의 미국 디스플레이 광
고 시장 점유율은 2010년 12.2%에서 2011년 17.7%로 늘어날 것이고,
그 결과 2011년 시장점유율 13.1%로 예상되는 야후는 페이스북에 밀
리게 될 전망이다.

온라인 포털 중심으로 재편된 국내 광고 시장

2010년도 국내 광고 시장은 소비심리 개선과 올림픽, 월드컵 등 대형

이벤트 덕에 사상 최초로 8조 원을 넘어섰고, 2011년에는 지난해보다 1.5~3.5% 상승한 8조 5700억~8조 7500억 원을 기록할 것이라고 한다. 현재 TV, 신문, 잡지, 라디오 등 4대 매체 광고비는 4조 1200억 원으로 여전히 전체 광고 시장의 50%를 점하고 있지만 광고비율은 계속 감소 추세를 보이고 있다.

여기서 주목할 점은 꾸준히 성장해온 온라인 광고 시장이 이제 기존 매체인 지상파 TV와 신문을 위협할 정도로 커졌다는 것이다. 2010년 기준 국내 온라인 광고 시장의 규모는 1조 5800억 원으로 전체 광고 시

| 표 1 | 국내 매체별 및 플레이별 광고 규모

구분	지상파 TV	신문	온라인
시장 규모	1조 9000억 원	1조 6500억 원	1조 5800억 원
주요 플레이별 매출	MBC 8200억 원 KBS 5800억 원 SBS 5000억 원	조선일보 2500억 원 중앙일보 2500억 원 동아일보 2500억 원	NHN 1조 1000억 원 다음 3455억 원

| 그림 4 | 국내 광고 시장 규모 추이

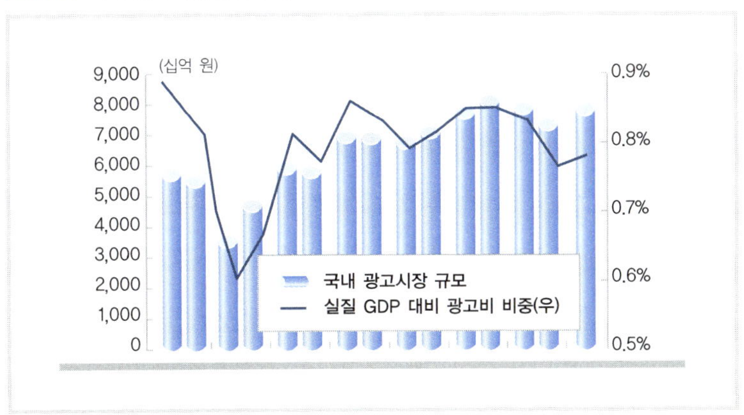

자료 : 제일기획, KOBACO, 한국은행

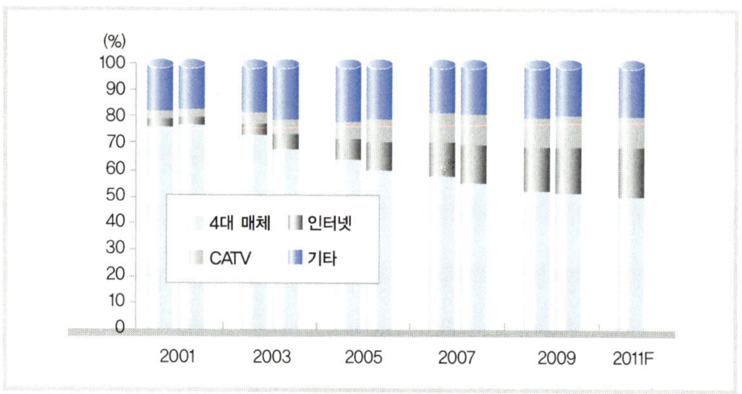

자료 : 광고연감, HMC투자증권

장의 19%를 차지한다. 더욱 놀라운 것은 온라인 광고 시장의 70%를 네
이버가 차지하고 있다는 사실이다. 단일 광고매체로도 유일하게 1조 원
을 넘겨 네이버의 위력이 어느 정도인지를 새삼 실감할 수 있다. 다음
역시 3455억 원 규모로 신문사 매출을 압도하고 있다.

이용자의 관심에 맞춘 스마트한 모바일 광고

인기 걸그룹 2NE1 멤버들의 쇼핑 노하우를 담은 11번가의 새로운 광
고가 시청자들의 눈길을 끌고 있다. 이 CF는 쇼핑의 새로운 트렌드로
떠오르는 모바일 쇼핑을 광고한다. 산다라 박의 "요즘 어디에서 쇼핑
해?"라는 물음에, 2NE1 멤버들은 '대중교통을 이용할 때나 카페에서
심심할 때', '마트에서 가격 비교가 필요할 때' 등 여러 상황에서 모
바일 쇼핑을 즐긴다는 이야기를 하면서 모바일 쇼핑의 편리함을 직접
보여준다. 이는 스마트폰의 이용자가 급증한 만큼 모바일 쇼핑이 새

40

로운 쇼핑 트렌드로 자리잡으면서 나타난 현상이다. TV에서도 모바일 쇼핑 광고를 할 만큼 모바일 광고 시장이 커졌음을 알 수 있다.

얼마 전 스마트폰의 애플리케이션 광고가 온라인 광고 클릭의 40배가 된다는 제목의 기사가 나왔다. 광고주는 최대한 많은 사람들이 광고를 통해 자신의 상품을 보기를 기대한다. 과거 TV와 대형 옥외 광고판이 광고채널로 인기를 끌었지만, 스마트폰 이용자가 2천만 명을 넘어서면서 스마트폰을 활용한 모바일 광고가 광고주들의 관심을 끌고 있다.

글로벌 회사인 코카콜라는 '번 인텐스(Burn Intense)' 라는 에너지 드링크를 한국에 내놓으면서 SK텔레콤의 모바일 광고 플랫폼 '티애드'를 활용하여 한 달간 앱 화면에 꽉 차는 전면광고를 진행했다. 그 결과는 기대 이상이었다. 이 앱 광고의 클릭률은 약 13%에 달했다고 한다. 일반적으로 웹페이지 등 온라인 광고의 평균 클릭율이 0.3~0.5%인 것을 감안하면 약 40배의 효과다. 코카콜라 측은 같은 광고를 웹페이지에도 올려보았지만, 약 3%의 클릭율에 그쳤다. 똑같은 광고에 대해서도 모바일이 4배 이상의 효과를 거둔 셈이다.

과거 스마트폰이 등장하기 전 시대에서의 모바일 광고는 문자메시지 광고가 대부분이었고, '스팸문자' 라는 부정적 인식과 함께 소비자들로부터 외면을 받았다. 그러다가 2009년 말 아이폰 도입을 계기로 국내에도 스마트폰 붐이 일기 시작하면서 상황은 급변했다. 이러한 스마트폰의 등장은 침체에 놓여 있던 모바일 광고 시장에 새로운 기회를 제공했다. 피처폰 시절에는 스팸광고로 인해 이용자로부터 외면받았던 모바일 광고가 스마트폰의 확산으로 수용도가 높은 정보형 광고로 진화하여 매력적 광고채널로 급부상한 것이다.

스마트폰 시대가 도래하면서 모바일 광고의 개념도 변화했다. 스마트폰을 비롯한 여러 휴대용 기기를 통해 시간과 장소의 제약 없이 타깃 고객을 대상으로 음성, 문자, 동영상 등 다양한 형태로 내용을 전달하는 마케팅 수단을 모바일 광고라고 하고 있다. 간단히 말하면, '스마트폰, 태블릿 PC의 앱, 모바일 웹 안에 삽입, 전달되는 광고'를 의미한다. 모바일 광고는 현재 검색과 배너광고가 주류를 이루고 있지만 스마트폰 시대로 넘어오면서 점차 비디오, 앱 광고가 주목을 받고 있다.

| 그림 6 | 스마트폰에서의 모바일 광고 예

출처 : DMC 미디어 보고서, 2011

| 표 2 | 모바일 광고의 종류

검색 광고	포털 사업자 주도, 모바일 웹과 함께 동반 성장 예상
배너 광고	모바일 웹 또는 앱 내 배너 광고. 고객 주목도 높고 거부감 적음
비디오 광고	동영상, TV 시청 시 전후에 노출, 양방향 광고 가능
메세지 광고	SMS/MMS 형태 광고. 모든 휴대폰에 적용 가능. 스팸성 높아 비효율적
앱 광고	스마트폰에 적합한 광고. '브랜드 앱' 방식으로 기업이 직접 배포 혹은 플랫폼 내에 브랜드 앱 입점 등의 방식으로 전개

무엇보다 광고주와 이용자 모두가 만족한다는 점에서 모바일 광고의 미래는 상당히 밝다. 스마트폰에서의 모바일 광고는 타깃도달율도 높고 스마트폰에 장착된 GPS 위치 정보와 결합할 경우 광고주가 원하는 맞춤 광고도 가능하다. 웹 광고와 마찬가지로 노출량이나 클릭 수를 쉽게 집계할 수도 있어 광고 효과 측정 역시 수월하다. 이용자 입장에서도 과거의 스팸광고와는 달리 재미와 정보를 제공한다는 점에서 모바일 광고에 호의적이다.

지금은 모바일 광고의 춘추전국시대

전 세계 온라인 광고 시장 규모는 2010년 기준으로 약 680억 달러인데, 이 중에서 모바일 광고가 차지하는 규모는 약 16%인 111억 달러 수준이다. 최근의 모바일 광고 시장의 성장세를 고려한다면 이 비율은 계속 높아질 전망이다. 스마트폰이 급속히 확산되고 위치 기반·이용자 행태·SNS 등을 활용한 광고기법이 개발되면 전 세계 모바일 광고 시장은 2012년까지 약 190억 달러 규모로 성장이 예상된다.

모바일 광고 경쟁이 가장 치열한 미국 시장을 보면, 구글과 애플이 점유율 21%로 엎치락뒤치락하고 있고, 그 뒤를 야후 및 모바일 광고 전문업체인 점프탭(Jumptab)과 밀레니얼 미디어(Millennial Media)가 쫓고 있다. 구글은 지난 2009년 12월에 모바일 광고 업체 애드몹(AdMob)을 인수했고, 이에 맞대응하듯 애플은 2010년 1월에 애드몹의 경쟁 업체인 콰트로 와이어리스(Quattro Wireless)를 인수하여 아이애드(iAd)로 모바일 광고 사업에 본격적으로 진출하였다. 특히 애플은 콰트로 와이어리스를 인수하고 아이애드 모바일 광고 플랫폼을 출시한 지 불과 6개월 만에 21%라는 시장점유율을 차지하여 그 위력을 실감하게 한다.

온라인 광고에서 시장점유율 40% 이상을 자랑하던 절대 강자 구글은 애플의 등장으로 체면을 구길 수밖에 없었지만, 그래도 그동안 쌓아온 저력은 쉽게 무너지지 않았다. 구글은 얼마 전 모바일 광고 사업 실적 발표를 통해 안드로이드 OS에 대한 투자가 성공을 거두어 95개의 단말기가 안드로이드 OS를 사용하고 있고, 하루에 생산되는 안드로이드 단말기가 약 20만 개에 이르고 있어 이를 기반으로 연간 10억 달러의 모바일 광고 매출을 올릴 수 있다고 강조했다.

구글, 애플 이외에도 에릭슨은 자체 광고 플랫폼인 '애드마켓

| 그림 7 | **세계 모바일 광고 시장 전망**   (단위 : 억 달러)

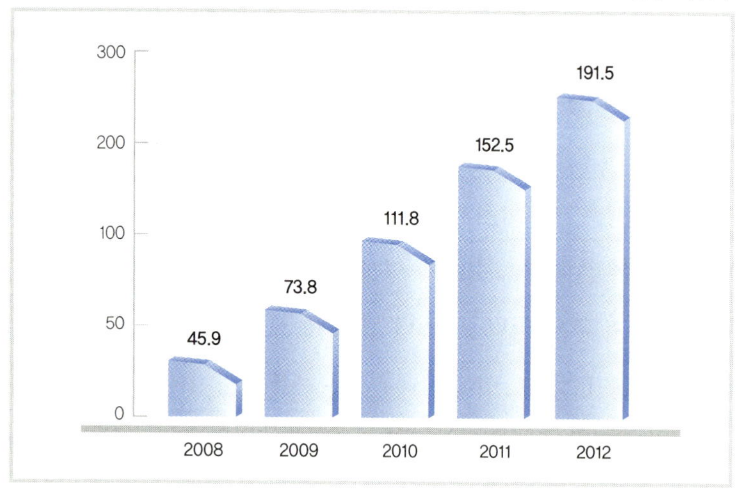

출처 : 아이리서치(iResearch)

(AdMarket)’을 발표했고, 아시아 최대 모바일 광고 업체인 인도의 인모비(InMobi)도 작년 6월 미국법인을 설립하였다. 브라우저 제조 업체인 오페라(Opera)도 모바일 광고 회사인 애드마벨(AdMarvel)을 인수하여 클라우드 기반의 모바일 광고 서비스를 출시하였고, 페이스북 역시 모바일 광고 회사 ‘릴에이션(Rel8tion)’을 인수하는 등 세계적으로 모바일 광고에 대한 관심이 증대되고 있다.

국내 모바일 광고 시장의 규모는 바우처 시장을 포함하여 2010년 기준 약 2000~3000억 원으로, 전체 온라인 광고 시장에서 차지하는 비율은 약 13~19%이다. 특히 국내 온라인 광고 시장의 성장률은 0.93%으로 성숙기에 접어든 반면, 모바일 광고 시장은 27%의 높은 성장세를 보이고 있어, 이 추세를 반영한다면 2015년경에는 약 1조 1000억 원 규모의 성장이 예상된다.

현재 국내 모바일 광고 플랫폼 시장은 다음 ‘아담(AD@m)’, 구글 ‘애드몹’이 주도하고 있는 가운데, KT, SKT, LG U$^+$ 등 통신사업자들이 독자적인 광고 플랫폼 사업을 전개 혹은 예정 중에 있다. 포털 및 통신사업자들은 플랫폼 주도권 확보의 새로운 장으로 모바일 광고 시장에 주목하기 시작한 것이다.

국내 온라인 광고 시장에서 압도적인 점유율을 보이고 있는 NHN은 모바일 광고 시장에서는 다소 신중한 입장을 취하고 있다. 최근 NHN은 KT와 합작사를 설립하고 위치 정보를 활용한 모바일 광고 사업에 나선다고 밝혔는데, 합작사는 KT와 NHN 자회사인 NHN비즈니스플랫폼(NBP)이 각각 30억 원을 출자하고 50% 동일지분으로 설립된다. 온라인 광고 시장에서 강력한 포털 경쟁력을 기반으로 시장을 독식해 온 NHN로서는 상당히 이례적인 일이 아닐 수 없다.

NHN의 이러한 행보는 모바일 광고 시장에서는 더 이상 유선 기반의 포털 경쟁력이 통하지 않을 수도 있다는 것을 의미하기도 한다. 여전히 모바일 웹 검색에서도 네이버는 50% 이상의 높은 점유율을 보이고 있지만 유선의 70%와 비교하면 상당히 그 영향력이 축소되었다고 볼 수 있다. 모바일 검색뿐 아니라 SNS · 지도 서비스 등에서도 경쟁사에 추월되거나 위협을 받는 양상을 보이고 있다. 스마트폰 앱 지도 이용의 경우, 다음이 33%로 1위, 구글이 26%로 2위인 반면, 네이버는 25%를 기록해 3위에 머물렀다. 네이버의 미투데이도 예상외로 부진하다. 결국 커져버린 몸집만큼 스마트폰 환경으로의 빠른 적응이 쉽지

| 그림 8 | **국내 모바일 광고 시장 전망** (단위 : 억 달러)

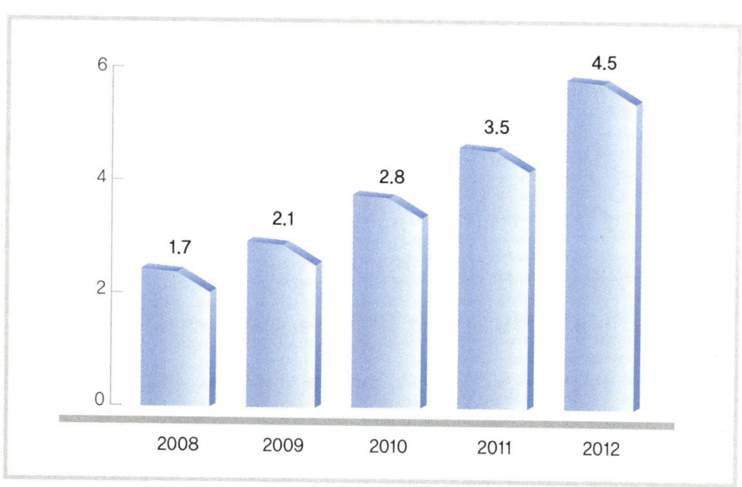

출처 : 프로스트 앤 설리번(Frost & Sullivan)

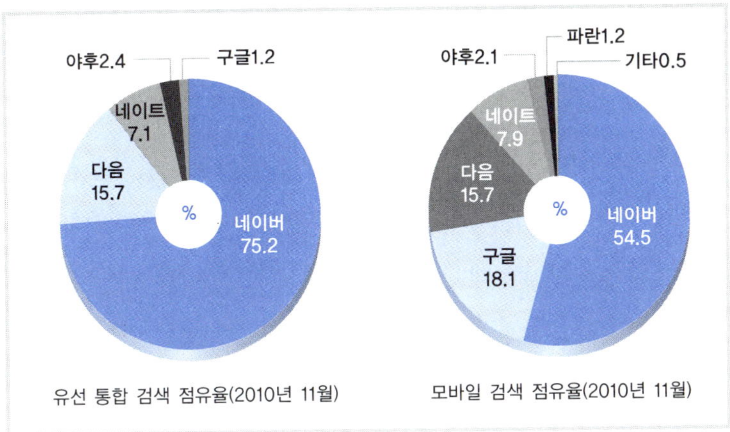

출처 : 매트릭스

않았던 네이버로서는 통신사업자라는 '적과의 동침'을 통해 모바일 광고 시장에서 과거의 영광을 되찾으려 하고 있는 것이다.

모바일 광고와 온라인 광고의 차이

기존의 온라인 광고와 스마트폰이 등장하면서 진화한 모바일 광고의 가장 큰 차이점은 '플랫폼과 매체의 분리'라고 할 수 있다. 특히 앱의 등장은 모바일 광고 시장에 있어 플랫폼 사업이라는 새로운 시장을 창출하게 한 혁명과도 같은 일이다. 기존 광고 시장에서는 '매체(TV, 포털 등)=플랫폼'이었기 때문에 매체 사업자의 영향력이 막강하였으나, 스마트폰 보급이 활성화되고 앱이 대중화되면서 매체인 앱과 플랫폼 영역이 분리되고, 그 결과 모바일 광고 플랫폼이라는 새로운 시장이 창출되었다.

특히 스마트폰 확산으로 기존 광고주들이 광고믹스 측면에서 모바일 광고에 대한 관심이 급증함에 따라 기존 광고영역의 경계가 모호해지기 시작했고, 온라인 광고를 담당하던 미디어렙 사업자들까지 기존 광고주들의 모바일 광고 니즈가 증가하면서 모바일 사업팀을 공식 출범하고 시장을 모바일로까지 확대하게 되었다. 이러한 시장상황을 반영하여 다음은 발 빠르게 모바일에 특화된 광고 플랫폼 '아담'을 작년 12월에 출시하였는데, 오픈 두 달 만에 월간 30억 페이지뷰를 돌파하며 구글과 함께 국내 모바일 광고 시장의 'G2'로 자리매김하였다.

모바일 광고 시장에서의 수익 배분은 플랫폼 사업자에 따라 다르

| 그림 10 | 기존 온라인 광고와 모바일 광고의 비교

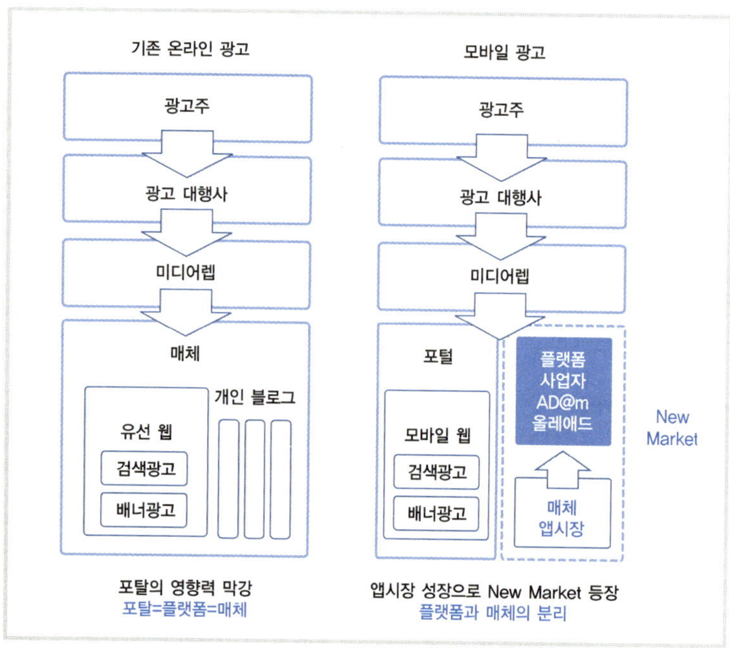

나, 일반적으로 전체 광고비의 10~20% 정도를 플랫폼 사업자가 수수료로 가져가고, 50~60%는 앱 개발자 및 운영사에게 배분된다. 기존의 광고 프로세스에서는 매체 보유사가 광고수입의 70%를 차지했던 것에 비해, 모바일 광고 시장에서는 개인 및 중소기업에게도 수익이 돌아가기 때문에 이를 기반으로 한 앱/모바일 웹 개발이 더욱 활성화될 것으로 기대된다.

재미있는 사실은 모바일 광고 시장에서도 80 대 20 법칙인 '파레토의 법칙'이 적용된다는 것이다. 모바일 광고 업체인 퓨쳐스트림네트웍스(FSN)의 조사에 따르면, 과거 온라인 광고 시장에서 '롱테일 법칙'이 각광받았던 것과 달리, 모바일 광고 시장에서는 매출의 80% 이상이 상위 20%의 제품에서 발생하는 '파레토의 법칙' 현상이 나타난다는 것이다. 자사 서비스인 카울리(Cauly)가 시작된 2010년 4월부터 2011년 3월까지 광고를 노출하는 앱들의 총 수익을 기준으로 앱 순위를 정렬한 결과, 상위 5% 이내의 앱이 전체 수익의 63%를 차지하고 상위

| 그림 11 | **모바일 광고 사업에서의 수익 배분 프로세스**

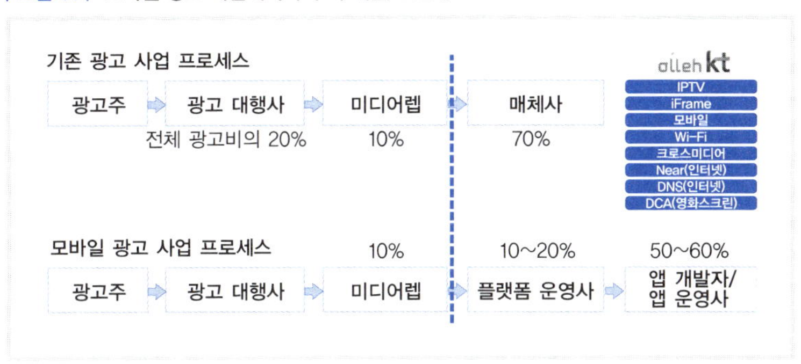

20%의 인기 앱이 전체 수익의 80% 이상을 차지했다는 것이다. 이것은 모바일 광고 시장에서 앱과 플랫폼 시장이 분리됨에 따라 양질의 콘텐츠를 갖춘 킬러앱을 얼마나 확보하느냐가 모바일 광고 플랫폼 사업의 핵심 성공 요인임을 의미하는 것이기도 하다.

진화하는 맞춤형 서비스

근거리 무선통신이 가져오는 생활의 변화

최근 스마트폰 애플리케이션과 트위터가 전통적인 명함을 대신하고 있다. 만약 당신이 사업 파트너를 만날 때 아직도 명함을 주고 있다면, 당신은 구닥다리로 찍힐지도 모른다. 스마트 시대가 도래하면서 종이 명함을 대신하고 있기 때문이다. 이런 것이 가능해진 것은 근거리 무선통신(NFC) 기술을 일상생활에 적용한 애플리케이션이 나왔기 때문이다. NFC(Near Field Communication) 기술을 이용한 태그 읽기 및 프로필 교환 등 다양한 서비스의 애플리케이션은 종이 명함을 따로 주고 받지 않고도 상대방의 휴대폰을 접촉하여 서로의 모바일 프로필을 저장할 수 있다. 이 프로필 안에는 이름, 번호, 이메일 등의 정보 등이 담겨 있다.

특히 NFC 기술은 리더기의 기능도 같이 수행하여 읽고 쓰기가 가능하다. 따라서 NFC 태그를 직접 접촉해 해당 정보를 불러오고, 직접 해당 태그에 데이터를 기록할 수 있다. NFC를 이용한 앱을 실행한 후 태그에 접촉하면 음식점·카페·술집 등의 정보를 얻을 수 있고, 이벤트에 참여하거나 쿠폰 등을 다운받아 휴대폰에 바로 저장할 수 있다.

이러한 편리성 때문에 NFC는 모바일 광고 시장에서 새로운 트렌드로 주목받고 있다. NFC란 10센티미터 이내 거리에서 정보를 무선으로 전송할 수 있는 기술로, 기존 전자지갑의 기능과 유사하다. NFC 기술을 쉽게 설명하면 가까운 거리에 있는 두 대의 휴대전화 혹은 휴대전화와 다른 전자기기가 데이터를 주고받을 수 있도록 돕는 기술이다. 이 기술을 이용하면 사용자들은 지갑 대신 휴대폰 하나로 교통카드, 신용카드, 멤버십 카드, 사원증 대용으로 결제까지 해결할 수 있게 된다.

전자지갑이 단순히 사용자의 결제 정보를 결제기에 송신하는 데 그친 데 반해, NFC는 양방향 정보 교환이 가능하여 태그로부터 정보를 불러올 수도 있고 내 정보를 보낼 수도 있다. 휴대폰 하나로 스마트카드는 물론 리더·라이터 기능까지 모두 가능한 것이다.

NFC의 활용도는 무궁무진하다. 스마트폰에 저장된 사진을 출력할 경우, 프린터 태그에 접촉하면 바로 출력이 가능하다. 또 전화를 걸고 싶은 사람의 사진을 터치하면 사진에 내장된 태그의 전화번호로 바로 이동해 음성통화와 영상통화가 가능하다. 태그를 레스토랑 일반매장 등에 설치하면 고객들이 NFC 탑재 스마트폰을 접촉, 음식을 주문하거나 제품 안내사항을 제공받을 수 있다. 영화관에서는 상영영화의 예고편, 남은 좌석, 상영시간 등의 영화 관련 정보의 사전 서비스가 가능하다.

NFC가 모바일 광고 시장에서 주목받는 가장 큰 이유는 양방향 데이터 전송 기능을 통해 결제와 마케팅을 동시에 수행함으로써 고객들에게 거부감 없이 광고를 전달할 수 있기 때문이다. NFC 탑재 휴대폰으로 결제를 하면, 자동으로 할인쿠폰이나 이벤트 정보가 제공되는 식으로 기업들은 마케팅에 활용할 수 있다. 또한 각 기업이 제공하는 마일리지나 쿠폰은 각각의 멤버십 카드에서만 사용할 수 있지만, NFC탑재 휴대폰은 이들 쿠폰을 모두 저장할 수 있다.

또 다른 장점으로는 NFC를 통한 개인정보 DB화로 타깃 마케팅이 가능하다는 것이다. NFC를 활용해 결제를 하면 해당 업소의 카드 단말기와 스마트폰이 정보를 주고받으면서 나의 구매 정보가 카드사와 광고 플랫폼 사업자 데이터베이스 서버에 전달된다. 이렇게 쌓인 고객 데이터는 여러 방법으로 분석, 가공되어 갖가지 신규 서비스와 시장 창출에 활용된다. 구글이나 애플이 NFC 도입을 서두르는 이유도 바로

| 그림 12 | NFC 개념 및 활용 장면

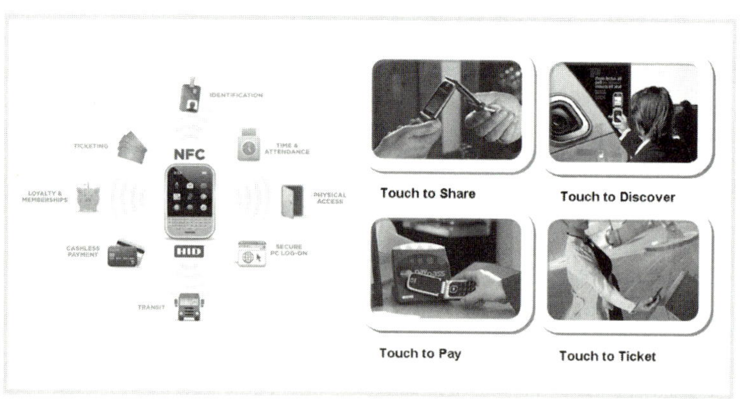

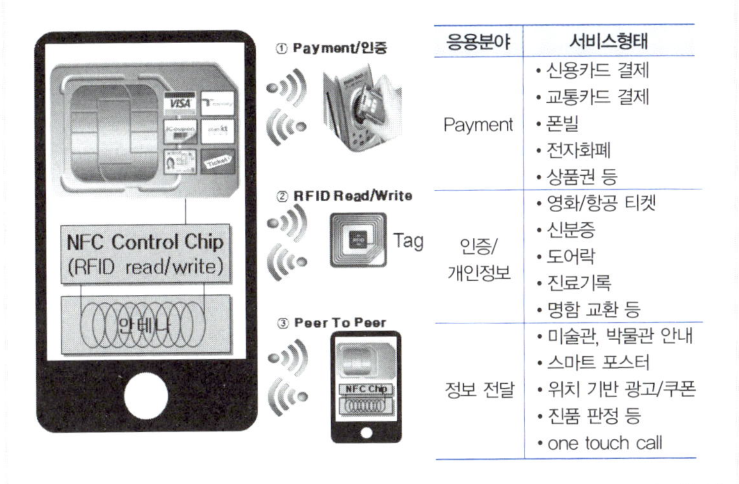

응용분야	서비스형태
Payment	• 신용카드 결제 • 교통카드 결제 • 폰빌 • 전자화폐 • 상품권 등
인증/ 개인정보	• 영화/항공 티켓 • 신분증 • 도어락 • 진료기록 • 명함 교환 등
정보 전달	• 미술관, 박물관 안내 • 스마트 포스터 • 위치 기반 광고/쿠폰 • 진품 판정 등 • one touch call

이 때문이다.

최근 들어 NFC 시장에 대한 기대감이 높아지고 있는 이유는 기존의 음성통화에서 데이터 위주로 통신의 이용 행태가 변화하고 있기 때문이다. 스마트폰 이용자들은 스마트폰을 통해 모바일 웹, 위치 기반 서비스, SNS 및 모바일 결제까지 다양한 콘텐츠를 소비하고 있다. 이러한 움직임은 수익창출이 전망되는 신규 응용 서비스 분야에 대한 기대감도 높이고 있으며, 앞으로도 NFC 분야에 대한 적극적인 사업 추진 및 경쟁을 촉발시킬 것으로 보인다.

맞춤형 서비스와 모바일 광고가 결합된 미래의 서비스

맞춤형 서비스와 모바일 광고가 결합된 미래의 서비스를 미리 예상해본다면, 일본의 이동통신사인 NTT도코모가 제공하고 있는 고객 맞춤형 정보 제공 서비스인 '아이컨시어지(i-Concierge)'가 좋은 예이다. 컨시어지란 중세 시대의 하녀·하인, 개인집사를 일컫는 말로, 아이컨시어지는 개인에게 최적화된 각종 정보를 휴대폰으로 제공하는 서비스를 의미한다. 2008년 11월부터 개시한 아이컨시어지는 월 정액 210엔으로 450개 이상의 콘텐츠를 즐길 수 있다. 현재 등록자수는 600만 명으로 NTT도코모 가입자의 10% 정도가 사용하고 있다.

아이컨시어지의 핵심은 휴대폰을 통해 수집된 개인정보를 분석하여 맞춤형 정보를 제공하는 것이다. NFC의 하위 개념인 펠리카(Felica) 기반의 쿠폰 서비스 '토루카'를 통해 얻은 할인쿠폰 정보, GPS를 통한 위치 정보, 각종 콘텐츠 이용 정보 등이 NTT도코모 서버로 모아지고,

| 그림 14 | NTT도코모의 아이컨시어지

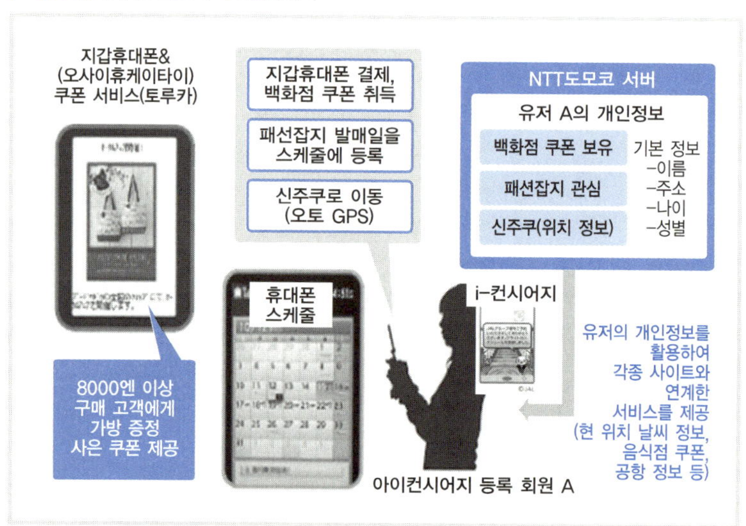

서 비 스 명	내　　용
i스케줄	드라마, 프로야구 등 원하는 콘텐트의 스케줄을 다운로드받으면 자동으로 업데이트하여 최신의 정보를 제공
토루카	지갑휴대폰(오사이후케이타이) 대응 쿠폰 서비스 가게에 설치된 리더기에 휴대폰을 터치하면 쿠폰을 획득 이후 i컨시어지에 의해 자동 업데이트
생활정보 오토GPS	유저가 위치한 지역의 최신 생활정보를 제공(마트 할인정보, 날씨 등) GPS 기능을 이용하여 해당 장소에 접근하면 자동으로 정보 제공
인포메이션	(현재 ANA, JAL 등 공항정보 제공)
오토GPS 리마인드	GPS 기능을 이용하여 자주 가는 장소에 접근하면 자동으로 광고, 신제품 정보, 할인쿠폰 등을 제공

이렇게 모아진 데이터들은 마이닝되어 NTT도코모와 제휴를 맺은 각 CP들에게 제공된다. 그러면 각 CP들은 이 자료에 기초하여 아이컨시어지에 등록한 유저에게 맞춤형 정보를 제공하게 되는 것이다. 여기에는 광고를 포함해 생활정보, 쿠폰 서비스, 교통정보 등 다양한 서비스가 포함되어 있는데, 광고라 할지라도 쿠폰이나 정보의 형태로 제공되어 사용자 입장에서는 거부감이 거의 들지 않는다.

아이컨시어지는 앞으로 모바일 광고가 가야 할 방향의 단초를 제공한다. 광고가 무작위로 대중에게 노출되면 스팸이 될 수 있지만, 아이컨시어지와 같이 개인 맞춤형으로 제공되면 '정보'로 변화하기 때문이다. 아이컨시어지에는 구매 이력이나 소비 패턴 등의 정보가 들어 있지 않지만, 양방향 데이터 전송이 가능한 NFC는 이러한 정보까지 활용할 수 있어 더욱 강력한 맞춤형 광고를 제공할 수가 있다.

NFC와 모바일 광고로 즐기는 스마트 쇼핑

구글은 2011년 6월 1일 '구글 오퍼스'라는 이름으로 할인쿠폰 판매에 나섰다. 구글 오퍼스는 미국 오레건 주 포틀랜드 지역을 시작으로 곧 뉴욕과 오클랜드, 샌프란시스코 등 미국 내 주요 도시로 서비스 지역을 넓힐 예정이다. 구글 오퍼스는 기존의 소셜 커머스 서비스와 매우 유사하다.

구글 오퍼스는 상점 이름과 상점을 대표하는 이미지, 할인 내역, 이용 기간, 판매 완료까지 남은 시간, 남은 쿠폰 그리고 SNS로 공유하는 버튼 등 대부분이 기존의 소셜 커머스 서비스와 유사하다. 다른 점이 있다면, 구글 오퍼스 이용자가 쿠폰 구매 전 해당 상점의 내외부를 360도 회전하는 이미지로 볼 수 있도록 했고, 상점의 위치와 평가 등을 구글 지도와 연동하는 등 자사의 서비스를 적극 활용하고 있다는 것이다.

| 그림 15 | 구글 오퍼스에서 제공하는 서비스

그러나 가장 큰 차이점이자 특징은 구글 지갑(Google Wallet)과의 연동을 가능케 한 것이다. 구글 지갑은 전자지갑을 뜻하는데 스마트폰이 전자지갑이 되는 것이다. 소비자 입장에서 보면 가히 혁신적이라 할 수 있다. 스마트폰에서 구글 오퍼스 위치 서비스를 켜면 쇼핑 정보가 들어온다. 오늘 하루만 1달러 할인되는 파이 할인 쿠폰이 뜬다. 손가락으로 누르면 할인가로 결제가 된다. 각종 카드가 잔뜩 꽂힌 지갑을 꺼내 신용카드를 찾을 필요가 없게 되는 것이다.

구글의 에릭 슈미트는 모바일 월드 콩그레스(MWC) 2011 기조연설에서 위치 정보와 광고의 결합으로 인해 모바일 결제서비스와 NFC가 활성화 될 것이라며, 이를 엄청난(Meg-scale) 기회로 규정한 바 있다. 이에 구글은 NFC와 모바일 광고를 결합하는 작업에 박차를 가했다. 이에 2010년 12월 안드로이드 운영체제 2.3(코드명 진저브레드)을 통해 NFC를 지원하기 시작했고, 넥서스S에 NFC 기능을 탑재했다. 뒤이어 모바일 결제 솔루션 기업인 제타와이어(Zetawire)를 인수하기도 하였다. NFC와 관련한 일련의 작업들이 마무리되자 마지막 결정타로 내놓은 것이 바로 '구글 지갑'이다.

NFC 기술을 이용한 '구글 지갑'은 씨티은행, 마스터카드 등 금융기관이 파트너로 참여하여 결제를 지원하고, 할인쿠폰 서비스 '구글 오퍼스'와도 연동하여 결제정보에 맞춰 사용자에게 다양한 할인쿠폰을 제공한다. 흥미로운 것은 구글이 구글 지갑 서비스에서 수수료를 받지 않는다고 밝힌 점이다. 구글은 구글 지갑 서비스를 위한 인프라를 제공할 뿐 수수료나 가입비용 등을 통해 수익을 내지는 않는다. 그 이유는 바로 구글을 지탱하고 있는 수익모델의 근간이 광고이기 때문이다. 실제로 구글은 작년도 매출액 293억 달러 중 96%를 검색광고를 통해 벌어들일 만큼 광고를 주 수입원으로 하는 기업이다.

무엇보다 구글이 구글 지갑으로 얻고자 하는 것은 수수료 수익이 아닌 고객의 정보이다. 구글은 구글 지갑을 통해 사용자 정보는 물론 NFC 지원 단말기를 설치한 매장에 대한 정보까지 얻을 수 있다. 사용자의 지역 정보, 물건 구매 습관, 소비 패턴 등 사용자에 대한 수많은 정보를 실시간으로 수집해 이를 광고에 활용할 수 있는 것이다. 구글 지갑으로 확보한 사용자 정보를 토대로 새로운 광고영업 전략을 마련할 수도 있고, 쿠폰영업 및 지역 상인들을 위한 서비스 등을 제공할 수도 있다. 오프라인 세계의 정보를 NFC를 활용해 온라인 세계의 광고에 활용하고자 하는 것이다.

| 그림 16 | **구글 지갑에서의 개인 정보 활용 예**

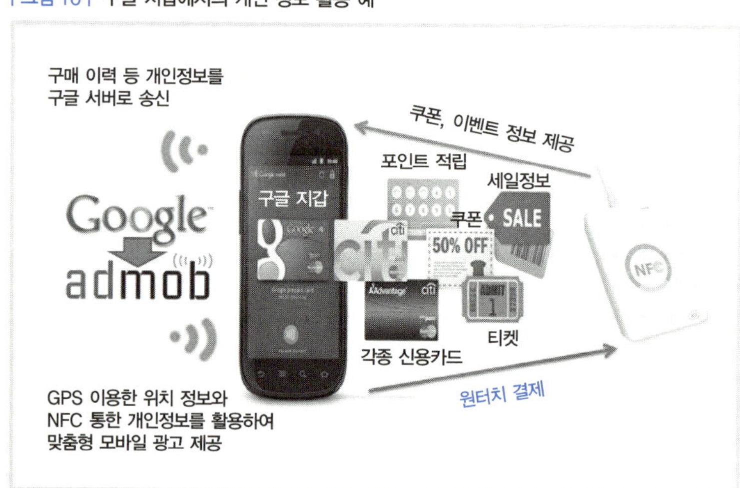

NFC와 모바일 광고의 결합을 에릭 슈미츠는 다음과 같이 예를 들어 설명한 바 있다.

"이 휴대폰은 내가 지금 새 바지를 필요로 한다는 것을 알고 있습니다. 내 위치도 알고 내 왼쪽과 오른쪽에 가게가 있다는 것도 알고 있습니다. 한 가게는 20% 할인을 하고 있고 다른 가게는 30% 할인을 하고 있습니다. 이 휴대폰은 나에게 두 가지 할인 정보 광고를 보여줍니다. 그런데 휴대폰은 평소 내가 구두쇠라는 것을 잘 알고 있습니다. 항상 할인을 많이 하는 제품을 선택하니까요. 똑똑한 휴대폰은 나에게 30% 할인을 하는 가게로 가라고 제안합니다. 나는 그 가게에 들어가고 (터치하면서) 계산하고 바지를 가지고는 가게를 나섭니다. 정말 간단하지요"

위의 사례에서 알 수 있듯이, NFC를 통한 모바일 광고는 결국 개인에게 최적화된 광고를 의미한다. 모바일 광고 사업자의 역할은 수집한 개인정보들을 데이터 마이닝하여 고객이 최상의 선택을 할 수 있도록 정보를 제공하고 각종 혜택을 지원하는 것이다. 이를 위해 고객이 현재 어디에 있고 근처에 무엇이 있는지를 파악하는 위치 정보도 중요하지만, 소비자의 구매 의사 결정 예측에 가지는 유용성을 고려해볼 때, 소비자의 구매와 소비 패턴에 관한 정보는 위치 정보보다 훨씬 더 고급 정보라고 할 수 있다. 물론 소비자의 구매 정보가 위치 정보와 결합되면 더욱 큰 광고 효과를 거둘 수 있다.

특히 이러한 형태의 모바일 광고는 지역 맞춤형 광고에 매우 적합하다. 모바일 지역광고 시장은 아직 초기에 불과하지만 지역 기반의 수많은 자영업자 수를 감안할 때, NFC와 결합하면 폭발적인 성장이 가

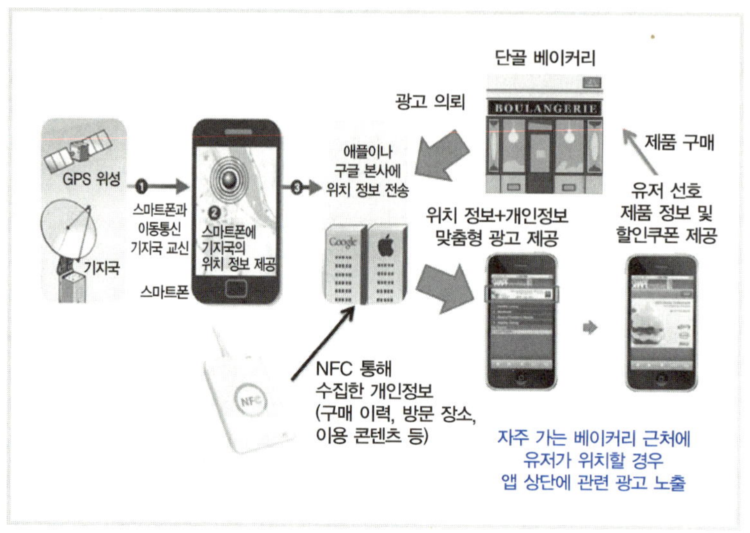

능하다. 미국의 컨설팅기관 비아이에이 켈시(BIA/Kelsey)에 따르면, 2010년 미국 내 지역광고 시장 규모는 약 7억 9천만 달러로 전체 모바일 광고 시장의 51%를 차지하고 있는데, 향후 2015년에는 그 비율이 70%까지 늘어날 것이라고 전망했다.

개인정보 활용 범위와 모바일 광고의 과제

2011년 5월 모바일 광고 플랫폼 '아담'을 서비스하고 있는 다음과 '애드몹'을 서비스하는 구글은 사용자의 위치 정보를 수집했다는 혐의로 경찰의 압수수색을 받았다. 맞춤형 광고를 위해 사용자의 동의 없이 개인 위치 정보를 수집했다는 이유였다.

이에 대해 다음 측은 '수집한 것은 개인이 식별되지 않는 합법적 위치 정보'라고 해명하였고, 구글 역시 '위치 정보 서버에 전송되는 모든 정보는 익명으로 처리되고 있으며 이는 개별 사용자와 연결돼 있지 않고 추적도 되지 않고 있다'고 주장했다. 개인을 식별할 수 없는 위치 정보이므로 개인정보 무단수집에 해당하지 않는다는 것이 다음과 구글의 입장인 반면, 경찰 측은 개인을 식별할 수 없는 '일반 위치 정보'일지라도 구글과 다음이 확보하고 있는 가입자 정보와 합쳐지면 '개인정보'가 될 수 있다고 본 것이다.

현행 국내 위치정보보호법은 위치 정보를 수집하려면 정부의 허가를 받고, 이 정보를 활용해 위치 기반 서비스 사업을 하려면 신고를 하도록 의무화하고 있다. 그러나 개인 위치 정보의 경우에는 정부의 허가 · 승인 및 사용자들의 동의는 물론이고 위치 정보 사용 범위, 목적 등을 약관에 명시해야 한다. 여기에서 쟁점은 개인정보의

| 그림 18 | **개인정보 활용 여부에 따른 국내 모바일 광고 시장 예상**

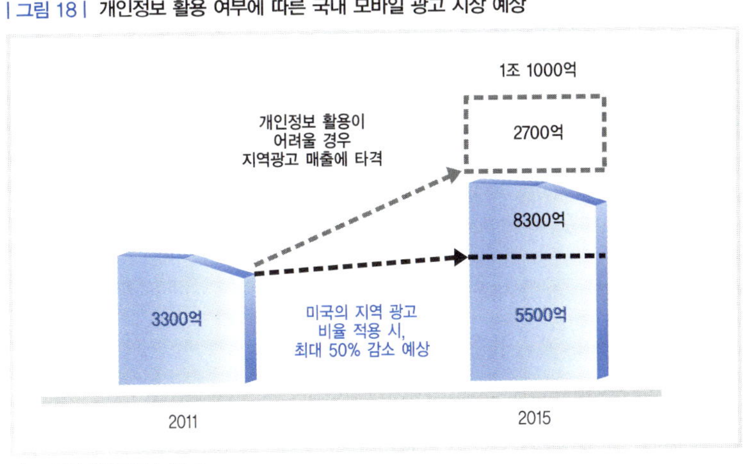

자료 : KT경제경영연구소, NHN

해석 범위이다. 현행 법에서는 개인 위치 정보에 관해 구체적으로 명시해놓지 않아 해석 범위에 따라 적법성 여부가 판가름 지어지기 때문이다.

특히 이번 개인정보 수집 논란은 국내 모바일 광고 시장의 급성장세에 마이너스 영향을 줄 수도 있다. 2015년 국내 모바일 광고 시장은 1조 1000억 원 성장이 예상되는데, 이 중 2700억 원이 모바일 지역광고가 차지할 것으로 전망되고 있다. 만약 개인정보 활용의 어려움으로 지역광고 시장이 타격을 입을 경우, 모바일 광고 시장은 8300억 원 규모로 줄어들 것으로 예상된다. 더욱이 미국 모바일 광고 시장의 지역광고 시장 비율이 50%라는 점을 감안한다면, 최악의 경우 국내 모바일 광고 시장은 전망치의 절반 규모인 5500억 원으로까지 축소될지 모른다. 개인정보의 보호도 중요하지만, 국가적 경제 성장 측면을 고려한다면 무조건적인 개인정보 활용 제재만이 능사는 아닐 것이다.

스마트폰, 태블릿 PC, 스마트 TV 등 다양한 스마트 기기의 확산은 미디어 이용의 개인화를 가속시켜 미디어와 콘텐츠의 분리를 가져왔으며, 콘텐츠는 조각으로 해체되고 있다. 이젠 과거와 같은 광고는 이용자에 대한 영향력을 가질 수 없다. 광고에 대해 얘기하면 흔히 나오는 이론 중 하나가 아이드마(AIDMA)이다. 광고에 주목(Attention)하고 흥미(Interest)를 일으키고 다시 욕망(Desire)을 일으켜 그 상품명을 기억(Memory)시킴으로써 구매 행동(Action)으로까지 이어진다는 이론으로, 현재에도 광고는 물론 마케팅에까지 널리 적용되고 있다.

그런데 스마트폰 시대로 접어들고 모바일 광고가 활성화되면서 이 5단계의 광고 이론 앞에 한 단계가 더 추가되었다. 바로 개인화(Personalized)이다.

피처폰 시절, 모바일 광고는 SMS 스팸광고로 인해 부정적 인식이 강했다. 하루에도 수차례씩 날라오는 대출, 성인용 스팸광고는 이용자들의 짜증을 유발하고 모바일 광고의 성장을 저해했다. 그러던 것이 스마트폰의 등장으로 새로운 전환점을 맞이하게 되었다. 앱과 모바일 웹을 통한 모바일 광고는 SMS 스팸광고에 지친 이용자들에게 새로운 볼거리를 제공했다. 또한 할인쿠폰이나 신상품 정보 제공 등을 통해 모바일 광고는 골치덩이에서 한순간에 생활에 도움을 주는 존재로 탈바꿈하였다.

모바일 광고의 진화는 여기서 멈추지 않았다. NFC라는 혁신적인 IT 기술을 만나 개인에게 최적화된 '맞춤형 광고'로 한 단계 업그레이드된 것이다. NFC는 양방향 데이터 전송 기능을 가지고 있어, NFC를 통한 구매 이력, 장소 등록 정보, 구매 패턴 등의 개인정보를 활용하면 이용자에게 최적화된 광고를 시간과 장소에 맞게 제공할 수 있다. 여기에 위치 정보까지 결합하게 되면 이용자가 신경 쓰지 않아도 어느 장소에 있든지 그 장소에 맞는 광고가 자동으로 전송된다.

하지만 이런 편리함 이면에는 개인정보 보호라는 심각한 이슈가 자리 잡고 있다. 동전의 양면성과 같은 개인정보의 보호와 활용을 어떻게 효과적으로 풀어낼 것인가가 향후 모바일 광고 시장 활성화의 과제라고 할 수 있다.

참고문헌

- 김지현, 〈Smart시대의 콘텐츠 시장 지각변동〉, KT경제경영연구소 디지에코, 2011.
- 김재필, 〈NFC를 이용한 개인정보기반 모바일 광고의 미래와 과제〉, KT경제경영연구소 디지에코, 2011.
- 이선재, 〈The future of social commerce〉, KT경제경영연구소 디지에코, 2011.
- 박장혁, 〈모바일Payment 대중화 실현된다〉, KT경제경영연구소 디지에코, 2011.
- Eli Noam, 〈Ultra Content for Ultra Broadband〉, Ultra Broadband Conference 강연자료, 2008.
- 김중태, 《소셜네트워크가 만드는 비즈니스 미래지도》, 한스미디어, 2010.

2장

소유를 넘은 접속의 시대
The Age of Access

인터넷이 발달하면서 우리 주변에서 어떤 것들이 사라지고 있을까? 미국의 〈뉴스위크〉 지에서 선정한 것들을 살펴보면 나인 투 파이브(9 to 5) 라는 출퇴근 개념, 비디오 대여점, 집중력, 예의 바른 태도, CD, 전화번호부, 편지 쓰기와 같은 것들이 있다. 그중 눈에 띄는 것 중 하나가 비디오 대여점이다.

한때 그 많던 비디오 대여점은 어느 순간 사라져버리고, 그 자리를 DVD 대여점이 차지하는가 싶더니, 이제 그 마저도 사라지고 있다. TV 리모컨으로 영화 목록을 열람하면서 원하는 영화를 선택해 바로 시청할 수 있는 온라인 스트리밍 서비스가 대중화되고 있기 때문이다.

한때 미국 최대의 비디오 대여 체인 블록버스터, 2010년에 파산했다.

이제 TV를 켜지 않아도 뉴스나 드라마 등의 콘텐츠를 시청하는 것이 얼마든지 가능한 시대가 되었다. 컴퓨터, 스마트폰, 테블릿 PC 등이 모두 미디어 매체가 된다. 앞으로 지상파 TV가 공룡처럼 사라질 운명에 처할지도 모른다. 온라인 스트리밍 서비스가 확산되면서, 기존의 TV 수상기가 생활에서 차지는 하는 비중도 점차 낮아지고 있다. 시장조사 전문업체인 닐슨컴퍼니는 20년 만에 처음으로 미국 가정의 TV 수상기 보급률이 감소했다는 분석 결과를 내놓았다. 이는 기존의 지상파 TV를 시청하던 미국 가정에 변화가 일고 있음을 뜻한다. 그중 공중파 TV 채널을 대체할 새로운 미디어 서비스들의 등장에 주목할 필요가 있다. 미국의 넷플릭스(Netflix)나 훌루(Hulu), 유튜브 등 소위 인터넷을 통한 온라인 스트리밍 서비스들은 계속해서 늘어나고 있으며 시청 인구도 증가하고 있다.

특히 넷플릭스는 미국에서 가장 성공적으로 온라인 스트리밍 서비스를 상품화한 회사로 꼽히고 있다. 넷플릭스는 한 때 하향산업으로 치부되던 DVD 우편 대여 서비스를 제공하던 회사였다. 그러나 인터넷의 발달로 DVD 대여 수요가 감소하면서 위기를 맞을 것이라 내다보고 발 빠르게 대응책을 준비한 결과, 경쟁 업체였던 블록버스터를 따돌리고 미국 최대의 주문형 비디오 업체가 되었다. 넷플릭스 CEO는 정보기술 전문잡지 〈와이어드(Wired)〉가 주최하는 비즈니스 컨퍼런스에서 "1999년에 처음 온라인 스트리밍 서비스를 기획하면서, 무어의 법칙에 따라 12년 뒤의 인터넷 속도를 예측했고, 그것이 거의 그대로 적중했다. 넷플릭스가 멀리 내다보고 이 서비스를 계획한 것은 맞지만, 이것이 진짜 가능한 시대가 되었다고 느낀 것은 유튜브의 등장이 계기가 되었다. 그때부터 온라인 스트리밍 서비스 추진에 박차를 가했다."라고 넷플릭스의 성공 비결을 밝힌 바 있다. 현재 넷플릭스는 온라인 스트리밍 서비스 업체 중 가장 많은 점유율을 보이는 미국 최고의 온라인 스트리밍 서비스 회사로 등극했다.

온라인 스트리밍 점유율은 영화뿐 아니라 음악계에서도 확연히 드러난다. 스마트 패드, 스마트폰 등 스마트 기기의 확산으로 온라인 스

| 그림 1 | 미국 온라인 스트리밍 서비스 점유율

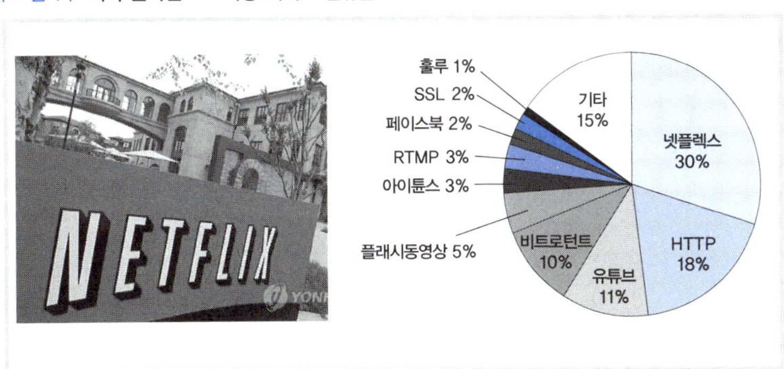

자료 : 샌드바인(sandvine), 2011. 3

트리밍 음악 시장도 확장되고 있다. 이에 맞춰 구글은 음악 서비스인 뮤직베타를 내놓았고, 페이스북은 온라인 스트리밍 서비스 업체인 '스포티파이(Spotify)' 와 손을 잡았다. 애플은 온라인 스트리밍 음악 서비스 업체인 '라라(Lala)' 를 인수했다. 2011년, 수많은 글로벌 IT 기업들이 비슷한 시기에 클라우드와 온라인 음악 스트리밍 서비스를 앞세운 경쟁을 예고하고 있다.

접속이 부른 소유의 종말

미국의 경제학자이자 비평가인 제러미 리프킨은 저서 〈소유의 종말〉에서 현대사회가 '소유' 의 시대에서 '접속' 의 시대로 변화하고 있다고 주장했다. 리프킨이 말하는 '소유' 란 산업시대의 시장경제와 그것을 지탱하고 있는 사유재산을 의미한다. '접속' 은 현실 세계에서 네트워크를 통하여 사이버 세계로 들어가는 행위를 뜻하며, 동시에 항구적 소유가 아닌 일시적인 이용으로 새로운 방식의 경제 활동을 의미한다.

10년 전 리프킨의 주장은 단지 이론적 주장에 불과했지만, 2000년대 인터넷 경제의 확산을 거치면서 그의 전망이 현실화 되어가고 있음을 알 수 있다. 사람과 소비의 대상이 네트워크로 연결되는 '네트워크 경제' 가 실현되고 있다. 실체적 상품에서 접속을 통한 서비스로의 가치 이동하는 것이다. '소유의 시대' 는 저물고 '접속의 시대' 가 온 것이다.

또한 리프킨은 2050년이 되면 성인 인구의 불과 5퍼센트 만으로도 기존의 산업영역을 차질 없이 운영하고 관리할 수 있을 것이며, 어느 나라든지 농장과 공장, 사무실에서 사람을 볼 수 없는 일은 흔한 일이 될 것이라고 예언했다. 반면 개인의 삶 속에서 유료로 얻을 수 있는 경험의 양이 많아지면서 문화적 욕구와 필요를 충족시키는 분야에서 많은 고용 창출이 이루어질 것이고 내다봤다. 과연 그의 예언대로 문화산업 분야에서 새로운 고용창출이 이루어질까? 아직까지는 이에 대한 답은 미지수이다.

지난 10여 년간 가장 큰 변화를 겪은 문화산업 분야는 음악산업이다. 1980~1990대 비닐 레코드가 CD로 전환되며 문화산업에서 최초로 디지털 혁명을 받아들였던 음악산업은 MP3와 같은 디지털 음원으로 변형되어, 물리적 형태의 제품에서 데이터 파일이라는 무형의 제품으로 전환되어 인터넷에서 유통되고 있다. 텍스트, 소리, 영상 중 가장 먼저 디지털과 인터넷 혁명을 받아들인 셈이다.

그렇다면 음악산업의 현재는 어떤가? 음반과 공연, 온라인, 모바일을 합친 세계 음악산업 매출 총액은 2005년 225억 달러에서 2010년 166억 달러로 26% 감소하였다. 특히 모바일과 온라인을 제외한 음반/

| 표 1 | 세계 콘텐츠 시장 규모 중 음악산업 부문 (단위: 백만 달러)

구 분	2005	2006	2007	2008	2009	2010
음반/공연	21,268	19,234	16,833	14,498	12,793	11,530
온라인	831	1,445	1,906	2,301	2,400	2,719
모바일	353	756	1,147	1,669	1,934	2,321
계	22,452	21,435	19,886	18,468	17,127	16,570

출처 : 2010 해외 콘텐츠 시장조사, 한국콘텐츠진흥원, 2010.12

공연 분야는 거의 반토막이 나 시장이 줄어들었다. 이러한 음악산업의 몰락은 영상, 출판 등 스마트 시대의 문화 콘텐츠 전반으로 확산되고 있다.

현재 네트워크 경제의 아이콘인 스마트폰은 네트워크 접속 없이 독자적으로는 아무런 효용이 없는 제품이다. 네트워크로 연결되어 기기 내에 콘텐츠를 싣거나 콘텐츠 제공자와 연결하여 콘텐츠를 보여주는 대표적인 플랫폼이다. 쉽게 말하면 TV와 같이 서비스를 전달해주는 기기이며 네트워크를 필요로 한다. 현재와 같은 증가세가 계속된다면 2012년 말 전 국민의 약 60% 이상인 약 3~4천만 명, 2015년이면 대한민국 국민 대다수가 스마트폰을 쥐고 있을 것으로 예상된다. 1995년 이후 본격적으로 보급된 PC와 초고속 인터넷은 전국민에게 보급되기까지 약 15년이 걸렸다. 반면, 스마트폰과 모바일 인터넷은 앞으로 5년 이내에 전 국민 보급이 완료되는 것이다.

현재 국내 가정용 PC 보급 대수와 초고속 인터넷 가입자 수는 대략 국내 총 가구수인 2천만에 못 미치는 수준이다. 반면 스마트폰은 2011년 10월 현재 2천만 대를 넘어섰고, TV, PC를 앞서는 가장 많이 보급된 미디어 단말기가 되었다. 이 격차는 스마트폰 보급률 증가에 따라 더욱 커질 것이다.

단말기의 증가는 콘텐츠 수요의 증가를 일으킨다. 멀티플렉스 영화관의 확산은 연간 관객 수, 즉 수요 증가를 가져왔다. 향후 3~4년간 스마트폰 이용자는 2천만 명에서 5천만 명으로 증가할 것이고, 이는 급격한 변화를 불러일으킬 것이다. 특히 음악, 영상 등 미디어 콘텐츠 산

연도	스크린 수	관객 수(만 명)
1998	507	5,018
1999	588	5,472
2000	720	6,169
2001	818	8,936
2002	977	10,513
2003	1,132	11,947
2004	1,454	13,517
2005	1,648	14,552
2006	1,880	15,341
2007	1,975	15,877
2008	2,004	15,083

출처 : 온라인영화연감, 영화진흥위원회

업에 큰 변화가 야기되리라는 것은 자명한 일이다. 향후 5년간 스마트폰과 모바일 인터넷으로 일어날 변화의 방향은 과거 10여 년간 인터넷과 PC의 보급으로 일어난 변화를 돌이켜보면 짐작할 수 있다.

콘텐츠 홍수 속의 콘텐츠의 변화

인터넷은 우리의 문화생활을 얼마나 바꾸어놓았을까? 인터넷을 통한 콘텐츠 유통 확산은 유통—소비의 주기가 빨라지고 있으며, 그 결과로 콘텐츠 자체는 짧고 감각적인 것으로 바뀌고 있다. 1980~1990년대엔 가요차트 프로그램에서 노래 한 곡이 5주 이상 1위를 하는 것은 자주 보는 일이었다. 하지만 최근에는 2주 연속 1위를 하는 경우도 흔치 않다. 물론 소녀시대, 동방신기, 슈퍼주니어, 빅뱅 등 소위 '잘나가는 아이돌'의 경우는 지금도 5주 이상 연속 1위를 하곤 하지만, 예전보다 흔하지 않은 상황임은 분명하다. 가요계 전문가들은 이런 현상이 일어나는 원인으로 하루에도 몇십 곡씩 쏟아지는 신곡을 꼽는다.

1990년대 신승훈, 김건모 등 차트 1위 가수의 앨범 판매량이 200~300만 장이었던 데 반해, 최근 많이 팔렸다는 슈퍼주니어, 소녀시대 등의 앨범 판매량은 30만 장을 겨우 넘는 수준이다. 2000년대 이후 인터넷 시대에 들어서는 앨범 판매량이 아닌 노래 1곡 단위로 판매되는 디지털 음원 시장이 주류 유통시장이 되었고, 음악 콘텐츠의 생산-유통-소비 주기가 빨라져 노래의 수명이 짧아지고 있다.

음악산업 분야의 이러한 현상은 네트워크 경제의 기본적 특징이다. 18개월마다 컴퓨터 칩의 처리속도가 2배가 된다는 무어의 법칙이 네트워크 경제의 단적인 예로, 제품의 정보 집약도가 클수록, 제품의 단위당 생산비용은 적어지며, 생산-소비의 피드백이 빨라져 제품의 수명은 더욱 짧아진다. 현재 음악산업의 제품인 디지털 음원은 MP3와 같은 데이터 파일로 정보집약도는 거의 100%이며, 무한 복제가 가능하므로 개별 생산비용은 0원이다. 유통비용 또한 심의와 마케팅 등 고정비용을 제외하면 거의 0원이다.

1990년대에는 노래 한 곡이 음원 차트에 오르려면 빨라야 수주에서 수개월 이후였다. 그러나 2011년 8월 공개된 리쌍의 신곡 'TV를 껐네'의 경우 공개 3시간 만에 음원 차트 1위에 올랐다. 이처럼 소비와 유통이 빨라지면서 콘텐츠 또한 변화하게 마련이다. 단기간에 소비자에게 어필할 수 있도록 4분 이상의 노래들은 지속적으로 줄어들고 있다. 또한 감각적인 가사와 되풀이 되는 음률의 후렴구만으로 승부하는 노래들이 증가하고 있다. 어쩌면 시장의 변화에 따른 당연한 공급자의

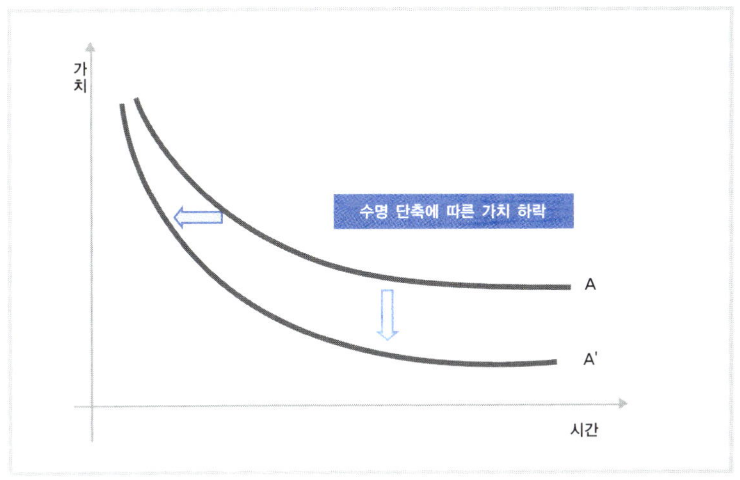

대응일지 모른다.

최근 MBC의 '나는 가수다'의 인기는 이런 트렌드 속에 잃어버린 음악의 감동과 깊이에 대한 갈증이란 분석이 많다. 그러나 이런 '나가수'의 음원 유통 기간은 얼마나 될까? '나가수'의 음원 유통 기간은 1~2주로, 1~2주마다 나오는 새로운 '나가수'의 노래로 묻히고 있다. 요즘 출시되는 스마트폰은 모두 MP3 플레이어 기능이 탑재되어 있다. 2~3년 뒤 전국민이 스마트폰을 갖게되면, 이러한 음악산업의 변화는 더욱 가속화될 것이다.

콘텐츠의 가치 변화와 소유 가치 하락

음악산업의 콘텐츠를 통해 살펴본 바와 같이 콘텐츠의 홍수는 콘텐츠 수명의 단축을 가져왔고, 앞으로 이러한 현상은 더욱 가속화될 전망이

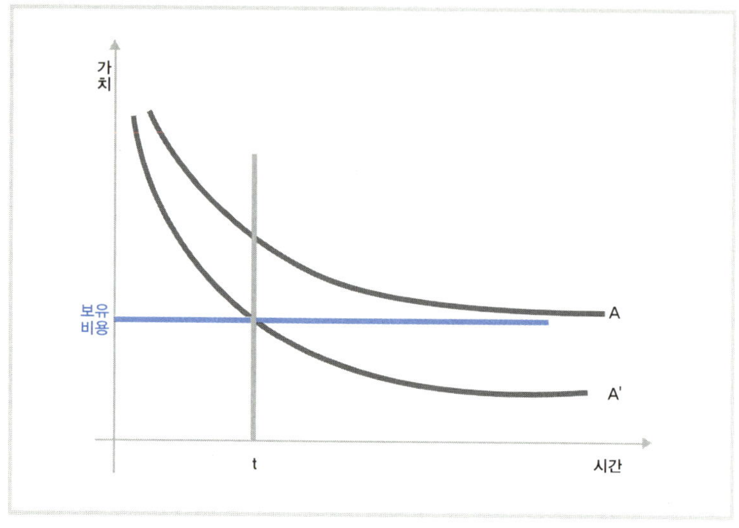

다. 수명이 단축된 제품을 소유하는 것은 비효율적인 소비 방식이다. 수명이 단축된 상품은 시간이 지날수록 이전보다 가치가 빠르게 하락한다. 반면 음악, 영화, 도서 등 콘텐츠는 그것이 물리적 형태가 없는 MP3, DIVX와 같은 디지털 파일이라 하더라도 소유에 따른 구매 비용 외에 보유 및 관리 비용을 수반한다. 책장에 쌓여있는 책들, 자동차에서 이리저리 굴러다니는 CD, 하드디스크를 가득 채우고 있는 파일들, 모두가 경험하고 있는 이런 것들은 일부 수집가들을 제외한다면 단지 불편한 비용 덩어리가 되고 처치 곤란한 짐 덩어리가 되는 시대가 다가오고 있다. 이용하지 않는 콘텐츠들은 콘텐츠 홍수가 지속될수록 점점 더 집 안과 컴퓨터의 하드디스크 공간을 잡아먹을 뿐이다. 이처럼 콘텐츠 홍수의 시대에 콘텐츠 보유 가치는 시간이 지날수록 이전보다

74

빠르게 하락하여 보유비용 아래로 떨어지고 있다. 그림 3과 같이 수명 단축에 따라 콘텐츠의 가치가 A곡선에서 A′로 변하게 되면, t시점 이후로는 콘텐츠의 가치가 보유비용 이하로 하락하게 된다. 보유비용이 제품의 가치보다 높게 될 경우의 합리적인 행동은 남에게 팔거나 버리는 것이 된다. 즉 콘텐츠 수명 단축에 따른 가치 하락으로 소유가 불합리하게 되는 것이다.

인터넷이 바꾼 것, 모바일이 바꾸고 있는 것

네트워크의 특성을 가진 콘텐츠의 확산

1980년대 학교 운동장에서 있었던 선거유세는 1990년대 TV토론으로 대체되었고, 2000년대에는 인터넷 카페, 인터넷 댓글, 블로그, 다음 아고라 등으로 변하였다. 그리고 2012년에 다가올 총선과 대선에서 SNS가 결정적인 변수가 될 것이라는 것은 누구나 예상하는 일이다. 또한 과거 정치인들은 언론을 매개체로 국민과 소통하고 논쟁했지만, 이제는 SNS가 그 기능을 대신하고 있다. SNS 등장 배경은 스마트폰 보급률이 막대한 영향을 미쳤다.

이러한 선거운동에서 운동장 유세와 TV 토론, 인터넷의 가장 큰 차이는 메시지 전달과 피드백의 속도라고 할 수 있다. 상거래도 크게 다르지 않다. 1980년대 방문 판매가 1990년대엔 TV 홈쇼핑으로, 2000년대엔 인터넷 쇼핑으로 바뀌었다. 콘텐츠 전달망이 실제 공간에서 방송으로 인터넷으로 변화한 것이다. 실제공간에서 방송과 인터넷으로 콘텐츠 전달망이 변화함에 따라 바뀐 전달망의 특성은 콘텐츠에도 영향을 주고 있다.

콘텐츠 시장의 변화에 영향을 주는 네트워크의 속성은 첫째, 전송속도를 꼽을 수 있다. 과거 모뎀을 사용하여 PC통신을 사용하던 시절 최고 전송속도는 56kbps였다. 하이텔, 천리안, 나우누리 PC통신의 전성기에 주류 콘텐츠는 단순한 텍스트 문서였다. 4MB 가량의 MP3파일 하나를 받으려 해도 10분 가량 걸리던 시절에는 '퇴마록', '엽기적인 그녀' 등 아마추어 작가의 연재 소설이 당시 최고의 인기 콘텐츠였다. 그 후 ADSL 보급으로 평균 속도가 1~2Mbp가량 나오던 2000년대 초반은 MP3를, 최근 광랜 방식의 8~90Mbps 서비스가 보급된 이후로는 1GB 이하의 DIVX 동영상뿐 아니라 2~4GB의 HD 동영상 파일도 주고받을 수 있게 되었다. 현재의 모바일 인터넷의 주류인 3G(HSDPA)가 보통 1~2Mbps, 차세대 망인 4G(LTE나 와이브로)의 경우는 6~12Mbps로 유선과는 차이가 있지만, 이러한 이동통신망과 유선 인터넷망에 기반한 와이파이 무선망의 확산으로 무선의 전송속도는 계속 개선되고 있다.

새로운 콘텐츠를 소비하고자 하는 이용자의 니즈와 콘텐츠의 짧아지는 수명은 이동통신 네트워크의 고속화와 스마트폰의 보급으로 다운로드와 저장이 아닌 스트리밍 서비스로 해결되고 있다.

최근에 시도되는 클라우드 뮤직 서비스는 다운로드와 스트리밍의 중간 방식이다. 클라우드 뮤직은 이용자가 온라인에서 구매한 콘텐츠

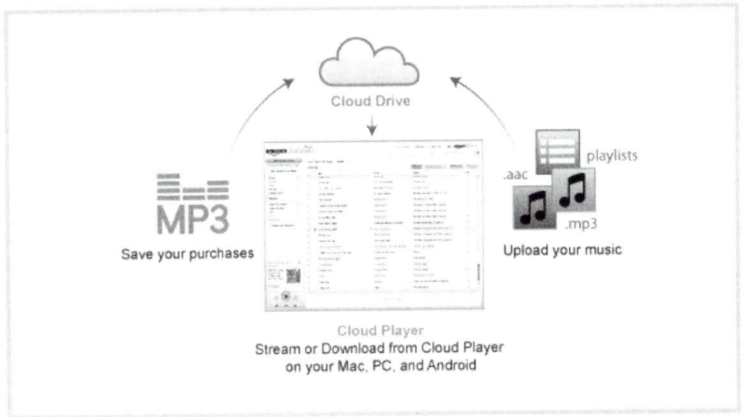

를 클라우드 서버 속 자신의 계정에 저장하거나, 이미 소유하고 있는 콘텐츠를 클라우드 서버에 업로드하여 이를 스마트폰, 게임기, TV 등 네트워크 기기로 접속해 스트리밍을 받거나 다운로드받는 방식이다. 아마존은 클라우드 드라이브와 클라우드 플레이어(Cloud Player)로 스트리밍 서비스를 준비 중이며, 소니뮤직도 영국에서 뮤직 언리미티드(Music Unlimited)라는 스트리밍 서비스를 제공 중이다. 스마트폰 플랫폼을 갖고 있는 사업자들도 적극적이다. 구글은 뮤직베타로 이미 미국에서 서비스 중이고, 애플은 아이클라우드(iCloud)를 활용하여 서비스 중이다.

콘텐츠에 영향을 미칠 네트워크의 두 번째 속성은 접속장소와 시간이다. 현재 초고속 인터넷은 유선이라는 한계를 가지고 있어서 인터넷을 이용할 수 있는 장소는 집과 회사 및 학교이고, 개인적으로 사용할 수 있는 시간은 저녁시간으로 한정된다. 반면 스마트폰을 통한 인터넷

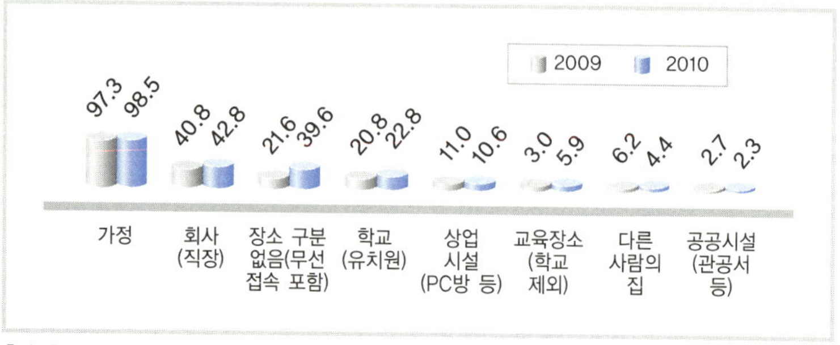

출처 : 한국인터넷진흥원, 2010

이용은 시간과 장소의 제한이 없어 언제 어디서나 사용할 수 있다.

2011년 상반기 스마트폰 이용실태 조사에 따르면, 스마트폰을 이용하는 시기는 업무 중, 수면 중, PC 사용 가능한 때를 제외한 무언가를 기다리는 중, 이동 중, 잠들기 전과 같은 틈새 시간이다. 이러한 상시 접속 또한 콘텐츠의 변화를 이끌고 있다.

상시 접속은 콘텐츠의 시간 종속성에 변화를 준다. 시간 종속성에 따른 변화는 뉴스 콘텐츠에서 가장 뚜렷하다. 유선 인터넷이 조간, 석간으로 배달되는 신문보다 포털의 인터넷 뉴스를 이용하게 만든 것은 비용절감이 주된 이유였다. 반면 모바일 인터넷은 어떤 매체가 가장 빠른 뉴스를 전달해주는가의 경쟁을 강화하고 있다. 트위터는 이 분야의 승자로서 네티즌끼리 전달되는 뉴스가 일간지와 방송사 뉴스를 앞지르고 있다. 2011년 7월 서울 폭우 때, 지하철 운행 중단 및 재개 상황, 주변 간선도로 침수 상황과 우면산 산사태를 가장 먼저 알린 것도 트위터였다.

교통상황과 같이 시간 종속성이 더 큰 콘텐츠도 이와 같은 상황이

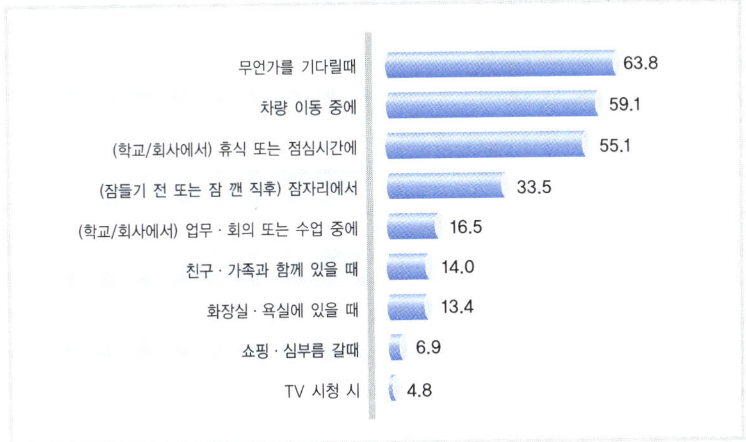

출처 : 한국인터넷진흥원

다. T맵, 올레내비 등 네비게이션 앱은 물론 최근 출시된 네이버 지도의 경우 실시간으로 고속도로와 국도 교통상황이 표시된다. 운전자는 실시간 교통상황을 라디오가 아니라 내 위치와 주변 도로 상황을 보여주는 지도 앱을 통해 확인하게 되는 것이다. 현재 교통상황을 보여주지 못하는 기존 네비게이션과 교통방송의 가치가 하락하는 순간이다. 시간 종속성이 큰 콘텐츠일수록 보다 빨리 현상황을 전달하는 매체가 되어야 하는 것이다.

시간과 분리되는 방송 콘텐츠

반면 뉴스나 교통상황과 달리 시간 종속성이 약한 콘텐츠도 있다. 뉴스를 제외한 대부분의 방송 프로그램이 이에 해당할 것이다. AGB닐슨의 황성연 연구원은 최근 한 컨퍼런스에서 모바일 인터넷 이용자의

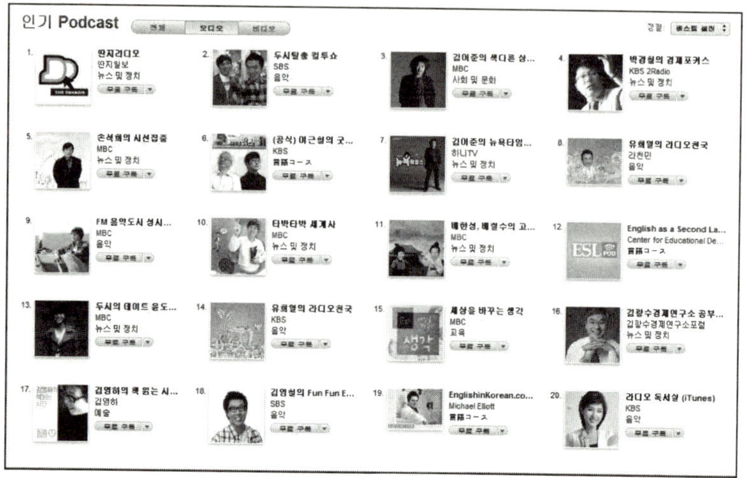

TV시청률이 평균 7% 감소했다고 말했다. TV 프로그램을 방영시간에 시청하는 것이 아닌 모바일 기기를 비롯한 다른 스크린을 통해 본인이 원할 때 방송을 시청하는 형태로 바뀐 것이다. 아이폰 보급 확대로 최근 이용량과 콘텐츠가 증가하고 있는 아이튠즈의 인터넷 방송 팟캐스트에서도 이런 현상을 확인할 수 있다. 이용률 Top 20의 14개 프로그램이 라디오 방송 프로그램이다. 이제 라디오도 방송시간이 아닌 이용자가 원하는 시간에 원하는 기기로 들을 수 있게 되었다.

본격적인 패스트 콘텐츠 시대의 개막

콘텐츠 유통과 소비 속도가 빨라지고, 실시간성이 중요해지는 것은 사업자에게 위기를 의미한다. 과거와 같이 잘 만든 고급 콘텐츠라 할지라도 롱런하면서 지속적으로 수익을 내기가 어려워지기 때문이다.

노래 한 곡당 수익이 감소하는 상황에서 콘텐츠 생산자의 대응은 당연히 짧은 기간을 두고 지속적으로 신곡을 선보이는 것이다. 2011년 7월 아이돌 그룹 2NE1의 디지털 싱글을 3주 간격으로 순차적으로 선보이며 미니앨범 수록 곡 5곡 모두를 1위로 만든 YG엔터테인먼트는 "노래 한 곡의 수명이 통상 2~3주란 점을 감안해 그 주기에 맞춰 수록 곡들을 공개했다."고 밝혔다. 가수 윤종신은 '월간 윤종신' 이란 이름으로 매월 2~3개의 신곡을 선보이며 패스트 뮤직에 합류했다. 가요계의 이러한 현상은 콘텐츠 홍수 시대에 공급 과잉과 신제품의 출시 경쟁이 과속으로 치닫고 있음을 입증하고 있다.

본래 예술적 영감이 좌우되어야 할 음악 콘텐츠의 생산에 속도 경쟁이 도입된 것은 의류 제조가 산업화되어 기성복이 나오게 된 것과 비슷하다. 니콜라스 카는 최근 《생각하지 않는 사람들(The Shallows)》을 통해서 인터넷으로 인해 현대인들은 장문 독해 능력이 퇴화하고 있다고 말했다. 현대인은 짧고 쉽고 감각적인 콘텐츠, 즉 패스트 푸드와 같은 '패스트 콘텐츠' 를 선호하고 이에 익숙해지고 있는 것이다.

요즘 대세라 할 수 있는 인기 곡들을 들어보면 감각적인 콘텐츠를 다량 소비하는 현상이 대중음악에서도 재현되고 있음을 알 수 있다. 최근 〈포춘코리아〉의 케이팝(KPOP)분석기사는 아이돌의 음악이 후크송으로 전환되고 있는 것을 지적한 바 있다. 후크송은 원더걸스의 '텔미', 소녀시대의 'Gee' 와 같이 감각적인 후렴구의 리듬과 음률, 외우기 쉬운 간단한 가사로 청취자를 유혹하는 기성복과 같은 음악이다.

감상이 목적이 아닌 흥겨움을 느끼는 감흥을 목적으로 하는 이용자의 수요와, 이러한 수요에 대한 상품을 최소 비용으로 제공하여 수익을 최대화하려는 생산자의 이해관계가 아이돌 시장에서 만난 것이다. 이러한 현상은 음악도 짧은 유통기간과 시간에 대한 종속성이 강화되면서 나타나는 변화로, 해마다 새로운 상품, 계절마다 새로운 상품을 내놓아야 하는 패션계에서는 더욱 두드러진다. 자라(Zara), H&M으로 대표되는 패스트 패션이 그것이다.

패스트 패션은 소비자가 원하는 최신 유행 스타일의 옷을 저렴하게 공급하는 것으로, 트렌드에 민감한 현대인의 취향에 맞춰진 상품이다. 패스트 패션은 기존 디자이너 브랜드와의 차별화를 두기 위해 탄생했

| 표 3 | **패스트 패션과 패스트 뮤직/콘텐츠 비교**

Fast Fashion	구 분	Fast Music / Fast Contents
유행–소비 주기의 단축 • 내구성보다 유행 고위험–고수익 산업 유행을 선도하는 강호 존재 • 유명 디자이너 브랜드	도입 배경	유행–소비 주기의 단축 • 감동보다 감흥 고위험–고수익 산업 유행과 상관없는 강호 존재 • 국민 가수급 기존 가수
2주 단위 신제품 출시 기획 생산→반응 생산 로컬 Biz→글로벌 Biz 다품종 소량 생산 빠른 대응으로 유행 선도	특 징	3주 단위 신곡 출시 로컬 Biz→글로벌 Biz 한 시즌 소량 생산
저렴한 가격 최신 유행 디자인	장 점	화려한 춤과 융합된 감각적인 시청각 효과
낮은 내구성, 저가 원단 의류 폐기량 증가	단 점	라이브 공연 적음
속도 경영(통상 3주) • 기획–생산–유통–마케팅의 효율화 소비자 모니터링 강화 유연성, 창의성의 역량화	성공 기업의 특징	속도 경영 TV 프로그램, 월드컵 등 이벤트와 융합을 통한 마케팅

출처 : 삼성경제연구소(2011.4) '패스트패션에서 배우는 역발상의 지혜'에서 부분발췌

다. 기존 브랜드들은 출시 6개월 이전에 기획되어 계절별 신제품을 출시하고, 막대한 마케팅 비용을 쏟아 부어 유행을 이끌어 간다. 반면 패스트 패션 브랜드들은 출시 3주 전에 기획하여 2주마다 현재 유행에 맞춘 신제품을 출시한다.

현재의 대중음악의 변화가 패스트 패션과 같은 과정을 겪을 것으로 예측하는 이유는 그 배경의 유사성이다. 고위험·고수익의 산업구조와 빨라지는 유행–소비 주기에서 대응 방향이 유사할 수밖에 없기 때문이다. 제품 수명이 3주라면, 최적의 형태는 매월 1~2곡을 계절 또는 월드컵 및 선거 등 사회적 이벤트와 같은 수요 변화에 맞게 발표하며, 시시각각 변하는 글로벌 유행에 맞는 스타일로 음악시장을 공략하려 들 것이다. 이 같은 현상은 이제 성장이 본격화되는 전자책 분야에도 영향을 미쳐 패스트 북(Fast Book)의 확산이 이어질 것으로 예상된다.

전자책이 바꾸는 출판산업의 변화

슬로우푸드는 패스트푸드에 상대되는 말로 천천히 조리되는 음식을 뜻한다. 콘텐츠에도 슬로우푸드와 같은 것들이 있다. 흔히 명작이라 불리는, 출시된 지 오래되었음에도 지속적인 가치를 갖는 것을 말한다. 신상품이라 하더라도 기획력, 투입된 인적·물적 자원의 질과 양에서 패스트 콘텐츠와는 차이를 갖고 있어 크게 유행을 타지 않는 것들이 있다. 이러한 콘텐츠에는 유효기간이 없다. 이러한 유효기한이 없는, 또는 상대적으로 생명력이 긴 콘텐츠는 신문·잡지 등을 제외한 출판시장에서 찾아볼 수 있는데, 여기서도 새로운 변화상을 짚어볼 수 있다.

| 표 4 | 국가별 전자책 시장 점유율

국가	전자책 시장 점유 (도서시장 대비)	전자책 시장 규모 (금액$)	2015년 전망
미국	8%	417.5M	종이책의 50%
일본	1.1%	139.2M	종이책의 5~15%
독일	1%미만	116.0M	
스페인	1.6%	68.2M	
영국	출판사별 100~800% 성장	52.0M	
프랑스	0.5%	15.5M	
이탈리아	0.1~0.2%	4.0M	

2010년 7월 미국의 온라인 서점 아마존은 2010년 2/4분기 자사 전자
책 단말기 킨들의 판매량이 양장본 도서 판매량을 능가했다고 보고했
다. 또한 2011년 1월까지 아마존에서 팔린 전자책은 종이로 제본된 책
의 판매량을 능가했다. 미국출판협회(American Publishing Association)에
따르면 2010년을 기준으로 전자책 시장은 미국 출판시장의 8%의 점
유율을 차지하고 있다.

아직은 아마존의 킨들이 크게 히트한 미국을 제외한 다른 지역에서
는 전자책의 점유율이 높지 않은 상황이다. 그러나 전자책이 아니더
라도 종이책 시장은 예전 같지 않다. 국내의 경우도 2001년을 기준으

| 표 5 | 국내 출판시장의 변화 추세

연도	2005	2006	2007	2008	2009
신간 발행총수	43,585종	45,521종	41,094종	43,099종	42,191종
증가율	23%	4.4%	△9.7%	4.8%	△2.1%
신간 발행부수	119,656,681부	113,139,627부	132,503,119부	106,515,675부	106,214,701부
증가율	10%	△5.5%	17.1%	△19.6%	△0.3%
평균 정가	11,257원	11,545원	11,872원	12,116원	11,681원
증가율	4%	2.5%	2.8%	2.0	5.9

출처 : 온라인 서점 간 공유자료

로 2010년까지 종이책의 발행 부수는 지속적으로 감소되고 있으며, 서점에서 사라져간 콘텐츠 분야의 발행부수 축소와 타 미디어로의 대체로 출판 시장이 축소되었음을 확인할 수 있다. 2011년 국내의 대형 서점과 온라인 서점의 성장률 또한 한 자리 숫자의 저성장 상태에 돌입했다.

미국출판협회는 2011년 1월 전자책은 7천만 달러로 전년 대비 116% 신장하였으나 종이책의 경우에는 8360만 달러로 전년도 1억 420달러에서 하락했다고 발표했다. 또한 2011년 2월에는 전자책이 종이책을 추월했다고 발표했다.

국내 대형서점 교보문고 역시 5년 전과 비교하여 전자책은 무려 640%라는 놀라운 성장률을 보이고 있다. 그러나 전자책의 국내 시장 규모는 아직 종이책 시장의 1% 정도에 불과하다 음반시장과의 차이는 전자책의 부진에도 불구하고 전체 출판시장이 축소하고 있다는 점이다.

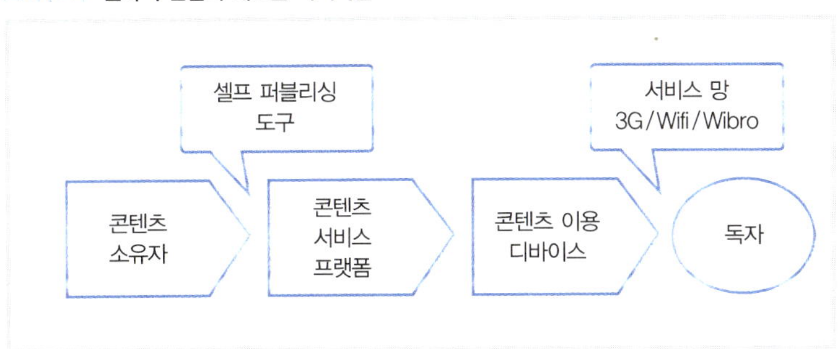

[그림 5] **전자책 산업의 새로운 가치사술**

출처 : 성대훈, '새로운 디바이스가 여는 미디어와 활자 미디어의 미래,' 2010, 「모바일 프런티어 컨퍼런스 자료집」, 199쪽 재구성.

전자책 출판은 가치사슬 측면에서 전통적인 종이책과 매우 다른 면을 볼 수 있다. 먼저 종이책 산업에서는 각 사업 주체들이 특정 역할에 국한되어 있던 반면, 전자책에선 각 사업 주체들이 복수의 역할을 담당한다. 아마존의 경우 자사의 전용 전자책 단말기인 킨들을 바탕으로 단순한 소매 유통이 아니라 출판에서 유통까지 관련 사업을 직접 운영하고 있다.

이처럼 전자책 산업 가치사슬 내에서 각 사업 주체의 복수 역할이 가능해지면서 대형 출판업체와 전자책 기술 제공 업체들도 전자책 산업의 여러 영역으로 사업을 확장하고 있다. 또한 전자책 출판 및 유통 기술이 보편화되면서 일반 개인을 비롯한 특정 주제를 다루는 소규모 출판업체들의 등장도 빈번해지고 있다. 이러한 현상은 음반산업의 인디(Independent)라고 불리는 중소 음반사의 출현과도 같다.

콘텐츠 생산 단계에서 출판의 주체는 기존 출판사나 신문사뿐만 아니라 순수 전자책 사업자가 될 수도 있다. 여기서 자가 출판(Self-Publishing)의 가능성이 열려 있다는 점은 이제 출판산업에서 책을 출판하는 주체가 저자가 될 수 있음을 시사한다. 전자책으로의 저작이 쉽도록 지원하는 셀프 퍼블리싱 툴은 전자책의 생산, 유통, 관리까지 가능하게 하여 종이책의 여러 단계가 생략된 형태로 가히 획기적으로 전환되고 있다. 일례로 일본의 유명한 소설가 무라카미 류는 2010년 신작 《노래하는 고래》를 영세한 소프트웨어 사업자를 통해 출판했다.

전자책 서비스 업체는 각 분야별 콘텐츠 생산자 또는 저자와의 계약

| 표 6 | 세계 셀프 퍼블리싱 플랫폼 비교

회사명	플랫폼	제작 플랫폼 지원 여부	포맷	수익 배분
Amazon	KDP(Kindle Direct Publishing)	지원	AZW	70 : 30
Barnes & Noble	Pubit	지원	epbu	70 : 30
Smashwords	Smashwords for Literay Agents	지원	HTML, Mobi, epub, PDF, RTF, LRF, PDB	85 : 15
Apple	iBookstore	미지원	epub, PDF	70 : 30
LuLu	iBookstore 연계	미지원	PDF/epub 업로드 epub/PDF	80 : 20
Scribd	Scribd Store	미지원	PDF 파일 업로드 ADE PDF	80 : 20
교보문고	CIP	지원 예정	epub, PDF	70 : 30
바로북	아이작가	TXT, XML	XML	70 : 30
인터파크	Bucci	Biscuit Maker 지원	epub	70 : 30

출처 : 성대훈, 스마트 미디어 시대의 전자책 이용과 채택에 관한 연구, 중앙대학교 박사학위 논문

을 통해 전자책을 생산할 수 있으며 직접 유통에 나설 수도 있다. 최근 미국 아마존의 KDP(Kindle Direct Publishing: 출판사를 통하는 인쇄본 없이 전자책으로만 출간하여 아마존으로 직접 유통하는 시스템)와 반즈앤노블의 퍼빗(PubIt: KDP와 유사한 반즈앤노블의 전자책 출판 툴), 애플의 아이북스, 조선일보의 텍스토어, 인터파크의 비스킷, 교보문고의 스마트 퍼블리싱 등 다양한 전자책 출판 솔루션이 쏟아져 나오고 있다. 이제 콘텐츠만 있다면 출간하는 것은 손쉬운 일이 된 것이다. 이는 과거 종이책 출판을 위해 출판 경험이 풍부한 전문 출판사를 통해야만 했던 상황과 비교하면 엄청난 변화라고 할 수 있다.

표 6과 같이 국내외의 전자책 유통회사들이 콘텐츠 통합 플랫폼을 제공함으로써 출판산업의 변화를 가져오고 있다. 이제 간단한 파일 업

로드만으로도 전자책을 제작, 판매까지 할 수 있게 되었다. 전자책 산업의 새로운 가치사슬의 변화는 작가, 소프트웨어 사업자 등 새로운 사업자의 출판산업 진입이 가능해졌다는 것과 기존 기득권자들의 권한이 축소되고 있음을 보여준다.

미국에서 가장 많이 팔린 베스트셀러 작가 중 한 명인 스티븐 코비는 1990년에 출간된 《성공하는 사람들의 7가지 습관》이란 책으로 유명하다. 이 책은 전 세계에서 1천만 부 이상 팔렸다. 지금도 꾸준히 팔리는 스테디셀러로 매년 10만 부 이상 판매되고 있다고 한다. 그는 2009년 말 과거에 낸 책의 전자책 판권을 대형 출판사인 사이먼 앤 슈스터(Simon & Schuster)에서 회수해 아마존에게 주었다. 스티븐 코비의 경우에서도 볼 수 있듯이 종이책 출판사의 역할이 점점 축소되고 있는 것이다. 그러나 무라카미 류나 스티븐 코비와 같은 스타작가라면 출판사 없이 1인 출판의 형태가 나타날 수 있으나 상당수의 작가들은 출판사의 기획, 마케팅, 브랜드 등을 활용하기 위해 기존과 같은 협력을 지속할 것이다.

출판산업 분야는 아이패드, 킨들 등 전자책 소비 기기의 발달과 새로운 출판 플랫폼의 출현으로 커다란 변화를 맞이하고 있다. 이러한 상황에 대처하기 위해서는 새롭게 등장하는 디바이스와 플랫폼에 적극적으로 준비하는 자세가 필요하며, 출판사 본연의 역할이었던 문화 수문장으로의 역할뿐 아니라 새로운 디바이스에 적합한 전자책의 기획 및 상품 개발, 마케팅 능력 등을 포함한 에이전트로서의 역할 전환이 필요할 것으로 보인다.

전자책 시장의 최대의 변화 동인은 다른 분야와 마찬가지로 디지털화와 모바일화에 있다. 특히 새로운 미디어 환경의 급격한 변화를 일으키고 있는 스마트폰과 태블릿 PC의 보급이 확대되면서 전자책 시장이 급성장하고 있다. 아마존의 베스트셀러 집계를 살펴보면 종이책 베스트셀러와 킨들 에디션 베스트셀러의 확연한 차이를 볼 수 있다. 전자책의 경우 베스트셀러의 75%가 스릴러, 미스터리 등의 오락적인 콘텐츠이며 25% 정도만 종이책 베스트셀러와 일치하는 것을 확인할 수 있다. 국내는 아직 종이책과 전자책의 동시 출간이 많지 않아 상대적 비교가 어렵지만, 교보문고 전자책 베스트셀러를 살펴보면 100위 중 21%는 종이책 베스트셀러가 차지하고 있고 나머지 79%를 장르문학이 대부분 차지하고 있다.

그렇다면 "디지털 시대의 종이책 독서는 전자책 독서로 대체될 수 있는가?" 중앙대 신문방송학과 이정춘 교수는 처음 인터넷을 접하면 그 방대한 정보와 자료들에 놀라지만 곧 그 유용성에 한계가 있음을 알게 되면 실망하게 되며, 인터넷 정보는 체계적인 의식 내용 대신 대충 알기와 적합한 정보를 얻을 수 있는 수단이 될 수 있어도 독서를 대신할 수 없다고 주장하였다. 안철수 교수 또한 "당장 활용해야 할 응용 정보는 인터넷을 통해 충분히 얻을 수 있지만 근본적이고 깊이 있는 정보는 책을 통해야 얻을 수 있다."라고 말했다. 니콜라스 카가 우려한 산만한 하이퍼 링크로 구성된 인터넷으로 인한 현대인의 독서 능력 상실은 전자책에서도 재현될 수 있다. 인터넷 서핑, 음악 감상, 애플리케이션 설치가 가능한 다목적 전자책은 독서에 필요한 집중력을 방해할 것이다. 따라서 전자책은 고도의 집중력을 필요로 하는 서적류보다는 잡지, 만화와 같이 '읽지 않고 보는 류' 의 서적, 즉 패스트 콘텐츠에 적합할 것이다.

패스트 콘텐츠로서의 전자책

접속의 시대, 종이책과 전자책은 소유할 것이냐 소비할 것이냐로 귀결될 수 있다. 현재까지의 아마존 킨들 에디션 분야의 베스트셀러를 보더라도 종이책의 형태를 소유할 필요가 없는 분야의 도서들은 전자책으로 소비되고 있음을 알 수 있다. 기존 종이책의 역할은 구글의 디지털 라이브러리 프로젝트를 통해 자료 보존에 획기적인 방법을 사용하였다. 이제는 종이책의 형태로 소유하지 않아도 자료의 내용을 확인할 수 있는 시대가 되었다.

디지털 기술의 발전으로 인하여 인간의 사상과 감정을 잘 전달해온 종이매체보다는 이제 디지털 형태의 전자책이 좀 더 효율적이다. 모든 서비스는 다양한 소프트웨어나 종이책을 소유할 필요가 없어지는 클라우드 기반의 환경으로 전환되고 있다. 전자책의 경우에도 클라우드 기반 네트워크에 접속하여 언제든지 내가 원하는 정보를 얻을 수 있는 환경이 도래된 것이다. 그러나 모든 책들이 전자책으로 전환되고 패스트 콘텐츠가 될 가능성은 아직은 적은 편이다.

서점에서 사라지는 책들은 어떤 분야의 책이 전자책으로 대체되고 있는지 알려주고 있다. 서점에서 사라져가고 있는 깃 가운데 가장 대표적인 것이 바로 사전이다. 국내외를 통틀어 사전과 백과사전은 종이책 버전을 찾아보기 힘들어지고 있다. 학술논문과 정부 간행물 또한 서점에서 사라진 대표적인 상품이다. 만화책 역시 일부 만화 전문서점과 대형서점에만 존재할 뿐 일반 서점에서는 구경조차 하기 힘든 상품이 되고 말았다. 또한 로맨스, 판타지, SF 등 다양한 장르문학 분야의 책들은 일반 서점에서뿐 아니라 온라인 서점에서도 사라져 전자책 형태로만 출간되고 있는 실정이다.

앞에서 언급되었던 분야의 패스트 콘텐츠로서의 책들은 다음과 같은 공통적인 특징을 가지고 있다.

첫째, 물리적인 공간을 많이 차지한다는 것이다. 백과사전과 만화 및 장르소설류들은 1종 다권의 형태를 띠고 있다. 이 때문에 물리적으로 많은 공간을 차지하게 되면서 서점에서 꺼리는 상품이 된 것이다.

둘째, 휴대성이 불편하다는 단점을 가지고 있다. 무거운 사전류는 그 무게와 부피로 인해 휴대하기가 힘들다. 만화나 장르소설의 경우는 상대적으로 빠른 읽기가 가능하나 다량의 책이 한 질을 이루고 있어 다 가지고 다닐 수 없는 불편함이 있다.

셋째, 지속적인 업데이트와 정보 탐색 기능을 필요로 한다. 종이책은 빠른 주기의 업데이트가 어렵고, 방대한 분량의 정보를 찾아줄 수 있는 방법이 인덱스 기능에 국한되어 있어 정보 탐색의 용도로 활용하긴 어렵다는 단점을 가지고 있다.

요약하자면, 보유비용이 소유가치보다 큰 것, 담고 있는 콘텐츠의 가치가 시간이 지나면서 감소하는 것, 즉 유통기한이 있는 콘텐츠를 담고 있는 패스트 콘텐츠는 종이책에서 사라지고 있다. 반면 패스트 콘텐츠가 아닌 소유 가치가 보유 비용을 초과하는 서적류는 양장본과 같이 소장용 종이책으로 존속하고 있다.

현 〈와이어드〉 편집장 크리스 앤더슨은 다음과 같이 소장가치의 중요성을 강조했다. "종이책을 선호하는 소비자는 분명 존재한다. 단 전자책 시장이 더 성장함에 따라 전략을 달리해야 할 것이다. 더 예쁘고 멋진 디자인이나 좋은 질감의 종이를 사용해 특별한 가치를 제공해야 한다." 소장가치가 없는 책은 소유되지 않고 일회성으로 소비될 것이다. 그리고 현재까지 책의 소비 행태는 소장하고자 할 정도로 가치있는 책이라면 보유비용이 있더라도, 보고 만질 수 있는 종이책이 전자책보다 선호되고 있다고 알려주고 있다.

콘텐츠의 소셜화

최근 SNS의 급격한 확산은 콘텐츠의 소셜화를 요구하고 있다. 페이스북의 '좋아요'는 모든 콘텐츠에 누군가가 이 콘텐츠를 좋아한다는 의미를 부여한다. 트위터의 게시된 글은 팔로어들의 리트위트(RT)에 의해 많은 사람들과 연결된다. 사용기, 리뷰 등의 블로그 글도 콘텐츠와 연결되어 존재한다. 즉 스마트 시대의 콘텐츠는 비록 그것이 패스트 콘텐츠로 이용자에게 일회성으로 소비되더라도, '좋아요', RT, 인용된 블로그와 신문기사 등 각종 콘텐츠와 연결되어 존재하게 되는 것이다. 그리고 이러한 연결은 콘텐츠의 공유, 즉 소비 증대로 이어진다.

물론 이처럼 소셜화된 콘텐츠라 하더라도 1회성 소비재로의 전락을 피할 수 없다. 그러나 소셜화된 콘텐츠라면 네트워크 효과를 타고 3주 가량의 수명기간 동안 이전보다 많은 사람들에게 전파되어 장수할 수 있다. 입소문을 통해 아는 사람만이 공유하던 소비가 모두가 연결된 스마트 시대엔 모르는 사람도 알게 하는 것이라 할 수 있다.

콘텐츠를 소유할 것인가, 소비할 것인가

다양한 스마트 기기의 보급은 음악, 영화, 도서 등 대부분의 미디어 콘텐츠 산업을 변화시키고 있다. 이제 '패스트 콘텐츠'는 일회용 상품과 같이 접속형 서비스로 소비될 것이다. 콘텐츠의 소비 형태는 소수의 양질 콘텐츠를 선택하는 것에서 저가의 번들 상품과 같은 물량 중심의 소비로 변할 것이다.

음악, 영화, 도서 등 미디어 콘텐츠의 다량 소비는 콘텐츠의 수명을 단축시켜 이러한 문화상품의 유통기한은 지속적으로 단축되고 있다. 음반의 경우 사실상 노래 한 곡의 수명이 한 달이 채 못 되는 상황이다. 공급자들이 다량 생산으로 대응하는 것은 필연적이다. 아이돌 가수의 싱글음반과 같이 유행을 타는 짧은 분량의 트렌디 도서들의 증가할 것이다. 경제학자 타일러 코웬이 지적한 것과 같이 "정보에 대한 접근이 쉬울 경우 우리는 짧고, 달콤하고, 혼합된 것들을 좋아하는 경향이 있다." 자라, H&M과 같은 패스트 패션과 같이 미디어 콘텐츠에도 1회성 소비 지향의 패스트 콘텐츠가 증가할 것이다.

이러한 1회성 소비로의 변화에 대하여 패스트 콘텐츠 생산자는 SNS를 활용한 이용자들의 리뷰, 추천 등 콘텐츠의 소셜화로 유통기한을 연장할 것이다. 또한 짧은 유통기한 동안의 최대 수익을 거두기 위해 최신 콘텐츠와 구형 콘텐츠의 끼워팔기나 정기 구독형 스트리밍 서비스 등 물량 중심 판매가 확산될 것이다.

반면 소장가치가 보유가치보다 큰 콘텐츠는 현재의 패키지 유통 형태를 더욱 고급화하며 패스트 콘텐츠와 별도의 시장을 형성할 것이다. CD, DVD, 종이책 등 오프라인 패키지의 생산량의 감소는 가격인상이 불가피하다. 미디어 콘텐츠에도 양극화가 확대되는 것이다.

참고 문헌

■ 제레미 리프킨, 《소유의 종말(The Age of Access)》, 민음사, 2001.
■ 마샬 맥루한, 《미디어의 이해》, 민음사, 2002.
■ 성대훈, 〈2015년 전자책은 종이매체의 구원자가 될 것인가?〉, KT경제경영연구소 디지에코. 2011.
■ 한국인터넷진흥원, 〈2010년 인터넷 이용실태조사〉, 2011.
■ 한국인터넷진흥원, 〈2011년 상반기 스마트폰 이용실태조사〉, 2011.
■ 니콜라스 카, 《생각하지 않는 사람들》, 청림출판, 2011.
■ 사사키 도시나오, 《전자책의 충격》, 커뮤니케이션북스, 2010.
■ 김광현 외, 《아이패드 혁명》. 예인, 2010.
■ 이정춘, 〈위기의 읽기문화 어떻게 할 것인가?〉, 한국출판학회, 2010.
■ 이정춘, 〈출판의 'Peek-a-boo-world' 화 현상〉, 제14회 중국북경국제출판학대회 발표자료집, 2010.

3장

세상을 바꾸는 집단지성의 힘
We Generation

스스로 정보를 만들어내는 사람들

2011년 7월 말 서울에는 '100년 만의 폭우' 라고 할 정도로 엄청나게 많은 양의 비가 내렸다. 기습적인 집중폭우로 아침 출근길은 대혼란이었다. 한강시민공원은 물에 잠기고 올림픽도로도 침수되면서 극심한 정체로 인해 출근하는 사람들은 평소보다 3배 넘는 시간 동안 차에서 기다릴 수밖에 없었다. 새벽부터 시간당 100밀리미터 이상 내린 폭우로 서울 시내 곳곳이 침수되고 도로가 꽉 막히자 SNS가 위력을 발휘하기 시작했다. 비에 발이 묶인 시민들이 스마트폰을 꺼내 도로와 지하철 등 교통상황을 생중계하며 정보를 공유했다. '대치역 주변 도로는 허리까지 물이 차 올라 역 출입이 불가능하니 참고하라', '강남역이 침수돼 논현역은 이미 주차장이니 우회하라' 식의 현장 정보였다.

트위터를 비롯한 SNS가 기존 언론을 압도하는 활약을 펼치며 빠르고 현장감 있는 '속보 매체'로 떠올랐다. 신문과 방송 등 언론들도 여기에 주목하여 발 빠르게 SNS를 활용한 보도를 하는가 하면 SNS의 위력을 분석하는 기사를 앞다퉈 내보냈다.

SNS에서 문자보다 강력한 힘을 발휘한 것은 사진과 동영상이었다. 차가 둥둥 떠다니는 대치역 부근 사진, 가슴까지 물이 차오른 강남 도로 한복판을 건너는 사람들을 담은 동영상 등은 실시간 재난 생방송이나 마찬가지였다. 이날 시민들이 올린 강남역 침수 상황 등은 소방방재청이나 방송사의 속보보다 빠르고 생생했다. 이것이 가능했던 것은 재난에 직면한 당사자가 재난 현장의 뉴스를 직접 생산했기 때문이다.

침수와 교통 두절로 언론의 접근이 어려운 때에 '내 손 안의 매체'를 든 SNS 기자들은 이미 자신만의 속보를 내보내고 있었다. 촬영도 쉽고 화질도 좋고 실시간으로 인터넷에 접속할 수 있는 스마트폰이 대중화되지 않았다면 불가능한 일이었다.

일반 도로뿐 아니라 철도에서도 SNS는 큰 위력을 발휘했다. 코레일은 집중호우가 시작되자 트위터 등을 통해 20여 차례에 걸쳐 실시간으로 열차운행 정보를 전달했으며, 이 내용은 네티즌들에 의해 수백 번에 걸쳐 RT되었다. 또한 코레일은 국토해양부와 서울시, 서울메트로, 교통방송의 트위터 계정과 연계해 출퇴근 시간대 열차 이용객에게 실시간 맞춤형 정보를 전달하였고, 현장의 전동열차 지연 상황을 트위터로 실시간 공유함으로서 SNS의 장점을 최대한 활용하였다. 이 덕분에 평소 1만 5천 명 수준이었던 코레일 트위터 팔로어 수는 집중호우 기간 동안 입소문을 타고 2만 명을 넘어섰다.

그런데 네티즌들은 여기서 한걸음 더 발전시켜 SNS와 인터넷을 이용하여 실시간으로 정보를 모아 ‘폭우피해 지도’ 라는 것을 만들었다. 다음 아고라와 네티즌들이 구글의 위성지도 서비스 ‘구글 맵’ 을 이용해 만든 폭우피해 지도는 서울을 포함한 중부지방 50여 곳의 침수상황을 사진과 함께 알려주어 폭우로 물에 잠긴 수도권 각 지역의 침수 피해를 한눈에 볼 수 있다.

폭우피해 지도는 스마트폰 SNS, 인터넷 게시판을 통해 제공된 사진과 동영상을 이용해 네티즌들에 의해 자체적으로 제작되었다. 이렇게 만들어진 폭우피해 지도는 트위터와 블로그를 통해 빠르게 전파되었고, 기록적인 폭우 속에서도 많은 사람들이 이 지도 덕분에 추가적인 피해를 피해갈 수 있었다. 네티즌들 사이에서는 폭우피해 지도가 정부나 언론 보도보다 빠르고 정확하다는 소문이 돌면서 큰 호응을 얻었고, 13만 건 이상의 높은 조회수를 기록하였다. 무엇보다 폭우피해 지도를 접한 사람들은 “정말 유용하게 잘 사용하고 있다”, “이동할 때 불편함이 많았는데 지도 덕분에 시간을 단축할 수 있었다”며 실제 생활에 큰 도움이 되었다는 점에서 이 서비스를 높이 평가하였다. 폭우피해 지도는 ‘집단지성’ 이 IT와 결합하여 유익한 가치를 창출한 좋은 사례인 셈이다.

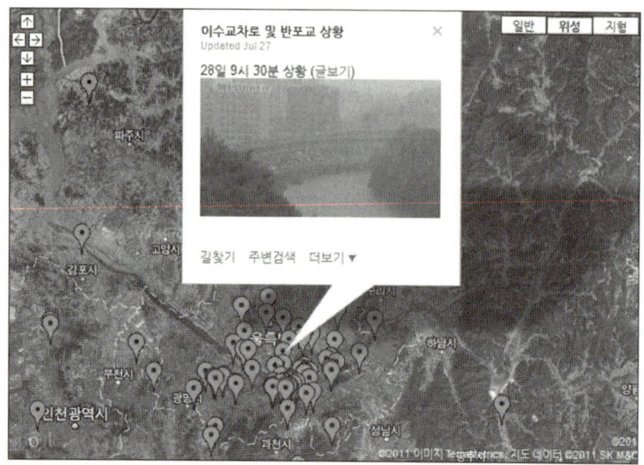

폭우피해 지도의 원조는 2007년 미국 캘리포니아 남부에서 발생한 대규모 산불 정보를 구글 맵상에서 알려준 '샌디에이고 화제 지도(San Diego fire map)'라 할 수 있다. 샌디에이고의 한 공영방송이 홈페이지에서 산불이 발생한 위치 및 피난장소, 병원 위치, 관련 뉴스 등이 게재된 구글 맵 서비스를 제공하였는데, 이것이 피해를 줄이는 데 큰 역할을 한 것이다. 당시 네티즌들은 이 지도정보를 트위터와 유튜브, 블로그 등을 통해 실시간으로 주고받으며 언론매체보다 빠른 소식을 전달해 큰 호평을 얻었다.

이러한 집단지성을 활용한 IT서비스는 이웃나라 일본에서도 찾아볼 수 있었다. 지난 3월, 일본 동북부 후쿠시마 지역을 강타한 대지진은 쓰나미 피해와 함께 원자력발전소 연쇄 폭발에 따른 방사능 유출 사고로까지 이어져 일본 전 국민을 방사능 공포에 떨게 만들었다. 후쿠시마 제1원자력발전소에서 나온 방사성 물질 세슘은 300킬로미터 떨어진 수도권까지 오염시켰고, 도쿄의 4개 정수장의 흙에서도 세슘과 요오드가 검출되었다. 도쿄 북쪽의 이바라키 현 3개 지역에서 채취한 목초에서도 잠정기준치(1킬로그램당 300베크렐)를 넘는 340~860베크렐의 세슘이 나왔는가 하면, 심지어 후쿠시마 원전에서 300킬로미터 이상 떨어진 도쿄 남쪽 가나가와 현에서 재배하는 찻잎에서까지 기준치 이상의 세슘이 검출되었다.

그러나 이런 상황에서도 일본 정부는 계속 앵무새처럼 안전하다는 말만 되풀이할 뿐, 어느 지역이 얼마나 방사능에 오염되었고, 어떤 지역이 위험하고 안전한 지역인지에 대한 구체적인 언급이 없었다. 게다가 안전도를 가늠할 수 있는 방사능량에 대한 기준 또한 애매하다. 일본 정부는 연간 20밀리 시버트(Sievert)를 피폭한도량으로 정해놓았지만, 전문가들은 연간기준치를 1밀리 시버트 이하로 정해야 한다고 주장하고 있다. 설령 안전기준을 정했다 하더라도 눈에 보이지 않는 방사능이 어디에 얼마나 퍼져 있는지 일반인들은 알 길이 없는데, 이런 어려움을 해결하고자 등장한 서비스가 바로 '측정해 가이거(測ってガイガー)'이다.

'측정해 가이거'는 방사능을 측정하는 가이거 계수기(Geiger counter)를 가지고 있지 않은 사람이 가지고 있는 사람에게 방사능 측정을 의뢰하는 사이트로, 꼭 측정을 의뢰하지 않더라도 자발적으로 측정하여 방사능량 정보를 공유할 수 있어 '폭우피해 지도'와 유사한 역할을 한다. 이용 방법은 간단하다. '측정해 가이거' 웹사이트에서 사용자 등록을 한 후 원하는 지역에 대해 방사능 측정을 의뢰하면, 측정 멤버 중 누군가가 응답을 하고 결과를 메일로도 알려준다. 지도에 보

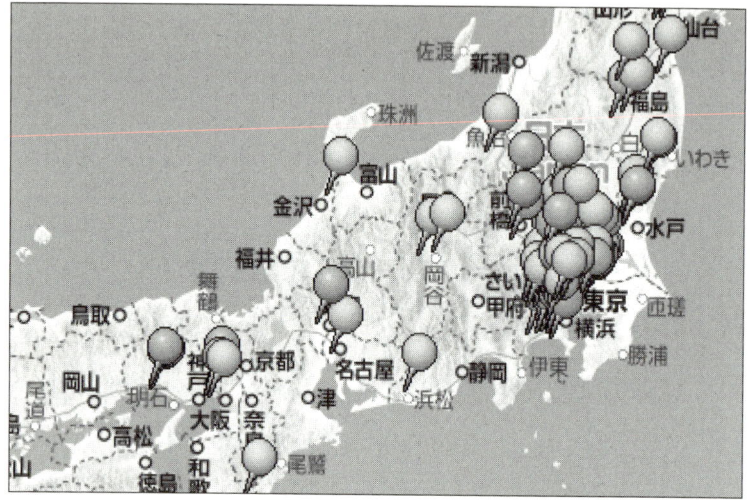

면 색깔별로 표시가 되어 있는데, 붉은색은 현재 의뢰 중이라는 표시이고, 녹색은 의뢰에 대해 측정을 완료했다는 것을 의미한다. 파란색은 측정멤버가 자발적으로 측정하여 내용을 올린 것이다. 측정 의뢰 및 측정 결과 게시는 트위터와 스마트폰 앱을 통해서도 가능하다. 이 사이트에는 현재 1200여 명의 자발적 참여자가 측정멤버로 활동하며 방사능을 측정, 정보를 업데이트하고 있다.

현명한 대중, 집단지성의 힘

집단지성(Collective Intelligence)이란 다수의 개체들이 서로 협력 또는 경쟁을 통하여 얻게 되는 지적 능력에 의한 결과로 얻어진 집단적 능력을 의미하는 것으로 '대중의 지혜'라고 말하기도 한다. 집단지성의 시초는 아이러니하게도 곤충, 그것도 개미에게서 비롯되었다. 1910년대 하버드 대학교 교수이자 곤충학자인 윌리엄 모턴 휠러는 개미의 사회적 행동을 관찰하면서 처음으로 집단지성이라는 개념을 제시하였다.

개미의 움직임을 보면 한 마리 한 마리의 움직임은 상당히 무질서스럽고 별 의미조차 없는 듯 보인다. 그러나 개미군단이 먹이를 발견하게 되면, 여러 곳에서 개미들이 달려들고 이들은 각자 집을 오가며 먹이를 나르기 시작한다. 그리고 어느 정도 시간이 흐르면, 개미들은 자연스럽게 가장 집과 가까운 경로로 줄을 이루며 먹이를 운반한다. 집과 최단거리의 경로를 많은 개미들이 오가게 되고, 그 결과 페로몬 냄새도 강해져서 그 냄새를 따라 다른 개미들도 그 최적의 경로를 선택하는 것이다.

사회학자인 피에르 레비는 집단지성의 개념을 사이버 공간으로 확대시켰다. 그는 이 사회가 디지털 사회로 진화하면서 공동의 지식자산을 서로 공유하고 집단지성을 구축함으로써 인류가 새로운 진화의 완성 단계에 오를 것이라고 주장하였다. 인터넷 시대에서 집단지성이 더욱 주목을 받는 이유는 '커뮤니케이션의 혁신' 때문이다. 고도로 발달된 네트워크 환경하에서 인간은 실시간으로 지식을 공유하고 축적하면서 다시 새로운 지식을 창출한다. 레비 교수는 집단지성의 의미에 대해 "정보의 정확성보다는 함께 그 지식을 구축해나간다는 사실이 중요하다.”라고 강조한다.

그렇다고 집단지성이 제공하는 정보가 정확성이 떨어진다고 말할 수는 없다. 미국의 전자제품 유통업체인 베스트바이의 사례는 집단지성의 결과가 전문가보다 더 정확할 수도 있다는 것을 보여준다.

베스트바이의 경영진은 수백 명의 일반 직원들에게 2월의 선물카드 판매량을 예측해보라는 이메일을 보낸 적이 있는데, 실제 2월에 발생한 판매량과 비교해보니 일반 직원들의 예측 평균치와 오차가 0.5%밖에 나지 않았다. 심지어 판매량 예측을 담당하는 마케팅 부서의 오차가 5.5%였던 것과 비교하면 집단지성을 통해 나온 결과가 단순한 지식의 합이 아님을 알 수 있다. 이에 경영진은 상시적으로 일반 직원들의 의견을 모으는 시스템까지 만들었다. 개미나 꿀벌처럼 집단이 지혜를 모으면 전문가보다 좋은 결과를 낳을 수 있다는 방증인 것이다.

《대중의 지혜(The wisdom of crowds)》의 저자 제임스 서로위키에 따르면, 다양하고 독립적인 개인으로 구성된 집단에서는 이들 개개인의 집단적 지혜가 전문가의 예측보다 더 정확할 수 있다. 일례로 1968년 임무를 마치고 귀환하다가 사라진 미국 잠수함 스콜피온의 침몰 위치를 추정한 것은 전문가들의 개별적인 의견이 아니라 해군장교 존 크레이븐이 베이즈의 정리란 통계적 방법을 이용해서 다양한 전문가 집단의 의견을 취합한 결과였다. 개인의 예측은 오차를 포함하지만, 이들의 평균치 혹은 집단의 추정치는 진실에 가까웠던 것이다.

대중의 지혜는 주식시장에서도 발견된다. 1986년 우주왕복선 챌린저호 폭발 8분 후 주식시장에서는 발사계획에 참여한 주요 기업 네 곳

의 주가가 급락하였다. 특히 고체엔진 추진 로켓을 만든 머튼 티오콜
(Morton Thiokol) 사의 주식은 투매현상이 너무 심해 거래정지 조치까
지 내려졌다. 아직 미국 정부에서는 어떠한 사고 원인에 대해서 발표
하지도 않았음에도 시장은 폭파의 원인을 정확히 알고 있었다. 결국
사고 6개월 후 조사위원회는 티오콜의 로켓에 문제가 있었다는 것을
밝혔다. 당시 주식시장 거래를 분석한 전문가들의 보고서에 따르면
티오콜 경영진이나 이를 충분히 알 수 있었던 회사들의 매도는 없었
던 것으로 나타났다. 사고 직후 주식투자자들의 정보가 모아지면서
대중은 그 어떤 전문가나 기관보다도 빠르게 원인을 파악하고 행동에
나선 것이다.

제임스 서로위키는 대중이 현명한 이유에 대해 다양성, 독립성, 분
산화로 설명하고 있다. 대중의 지혜가 나타나기 위해서는 집단 구성이
다양해야 하고, 권한이 분산되어야 하며, 구성원이 상호 독립적이어야
한다는 것이다. 또한 구성원의 의견이 정리되고 모아져 하나의 결정을
만들어낼 수 있는 방법론이 있어야 한다. 5년에 한 번씩 열리는 대통
령 선거라든가 상품의 적정 가격이 매겨지는 시장이 이에 해당된다.
대중들이 각자 독립적이며 분산된 상태에서 결정을 내릴 때 비로소 그
결과는 지혜로워진다는 것이다.

최근 많은 기업들이 경영의 불확실성을 줄이고 조직 내 효율성을 높
이기 위해 다양한 정보를 가진 구성원들의 의견을 한군데로 집결하는
방안을 모색하고 있다. 대표적인 사례가 일본 NTT데이터가 시행하고
있는 사내 SNS '넥스티(Nexti)' 이다.

2006년부터 시작된 넥스티는, 처음에는 NTT데이터 내부용으로만 사용된 사내 커뮤니티 서비스였으나, NTT데이터 직원의 90%가 사용하고, 2008년에는 IT 매니지먼트 혁신상을 수상하는 등 그 효과를 인정받아 이제는 타사에서도 사내 SNS 도입을 검토하기에 이르렀다.

넥스티의 개발 목적은 당시 NTT데이터 내부에 팽배해 있던 부서 간 이기주의(Sectionalism)을 타파하고 전 직원의 지혜와 힘을 모으자는 의도였다. 넥스티가 사내 SNS로서 성공을 거둘 수 있었던 것은 탑다운(Top Down) 방식으로 강제성을 띠지 않고, 직원들의 자발적 참여를 유도하여 지혜를 공유하고자 했기 때문이다. 넥스티에서는 친구 소개, Q&A 등 자기 부서 사람 이외의 직원들과도 쉽게 소통하며 의견을 공유할 수 있다. 예를 들면, 밤 11시에 영업부서의 과장이 "고객의 요청으로 해외기업 솔루션 시장 자료를 찾고 있습니다."라고 Q&A에 SOS 요청을 하고 잠이 든다. 바로 다음 날, 출근시간 전에 이미 5~6건의 답신 및 자료가 올라온 것을 확인할 수 있다. 그리고 3일 정도 지나면 20여 건의 전문적 지식이 담긴 답변들이 전달된다. 재미있는 것은 질문에 대답을 보내온 이들 대부분이 한 번도 만난 적이 없다는 사실이다. 단지 넥스티 안에서만 인사를 주고받은 사람들이다.

NTT데이터는 넥스티의 활성화로 인해 부서 간 이기주의가 사라지고 업무의 효율성도 증대되었다. 이뿐 아니라 직원들의 스트레스 감소 및 애사심 향상 등 조직 분위기도 더욱 좋아졌다고 한다. 넥스티는 이제 단순한 커뮤니티 공간이 아니라 개인 및 기업의 문제점을 해결해주는 집단지성의 솔루션 창구가 된 셈이다.

| 그림 3 | NTT데이터의 SNS '넥스티' 페이지 화면

집단지성의 결정체는 네이버의 지식인과 위키피디아를 들 수 있다. 일반인들이 묻고 답하는 지식인은 네이버가 국내 포털 점유율 70% 이상을 차지하며 독점적 지위를 쌓는 데 결정적 역할을 하였다. 지식 공유 서비스 위키피디아는 과학 전문잡지 〈네이처〉로부터 과학정보의 정확도가 브리태니커에 뒤지지 않는다는 호평을 받으며 전통적인 백과사전 영역까지 위협하기에 이르렀다. 수천 명의 웹 사용자들이 각자의 지식과 정보를 직접 작성하고 편집해 만드는 위키피디아는 240년의 역사를 가진 브리태니커의 정확도와 유사할 뿐 아니라 정보량은 10배에 달한다. 매일 약 2천 건의 새로운 항목이 등록되며 200개 이상의 언어로 제공되고 있다. 게다가 업데이트되는 속도 또한 점점 빨라지고 있다.

이러한 집단지성은 숨은 전문가를 찾아내는 기회가 되기도 한다. 더 많은 정보, 지식, 경험을 가진 사람이 더 많은 이익을 얻을 수 있는 기회가 존재하는 만큼, 스스로 집단지성 그룹에 참여할 개연성이 높기 때문이다. 인류 역사에 있어 위대한 발명은 한 명의 천재가 만든 것이 아니라 집단지성에 의해 탄생한 것이 대부분이다. 과학기술이 발달하고 처리해야 할 문제가 많아진 현대에 이르러서는 집단지성의 능력이 더욱 요구된다.

현대 사회에서 집단지성이 전문가 집단보다 높은 평가를 받는 것은 고정관념에 얽매이지 않고 다른 시각에서 문제를 바라보는 유연성 때문이다. 집단지성은 개인의 아이디어가 결합하고 진화되는 과정을 거치면서 개인의 지적 능력의 합(合)보다 큰 힘을 발휘하는 시너지 효과를 창출한다. P&G의 CEO인 A.G. 래플리는 "오늘날 조직 외부에는 임직원 여러분의 문제에 대해 답하고, 해결해주며, 현재의 기회를 잘

| 그림 4 | **집단지성의 확장 개념**

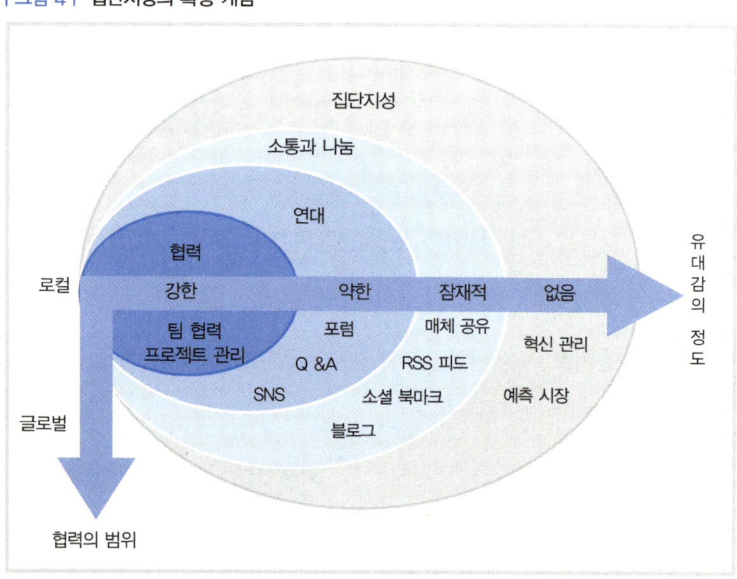

출처 : Emanuele Quintarelli(2010) – www.socialenterprise.it

106

활용하는 방법을 아는 누군가가 반드시 있다. 우리는 그들을 찾아내 생산적으로 협업할 길을 찾기만 하면 된다.”라고 집단지성의 긍정적 효과에 대해 강조하기도 했다.

실행하는 대중, 세상을 바꾸는 집단지성

2011년 8월, 리비아 반군지도부 NTC는 42년간의 카다피 철권독재 시대가 끝났다고 선언했다. 2010년 말 튀니지를 기점으로 시작되어 중동을 뒤덮은 ‘자스민 혁명’의 불꽃이 피어 오른 지 반년 만에 무아마르 카다피 리비아 국가원수의 42년 철권통치가 드디어 막을 내린 것이다. 그리고 자스민 혁명으로 촉발된 6개월간의 치열한 리비아 내전도 사실상 종료되었다

‘자스민 혁명’이란 튀니지에서 시작된 시민혁명이다. 자스민 혁명이라 불리는 것은 튀니지에서 가장 쉽게 접할 수 있는 꽃이고, 튀니지만의 색깔이 있는 꽃으로 튀니지의 국화이기 때문이다. 자스민 혁명의 시작은 청과물 노점상 모하메드 부아지지가 경찰의 강압적인 단속에 항의하여 분신하는 것에서 비롯되었다. 이를 계기로 강권통치와 고실업률에 항의하는 시위가 전국적으로 확산되었다.

국가비상사태가 선포된 가운데 시위 참가 사망자 수가 60여 명에 이르렀다. 이 과정에서 튀니지 정부는 언론을 통제하기에 이르렀는데, 언론이 통제되자 오히려 시위 내용은 인터넷, 특히 트위터를 위시한

소셜 미디어를 통해 튀니지 전역과 전 세계로 퍼져 나갔다. 시위대들은 소셜 미디어를 적극 활용해 정보를 공유하고 저항 전략을 구사하였다. 국제사회와 세계의 네티즌들도 튀니지 시민저항을 지지하며 벤 알리 정부를 압박했다.

결국 벤 알리 대통령은 하야와 함께 사우디아라비아로 망명하였고, 튀니지의 24년 독재는 소셜 미디어에 기반한 집단지성의 파워에 의해 순식간에 무너졌다. 한번 불붙은 자스민 혁명은 요르단, 예맨, 이집트 등 이웃나라로 거침없이 확산되었다. 특히 무바라크 30년 독재의 이집트는 중대한 분수령을 맞게 되었다.

튀니지의 교훈 때문에 이집트 정부는 트위터를 비롯한 페이스북과 구글 등 글로벌 인터넷 서비스를 차단했다. 심지어는 나라 전체의 인터넷망과 휴대전화 서비스를 완전히 차단하는 초유의 행각을 벌였다. 그러나 오래가지 않아 이집트 정부는 인터넷과 휴대전화 서비스를 정상화하였고 아무런 효과도 얻지 못한 채 시대정신에 역행했다는 오명만 쓰게 되었다.

이집트 정부의 인터넷 차단 조치는 오히려 시위에 가담하지 않았던 시민의 불편과 불만만 초래하는 역효과를 초래했다. 특히 아프리카 지역에서 '인터넷 맹주'로 떠오르던 이집트의 대외 신뢰도는 인터넷 차단 조치로 큰 손실을 입었다. 2011년 기준 이집트의 인터넷 사용자는 전체 인구의 20%인 2천만 명으로 북아프리카에서 블로그 사용이 가장 활발한 국가이다.

이후 트위터와 페이스북을 통해 타흐리르 광장에 모인 수십만의 반

정부 시위로 인해 호스니 무바라크 대통령은 반정부 시위 18일 만에 권좌를 내놓고 하야할 수밖에 없었다. 1981년부터 시작된 무바라크의 30년 독재정치는 집단지성에 의해 사형선고를 받은 것이다. 튀니지와 이집트의 혁명 성공은 알제리, 예멘, 바레인에 민주화 바람을 불어넣었고, 마침내 카다피가 42년간 군림하고 있는 리비아에도 무장혁명의 불을 붙였다.

이처럼 절대로 무너지지 않을 것처럼 보였던 아랍권의 전제정권들을 무너뜨린 것은 다름 아닌 집단지성이었다. 특히 트위터, 페이스북으로 대표되는 SNS 기반의 집단지성은 세상을 변혁시킬 중요한 역할을 하고 있다. 특히 기존의 언론매체가 제대로 작동할 수 없었던 독재 국가에서 집단지성이 갖는 의미는 매우 중요하다. 제도권 언론은 권력의 시녀 노릇만 한 채 국민의 의사를 전혀 반영하지 않고 침묵을 지켰다. 결국 소셜 미디어가 여론의 소통 역할을 할 수밖에 없었던 것이다. 규모와 영향력이 큰 기존 미디어보다 소셜 기반의 집단지성의 역할이 더 큰 이유는 한마디로 국민의 신뢰를 잃었기 때문이다.

집단지성이 확산되자 이를 꺼리는 각국 정부의 대응도 만만치 않다. 특히 중국, 중동, 러시아 등은 시위대의 강력한 연결망으로 꼽히는 SNS와 인터넷을 제어하는 방안 마련에 고심하고 있다.

후진타오 중국 국가주석은 최근 인터넷에 민주화 시위를 촉구하는 선동글이 올라오자 인터넷이 공산당 일당체제를 비판하는 창구로 이용되는 것을 막기 위해 감독을 강조하고 나섰다. 현재 중국 네티즌은 4억 5천만 명으로 중국 정부는 페이스북 · 트위터 등 해외 SNS를 차단하고, 대신 자체 SNS인 웨이보(Weibo, 微博)를 운영 중에 있다. 40년 독재가 이어지고 있는 시리아 정부도 페이스북, 트위터 등 SNS와 동영상 사이트인 유튜브에 대한 자국 내 접속을 차단한 바 있다. 이란은 '사이버 경찰'을 배치해 철저하게 인터넷을 감시하고, 정부의 정책과 규율에 반대되는 내용의 글은 안티센서십(Anti-Censorship)이라는 인터넷 검열 도구로 걸러내고 있다. 러시아 정부도 자국 내 페이스북 접속을 차단하고 대신 러시아 자체 SNS인 브이콘택트를 운영하고 있으며, 베트남 정부도 페이스북을 금지하고 자국 사이트를 개설했다.

고민하는 대중, 집단지성의 양면성

집단지성은 개개인이 가진 좋은 지혜를 모아 사회문제를 해결하는 솔루션을 제공한다는 측면에서 긍정적일 수 있으나, 잘못 활용되면 집단의 횡포로 이어져 새로운 사회문제를 야기시킬 수 있는 위험성도 내포하고 있다.

2011년 2월 우리나라에 전국적으로 돼지 구제역이 퍼지자, 정부는 구제역 매몰지에 대한 공개불가 방침을 내세웠다. 그런데 네티즌들은 이에 대해 알 권리를 주장하며 직접 구제역 매몰지 지도를 만들었다. 이 지도의 원리는 구제역 매몰지 위치를 알고 있거나 주변에 사는 사람들이 매몰지 지역에 대한 정보를 입력하면 이 정보들이 지도 화면에 출력되는 방식이다. 네티즌들이 입력하는 정보는 매립 가축, 가축 수,

그리고 정보를 얻게 된 근거자료 등이었으며, 사진도 첨부할 수 있었다. 정보가 입력되면 각각의 위치에 따라 매몰지가 표시된 '전국 구제역 매몰지 협업지도'가 완성되었다.

문제는 정부가 당초 매몰지 지역에 대해 해당 지역 주민들의 반발과 개인정보 노출 등을 이유로 4000여 곳에 이르는 전국 구제역 매몰지 위치에 대한 정보공개를 거부하면서 시작됐다. 투명사회를 위한 정보공개센터가 행정안전부, 농림수산식품부, 환경부 등을 상대로 정보공개 청구를 요구하자, 행정안전부는 도 단위의 정보를, 농림수산식품부는 구제역 신고 현황만 공개한 것이다. 네티즌들 입장에서는 구제역 매몰지가 공개되지 않으면 피해가 고스란히 국민들에게 돌아오기 때문에 매몰지 정보의 공개를 요구한 것인데, 정작 피해를 입은 주민 입장에서는 해당 지역의 지가 하락 및 주민 신원 노출 등 2차 피해가 우려되는 상황이라 무조건적인 정보 제공이 그다지 달가울 리 없었다.

물론 구제역 매몰지가 제대로 관리되지 않으면 지하수 오염 등의 피해가 고스란히 국민들에게 돌아오기 때문에 정보가 공개되어야 한다는 주장이 틀린 것은 아니다. 먼 곳에서 벌어지는 남의 일이 아니라 내 안전을 위협할 수도 있는 문제이기 때문이다. 하지만 다수의 공익을 위해 소수의 피해는 감내해야 한다는 논리는 집단지성이 가지는 모순이기도 하다.

영국의 철학자 존 스튜어트 밀은 〈자유론(On Liverty)〉이라는 논문에서 다수의 횡포(Tyranny of the Majority)를 경고한 바 있다. '다수의 횡포'란 다수의 대중이 최고 권력을 차지하게 되면 비주류인 소수의 삶을 세세한 부분까지 통제하게 되는 폐해를 지적한 것으로 소수의 생각을 가진 사람에게 침묵을 강요해서는 안 된다는 것이 핵심이다. 이와 마찬가지로 집단지성의 가치는 '다수가 옳다'라는 대중의 힘에 기인한다. 하지만 다수가 항상 옳은 것만은 아니다. 또 다수가 권력으로 작용하는 순간, 집단지성은 집단 폭력으로 변질되고 만다.

제임스 서로위키는 집단지성의 속성에 대해 "다양성은 새로운 지식과 관점을 추가하는 데 필요한 요소"라며 "응집력이 강한 동질성의 집단은 다양성이 결여돼 집단사고의 덫에 걸릴 가능성이 크기 때문에 주의해야 한다."고 집단지성의 권력화에 대해 지적한 바 있다.

집단지성은 또한 익명성이라는 약점을 드러내기도 한다. 익명성을 악용해 특정인의 명예를 훼손하고 거짓 정보를 올리는 등 사이버상의 질서를 파괴하는 '사이버 반달리즘(Vandalism)'이 나타날 가능성이 있다. 집단지성의 세계에서는 실명을 밝히지 않고 정보를 올리고 수정할 수 있어 이 과정에서 희생양을 만들어낼 수 있다. 영국의 BBC가 폭로한 CIA와 로마 교황청의 위키피디아 편집이 대표적인 사례다. 미국의 적국인 마무드 아마디네자드 이란 대통령 항목에 대한 악의적 편집과 가톨릭 신자인 아일랜드 IRA 지도자의 살인사건 연루혐의 내용을 지운 컴퓨터의 IP를 추적해보니 각각 CIA와 교황청의 컴퓨터인 것으로 드러났다.

이러한 집단지성의 단점에도 불구하고 집단지성의 활용은 더욱 확대될 것이다. 집단지성이 만들어낼 수 있는 정보의 질과 양이 풍부해지고 있기 때문이다. 인터넷 협업이 '위키노믹스(wiki+economics)'로 불리는 새로운 경제 패러다임으로 부상하고 있다. 위키노믹스는 기업이 독점했던 정보를 공개하고 온라인상으로 외부의 아이디어를 활용하는 협업경제를 말한다. 과거엔 경제의 주역이 뛰어난 소수였다면 위키노믹스의 주인공은 보통 사람들인 것이다.

집단지성은 양날을 가졌다. 집단지성에 의해 창출된 부가 어디에 귀속되느냐, 즉 집단이 만든 것은 집단에 돌려줄 수 있는가의 여부가 집단지성이 확대될 수 있느냐를 가늠하는 잣대일 수 있다. '빅 브라더'의 출현 가능성도 경계해야 한다. 신자유주의를 기피한다고 자유주의 자체를 포기할 수 없듯이, 집단지성을 제대로 활용하기 위해서는 집단지성의 전체주의화를 예방할 수 있어야 한다.

Me보다 강한 We

해외여행을 계획할 때 가장 큰 고민은 항공권과 숙박 장소일 것이다. 특히 숙박 장소는 싸면서도 깨끗하고 교통도 편리하면서 가능하면 그 나라만의 분위기를 느낄 수 있는 그런 곳에서 묵기를 누구라도 바랄 것이다. 과연 그런 꿈 같은 숙박 장소가 존재할까? 그 소원을 이뤄주는 사이트가 생겼으니 바로 홈스테이 중개 사이트인 '에어비앤비(Airbnb)'이다.

에어비앤비를 이용하면 현지인 가정에서 머물 수 있다. 민박 형태로 따로 방 한 칸을 빌리거나 공유할 수 있으며, 또는 집을 통째로 빌릴 수도 있다. 방만 따로 쓰고 화장실, 부엌, 거실 등은 주인과 공유하는 형태도 가능하다. 에어비앤비의 매력은 '현지인 민박'과 '홈스테이'로 그 나라의 생활상을 제대로 보고 느낄 수 있다는 점이다. 물론 가격도 상당히 저렴하다. 뉴욕의 경우 중저가 호텔 1박 가격이 200달러 이상이고 세금도 약 15%가 붙는다. 만약 에어비앤비를 이용한다면 적게는 20달러 많게는 90달러까지 절약할 수가 있다.

에어비앤비의 강점은 '신뢰할 수 있는 서비스'라는 것이다. 호스트와의 분쟁이 있을 경우 에어비앤비 고객센터에 도움을 요청할 수도 있고, 체크인을 해야 호스트에게 숙박비가 지급되는 시스템으로 운영되고 있기 때문에 호스트의 부당한 횡포를 찾아볼 수도 없다. 예약 완료 시점, 출발 일주일 전, 귀국 후 메일 서비스로 숙소 위치를 상기시켜 주기도 한다. 호스트 또한 게스트에 대한 리뷰를 남길 수도 있다. 무엇보다 SNS인 페이스북을 통해 사람들은 집 주인이나 방을 구하는 사람들의 신상정보를 바로 확인할 수가 있다. 페이스북에 등록된 개인정보가 거래를 위한 '믿을 만한 신분증명 도구'가 되고 있는 것이다.

더욱 대단한 것은 에어비앤비를 통해 이제껏 1만 건 이상의 거래가 이뤄졌는데 그중 도둑이 든 경우는 한 번도 없었다는 점이다. 이것은 신뢰할 수 있는 중개인과 안전한 결제 시스템이 있기 때문이다. 여행객은 신용카드나 온라인 결제 서비스 페이팔을 이용해 방을 예약한다. 하룻밤 방값을 내면 체크인한 시간부터 24시간 동안 쓸 수 있다. 에어비앤비는 중개료로 집 주인에게는 3%, 여행객에게는 예약 금액에 따라 6~12%를 받는다.

에어비앤비는 직접 민박집을 확인하거나 회원들을 심사하지 않는다. 여행객을 받을지의 여부와, 사진과 이용 후기를 보고 어떤 집에서 묵을 건지 정하는 건 전적으로 사용자들의 몫이다. 사람들은 꼭 비용절감을 위해서만 에어비앤비 커뮤니티를 이용하지 않는다. 처음에는 비용절감이 주요 목적이었으나 점차 그 나라의 문화를 직접 체험할 수 있는 기회를 제공하는 사이트로 자리매김하고 있다. 때문에 3천 달러나 하는 잉글랜드의 대저택도 사이트에 올라온다. 에어비앤비의 유일한 원칙은 집 주인에게 예약 가능 여부를 먼저 문의해야 한다는 것, 그리고 방을 임대할 뿐 사고팔지는 않는다는 것이다.

소통과 개방성이라는 두 가지 웹 2.0 정신을 접목해 만들어낸 에어비앤비는 다가오는 미래 트렌드의 한 사례로 주목할 만하다. 브라이언 체스키, 조 게비아, 나단 블레차르치크 등 세 명의 20대 청년들은 세계 176개국의 9000개 이상의 도시에서 하룻밤에만 100만 명 이상이 이용하는 홈스테이 사이트 '에어비앤비'를 통해 사람들이 여행하고 숙식하는 방법을 혁명적으로 바꿔놓았다. 에어비앤비는 숙박할 공간을 찾는 사람들과 비어 있는 공간이 있는 사람들을 연결한다. 빌려주는 사람과 빌리는 사람들은 친구이자 이웃이다. 그들은 공간을 함께 소유한다. 즉 공간을 공유하는 것이다. 현지 문화에 깊숙이 들어갈 수 있는 독특한 여행 방식은 사람들을 열광하게 했고, 급속도로 퍼져 나갔다. 최근에는 1천억 원의 투자를 받으며 다시 한 번 주목을 받고 있는 가운데, 현재 전 세계 80여 개국 1만 5천여 도시에 있는 다양한 숙소를 연결해주고 있다.

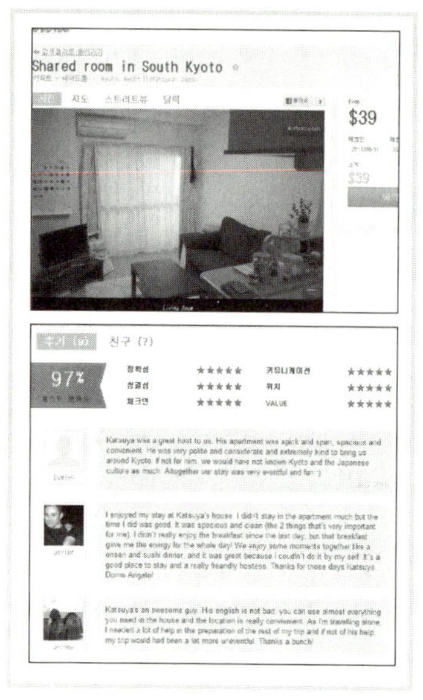

에어비앤비 같은 서비스를 일컬어 '협동 소비 모델'이라 한다. 자동차를 공유하고, 노는 땅을 빌려 함께 경작하고, 쓰지 않는 물건을 나눈다. 예전에는 유휴자원과 니즈를 연결하는 게 힘들고 비용이 많이 들었지만, 소셜 웹을 통해 보다 쉽고 저렴하게 둘 사이를 연결하는 게 가능해졌다. 기존의 개별적 소비는 어떤 물건이 조금만 필요해도, 심지어 필요치 않아도 그것을 사게 만든다. 그래서 자동차는 주차장에 머물러 있는 시간이 가장 많고, 철 지나 입지 않는 옷들로 언제나 옷장은 가득 차 있다. 보관할 물건이 많으니 집도 넓어야 한다. 그래서 집을 넓히면 또다시 그 공간을 채울 물건들을 습관적으로 사들인다.

인간의 소유욕은 경제활동의 근원이며 동기부여의 원천이다. 좋은 집과 멋진 차, 유형이든 무형이든 무엇인가를 소유하기 위해 인간은 오늘도 끊임없이 움직인다. 공산주의가 아닌 자본주의 사회에서 '내 것'이라는 개념은 사회를 지탱하는 중요한 요소이다. 만약 '내 것'이라는 개념이 사라진다면 사람들은 미친 듯이 일할 필요가 없다.

그런데 2장에서 소개한 제러미 리프킨의 《소유의 종말》을 통해 설명한 것처럼, 네트워크 경제에선 상품의 소유가 서비스를 통한 일시적

이용 즉 '접속'으로 대체되고 있다. 현대사회에서 경제활동의 핵심은 소유가 아닌 '경험'의 소비가 되었다. 음악 CD를 소유하기보다 디지털 음원을 통해 음악이라는 콘텐츠를 경험하고, 영화 DVD를 소유하기보다 넷플릭스나 IP TV의 VOD 서비스로 영화를 즐기는 데 만족한다. 넷플릭스는 극장에 직접 가지 않더라도 영화를 즐길 수 있는 온라인 서비스를 제공해 15만 명 회원을 확보했으며, 최근 3년간 연 평균 순익과 매출이 각각 40%, 17% 증가했다. 협력적 소비를 통해 소유하지 않아도 남과 공유하는 것으로 더 행복한 경험과 만족감이 생성될 수 있다는 실증적 사례인 셈이다.

사람들이 소유에서 '경험을 통한 공유'에 눈을 뜨게 된 결정적 계기는 경제불황일 것이다. 1980년부터 인간은 지구 자원의 3분의 1을 없앨 만큼 과잉소비를 해왔다. 세계 경제의 중심인 미국은 소비를 생활방식으로 삼고, 자아 만족을 소비에서 찾으려고까지 하였다. 미국 경제는 빠른 속도로 재화와 자원을 소비하고, 세계 각국은 이런 미국을 따라 소비에 주력하게 되었다. 이러한 과잉소비의 결과는 2008년 세계 금융위기를 기점으로 폭발하고 말았다. 과도한 소비는 부채라는 부메랑이 되어 국가 경제를 위협했고, 사람들은 자신들의 과도했던 소비를 속죄하고자 허리띠를 졸라맸다. 물건을 사기보다는 빌려 쓰고, 생활에 도움이 되는 정보는 공유하여 공동구매나 단체할인 등 규모의 경제를 형성하기도 한다. 영국 일간지 〈가디언〉은 "경기불황으로 호주머니가 가벼워진 사람들이 협력적 소비를 늘리고 있다"며 "이는 과잉소비 시대의 종말을 알리는 신호가 될 수 있다."라고 보도하기도 했다.

《위 제너레이션》의 지은이 레이철 보츠먼은 2008년 경제붕괴를 언급하면서 '산업화를 통해 성장에 성장을 거듭한 지난 200년은 하나의 폰지 사기'라고 말한다. 폰지 사기란 신규 투자자 돈으로 기존 투자자에게 이자 등을 지급하는 다단계 금융사기를 뜻한다. 보츠먼은 과잉소비에 쓰고 있는 에너지를 공동체의 유대를 강화하고 지구의 생존에 관심을 기울이는 데 쓸 수만 있다면 과거에 저지른 실수를 충분히 뒤집을 수 있다고 말한다. 그리고 그것은 '협동소비'를 통해 가능하다고 주장하는데, 여기서 말하는 협동소비란 인터넷의 P2P 커뮤니티, 또는 사회관계망 서비스(SNS)를 통해 물품과 서비스를 교환·대여·임대·공유하는 소비를 말한다. 그가 제시하는 협동소비는 의류, 장난감, 공구의 공유 또는 교환에서 사무실, 자전거, 승용차 공유까지 다양하며 생활협동조합, 지역 화폐, 카우치서핑 등의 서비스까지 포괄한다.

패러다임의 변화는 기업의 목표마저 변화시킨다. 소비자에게 얼마나 많은 제품을 파는가가 기업의 목표였던 시기는 지나가고, 소비자의 의식이 소유에서 접속으로 점점 변화하면서 기업의 주된 관심사도 고객과의 장기적인 유대관계 구축으로 바뀐다. 산업시대의 기업은 소비자에게 돈을 받고 상품을 판 후에 무료 애프터서비스를 제공하였지만, 지금은 기업이 상품을 무료로 제공하고 서비스 이용료를 받으면서 고객과 장기적이고 다각적인 관계를 맺으려는 경향이 확산되고 있다. 접속의 시대에는 소비자의 온갖 경험 영역에 다양한 서비스를 제공해 소비자의 관심을 끌고 평생 고객으로 만드는 것이 기업의 최대 목표가 된다.

| 그림 6 | Me Generation과 We Generation의 비교

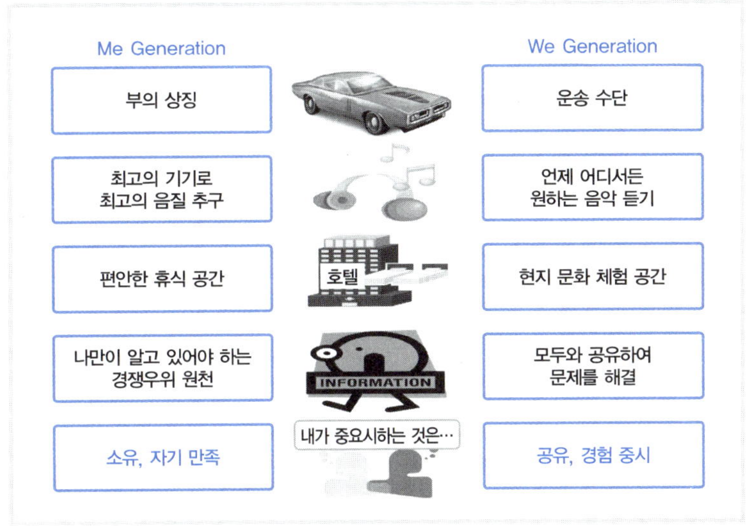

보츠먼이 향후 10년을 지배할 '머니 코드'로 내세운 '위 제너레이션'은 생산자와 소비자의 경계가 사라지고 경제적 가치가 새로 정의되는 시대, '관계'와 '협동'을 바탕으로 소비하지 않고도 사용할 수 있는 시대를 의미한다. '미 제너레이션(Me generation)'이 개개인의 소비에 치중했던 이전의 세대라면 '위 제너레이션'은 그 반대 개념으로 협동하고 소통하는 경제 주체를 뜻한다. 고립된 익명의 소비자 역할에 충실했던 세대가 '미 제너레이션'이었다면, 진화된 협동소비의 시대, 위 제너레이션은 자신의 이익을 추구하면서도 다른 사람의 이익에 기여한다.

위 제너레이션은 물물교환, 공동 소유, 협동소비에 열광한다. 전에는 없던 커뮤니티를 만들고, 필요한 것을 주고받으며 네트워크를 형성하고 있다. CD를 사는 것보다 멜론에 접속하여 음악을 즐기듯이 '소유' 보다는 '공유', '사용' 보다는 '접속' 을 더 선호한다. 관계를 맺어 소통하며, 구매하고 생활하는 과정에 필요한 것은 스마트 디바이스면 충분하다. 그런데 놀라운 것은, 위 제너레이션의 시작이 '세상을 바꾸겠다' 는 거창한 명분이나 '착한 일을 하고 뿌듯함을 느끼고 싶다' 는 선한 생각에 있지 않다는 것이다. 이들은 어디까지나 '자신의 이익' 을 추구했을 뿐이고, 결과적으로 그것이 세상에 도움이 되는 방식으로 도출된다는 것이 위 제너레이션의 한 특징이다.

'가족' 마저 공유하는 'We' 시대

협동소비의 위 제너레이션 개념은 이미 과거에도 존재했었다. 지금은 디지털 콘텐츠에 밀려 사라진 비디오 대여점이나 정수기 및 비데 렌탈 등이 대표적이다. 다만 과거의 협동소비는 공유의 개념보다 소유에 가까운 빌려 쓰기에 지나지 않았다. 또한 활용 범위도 극히 제한적이고 그 규모도 작았다. 하지만 지금은 온라인 영역을 넘어 오프라인으로까지 확대되어 거의 모든 분야에서 광범위하게 협동소비가 이루어지고 있다.

미국의 차량 대여업체 '집카(Zipcar)' 는 자동차를 만들어 팔지 않는다. 벤츠, 볼보, 포르쉐 등을 단지 '공유' 할 뿐이다. 회원 가입비 75달러, 시간당 사용료 8달러로 수익을 얻는다. 집카는 미국, 캐나다, 영국에서 50만 명의 가입자를 확보하고 있고, 2009년에만 1억 3천만 달러의 매출을 올리는 등 승승장구하고 있다. 미국 내 자동차 판매가 내리막 길을 걷고 있는 것과 대조적이다.

영국의 휩카(WhipCar)와 스트리트카도 카셰어링 업체로 유명하다. 휩카 회원인 차량 소유주는 인터넷 사이트에 차를 등록하고 대여 시간과 대여료를 정한다. 대여 기간에는 소유주가 아닌 휩카의 보험 서비스가 적용된다. 북미와 유럽 지역에서는 100만 명이 2만 5000대의 차량을 공유하고 있을 정도로 카셰어링이 대중화되었다. IT 시장조사 회사인 프로스트 앤 설리번은 카셰어링 사업이 5년 내 60억 달러 규모로 성장할 것으로 전망했다.

한국에서도 집카와 같은 카셰어링 사업이 준비 중이다. KT는 계열사인 KT금호렌터카를 통해 카셰어링 사업을 시작하였는데, 대부분 하루 단위로 빌려주는 일반 렌터카와 달리 최소 30분 단위로 차를 빌려 쓸 수 있는 것이 특징이다. 등록세, 보험료, 유지비 등 차량 소유 비용도 들지 않는다. 여기에 KT는 앱을 통해 스마트폰을 자동차 키로 활용하도록 할 예정이다. 차 열쇠를 여러 명이 공유해야 하는 카셰어링의 불편함을 IT로 극복하는 것이다. 스마트폰으로 차량 위치 확인, 실시간 예약 등도 가능하다.

KT경제경영연구소 분석에 따르면, 국내 운전자 중 4%는 일주일에 3회 미만 차량을 이용하고, 평균 주행거리도 45.9킬로미터에 불과하여 카셰어링을 이용할 경우 월 30만~50만 원의 교통비 절감이 가능하다. 뿐만 아니라 이산화탄소 감소에 따른 친환경 효과도 있어 향후

| 그림 7 | **카셰어링 개념도 및 렌터카의 비교**

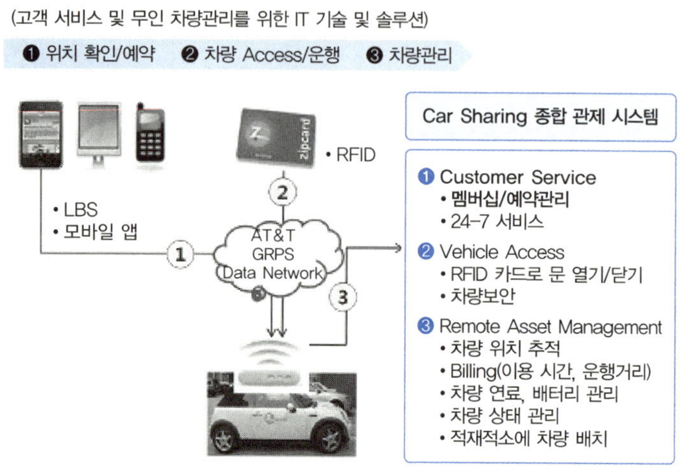

렌터카와 카셰어링 비교

렌 터 카	구 분	카셰어링
여름·장기 출장	이용자	도심 쇼핑·학원 등 단시간 이용자
일단위 요금, 보험료·연료비 별도	이용료	1시간 단위 요금, 보험료·연료비 포함(가입·연회비)
6시간 이상 사용 유리	특징	6시간 미만 사용 유리

자료 : KT경제경영연구소

카셰어링 사업은 성장이 기대되는 분야이다.

중고물품 교환 사이트인 프리사이클은 전 세계에 900만 명의 회원을 확보하고 있다. 2003년 미국 애리조나주에 사는 한 주민이 침대를 내다 버릴 데가 없어 만든 사이트가 세계적인 물품교환 사이트로 성장한 것이다. 하루 수백만 건의 교환이 이뤄지는 프리사이클의 경제적 가치는 11억 달러 정도로 추산되고 있다. 파크앳마이하우스닷컴은 주차장을 갖고 있는 사람과 주차를 원하는 사람을 연결해주는 회사다.

아동복 교환을 전문으로 하는 스레드업(ThredUp)도 공유 사업의 대표적 모델로 평가받고 있다. 창업자 제임스 라인하트는 옷장에는 옷이 가득해도 입을 게 없다는 고민을 하다가 사업을 시작했다. 남성 셔츠 교환 사업으로 시작해 지금은 아동복으로 주력 상품을 바꿨다. 아이들은 하루가 다르게 크기 때문에 옷을 자주 사줘야 한다는 점에 착안한 것이다. 스레드업은 고객이 옷을 보내오면 품질을 확인해 점수를 매기고, 비슷한 점수를 받은 다른 옷을 보내준다.

물물교환 중개 사이트인 '스와프트리'에서는 필요한 물건을 교환할 수 있다. 쓰지는 않지만 버리기는 아까운 물건을 들고 전 세계 회원을 만날 수 있다. 자신이 필요한 물건도 고를 수 있다. 물건 이름을 넣기만 하면 된다. 550만 개 물건 중 필요한 물건이 0.06초 만에 뜬다. 온라인 대출 중개 사이트인 '조파(Zopa)'도 위 제너레이션의 개념을 활용한 사례이다. 보통 신용카드 연체율은 10% 내외인데 조파의 연체율은 0.65%에 불과하다. 얼굴도 보여주지 않고 대출하지만 그냥 사라지는 경우가 없다. 계약서보다 탄탄한 평판 별점제도가 보증인 역할을 한다.

장난감 도서관인 '토이런'은 어린이를 둔 가정에 장난감을 빌려줘 돈을 번다. 값비싼 장난감을 때맞춰 사야 하는 부모로서는 경제적 부담을 덜 수 있다. 자원 재활용이란 점에서 지구 환경을 지키는 사업으로 인정받고 있다. '공유'는 이제 트렌드가 아닌 21세기 사회를 지탱하는 경제 기반이 되고 있다.

하지만 한편에서는 공유하지 않아도 되는 것마저 공유하려고 하여 사회적 문제로까지 확대되고 있다. 고령화 문제로 독거노인이 늘어나는 일본에서는 독거노인들에게 아들, 며느리, 손자 역할을 대신해주는 '가족 대여업'이 등장해 화제이다. 중국에서는 명절 때마다 결혼하라고 재촉받는 노총각을 대상으로 한 '여자친구 대여 회사'가 문을 열었다. 하루에 300위안(약 47,000원)으로, 중국 근로자 월급의 3분의 1에 해당하는 '고가' 서비스임에도 불구하고 인기라고 한다.

'가족'을 이루기 위한 노력마저 낭비라고 생각하는 요즘 사람들에게 어쩌면 '가족'의 공유는 지극히 당연한 일일지도 모른다. 그만큼 공유는 이제 우리 생활 가까운 곳까지 침투한 것이다.

We Generation을 진화한다

집단지성과 공유가 만나 협업관계를 형성하는 위 제너레이션 개념은 이제 스마트폰과 클라우드라는 새로운 IT와 접목하면서 진화된 형태의 서비스를 제공하기에 이르렀다.

'우샤히디(Ushahidi)'라는 웹사이트는 2007년 케냐의 대통령 선거 당시 폭력 사태의 여파 속에서 구축되었다. 당시 케냐 출신 변호사이자 블로거인 오리 오콜로(Ory Okolloh)는 선거 기간 중 일어난 폭력 사건들을 블로그를 통해 취합하고 있었다. 수많은 사람들이 제보를 해왔고, 이를 모두 취합하는 데 어려움을 느낀 그녀는 자신의 블로그를 통해 기술적인 지원을 요청하였다. '정당한 권리의 행사'를 위해 싸우는 그들의 어려움을 세상에 드러내 보일 필요가 있음에 동의한 몇몇 개발자들은 단 며칠 만에 단순한 새 플랫폼을 개발하였고, 이것이 우샤히디의 시작이었다.

'우샤히디'는 스와힐리어로 '증언' 또는 '목격'을 의미한다. 이 사이트는 문자, 이메일, 트위터 등 다양한 채널로 취합된 정보를 실시간으로 지도 위에 시각화하는 일명 '재난 관리 오픈 소스 플랫폼'으로 발전되었다. 인명 구조, 건물 파괴, 범죄, 질병 등에 관한 정보를 목격한 시민이나 자원봉사자, 구호단체들이 자발적으로 제보하여 모인 정보가 지도에 표시됨으로써 구호활동에 많은 도움을 주는 등 사건 사고 발생 지역의 목격자들이 그들의 휴대폰과 인터넷을 이용해 즉각적으로 제보할 수 있게 하여 실시간으로 정보를 기록, 제공하는 역할을 해오고 있다.

우샤히디가 활용된 사례로는 2010년 아이티 지진 사태 지도, 러시아 산불 지도, 런던 지하철 파업 지도, 워싱턴 대폭설 도로 제설 작업 지도, 칠레 지진 지도 등을 제공하여 구호활동을 도운 일이다. 이러한 활용은 관련 위기 처리의 투명성과 효율성을 높였다. 이렇게 우샤히디는 IT를 활용해 시민들의 고발 정신을 높이고 정부의 투명성을 높이는 데 일조하고 있다. 우샤히디를 통해 시민들은 죽음의 위기에 놓인 사람을 살릴 수도 있고, 부패한 정치인을 몰아낼 수도 있는 것이다. 우샤히디에서는 다음 3가지 서비스를 제공하고 있다. 다양한 소스의 정보를 지도에 표시하는 오픈소스 플랫폼인 우샤히디 플랫폼, 방대한 실시간 정보를 단시간 안에 처리하기 위한 스마트 필터링 오픈소스 툴인 스위프트 리버(Swift River), 그리고 단시간 안에 사업을 시작할 수 있도록 호스팅된 우샤히디 플랫폼인 크라우드맵(Crowdmap)이 그것이다. 또한 스마트폰이 대중화되면서 우샤히디의 아이폰 및 아이패드 앱도 출시되었다.

2011년 1월에는 페이스북, 트위터를 제치고 하루 최대 트래픽을 기록한 웹사이트가 공개되어 화제가 되었다. 바로 '스텀블어폰(Stamble Upon)'이라는 사이트였다. 미국 인터넷 트래픽 전문집계 사이트 스탯카운터(Statcounter)는 SNS 부분 트래픽의 43%가 스텀블어폰에 집중됐다고 밝혔는데, 같은 날 페이스북은 38%를 차지했다. 'Stumble Upon'이란 '우연히 찾게 되다'라는 뜻으로, 자신과 친구들의 관심사에 부합하는 사이트를 가장 잘 찾아주는 서비스로 인기를 끈 것이다. 이메일 주소와 비밀번호만 있으면 바로 이용이 가능하고 페이스북 계정을 가지고 있으면 굳이 별다른 가입 없이 연동시켜 사용할 수 있다.

| 그림 8 | 아이폰용 우샤히디 앱 화면

수많은 카테고리 중에서 자신의 관심사를 선택하고 '스텀블 (Stumble)' 버튼을 누르면 관심사에 맞는 웹사이트들이 나온다. 이 버튼을 누를 때마다 나오는 사이트들이 '돌부리에 발이 걸리듯' 검색 결과로 뜨게 되는 것이다. 원하는 사이트가 발견되면 '아이 라이크 잇(I like it)' 버튼을 눌러 즐겨찾기를 할 수 있고, 결과가 마음에 들지 않을 때는 '텀스 다운(Thumbs Down)'을 누르면 자동으로 걸러진다. 이렇게 관심사에 맞게 나온 사이트 정보는 친구들과 페이스북, 트위터, 이메일, 메신저 등을 통해 공유할 수 있다.

스텀블어폰이 더욱 인기를 끌게 된 것은 스마트폰용 앱 등장 때문이다. 아이폰용과 안드로이드용 모두 나와 있으며 앱이 출시된 당시 앱 스토어 무료 부분 1위를 차지하기도 하였다. 스텀블어폰의 강점은 실시간으로 제공되는 '새로움'이다. 커뮤니티 사이트를 주로 이용하다 보면 비슷한 내용에 지치는 경우가 있는데, 스텀블어폰은 계속 새로운 사이트가 나오기 때문에 네티즌들의 '클릭질'이 멈추지 않는다.

스텀블어폰은 협업필터링(개인의 취향과 지인들이 추천하는 콘텐츠 등을 분석하는 방식)이라는 알고리즘을 활용해 최적의 콘텐츠를 제공한다. 자주 찾는 사이트의 방문 비율이나 통상적인 인기 웹 링크 사이트를 추적해 이를 보여주기 때문에 별도의 검색 입력이 필요없다. 취향이 비슷하거나 지인들이 인정한 콘텐츠, 즉 가장 이용자의 취향을 잘 알고 있는 사람이 추천하는 콘텐츠를 실시간으로 반영함으로써 맞춤형 기능을 고도화하고 있다.

스마트폰으로 사진을 찍어 장소를 알리고 정보를 공유하는 위치기반 SNS '아임인(Im in)'은 휴가철에 특히 인기가 높은 서비스이다. 160만 명이 이용하는 KTH의 '아임인'은 지금 혹은 추억이 있는 장소에 나의 이야기를 140자의 글과 사진으로 '발도장'을 찍고 이웃관계를 통해 정보를 공유하는 위치 기반 소셜 서비스이다. 아임인은 정기모임을 통해 모바일에서의 관계를 오프라인으로까지 확대시켜 공유의 신뢰성을 더욱 높이고 있다. 실제로 아임인에서 만나 결혼한 커플도 있고, 정치인도 지역민들과 소통의 장으로 이용할 정도이다.

KTH는 여기서 한단계 더 발전시켜 '아임인 핫스팟'을 출시했다. 맛집에 대한 '조작된 정보'가 아닌 '뜨는 스팟 정보'라는 모토로 사용자들의 콘텐츠를 객관적으로 제공하자는 것이다. 기존의 맛집 앱은 운영자 혹은 업주가 직접 정보를 제공해 객관성이 결여될 수 있지만, 아임인핫스팟은 다수의 사용자들이 직접 올린 객관적 사실에 근거한 랭킹정보를 토대로 사실적인 콘텐츠를 제공한다. 이렇듯 스마트폰과 위치 기반 서비스는 위 제너레이션 개념이 발전하는 데 큰 역할을 하고 있다.

공유의 대명사라고 할 수 있는 클라우드는 의료, 교육, 농촌, 중소기업 등 사회문제 해결의 열쇠로 활용되고 있다. 의료 부문의 경우 클라우드 컴퓨팅을 적용해 개인정보를 제외한 모든 환자 진료 데이터를 클라우드로 집약하고 이를 토대로 새로운 의료기술과 치료법을 개발하는 방법이 연구되고 있다. 교육 부문에서도 다수의 학생들의 학업 성취도 등을 분석해 새로운 교육 방법과 교재 개발을 추진하고 있으며, 농업 부문에서는 농촌 지역 고령자들의 농업 노하우를 클라우드 컴퓨팅으로 통합해 다음 세대로 전달하는 방안을 추진 중이다. 이 밖에도 IT 전력망인 스마트 그리드, 친환경 교통정보 시스템(ITS)과 클라우드 컴퓨팅의 융합을 추진하고 있으며 중소기업들이 클라우드 컴퓨팅을 이용해 경쟁력을 높일 수 있는 방법도 연구하고 있다.

스마트 워크는 진화된 위 제너레이션의 모범 사례라고 할 수 있다. 사람들이 쉽게 체감하는 '스마트 워크'의 구현 형태는 '시간과 장소에 구애받지 않고 일하는 것으로 재택근무나 모바일 근무, 스마트 워크센터를 통한 근무, 시차출근제 같은 탄력시간 근무' 등이다. 생소한 개념은 아니지만 최근 모바일 기기 보급과 정보기술 발전이 시너지 현상을 만들어내면서 각광받고 있다. 삼성SDS와 LG CNS는 이미 서버 기반 컴퓨팅(SBC) 방식으로 스마트 오피스를 구축해 전사적인 대응에 들어 갔으며, KT, 포스코ICT, SK C&C, 롯데정보통신 등도 스마트 오피스 도입과 확산에 적극적인 움직임을 보이고 있다.

스마트폰 시대의 도래와 함께 언제 어디서나 인터넷 활용이 가능해지고, SNS의 붐이 일면서 우리는 서로서로 연결되고 페이스북, 트위터 등을 통해 정보를 실시간으로 공유하는 사회에서 살게 되었다. 이는 함께 힘을 모아 더 협력적인 사회를 만들어 나가는 것이 가능함을 의미한다. 시민 저널리즘과 사회적 행동주의, 지역 친화적인 활동을 보여주는 우샤히디는 우리에게 다음과 같은 메시지를 던진다. SNS를 통해 우리가 누릴 수 있는 것은 편리하고 재미있는 세상뿐 아니라, 더 협력적인 세상을 만드는 데 기여할 수 있는 우리 개개인의 기회와 권리까지라고 말이다.

참고문헌

- 데이코산업연구소, 〈스마트워크 모바일오피스 실태와 추진전략〉, 2011. 1. 24
- 돈 탭스코트, 앤서니 윌리엄스 《매크로 위키노믹스》, 21세기북스, 2011.
- 레이철 보츠먼, 루 로저스, 《위 제너레이션: 다음 10년을 지배할 머니 코드》, 모멘텀, 2011.
- 제레미 리프킨, 《소유의 종말》, 민음사, 2001.
- 제임스 서로위키, 《대중의 지혜》, 랜덤하우스코리아, 2005.
- 정강현 외, 〈Zipcar, IT로 자동차 소유의 족쇄를 풀다〉, 2011.
- Next運宮メンバー有志, 〈 NTTデータ流ソシャルテクノロジー〉, リックテレコム, 2010.

4장

새로운 빅 브라더의 등장
New Big Brother

당신이 외출을 할 때 CCTV에 몇 번이나 찍히게 되는지 알고 있는가? 2010년 국가인권위원회가 조사한 결과에 따르면, 수도권 시민의 경우 하루 평균 83차례에 걸쳐서 CCTV에 포착되는 것으로 나타났다. 구체적으로, 대로변에서는 9초마다 한 번씩 지하철 환승 시에는 약 50여 차례, 백화점에서 3시간을 쇼핑한다면 총 45회에 걸쳐서 CCTV에 노출된다고 한다. 그야말로 CCTV의 촘촘한 감시 속에서 일상을 살아가고 있다고 해도 과언이 아니다.

조지 오웰은 저서 《1984》을 통해 개인의 생활과 사회의 모든 것이 감시받고 통제되는 미래 사회의 모습을 그렸다. 소설 속의 국민들은 정부의 철저한 감시를 받고 명령에 복종해야 하며 반항을 할 수 없는 시대를 살고 있다. 눈에 보이지 않는 '빅 브라더'가 지배하는 그곳은 텔레스크린(감시 카메라를 겸하는 양방향 TV)에 의해 누구나 감시받는 완벽한 통제와 전체주의가 이루어지고 있는 국가이다. 심지어는 언어의 제약을 통한 인간의 사유까지 통제된다.

조지 오웰의 소설 《1984》이 출간된 지 60여 년이 흐른 지금, 그가 생각했던 극단적인 통제의 시대가 현실로 다가오지는 않았다. 그렇지만 《1984》에 담긴 미래사회에 대한 우려와 경고는 지금도 계속되고 있다. 실제로 《1984》에 담긴 키워드인 감시 TV(텔레스크린)와 개인의 사상을 수사하는 경찰(Thought Police)는 다른 형태로 진화하여 현실화되고 있다. 차이가 있다면 정부에 의한 일방적인 감시가 이루어지는 사회가 아니라, 정부와 기업, 그리고 개인 모두가 서로를 감시하는 사회가 되고 있고 있다는 점이다. 이러한 면이 가능해진 것은 스마트 디바이스와 SNS의 역할이 커졌기 때문이다.

현대 사회는 스마트 디바이스와 SNS라는 새로운 정보채널을 통하여 개인은 기업 혹은 정부를 견제하고 감시하게 된다. 정보를 독점하고 대중을 감시하는 '빅 브라더'의 역할을 정부, 기업, 개인 모두가 수행할 수 있게 된 것이다

2006년 〈뉴욕타임즈〉는 신원을 모르는 이용자의 검색 기록으로 그가 누구인지를 찾아냈다. 예를 들어 손가락 저림, 구강 건조, 갑상선, 아무데나 방뇨하는 개 등의 검색어만으로 '회원번호 4417149'가 조지아 주 릴번에 거주하는 델마 아널드라는 여성임을 알아낸 것이다. 우

리는 이처럼 영장 청구를 통해 회원정보를 열어보지 않더라도, 인터넷에 게시된 정보들만 조사하면 누구라도 누가 무엇을 했는지 알아낼 수 있는 시대에 살고 있다.

이처럼 IT 기술의 발달과 인프라의 발전에 힘입어 누군가를 추적하고 감시하는 일이 더욱 쉬워졌다. 네트워크를 통해 실시간으로 기록되고, 조회가 가능한 사회가 됐기 때문이다.

그러나 조지 오웰이 생각한 것과 같이 전적으로 억압적이고 부정적인 것들로만 가득 찬 모습은 아니다. 감시되고 통제받는 사회는 범죄나 재난 위험으로부터 안전한 생활을 보장할 수 있는 반면에 개인에 대한 물적, 정신적 영역의 사적 침해 요소로 작용하기도 할 수도 있다는 점에서 현대 사회의 빅 브라더는 동전의 양면과도 같은 성격을 가지고 있다.

우리를 지켜보는 안전한 눈, 눈, 눈

제3의 목격자 CCTV

요즘에는 과연 CCTV가 없는 곳도 있을까 하는 생각이 들 만큼 CCTV는 우리 주변 곳곳에 산재하고 있다. 늘어나는 CCTV 개수만큼 사생활 침해 가능성 또한 높아지는 것이 사실이지만, 흉흉한 사건 사고에 대한 언론의 뉴스를 접할 때면 오히려 CCTV가 없는 곳이 불안하게 느껴지기도 한다. 인적이 드문 밤길을 걸을 때, 시야에 방범용 CCTV가 보이면 일단 안심이 되는 것이 사실이다.

최근 지하철 사당역에서는 집으로 돌아가던 여성이 성추행 당한 사건이 있었다. 피해자의 계속되는 반항으로 시도하던 성폭행을 포기하고 도망쳤던 이 남자는 CCTV를 이용한 경찰의 수사망이 좁혀져 오자 결국 자수를 했다. 이처럼 CCTV는 형사 사건의 범인을 검거하기 위하여 사용되기도 하고, 그 밖에 뺑소니 사고의 범인을 검거한다거나 도로에서 일어나는 각종 사고의 책임 유무를 가리는 데에도 널리 활용되고 있다.

현재 국내 공공기관에서는 방범, 주정차 단속 등을 위해 35만 대의 CCTV를 운영하고 있다. 행정안전부의 조사 결과에 따르면, 전국의 공공기관의 관리하에 운용되는 CCTV 35만여 대를 용도별로 살펴본 결과, 어린이 안전 및 재난·화재 감시 목적의 생활안전용으로 전체의 42%인 14만 5000여 대가 설치돼 있고, 교통단속 및 쓰레기 투기 방지

| 그림 1 | **지하철 CCTV**

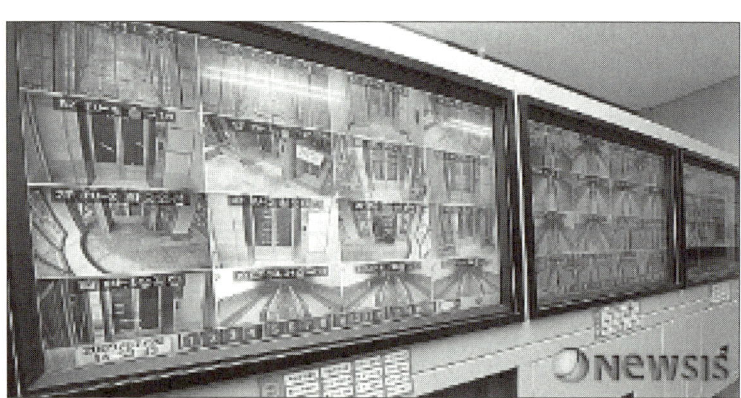

출처 : 뉴시스

| 표 1 | **목적별 CCTV 설치 현황** (단위 : 천 대)

생활 안전용 145	법규위반 단속용 30	시설물 관리용 175
방범 138(39.6%)	방범 138(39.6%)	교통기관 24(6.8%)
어린이 안전 1.2(0.8%)	주차관리 14(4.1%)	우체국 26(7.4%)
재난/화재 5.6(1.6%)	쓰레기단속 4.6(1.3%)	일반시설물 125(35.1%)

| 표 2 | **지역별 CCTV 설치 현황**

	서울	부산	울산	경기	충북	전북	제주
총설치대수	23,990	8,677	2767	21,828	3,716	3,291	1,905
설치대수/㎢	39.6	11.4	2.6	2.2	0.5	0.4	1.0

등의 법규위반 단속용으로는 전체의 8.7%인 3만여 대, 그리고 지하철, 철도, 우체국, 주차관리, 시설물 보호 등의 시설물 관리용으로 전체의 49.3%인 17만 5000여 대가 설치되어 있는 것으로 확인되었다. 특히 면적당(1제곱킬로미터) CCTV 설치 대수는 서울이 39.6대로 가장 많았고, 서울을 포함한 각 광역시에는 평균 9.7대, 그 외 지방은 평균 0.6대에 이르는 것으로 조사됐다.

이렇게 설치된 CCTV들은 앞서 살펴본 사당역 성추행 사건이나 뺑소니 사건의 사례와 같이 범죄 해결의 실마리를 제공해주기도 한다. 비록 현재의 설비 수준에서는 선명하진 않아도 용의자의 인상착의를 확인할 수 있기 때문에 목격자 역할을 톡톡히 해내고 있다. 이러한 CCTV 정보는 전국 경찰 순찰차 3675대에 설치된 CCTV 영상정보 수신 단말기로 전송되고, 경찰은 이들 정보를 실시간으로 관리하고 향후의 범죄 및 사고에 대처할 수 있다. CCTV가 안전을 지켜주는 또 하나의 경찰이 되는 셈이다. 가까운 미래에는 기존의 CCTV가 지능형 방범 시스템으로 진화하고, 국민의 안전을 지키는 데 더 큰 몫을 담당하게 될 것이다.

방범 시스템의 진화

지능형 CCTV는 범죄자 행동 패턴 인식 기능, 카메라 자동추적 기능, 전자지도 연계 기능 등 최첨단 기술을 접목해 과학적으로 범죄 및 사고현장을 분석할 수 있도록 활용되는 CCTV이다. 실제로 행정안전부는 앞으로 이러한 지능형 CCTV의 설치 계획을 발표하기도 했다.

이러한 영상 인식 기술은 CCTV망과 더불어 시너지 효과를 낼 전망이다. CCTV의 영상을 입력 받아 경비 인력 없이 외부 침입자를 식별하고 이동 방향을 연속적으로 계산하는 등 무단 침입자를 지속적으로 추적할 수 있게 될 것이다. 이 시스템에서는 무단 침입자가 금지된 영역에 접근할 경우 자동으로 경보를 발생시켜 범죄를 예방할 수 있다. 또 이와 관련하여 필요한 때와 방향을 자동으로 판단하여 선별적으로 기록하는 자동 비디오 녹화 장치가 도입됨으로써, 영상 저장을 위해 사용되는 메모리 크기를 효과적으로 줄여줄 수 있을 것이다. 기존의 경우에는 감시가 필요한 영역의 영상을 무조건 녹화해야 했지만, 무인 감시 시스템을 사용하여 무단 침입자를 자동으로 감지하고 추적할 수 있게 되면, 경보 조건이 발생하는 순간의 영상만을 기록할 수 있기 때문이다.

한편 방문자 수 집계, 행동 패턴 분석 기능 등이 추가된 '스마트 CCTV' 개념이 나타나고 있다. 실제로 LG유플러스와 한국IBM이 이러한 '스마트 감시 솔루션'을 소개한 바 있다. 기존 CCTV는 사람이 따로 모니터링하면서 직접 현장에 이상이 있는지를 파악해야 했지만, 스마트 CCTV는 알아서 이상 행동을 잡아내 관리자에게 알림 메시지를 보낸다.

보통 낮에는 공원을 산책하는 사람을 눈여겨볼 필요는 없다. 하지만 새벽 1시에 건장한 남자 3명이 공원을 배회한다면 수상쩍을 것이다. 범죄를 저지를 개연성이 상대적으로 높은 상황이기 때문이다. 스마트 CCTV는 이를 분석하여 관리자

| 그림 2 | **CCTV의 활용**

에게 상황을 전달해준다. 스마트 감시 솔루션은 별도의 CCTV를 설치하는 대신 기존 CCTV가 촬영한 영상을 분석하는 시스템이다.

이 기술의 원리는 단순하다. 공항에 주인 없이 방치된 가방, 주차장에서 1분 이상 차 안을 기웃거리며 어슬렁거리는 사람 등을 찾아내 경찰이나 안전요원에게 통보하는 방식이다. 기존 CCTV는 사람이 화면을 보고 있지 않으면 이런 특이사항을 찾을 수가 없었지만, 스마트 감시 솔루션은 범죄 용의자가 '파란 옷을 입고 키가 180센티미터 정도이며 송도 국제컨벤션센터 인근에서 목격됐다'는 제보가 들어오면 이 제보를 토대로 용의자를 찾아낸다. 이런 기술은 미아나 잃어버린 애완동물을 찾는 데에도 활용할 수 있다.

과거의 일반 CCTV는 특정 장면을 촬영하는 장비에 불과했다. 2000년대 들어 비디오테이프 대신 디지털 파일로 화상을 저장하는 '디지털 CCTV'가 보급되면서 CCTV가 정보기술과 결합하기 시작했다. 주차장

이나 신호위반 차량 단속 등에 사용하는 차량번호 자동인식 CCTV가 대표적이다. 디지털 정보를 분석해 숫자만 광학 인식 기술로 파악한다.

이런 신기술은 범죄가 발생한 다음 녹화 화면으로 범죄자를 찾아내는 CCTV의 활용 방식을 근본적으로 바꾸고 있다. 범죄가 일어나기 전 또는 일어나는 순간에 실시간으로 포착하는 것이다. 영국 포츠머스 대학교 연구팀은 군중의 고함이나 창문 깨지는 소리, 총소리 등을 인식해 소리 나는 쪽으로 CCTV를 돌려 녹화하는 지능형 소프트웨어를 개발했다. 범죄와 관련이 있을 법한 소리를 인식하는 기능을 CCTV에 접목시킨 것이다. 이와 유사한 사례로, 영국 킹스턴 대학교 연구팀은 수학적 분석을 이용해 어떤 행동이 범죄행위로 이어지는지를 알아내는 시스템을 개발하기도 했다. 공항에서 폭탄을 남의 짐 속에 몰래 넣고 황망히 자리를 뜨는 사람이 있다고 치자. 이와 비슷한 행동을 컴퓨터에 저장한 뒤 그런 유형의 기색을 보이는 이가 있으면 경보를 울리도록 한 것이다.

이처럼 CCTV는 인공지능 기술과 접목되어 스스로 수상한 행동을 포착하고 경보를 내리는 등 사람의 습관과 행동을 이해하는 지능형 CCTV로 진화할 것으로 보인다. 앞으로는 누군가 보안용 CCTV의 카메라 각도를 돌려놓는다거나 렌즈에 스프레이를 뿌리는 등 범죄를 목적으로 수상한 행동을 취하는 사람의 움직임이 있다면 이를 자동으로 포착해낼 수 있을 것이다. 또 안면 인식 기술과 접목되어 앞으로는 기업의 출입제한구역에 허가 받지 않은 인물이 침입하는 등의 행동도 포착할 수 있을 것이다. CCTV가 마치 사람의 인지능력을 가진 것처럼 사람의 행동을 이해하고 분석하는 셈이다.

이 같은 기술은 지난 2011년 5월 행정안전부가 발표한 '실종아동 종합정보시스템' 구축 계획에도 포함됐다. 가령 실종아동의 인상착의와 옷차림을 통합관제센터에서 저장해두고, 순찰차나 길거리의 CCTV에 실종아동이 포착되면 바로 경찰이 출동하는 식이다. 이러한 지능형 감시시스템은 아직 100% 완전한 기술은 아니지만 점차 현장에 적용되고 있다. 그리고 앞으로 이러한 지능형 CCTV가 일반화될 전망이다. 이러한 시스템은 종합적인 도시관제 기능을 수행하면서 국민의 안전을 보장하고, 범죄와 사고를 예방하며, 범법행위를 사전에 단속하여 공공시설물과 국민의 재산을 보호하는 진정한 도시의 파수꾼으로 자리매김할 것으로 기대된다. 그러나 CCTV와 관련한 여러 가지 문제와 한계점들이 지적되기도 한다. 앞으로 CCTV에 의해 안전이 확보되는 만큼 사생활 침해에 대한 우려 또한 커질 것이다. 사생활 보호를 위해서는 모든 CCTV 영상 정보를 암호화하여 전송, 보관할 필요가 있다. 또한 외부 해킹방지를 위해 수준 높은 보안장비를 설치하고, 경찰관이

| 그림 3 | 스마트 CCTV 개념도

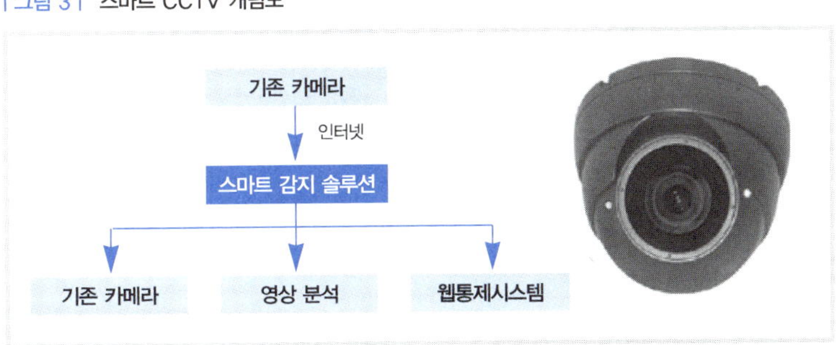

통합관제센터에 상주하면서 영상정보 이용을 엄격하게 제한하는 등의
조치가 마련되어야 할 것이다.

믿을 수 있는 사회, 편리한 생활

믿을 수 있는 먹거리

우리나라에 농축산물 생산 및 유통 이력 관리 시스템은 이미 도입이
된 지 어느 정도 시일이 지났고, 점차 자리를 잡아가고 있다. 우리나라
에서는 2003년 8월 '식품의약품 종합정보 서비스'를 전자정부 31대
로드맵 과제로 선정하여 사업을 처음 시행했다. 그 후 지금까지 농산

| 그림 4 | 먹을거리에 대한 믿음을 주는 팜투테이블의 농산물 이력 추적 시스템

물에 대한 추적과 역추적 체계를 확립하여 농산물의 안전성을 확보하고, 문제 발생 시 신속한 원인 규명 및 조치를 취하여 농산물에 대한 소비자의 신뢰성 확보를 위하여 제도를 운영하고 있다. 2006년 1월부터는 농산물의 생산에서 유통, 최종 소비까지 정보를 기록·관리하는 농산물이력추적관리제도를 자율등록 방식으로 도입하였다. 현재 우리나라의 농산물 이력 정보조회 서비스를 제공하고 있는 팜투테이블(www.farm2table.kr)에서는 농산물 제품에 표시된 이력추적번호에 의한 조회를 통해 생산, 유통, 판매과정에 이르는 전체 이력을 상세하게 열람할 수 있도록 하고 있다.

| 그림 5 | 농산물 이력 상세조회 시스템 이용 페이지

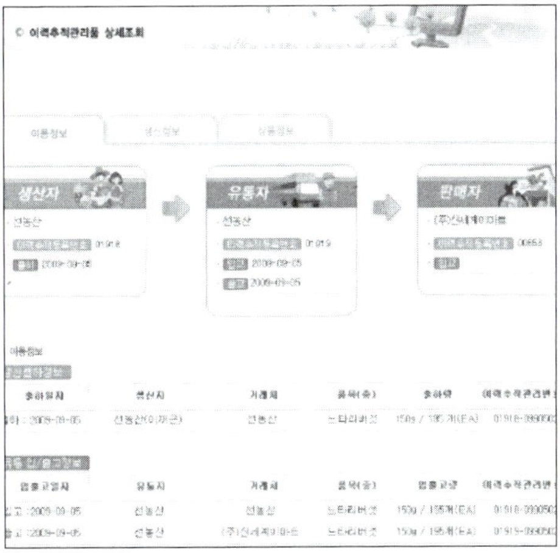

우리나라에서는 앞서 살펴본 농산물 외에도 각종 식품류에 대한 이력추적 시스템 역시 속속 갖추어나가고 있다. 대표적으로 수산물 이력제와 쇠고기 이력제 등을 들 수 있다. 수산물 이력제는 어장에서 식탁에 이르기까지 수산물의 이력 정보를 기록·관리하여 공개함으로써 수산물을 안심하고 선택할 수 있도록 도와주는 제도이다.

쇠고기 이력제는 소의 출생에서부터 도축, 포장처리, 판매에 이르기까지의 정보를 기록·관리하여 위생·안전에 문제가 발생할 경우

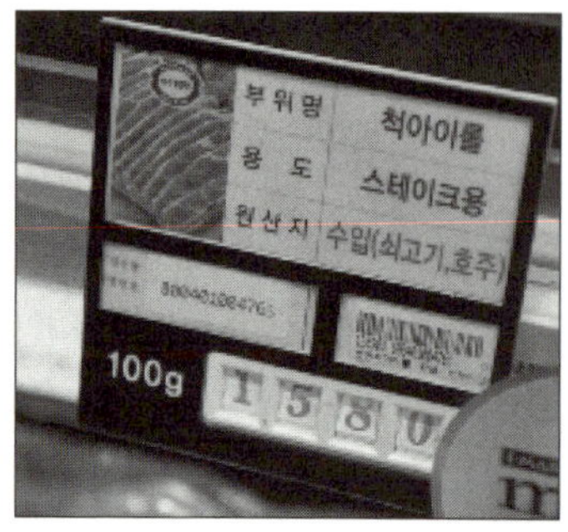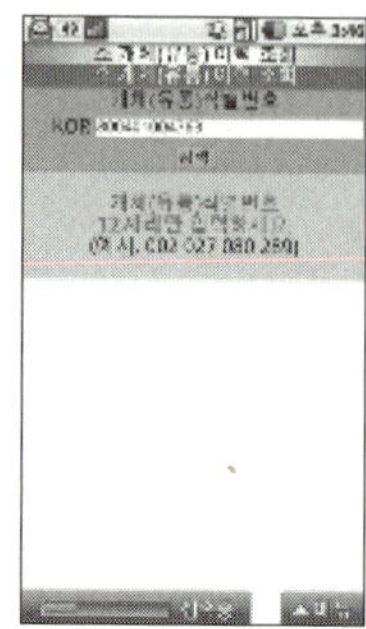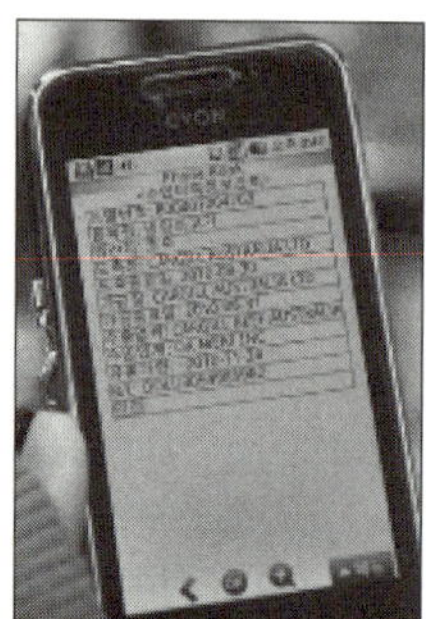

그 이력을 추적하여 신속하게 대처할 수 있는 시스템이다. 2009년 미국산 쇠고기의 수입 반대가 거세지다 시행된 것으로, 국내산 쇠고기(한우·육우·젖소)를 판매하는 모든 정육점에서는 2009년 6월 22일부터 쇠고기 이력 추적제를 의무적으로 실시하게 되었으며, 이제 구매하는 쇠고기의 이력 정보를 확인하고 구매할 수 있게 되었다. 수입 쇠고기의 유통 이력 또한 유통식별번호에 의해서 조회가 가능하다. 그림 6은 수입 쇠고기의 유통 이력을 휴대전화를 통해 조회한 결과이다.

편리하고 안전한 교통생활

미래에는 차량이 알아서 교통상황을 체크하다가 문제가 발견되면 속도를 줄이거나 대체 경로를 찾는 지능형 고속도로의 세상이 도래할 것이다. 그렇게 되면 교통사고나 도로 정체가 크게 감소될 뿐 아니라 에너지 효율성도 늘어날 것으로 기대된다.

심지어 지능형 고속도로에서는 '운전자 없는 차량'의 운행이 가능할지도 모를 일이다. A에서 B지역까지를 자체적으로 운전할 뿐 아니라 최적의 경로를 선택하고, 정체를 피하고, 속도를 선택해 다른 차량과의 거리를 두는 자율적인 교통통제 시스템이 총동원되는 것이다. 실시간 교통정보를 분석하여 목적지까지의 최적 경로를 제시하는 기능은 이미 무선 통신망에 연동되어 작동하는 각종 텔레매틱스 장치로 실현된 바가 있다. 최근에는 스마트폰에 설치가 가능한 애플리케이션 형태로 이런 기능을 활용할 수도 있다.

지난 10년 동안 이탈리아의 아르고(ARGO) 프로젝트, 네덜란드의 프로그(FROG) 프로젝트, 미국의 DARPA 그랜드 챌린지(DARPA Grand Challenge) 등 몇몇 국가에서는 운전자 없는 차량 주행 프로그램을 테스트했다. 1995년 벤츠는 사람 없이 컴퓨터만 탑재한 차량이 뮌헨에서 코펜하겐까지 150킬로미터 거리를 시속 175킬로미터로 달리는 실험을 벌였다. 아르고는 90% 이상 무인 자동화된 차량으로 2000킬로

| 그림 7 | 미래에 예상되는 지능형 고속도로 세상

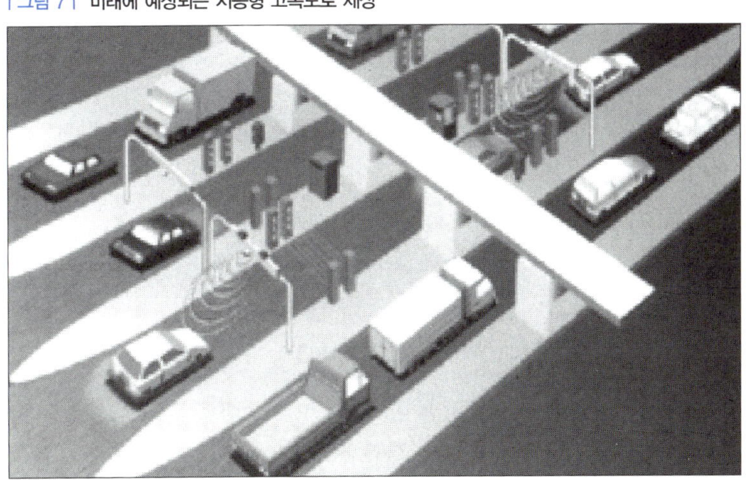

미터를 주행선에 따라 운행하는, 입체적 시각 알고리즘을 적용한 프로젝트다. DARPA 그랜드 챌린지는 미 국방부 산하기관인 방위고등연구계획국(DARPA: Defense Advanced Research Projects Agency)에서 주최하는 무인자동차 경진대회이다. 도시환경 내 주행을 가정한 2007년 대회에서 카네기멜론 대학교 팀은 '교통 규칙과 장애물 등이 존재하는 도시환경을 통과해 자동적으로 길을 찾는' 자동차로 우승을 차지했다. 2008년 GM은 "2015년까지 무인 차량 개발을 시작, 2018년 출시할 예정"이라고 밝혔다.

무인 차량의 이전 단계라고 할 수 있는 보조운전 기능은 요즘 차량에서도 흔히 볼 수 있는 장치다. 이탈 경고 시스템, ABS(Anti-lock breaking), 구동력 제어, 야간 투시, 백미러 알람, 자동 주차 기능을 비롯하여 지능형 고속도로 시스템으로의 진화를 가능케 해주는 자동 비상 제동 장치, 지능화 속도 조절 기능도 곧 등장할 예정이다. 의사소통이 가능한 지능화된 차량을 선보일 예정인 볼보는 "2020년까지 볼보 차량에 탑승한 승객이 사고로 인해 사망하거나 중상을 입지 않도록 하는 것이 목표"라고 밝혔다.

지능형 고속도로는 도로와 차량이 끊임없이 의사소통을 나누는 생태계와 같다. 이동하는 차량이 도로 위에 고정된 (신호등과 같은) 시설과 연결되는 핵심 네트워크로 GPS와 3G/4G 모바일 시스템이 이용된다. 표준 무선 프로토콜은 차량과 차량, 차량과 도로 위의 교통제어 시스템 신호 사이에 의사소통이 가능하게 해줄 것이다.

미국은 매년 발생하는 천문학적인 연료와 보험료, 의료비용, 엄청

난 교통사고 사망자를 줄이기 위해 이 같은 지능형 고속도로에 집중하고 있다. 인터넷을 통해 1억 5천만 대의 차량을 연결한다는 목표다. 구글, 시스코, MS와 같은 기업들도 향상된 교통 커뮤니케이션 네트워크 계획을 발표했다.

지능형 고속도로 구현을 위한 여러 분야의 시도가 이미 활발히 이어지고 있다. 예를 들어 자동차보험 사업자인 아비바(AVIVA)는 자동차보험료의 차등 산출을 위하여 운전자의 운행기록을 추적 · 분석하는 시스템을 구축했는데, 이는 추후 지능형 고속도로 시스템으로 발전 가능한 기술이다. 가까운 미래에는 요금소 없이 통행료 징수도 가능해질 것이다. RF(무선주파수) 태그를 사용한 시스템을 적용하는 방법이다. 싱가포르와 같은 나라들은 GPS에 기반한 자동화 시스템을 도입할 예정이다.

지능형 고속도로 구현에 있어서 가장 중요한 이슈는 공통된 플랫폼 적용 여부이다. 물품 배송, 차량, 교통신호 등의 정보가 연계된 통합 네트워크를 빠르게 무료로 이용할 수 있는 시스템이 필요하다. 인터넷이 그렇듯 모든 사람이 공유하고 사용하는 표준화된 규칙, 즉 플랫폼이 있어야 지능형 고속도로도 실현 가능해지는 것이다.

영상으로 읽는 문자정보

앞으로 사진 혹은 영상 데이터로부터 문자정보를 인식하여 처리하는 기술이 더욱 보편화될 것으로 보인다. 자동차 번호판 정보를 읽기 위하여 영상 데이터를 이용하는 사례는 과거부터 계속 이용되어 왔다. 예전에는 법규위반 차량에 대한 촬영된 사진을 사람이 육안으로 확인하여 과태료를 부과하는 수준에 그쳤다. 그러나 최근에는 자동화된 문자인식 시스템이 개발되어 사람의 도움 없이도 영상에서 차량번호 정보를 곧바로 인식하는 것이 가능해졌다.

이러한 시스템의 적용 사례는 주차장 출입구의 차량번호 자동인식 시스템에서 쉽게 찾을 수 있다. 차량이 진입하면 출입 차량의 번호가 자동으로 인식되므로 주차표를 별도로 발권할 필요 없이 컴퓨터 자동

| 그림 9 | **영상으로 차량 번호 인식하기**

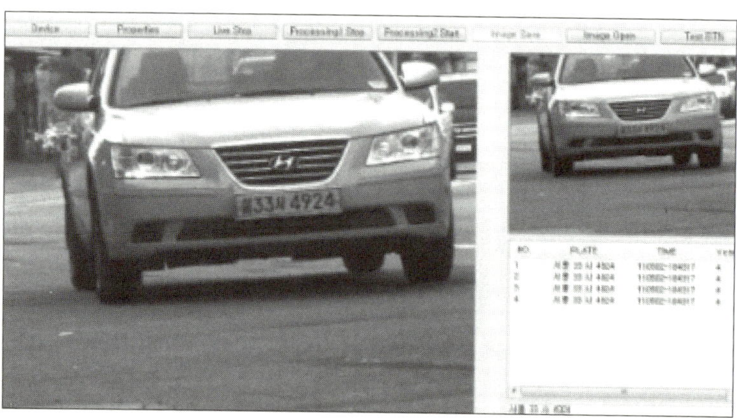

화 시스템으로 주차료를 정산하는 방식이다. 물론 미인식된 차량의 주차료 납부 처리 등을 위하여 관리인이 상주하고 있는 경우도 많으나, 앞으로는 차량 번호의 인식률이 100% 수준에 근접하고 점차 완전 무인화된 주차 시스템으로 전환될 것이다. 또한 차량의 번호 인식에 그쳤던 수준에서 더 나아가 영상 속 물체의 검지 및 추출 과정을 통하여 분석의 의미가 있는 물체를 자동으로 검지해내고 이후 이 물체의 추적도 가능해진다.

사람의 눈은 다양한 크기의 물체를 쉽게 구별해낼 수 있지만 컴퓨터 입장에서는 서로 다른 크기의 물체를 동일한 종류로 판단한다는 것이 그리 쉬운 일이 아니다. 특히 주행 중인 자동차를 촬영한 영상 속의 차량들은 그 차종과 카메라의 거리와 각도 등에 따라 모양과 크기가 다르게 보인다. 앞으로 영상 처리를 위한 인공지능 기술이 이를 해결하고, 차량뿐 아니라 보행자 등 이동 중인 각종 개체에 대한 추적 및 보안 시스템 분야에도 응용될 수 있을 것으로 보인다.

통제받는 인체, 통제되는 인간

나 자신이 바로 나의 열쇠

우리는 자신을 타인에게 증명하거나 인지시키는 방법으로 주민등록증이나 신용카드 등을 이용한다. 연예인들처럼 자신을 나타내는 수단이 얼굴인 사람들도 있지만, 대부분의 경우는 이러한 플라스틱 카드를 이용한다. 그런데 카드는 잃어버릴 경우 타인이 내 신분을 악용할 여지가 있는 위험요소가 있다. 그 대안으로 생체인식 기술이 등장했고, 가까운 미래에는 생체인식 기술이 많이 활용될 것으로 보인다.

생체인식은 본인 인증을 위한 인식 기술의 하나로 본인 신체의 특징을 보안을 위한 키(열쇠)로 사용하는 방법을 말한다. 다시 말해 생체인식에 사용되는 대상은 바로 자기 자신이다. 이를 빗대어 보안 전문가 브루스 쉬네이어는 '당신 자신이 바로 당신의 열쇠'라고 표현하였다. 생체인식에서는 사람마다 다르게 주어지는 생체정보를 이용하는데, 지문, 얼굴, 홍채, 각막, 손 모양, 손등 정맥, 음성 등이 이에 해당한다. 이들 정보를 추출하여 판별이 가능하도록 저장하고 이를 개인 식별을 위한 정보로 활용하는 것이다.

기존의 열쇠, 출입카드 등의 경우는 도용, 분실, 복제 등의 여지가 많아 상대적으로 보안성이 낮고, 반드시 휴대를 해야 하며, 비밀번호를 외우는 등의 수고가 필요하다는 단점을 가지고 있었다. 이에 반해

| 그림 10 | 생체인식 시스템

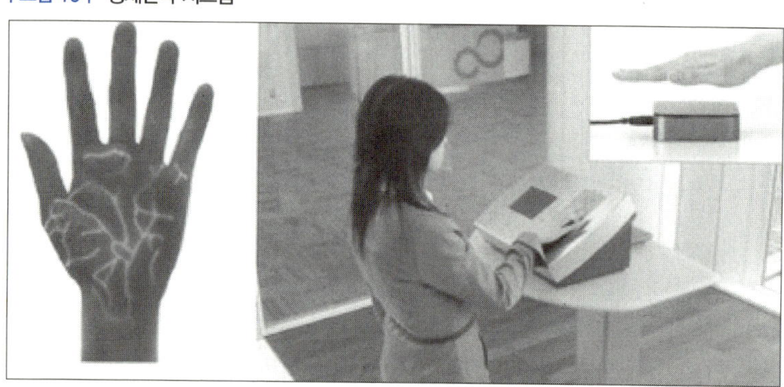

148

생체인식은 개인의 생체정보를 이용하므로 시스템의 신뢰성에 따라 정도의 차이는 있지만 자기 자신에 의해서만 인증되는 탁월한 보안성이 확보된다. 무엇보다 인증을 위한 별도의 준비물을 가지고 다니거나 어떤 정보를 외울 필요가 없다는 편리성이 강점이다.

　구체적으로 생체인식의 대상을 몇 가지 살펴보면 다음과 같다. 정맥인식(Vein Recognition)은 손등이나 손목 혈관의 형태를 인식하는 방법으로, 적외선을 혈관에 투시하여 혈관의 형태에 따라 신분확인을 한다. 이 방식의 경우 복제가 거의 불가능하여 높은 보안성을 갖지만 하드웨어 구성이 복잡하고 전체 시스템 비용이 많이 들어 활용할 수 있는 범위가 제한되는 단점이 있다. 손금인식은 사람의 손바닥에 분포되어 있는 손금을 이용하는 것으로 개개인의 손금은 모두 독특한 패턴을 가지고 있다는 점에서 착안되었다.

　음성인식은 사람의 억양과 음의 높낮이가 서로 다르다는 특성에 기인한 방식으로 마이크 등을 통해 전달된 음성의 특징을 분석한 후 가

| 그림 11 | 생체인식으로 보안접속이 가능

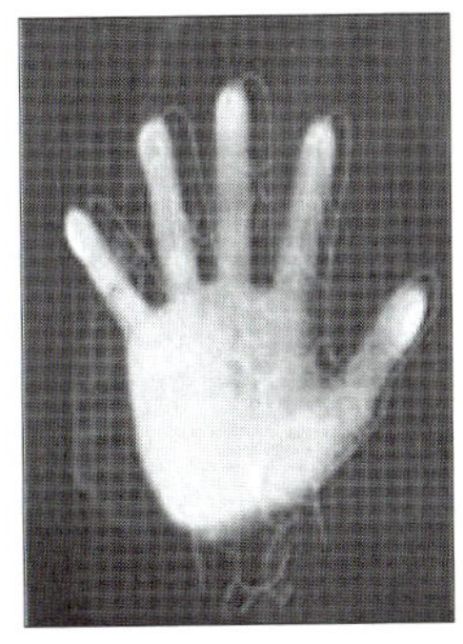 

장 근접한 것을 찾아내는 방식이다. 이는 다른 생체인식과 달리 원거리에서도 전화 등을 이용하여 신분을 확인할 수 있고, 사용을 위한 별도의 교육이 필요하지 않으며, 시스템 가격이 저렴하다는 장점이 있다. 하지만 감기나 기타 요인에 의해 목이 쉬었을 때나 의도적으로 타인의 목소리를 흉내내거나 주변환경에 큰 소음이 있을 경우에는 오인식을 할 수 있다는 단점이 있다.

안면인식(얼굴인식)은 기계에 접촉하지 않고 카메라를 입력된 얼굴 형상을 데이터베이스와 비교하는 방식이다. 단 이 방식은 사용자의 표정이 바뀌거나 주위 조명의 영향을 많이 받는다는 단점이 있다. 홍채인식(Iris Scan)은 사람마다 고유한 특성을 가진 눈동자 바깥의 홍채 패턴을 이용한 것으로 데이터의 정확성, 안정성, 사용 편리성, 처리 속도 면에서 지문인식 또는 망막인식에 비해 가장 발전한 보안 시스템이다. 홍채는 통상 생후 1~2년 내에 고유한 패턴이 형성된 후 평생 변하지 않으며, 어느 정도 떨어진 상태에서 홍채 패턴을 인식하는 비접촉 방

| 그림 12 | 음성인식과 홍채인식

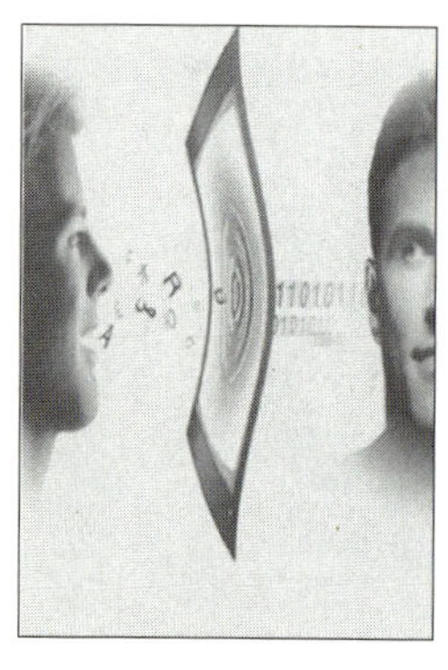
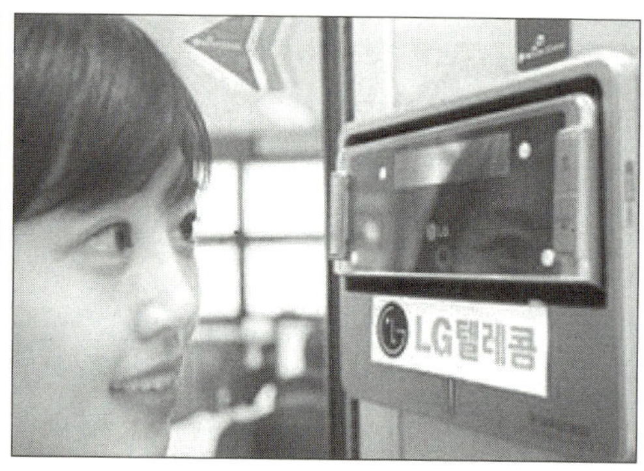

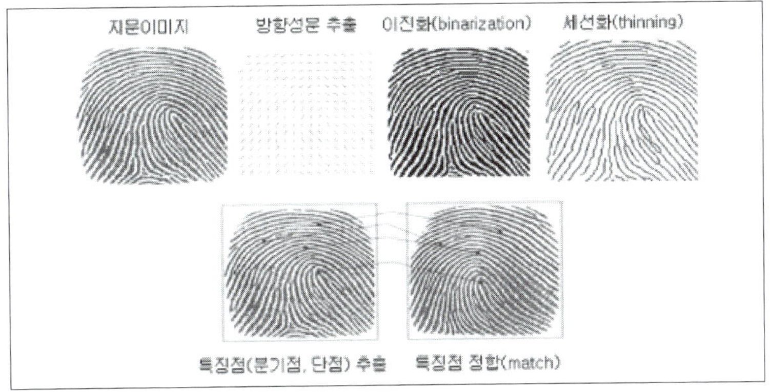

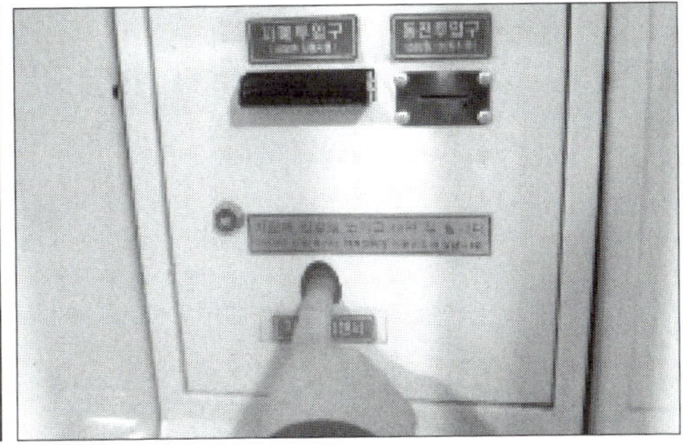

식이기 때문에 거부감이 거의 없다는 것이 장점이다.

지문인식은 손가락 끝의 진피부분이 손상되지 않는 한 지문이 평생 변하지 않는 특성을 갖기 때문에 오래전부터 보편적으로 사용되어 왔다. 지문인식 시스템의 원리는 지문의 융선과 골, 단점 등 지문 이미지의 특징을 파악하여 저장된 원본 데이터와 일치하는지를 비교하는 것이다.

생체인식 기술 중 일란성 쌍둥이 구별에 대한 의문은 자주 등장하는 논제이다. 결론부터 말하면, 생체인식 시스템에서는 일란성 쌍둥이에 대한 구별도 가능하다. 생김새는 같을 수 있어도 개개인의 신체적 특성은 저마다 다르므로 생체인식 식별이 가능하다.

얼굴과 행동이 모두 노출되는 세상

이제는 생체인식을 넘어서 외관상의 모습 또는 행동 특성을 통한 개인을 판별하는 기술까지 속속 개발되고 있다. 한국전자통신연구원은 2010년 낮은 해상도로 찍힌 얼굴의 미간만으로 신원을 확인할 수 있는 시스템을 개발했다. 이어서 2011년에는 경찰과 손잡고 성능 향상에 힘쓰고 있다. 이 시스템은 사람마다 미간의 폭이 다르다는 점을 활용해 신원을 확인하는 원리다.

중앙대학교 첨단영상대학원의 백준기 교수는 다양한 영상처리 기술을 동원해 신원 식별 시스템을 개발한 바 있다. 구체적으로 걸음걸이만 갖고 누구인지 알아내는 시스템, 여러 사람이 움직일 때 방향별로 이동 숫자를 파악하는 시스템, 특정인을 추적하는 시스템 등이 있다. 걸음걸이의 경우 보폭이나 손발을 움직이는 형태가 사람마다 다르다. 지문인식이나 정맥인식과 같은 생체인식 시스템은 판별기에 신체를 접촉해야 하지만, 이런 시스템은 CCTV가 설치돼 있는지조차 알리지 않고 보안강화라는 소기의 목적을 이룰 수 있다

사람의 안면인식 기술은 최근 3D 영상으로 인식처리를 하는 영역으로까지 발전하고 있다. 3D 얼굴인식 기술은 눈두덩과 코, 턱 등 얼굴 특징을 나타낸다고 할 수 있는 곳에 점을 찍어 각 점들 사이의 관계를 기록한다. 3D 영상은 단순한 거리나 위치뿐 아니라 깊이도 인식하기

때문에 한층 더 정확하다. 코가 높다거나 광대뼈가 도드라지고 눈두덩이 볼록하다는 식으로 얼굴을 입체적으로 인식하기 때문에 얼굴 데이터가 더 많아진다. 따라서 정면이 아닌 다른 각도에서 찍은 얼굴도 알아볼 수 있다. 성형수술을 해서 얼굴이 전부 바뀌지 않는다면 조명이나 표정 변화와 무관하게 얼굴을 인식하는 것이다. 한눈에 잘 분간이 가지 않는 일란성 쌍둥이도 3D 얼굴인식으로는 구별이 가능하다. 아무리 비슷한 얼굴이라도 피부의 미세한 주름 등에는 차이가 있기 때문이다.

일본의 인쇄사업자 다이닛폰인쇄는 지난해 5미터 범위 안의 사람 얼굴을 동시에 최대 5명까지 판별하는 얼굴인식 시스템을 선보였다. 이는 얼굴인증에 의한 건물 등의 출입을 자동으로 컨트롤할 수 있는 기술이다. 이 시스템에서는 한 사람을 판별하는 데 걸리는 시간이 0.5초에 불과하다. 건물로 들어오는 사람을 CCTV가 순식간에 찍어 문을 열어줄지 말지를 결정하는 것이다. 이를 길거리에 설치하면 용의자 검거에 활용할 수 있다.

이처럼 DNA나 지문 등 인체인식을 위한 생체정보의 수집 없이도 단순히 외관상 관찰되는 모습이나 행동만을 관찰함으로써 개인을 특징지을 수 있는 시대가 오고 있다. 특히 얼굴인식 기술은 시스템만 정교하게 개발된다면 가시광선이나 열적외선 카메라만으로도 설치가 가능해 활용도가 높을 것이다. 특히 출입통제 시스템이나 본인인증 시스템 등 보안 분야에서 활발하게 이용될 것으로 기대된다. 또한 은행 현금자동지급기(ATM)에 얼굴인식 기술이 도입되면 카드나 비밀번호 없이도 본인임을 인증해 돈을 쉽게 인출할 수 있다. 사이버대학교에서 출석 확인을 하거나 인터넷 프로그램 사용자를 제한하는 데도 유용하다. 특히 이러한 기술이 CCTV를 비롯한 방법 시스템과 연계된다면 강력 범죄가 발붙이기는 점점 어려워질 것이다.

인류의 안전을 지키는 생체감시(Bio-surveillance)

앞으로 개인식별을 위한 생체인식에서 더 나아가 광범위한 생체감시가 이루어지는 시대가 될 것이다. 글로벌 생체감시는 인류의 안전과 직결된 문제를 예방하고 해결하기 위해서 도입될 것이다. 향후 등장할지도 모르는 바이오 테러나 동식물 질병 발생 등을 감지하고 예측하고 예방하는 일들까지가 여기에 포함된다. 여태까지는 부족한 인프라와 투자 여건, 한정된 글로벌 협력 때문에 활발하게 진행되지 않았던 분야이기도 하다.

성공적인 생체감시 시스템을 위해서는 질병 탐지 및 방지를 위한 많은 데이터 소스들을 잘 이해하고 패턴을 분석하는 능력이 필요하다.

| 그림 14 | CCTV를 이용한 얼굴인식

생체감시는 매우 종합적이고, 멀티 조직적이며, 데이터 집약적이고, 시간과 지식 집약적인 매우 복잡한 시스템이다. 효과적인 방식으로 이 모든 소스들을 활용하는 능력이야말로 생체감시를 성공으로 이끄는 열쇠인 것이다.

최근 미국의 질병관리센터는 이 분야를 집중 투자하여 2천 개 이상의 병원이 연결된 실시간 전국 네트워크를 통해 질병 검색, 모니터링, 특이 보건 상황 등을 파악하고 있다. 세계보건기구는 아프리카의 질병감시 능력 강화를 위해 10년 전부터 통합 질병 감시 프로그램을 진행하고 있다.

공중보건 위험을 대중에게 전달하는 방식은 인터넷, 소셜 네트워크의 도래와 함께 급진적인 변화를 맞이했다. 인간 대 인간의 의사소통은 글로벌 바이오 감시를 위한 핵심요소다. 커뮤니케이션 도구가 진화하며 국내 및 국제 보건 정책에도 큰 변화가 찾아올 것이다. 인간 대 인간뿐 아니라 인간과 동물, 동물과 동물의 경우도 마찬가지다. 미래에는 인간이건 동물이건, 언제나 어디서나 질병이 발생되자마자 적절한 대응이 이루어질 수 있도록 빠른 추적 및 분석 시스템이 만들어질 것이다.

2020년경에는 병원, 동물보건센터, 생물학적 에이전트 등을 위한 국제 공조 시스템이 현실화된다. 기존 시스템의 통합, 열린 데이터 소통 등 국제적인 동의가 이미 이루어진 상태다. 이미 사용 중인 데이터 분석과 시각화 소프트웨어가 합쳐지며 공조 시스템은 점점 구체화될 것으로 보인다. 의료 전문가의 숫자 또한 크게 증가되면서 질병 발생

후 신속한 추적, 분석, 대응이 가능하리라 기대된다.

휴대폰 하나로 위치를 추적하는 세상

모바일 폰에서 발생하는 신호를 측정하여 1미터 거리에 있는 용의자들의 추적이 가능한 세상이다. 이는 20년 동안 사법당국이 준비해온 핵심 자산이다. 심지어 핸드폰이 전원이 꺼져 있어도 위치 파악이 가능하며, 핸드폰에 배터리가 남아 있다면 1000분의 1초 사이에 원격으로 위치를 파악할 수 있다. 특히 배터리가 분리되지 않는 아이폰은 1년 12달, 24시간 추적할 수 있다.

스마트폰 등 디바이스에 기반한 위치 추적 시스템은 상업적으로 널리 활용되고 있다. 헬스케어, 금융결제, 소셜 네트워킹 관련 애플리케이션이 증가하는 등 2010년 초까지 6000개의 위치 기반 앱이 선보였다. 또 매월 600개 이상의 앱이 새로 등장하고 있다. 구글의 위치찾기 서비스인 구글 래티튜드(Google Latitude)는 휴대폰을 기반으로 쉽게 친구들의 위치 파악이 가능하다. 페이스북 플레이스(Places)는 친구들의 행방을 공유할 수 있다. 미국의 온스타(On-Star) 커뮤니케이션 시스템은 교통사고 위치를 파악하는 서비스를 제공한다.

추적 시스템은 디바이스 기반뿐 아니라 교통 시스템, 공공건물에서도 사용되고 있다. 영국의 교통 시스템과 연결된 오이스터 카드(Oyster Card)는 개인 카드 소지자와 연동되어 대중교통을 이용할 때 편의를 제공한다. 홍콩과 멜버른 역시 비접촉 지불 시스템이 적용되고 있다.

방문객에 대한 건물 입·출입 카드가 일반화된 가운데 지문과 음성

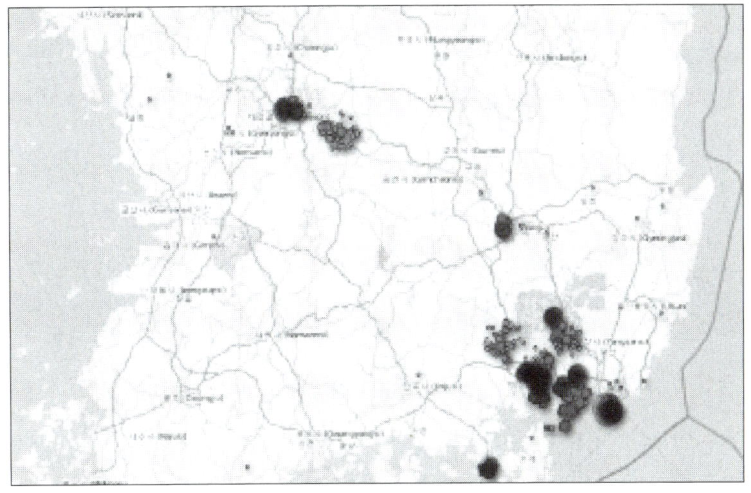

인식, 안구 스캔 같은 생체인식 시스템은 추적 시스템을 한층 발전시키고 있다.

위치 추적 시스템이 대중화되면서 사생활 보호에 대한 문제도 야기되고 있다. 수많은 도시 중심지와 도로에 편재한 보안 카메라들은 사람들의 얼굴을 인식하고 그 움직임까지 감시하는 수준이다. 런던에서는 7만 5000대 이상의 CCTV 카메라가 설치되어 한 사람이 하루 평균 3백 번이나 카메라에 노출되고 있다.

현재 위치 추적 시스템은 원래 목적이던 국가 보안과 테러 작전 방지라는 사회 안전의 테두리에서 벗어나 상업적으로 널리 사용되고 있다는 문제점을 가지고 있다. 지금은 개인 사생활 침해 논란이 있다 하더라도, 미래에는 고객에 더욱더 집중화된 애플리케이션들이 나타날 것이며, 그에 따라 이에 대한 반감과 저항은 점차 미미해질 것으로 보인다.

미래를 바꾸는 빅 브라더

얼마 전 인터넷에 자유롭게 글을 퍼다 올린 어떤 시민이 그 글을 빌미로 구속영장이 청구되었던 일이 있었다. 인터넷은 그야말로 익명성이 보장되고 혼자만의 공간일 수도 있다는 생각은 착각일 뿐, 사실 그곳에 올려지는 모든 콘텐츠들은 검색될 수 있고 누군가로부터 모니터링될 수 있다. 그뿐 아니다. CCTV는 도로, 은행, 공공장소 심지어는 화장실까지 침투하고 있다. 교육행정 정보시스템인 나이스(NEIS)는 한 개인의 성장 기록을 고스란히 남겨 인간의 존엄성과 가치 행복 추구권을 침해할 우려가 있다며 시민단체의 강력한 반대에 부딪치기도 했다. 또한 흔히 사용하고 있는 전자식 교통카드에는 우리의 이동 행적이 고스란히 남아 있어, 언제 어디서 지하철을 타고 언제 어디서 하차 했는지, 또 언제 버스에 탔는지에 대한 정보가 고스란히 남게 된다. 우리의 일거수일투족이 '기록' 되고 있는 셈이다. 마음만 먹으면 도청도 얼마든지 가능하다. 정치권과 언론사 등에 연루된 도청 스캔들과 사건은 심심치 않게 접하게 된다. 일련의 사례들로 비추어볼 때, 우리 시대가 60년 전 조지 오웰이 생각했던 미래의 모습으로 나아가는 것은 아닌지 우려가 되기도 한다.

사람 몸에 바코드를 심는 세상

미국 오하이오 주의 보안업체 시티워처닷컴은 사람의 몸에 전파 식별(RFID : Radio Frequency Identification) 장치를 심어 신분을 확인하는 시

| 그림 16 | 여러 가지 RFID

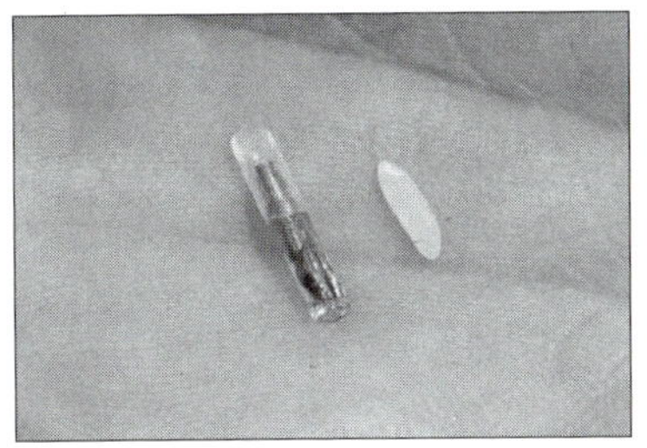

인체 삽입용 RFID 베리칩 (ADS사)

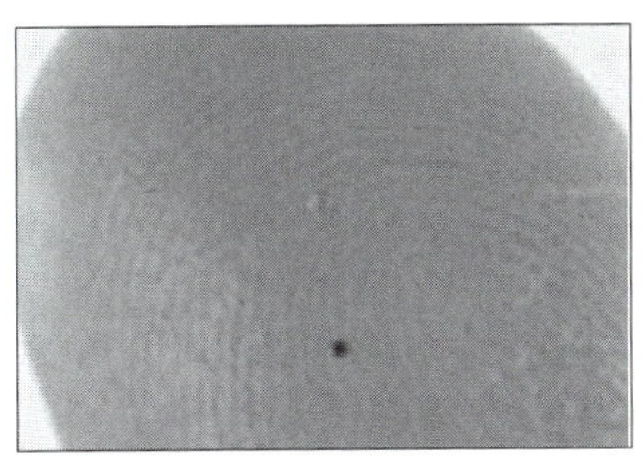

히타치에서 개발한 초소형 RFID(육안으로 확인
이 어려울 만큼 소형화가 진행되었다.)

험을 한 적이 있다. 직원 2명의 오른팔 윗부분에 RFID 기능을 하는 전
자칩을 이식한 것이다. 이는 관공서 등 출입통제구역에 사람들이 드나
들 때 판독장치가 전자칩을 지닌 사람을 확인할 수 있는지 알아보는
시험이었다. RFID 칩에는 전파송신장치가 내장돼 있어 판독기가 직접
접촉하지 않고도 그 정보를 읽을 수 있기 때문에, 판독기 근처에 지나
가기만 해도 정보를 인식하고 관리할 수 있다. 근접하여 접촉하지 않
아도 정보를 읽을 수 있다는 점에서 심각한 프라이버시 침해 논란이
일어날 법하다. 이러한 시도는 그동안 애완동물에게 이식해 소유주를
확인하는 데에 응용되어 왔는데, 이제는 인체에까지 적용범위가 확대
될 가능성이 높아졌다.

만약 인체에 영구적으로 RFID 칩이 이식되는 미래가 온다면, 프라
이버시 침해 등 심각한 인권침해를 초래할 수 있다. RFID가 인간의 족
쇄가 되어 모든 일거수일투족이 누군가의 감시의 틀 안에 놓이게 되는
재앙을 불러일으킬지도 모른다. 생활의 편익을 위해서 개발된 기술이
사람의 몸에 적용됨으로써 개인의 사생활을 빼앗는 수단으로 악용될

지도 모른다.

RFID가 인쇄형 바코드의 진화 형태로 본다면, 향후 RFID 칩을 인체에 삽입한다는 것은 종교적인 내용으로서나 사생활 침해 가능성으로 보나 왠지 모르게 꺼림직한 일인 것은 사실이다.

내 의사와는 상관없이 수집·분석되는 생체 정보

인체에 삽입하는 바코드 혹은 RFID 칩은 본인의 의사에 따라 정보 수집과 감시를 피하는 선택을 할 수 있을지도 모른다. 그러나 생체정보는 감시와 관리로부터 회피하는 것이 거의 불가능하다. 생체정보는 당사자의 동의나 인지 없이도 얼마든지 수집할 있다는 면에서 가장 보호가 취약한 개인정보이다. 생체정보는 잘 변하지 않는 개인의 생물학적 특징을 이용하고, 소량의 정보만으로 분석이 가능하며, 이를 통해 개인정보를 상업적인 목적으로 활용할 수 있다는 점에서 매우 민감한 문제라고 할 수 있다.

생체인식 기술과 같이 한번 도입되면 과거로 되돌리기 어려운 기술로 인해 심각한 사회문제가 발생할 경우에는 문제가 걷잡을 수 없을 정도로 확대될 것이다. 따라서 생체인식과 같이 매우 광범위한 사람들에게 적용되는 과학기술을 도입하기 전에는 기술영향 평가 같은 사전 예방적 방법들이 필수적으로 실시되어야 할 것이다. 특히 생체인식 기술에 있어서는 프라이버시 문제에 대해서 심도 있게 검토되어야 할 것이다.

사생활 침해와 안면인식 기술

스마트폰으로 동영상을 찍거나 사진을 촬영하면 그 속에 있는 사람들의 얼굴을 즉시 인식해서 트위터, 페이스북, 플리커와 같은 소셜 네트워크를 통해 개인의 이름과 정보가 사진과 함께 공개되는 시대가 되고 있다. 사실 사진 속의 얼굴을 자동으로 인식해서 인물별로 앨범을 만들어주는 기능은 지금도 맥북과 같은 애플 사의 PC에서 사용되는 사진 관리 프로그램 '아이포토(iPhoto)'에 널리 쓰이고 있다.

'뷰들(Viewdle)'이라는 한 애플리케이션은 동영상 속의 얼굴까지 즉시 인식하고, 해당 얼굴의 계정을 찾아내 소셜 네트워크에 즉시 게시해주는 기능을 제공한다. '뷰들'은 현장 장면을 찍자마자 자동으로 태깅이 돼서 페이스북, 트위터, 플리커 등 원하는 소셜 네트워크에 즉시 게시된다. 웃고 떠들고 춤추고 있는 사이에 그 장면들이 실시간으로 소셜 네트워크에 차곡차곡 등재되는 것이다.

더욱 가공할 만한 일은 얼굴인식을 위한 개인별 프로파일이 소셜 네트워크상에서 널리 공유된다는 점이다. 그리고 이 프로파일이 증강현실과 연결되면서 스마트폰으로 주변 사람들을 비추면 그 사람이 누구인지를 알려준다. 예를 들면 학기 첫 강의시간에 강의실에 들어간 교수가 스마트폰을 꺼내 관련 애플리케이션을 켜고 뒤에 학생들을 비춰보면 그 학생들의 트위터, 페이스북 계정과 함께 이름을 알 수 있게 되는 것이다.

최근 페이스북이 이와 유사한 문제로 도마 위에 올랐다. 영국과 독일에서는 관련 부처가 조사를 시작했고, 미국에서는 프라이버시 단체

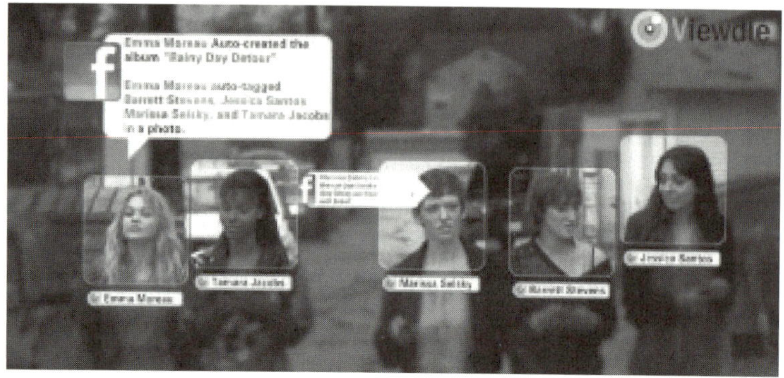

들이 연방거래위원회에 제소할 움직임을 보이고 있다. 그 이유는 5억 명이 넘는 가입자를 가진 페이스북이 최근 안면인식 기능을 가입자들의 사전 양해 없이 도입했기 때문이다.

안면인식 기능이란 페이스북에 올린 사진이나 이미지로부터 가입자들의 얼굴을 추출하여 그 이름을 표시해주는 기능(Photo-tagging)을 말한다. 사용자가 페이스북에 사진을 업로드하면 안면인식 기술이 사진상의 사람들을 인식하여 그들이 누구인지 추측하고 이 정보를 사용자에게 제공하게 된다. 그러면 사용자는 확인절차를 거쳐 많은 양의 사진을 더 신속하게 태그 처리할 수 있게 된다. 이 기능은 구글의 피카사(Picasa)나 애플의 아이포토 같은 데스크톱 애플리케이션이 제공하는 기능과 흡사하다. 가장 큰 차이점은 이 사진들을 인식하여 태그 처리하는 데 필요한 데이터베이스가 사용자의 컴퓨터가 아닌 페이스북의 서버에 위치한다는 것이다. 이로 인해 페이스북은 앞으로 사용자들의 거대한 안면인식 데이터베이스를 보유하게 될 것이다.

사생활 보호를 주장하는 사람들은 페이스북 사진에서 친구 얼굴에 태그정보를 붙이는 새로운 안면인식 기술에 반발하고 있다. 이 새로운 기능의 가장 큰 문제점은 사용자들이 자신의 얼굴이 디지털 방식으로 스캔할지 말지를 선택하는 대신에 페이스북이 임의적으로 모든 사용자에 기본적으로 적용했다는 것이다. 유럽연합의 사생활 보호 감시단체는 현재 이 문제가 사생활 보호 규정에 어긋나는지 조사 중인 것으로 알려졌다. 보안업체인 소포스(Sophos)는 "페이스북이 남몰래 사용자들의 온라인 사생활을 침해하는 것 같다."라고 말했다. 이에 대해 〈PC월드〉 지는 "페이스북은 원하는 사용자들에 한해 해당 기능을 선택할 수 있도록 해야 했다."라고 주장했다. 또한 〈PC월드〉 측은 "페이스북이 사용자 정보를 너무 많이 유출하는 경향이 있다."고 밝혔다.

거울을 화장용으로만 사용하면 좋겠지만 추한 곳을 보거나 봐서는 안 될 것을 보기 위해서 악용하는 경우를 생각한다면 위의 안면인식 기능의 양면성에 대해서 이해가 갈 것이다. 장난으로 친구의 사진을 올렸는데 친구가 심한 수치심과 굴욕감을 느낀다면 그것은 친구의 프라이버시 침해가 분명한 것이다.

앞으로 페이스북에 올리는 사진 한 장 한 장의 파급력이 과거와는 다르게 상상할 수 없을 정도로 커질 것이다. 내가 찍은 사진 배경에 노출된 전혀 모르는 타인의 얼굴이 내가 올린 사진으로 인해 원치 않는 정보의 노출을 당하게 될지도 모른다. 앞으로 그러한 사소한 사진 한 장으로 인해 어떤 일이 유발될지 전혀 예상할 수 없게 된다.

당신의 얼굴을 알아보고 켜지는 TV나 컴퓨터 모니터, 잠금장치가

해제되는 금고에 사용되는 안면인식 기술은 유용한 것이다. 그렇지만 도박장에서 고객을 선별적으로 감시하기 위해 사용하는 안면인식 기술이나 은행이 특정 고객 인식용으로 사용하는 안면인식 기술이 현금 인출기등에 사용된다면 찬반 의견이 분분할 것이다.

또다른 빅 브라더, SNS

최근 확산되고 있는 SNS 역시 또 다른 빅 브라더로서의 역할을 하게 된다. SNS가 정부와 기업, 그리고 개인이 서로를 감시하고 견제하는 정보 공유의 통로로서의 역할을 수행하게 되는 것이다. 이와 같은 변화가 전개되면서 정부나 기업들은 과거와 같이 비리나 불법적인 일을 쉽게 저지를 수 없게 되었다. 최근 발발한 이집트 혁명 역시 정부에 대한 SNS를 통한 감시와 견제가 실제 행동으로 이어진 하나의 사건이었다. 그러한 이유로 인해 페이스북이나 트위터가 없었다면 이집트 시민

| 그림 19 | SNS로 촉발된 이집트 혁명

혁명은 일어나지 않았을 것이라는 평가를 받고 있다.

SNS를 통해 정보에 대한 접근 장벽이 낮아지고 정보의 공유 속도가 빨라지게 됨으로써, 상호간의 감시와 통제가 더욱 용이하게 된다. 그리고 감시하는 자 역시 누군가의 감시를 받게 되는 일이 종종 벌어지게 되고, 결국 감시하는 자가 감시되는 자에 의해 감시를 받게 되는 사회가 될지도 모른다.

빅 브라더 시대의 변화들과 마찬가지로 SNS가 가져올 영향들 역시 양면성을 가지고 있다. SNS는 정부와 기업, 개인 간의 긍정적인 상호 감시와 견제의 기능을 수행하며 핵가족화와 바쁜 일상으로 인한 현실의 단절감을 극복하기 위하여 온라인상에서의 새로운 관계와 연결을 제공하는 등의 장점을 가진다. 반면 사생활 침해와 함께 과도한 스트레스에 시달리게 되는 부작용을 낳기도 한다.

뷰들 어플리케이션이나 페이스북의 포토 태깅이 소셜 네트워크에 의해 사생활 침해 가능성이 더욱 확대된 것과 마찬가지로, SNS 자체가 개인의 영역 침해나 관련 스트레스를 더욱 가중시키는 면이 있다. 이들 부작용이 개인에게 과중되는 면이 커지면 SNS가 인간관계의 비타민이 아닌 피곤한 스트레스로 전락할 우려가 있는 것이다.

SNS에 의해 모든 것이 공개되고 공유되는 등 연결이 일상화되어 있는 세상에서는 무엇보다 자유로운 사생활을 침해받게 될 가능성이 크다. 실제로 최근 많은 수의 SNS 집단을 관리하기 위해 스트레스를 호소하는 이용자들이 늘어나고 있다. 인크루트의 SNS 관련 설문조사 결과에 따르면, 설문 대상자 249명 중 34.9%가 SNS로 스트레스를 받은 경험이 있다고 한다. SNS 관련 스트레스는 주로 개인정보의 유출 우려 및 업데이트 등의 관리, 비방 및 악성 댓글로 인한 것이었다.

실제로 SNS로 인한 사생활 침해 문제가 스트레스 수준에서 그치지 않고, 강력 범죄나 자살사건으로 이어지기도 했다. 2011년 5월, 한 스포츠 전문 여기자가 자신의 사적인 과거 사실과 함께 그에 대한 악성 비방이 SNS를 통해 급속도로 퍼지자 그 불안과 스트레스를 견디지 못하고 스스로 목숨을 끊는 안타까운 일이 일어나기도 했다.

트위터를 이용해 친구를 찾는 것처럼 위장하여 채무자를 찾아내거나 카메라폰을 이용하여 타인의 사생활을 추적하여 금품갈취 목적으로 협박한다거나 하는 행위 등은 기술문명의 역효과라고 할 수 있다. 그러므로 기업이 스스로 사회정의를 존중하고 개인의 프라이버시를 귀하게 여겨주기를 기대하는 것보다 소비자들 스스로가 신기술 등장에 따른 풍습과 인습의 변화는 물론 신기술 문화에 따른 매너 등을 개발해야 할 것이다.

인터넷 빅 브라더 : 견제와 균형

인터넷은 확실히 과거에 비해 훨씬 밑으로부터의 변화를 쉽게 받아들이고 분권화가 되어 있다. 애시당초 미 국방부에서 핵공격이 이루어지더라도 네트워크가 파괴되지 않고 살아남아서 통신이 될 수 있도록 디자인되었기 때문이다. 인터넷이 가진 분산된 네트워크의 힘은 이미 여러 곳에서 보여준 바 있다. 아이티에서 지진이 나서 모든 통신수단이 두절된 상태에서도 인터넷은 작동되었고 유튜브를 통한 인터뷰로 당시 상황을 전할 수 있었다. 모든 언론을 통제하는 상황에 들어간 이란이나 중동의 여러 나라에서 결국 자신들의 이야기를 외부로 전할 수 있었던 것도 모두 인터넷이 있었기에 가능했다.

그렇지만 현재의 인터넷이 과연 그렇게 자유로운 매체인지, 그리고 그렇게 만족할 만한 것인지에 대해서는 다시 생각해볼 여지가 있다. 인터넷은 여전히 어떤 중앙집중적인 관리 시스템에 의해서 운용되고 있기 때문이다. 당장 IP 주소로 이름을 변환시켜주는 도메인 네임서버(DNS: Domain Name Server)와 인터넷 서비스를 제공하는 사업자(ISP : Internet Service Provider)들을 장악하고 이를 컨트롤하려고 하면 얼마든지 간단히 할 수 있다는 것을 최근의 여러 사례들이 보여주고 있다. 예를 들어, 위키리크스를 통해 미국의 외교문서가 공개되자, 미국 정부에서는 관련한 최고 수준의 도메인을 통째로 막아버리는 조치를 취했으며, 이미 특정 IP 주소들을 선택적으로 필터링하는 것은 가정과 기업에서부터 정부에 이르기까지 매우 간단히 이루어지고 있다. 중국과 같은 나라에서는 아예 예방적으로 ISP들을 통해서 문제가 될 여지가 있는 단어나 키워드 등에 대한 검열과 통제까지도 가능하며, 이런 기술들에 매력을 느끼는 많은 나라의 정부나 기업들도 유사한 기술을 개발하거나 도입해서 사용하려고 할 것이다. 이런 상황이 지속된다면 빅 브라더에 대해 많은 사람들이 걱정하는 것은 당연할 일일지도 모른다.

기본적으로 이런 상황이 될 수밖에 없는 것은 현재의 인터넷 근간을 이루고 있는 초고속 통신망이 사실상 여러 회사들의 소유로 되어 있고, 이들이 운용하고 있기 때문이다. 초창기 인터넷이 시작될 때에는 인터넷 네트워크에 접속하는 ISP의 역할을 공공을 대변하는 대학이나 미디어 회사들이 담당했지만, 이제는 서비스 자체가 상업화되면서 사실상 기업의 사유화가 된 지 오래다. 그리고 우리는 이들과의 거래를 통해 자유를 침해 당할 수 있는 조항에 부지불식간에 동의한 셈이 되었고, 그 서비스를 사용하고 있다. 어떤 경우에는 이들이 회사의 이익이나 국가의 명령에 따라서 다양한 콘텐츠에 대한 접근을 막거나 포트를 닫아서 공유할 수 없게 할 수 있다. 우리가 만들어낸 새로운 애플리케이션 등을 동작시킬 수 없도록 하는 작업이 언제나 가능한 것이다. 근본적으로 인터넷은 전혀 '자유로운 공간' 이 아니라 '통제가 가능한 공간' 이다.

여기서 잠시 과거를 되돌아보자. 인터넷 이전에 우리들은 네트워크 통신을 어떻게 활용했을까? 일단 떠오르는 것은 소위 PC통신 업체이다. 천리안이나 하이텔 등의 업체들이 서비스를 제공하면서 당시 많은 사람들이 PC통신에 열광했었다. 그런데 이들은 현재의 인터넷보다 더욱 통제가 쉬운 체제이다. 그렇지만 당시 유행하던 전자게시판(BBS: Bulletin Board System)들은 어떤가?

호롱불을 위시로 하여 사설로 사람들을 모아서 네트워크를 구성할 수 있었던 많은 로컬 서비스들의 경우 자신의 집에 서버를 만들고, 통화 중이어도 상관없는 전화번호를 받아서 이를 중심으로 서비스했던 수많은 사설 BBS들은 전화망을 통제하기 전에는 자신들만의 서비스를 자신의 판단과 해당 커뮤니티의 판단을 통해서 운영했다. 24시간을 운영하던 곳도 있었지만, 주로 밤 시간에 잠깐씩 운영하면서 작은 커뮤니티의 끈끈함을 같이 누렸던 시기가 있다. 실력이 좋은 운영자들은 심지어 이메일 계정까지 주었다. 그때의 상황을 회상해본다면, 네트워크에 대한 접속 서비스와 운영구조 자체가 분산화될 경우 현재보다 훨씬 자유로운 형태의 인터넷이 가능하게 될 것이다.

그렇다면 앞으로 어떤 기술이 나와야 할까? 이제는 더 이상 유선 네트워크의 시대가 아니다. 과거 아마추어 햄 라디오나 무전기를 쓰듯이 공용주파수를 설정하고, 이들이 서로의 네트워크를 교차하면서 연결할 수 있도록 한다면 어떨까? 현재의 스마트폰은 과거의 PC 수준을 훨씬 넘는 컴퓨터들이다. 이들이 각자 서버와 클라이언트 역할을 하면서 서로서로 연결한다면 또 다른 방식의 인터넷이 탄생할 수 있지 않을까? 어쩌면 와이브로나 와이파이에서 파생되어 연구되고 있는 다양한 메쉬 네트워크 기술들이 또 하나의 돌파구가 될지 모른다. 이 경우 각각의 네트워크 단말기들이 ISP의 역할을 수행할 수 있고, 어느 한쪽에 문제가 되더라도 다른 쪽으로 우회하는 것이 가능하도록 기술개발이 될 수 있을 것이다.

소셜 네트워크나 소셜 웹도 마찬가지이다. 결국 사람들 간의 관계를 나타내는 소셜 그래프(social graph: 일종의 인맥지도)를 소유하고 이를 관리하는 것이 핵심이 되는데, 어느 한 회사에 모든 것을 빼앗기는 것은 대단히 위험하다. 그래서 페이스북에 대한 경계의 목소리가 나오는 것이다. 비록 아직은 세가 크지 못하고, 그 수준이 형편없지만 최근 나타나고 있는 분산된 소셜 네트워크를 구성할 수 있는 기술들에 우리들이 보다 많은 관심을 가져야 하는 이유가 여기에 있다. 인류의 미래는 결국 개개인의 힘이 더욱 강해지고, 자신들이 살아갈 수 있는 에너지를 생산하고, 의식주를 알아서 해결할 수 있는 분산된 체계가 강화될 때 국가 또는 거대 기업의 통제에서 어느 정도 독립성을 가질 수 있고, 거대한 자연재해에도 굴하지 않으면서도 자신들의 행복을 지킬 수 있다.

이런 면에서 구글에서 주창한 데이터 자유화 전선(Data Liberation Front)은 눈여겨봐야 할 점이다. 클라우드 서비스의 전성시대가 되면서 더욱 그 중요성이 부각되는 이 원칙은 클라우드 서비스를 사용하는 사용자들이 서비스에 매여서 어디로 옮기지도 못하고 종속될지도 모른다는 우려를 잘 반영하고 있다.

보통 집을 사거나 세를 들어가게 되면, 자신에게 필요한 모든 것들을 갖추어놓고 살다가 집이 마음에 안 들면 이사를 나가면 된다. 그럴 경우, 자신의 것들은 모두 가지고 옮긴다. 그런데 현재 대부분의 인터넷 서비스 업체들의 전략은 일단 미끼를 던져서 많은 사용자들을 확보하고 나면 떠나기 어렵게 만드는 장치를 가동한다. 이는 인터넷 서비스가 아닌 정보통신망이나 회원권 등과 같은 다른 서비스들도 마찬가지이다. 그럼에도 떠나야 한다면, 보통은 데이터를 포기하거나 이사를 도와주는 도구나 서비스를 직접 찾아서 옮겨야 하는데, 이는 어렵기도 하고 시간과 노력을 많이 필요로 하기 때문에 하나의 서비스에 많은 데이터를 축적해놓은 사람들은 울며 겨자 먹기로 써온 서비스를 계속 쓸 수밖에 없는 상황에 놓인다. 이런 일반적인 서비스 정책은 이제 많은 사람들에게 워낙 익숙해져서, 어떤 서비스를 이용할 때 그러려니 하는 사람들이 많다.

그런데 구글의 데이터 자유화 전선은 구글의 서비스에 저장된 모든 개인 데이터를 쉽게 다른 서비스로 이전할 수 있도록 하는 것을 목표로 한다. 자연스럽게 전출입이 되도록 보장을 하는 것이다. 그렇기 때문에 개인의 데이터는 자유를 얻게 되고, 특정 인터넷 서비스에 묶이지 않아도 된다는 확신을 가질 수 있다. 단순히 이사만 돕는 것이 아니라, 구글 내부에 개인 데이터의 흔적을 완전히 없앨 수 있는 서비스까지 제공한다.

구글에서 이렇게 선언하고 서비스를 구현하게 된 것에는 웹이 개방형으로 발전하고, 표준화를 통해 사람들이 쉽게 서비스들을 넘나들 수 있게 된 것이 큰 역할을 하였다. 개방형 서비스가 일반화되면 사람들은 여러 서비스를 동시에 사용하면서 상호작용할 수 있고, 이러한 사용 행태는 자연스럽게 경쟁을 유발하면서 혁신을 가속화하게 된다. 혁신이 없는 서비스는 자연스럽게 도태될 수밖에 없고, 개방하지 않고 닫으려는 서비스는 사용자들을 잃어갈 수밖에 없다는 원칙에 충실히 따른 것이다.

참고문헌

- 제프리 스티벨, 《구글 이후의 세계》, 웅진지식하우스, 2011.
- 박방주, 〈걸음걸이만 봐도 누군지 안다? CCTV의 진화〉, 중앙일보, 2009. 5. 8.
- Dai Nippon Printing Co., Ltd(日), 2008. 7. 9.

초연결 시대의 사람들
Hyper-Connected Generation

스마트폰은 업무나 소통의 방식을 바꿔놓는 수준이 아니라, 사람들의 생각하는 방식과 생활 방식 자체를 변화시킨 하나의 트렌드로 자리 잡았다. 스마트폰에 맞춰둔 알람소리를 듣고 깨어나 잠자리에서 일어나고, 스마트폰으로 날씨를 확인한 후 날씨에 맞는 옷을 골라 입는다. 그리고 스마트폰으로 교통상황을 확인하면서 출근한다. 차를 타고 가면서 신호대기 중에 이메일을 확인하며 하루 업무를 계획하기도 하고, 출근해서는 스마트폰을 통해 할인쿠폰을 찾아 점심메뉴를 결정한다. 또한 스마트폰으로 주가를 수시로 확인하기도 한다. 현재 주변에서 흔히 볼 수 있는 직장인들의 모습이다. 퇴근 후 이동하는 차 안에서 습관적으로 스마트폰을 이리저리 들여다본다. 이것저것 생각이 복잡할 때에는 머리를 비우고 싶어 최근에 받은 '앵그리버드' 같은 단순한 게임을 실행시킨다.

스마트폰을 쓰는 사람들은 하루 24시간 습관적으로 스마트폰을 자꾸 들여다본다. 지하철이나 버스 안에서 혹은 쉬면서 손에서 스마트폰을 내려놓지 않는 사람들이 늘고 있다. 심지어 모바일 중독으로 일에 집중하지 못하는 모습도 보이기도 한다. 모바일에 대한 애착은 유행에 뒤처지지 않을까 하는 공포로 이어진다. 또한 스마트폰의 앱 개발사와 이동통신사들은 저마다 소비자들이 스마트폰을 떼어놓지 않도록 보다 편리하고 보다 빠르고 보다 다양한 서비스들을 속속 내놓고 있다. 국내의 경우 스마트폰 사용이 유래를 찾아볼 수 없을 정도로 폭발적으로 증가하면서 사람들의 삶이 편리하게 변하고 있다.

이에 반해 한편에서는 스마트폰의 사용이 인간의 뇌 기능을 저하시킨다는 이야기도 나오고 있다. 스마트폰의 버튼을 누르면 그 안에 수많은 지식이 들어 있기 때문에 더 이상 사고하지 않으려는 습성이 생긴다는 것이다. 역사적으로 지식을 전파하는 새로운 도구가 소개되었을 때면, 항상 사람의 능력과 사고력을 저하시킬 수 있다는 비난을 받아왔다. 문자라는 도구를 둘러싼 유익과 해악에 대한 논란에서부터 인터넷 기술을 포함하는 IT를 둘러싼 유무익에 대한 논쟁까지, 이 모든 것은 그 궤를 같이 한다고 볼 수 있다.

하나의 네트워크로 연결되는 초연결 사회

현대 사회는 IT기술이 일상생활 곳곳에 깊숙이 접목되어 있다. 모든 사물들이 인간과 연결되어 있고 데이터를 생성해낸다. 인간과 사물은 하나의 네트워크로 뭉쳐져 다양한 시대적인 변화에 맞닥뜨리고 있다. 이처럼 모든 사물이 네트워크를 통해 인간과 연결되는 시대를 '초연결 시대'라고 한다. 현재 우리는 초연결 시대로 진입하는 길목에 서 있다. 앞으로 본격적인 초연결 시대가 열리게 되면 인터넷을 비롯한 스마트 기기는 인류가 더 스마트한 삶을 영위하도록 도와줄 것이다. 하지만 순기능 못지않게 역기능도 있어 인류 발전에 해악을 끼칠 수도 있다.

2011년 5월에 열린 서울디지털포럼의 주제는 '초연결사회–함께하는 미래를 향하여'라는 것이었다. 이 포럼의 키노트 스피커로 나섰던 미국 CNN의 간판 시사 토크쇼 '래리 킹 라이브'의 진행자인 래리 킹은 "최첨단 기술이 발전하는 상황에서도 아직은 인간과 인간의 연결이 중요하다."고 언급하며 연결자로서의 사람의 역할을 강조하면서 기술보다 사람이 우위에 있어야 한다고 말했다.

서울디지털포럼의 화두가 된 '초연결 시대'는 최근 급격하게 떠오르고 있는 용어이다. 에릭슨이 발표한 IT산업 발전전망에 따르면 2020년경에는 약 500억 개의 각종 단말기와 기기가 네트워크로 연결될 것이라고 한다. 이는 머지않은 장래에 문명의 이기가 되는 기기는 모두 네트워크로 연결되는 초연결 사회(Hyper Connectivity)가 될 것이라는 예측과 일맥상통한다.

지금도 일상생활에 IT기술이 깊숙이 접목되면서 모든 사물들이 인간과 연결되고, 데이터를 생성하고, 인간과 사물의 네트워크가 하나로 뭉쳐지고 있다. 그야말로 변화의 시대에 놓여 있는 것이다. 앞으로는 더 다양한 센서 기술, 사람과 사람을 연결하는 소셜 웹의 폭발적인 증가, 대량의 데이터를 순식간에 처리하는 기술 발달로 더 많은 부분에서 급격한 변화를 겪게 될 것이다.

한 가지 간과하지 말아야 할 것이 있다. 초연결 시대는 단순히 기기와 기술만의 문제가 아니라는 점이다. 기기와 기술은 자연스럽게 우리 인간에게 영향을 미치게 되며, 심지어 어떤 기술은 인간의 능력을 감퇴시키기도 한다. 초연결 시대의 변화가 가져오는 긍정적인 측면에 가려 이면의 부정적인 측면도 간과해서는 안 된다. 그렇다면 우리는 IT 미래학자 니콜라스 카가 《생각하지 않는 사람들》이라는 책에서 언급한 바와 같이 "초연결 시대는 인간의 능력이 극대화되는 강화인간의 시대로 이끌 것인가, 기술에 지배되어 지적인 능력이 퇴화되는 사람들로 가득한 사회로 이끌 것인가?"에 대해서 생각해봐야 한다.

니콜라스 카가 제시한 개념은 사실 그보다 훨씬 이전에 《미디어의 이해》를 통해 마샬 맥루한이 언급한 기술에 대한 설명과 맥이 닿는다. 마샬 맥루한은 인간을 기술적인 형태로 확장이 가능한 개체로 보았고, 인간이 기술을 지속적으로 포용하게 되면 결국 인간의 능력이 확장되는 것으로 간주할 수 있다고 설명했다.

이런 맥락에서 휴대폰의 발전을 바라보면 어떨까? 모토로라가 자동차에서 활용할 수 있는 최초의 휴대폰 '카폰'을 출시한 이후에 상당기간 동안 휴대폰은 음성통화를 주된 기능으로 발전하였다. 기능적으로는 인간이 언제 어디서나 소통을 하기 위해 기계를 하나 들고 다니는 셈이지만, 다른 각도에서 보면 휴대폰이 인간의 기능을 확장한 것으로 볼 수 있다.

휴대폰으로 음성통화를 하는 상황을 가정해보자. 친구와 통화를 하고 있다면, 실제로 통화를 하는 대상은 누구인가? 지금 당신은 일말의 주저도 없이 친구라고 말할 것이다. 그렇지만 실제 자신과 대화를 나누고 있는 상대는 바로 당신이 들고 있는 휴대폰이다. 휴대폰이 가지고 있는 마이크라는 귀를 통해 나의 이야기를 듣고, 휴대폰이 가지고 있는 스피커라는 입을 통해 나에게 친구의 이야기를 전해주고 있는 것이다. 친구는 또한 어떠한가? 친구 역시 휴대폰과 대화를 나누고 있다. 다만 친구와 나의 휴대폰이 무선이동통신이라는 기술을 이용해서 마치 텔레파시와도 같이 음성통화를 디지털 형태로 중개하고 있는 것이다. 나는 목소리를 통해 발생시킨 음파를 멀리 떨어진 친구에게 전달할 수 있는 능력을 가지고 있지 않다. 그런 나를 휴대폰이라는 도구가 멀리 떨어진 친구에게 음성을 전달할 수 있도록 해준 것이다. 이를 다시 해석하면, 휴대폰은 나의 귀와 입이 확장된 것이다.

이렇게 우리의 귀와 입을 확장한 휴대폰은 또 한 번의 진화를 거듭하게 된다. 휴대폰의 귀와 입에 이어 눈이 생긴 것이다. 바로 카메라폰이다. 카메라가 휴대폰에 장착되면서 우리는 언제 어디서나 눈으로 보던 것을 사진이나 동영상의 형태로 저장하여 멀티미디어 메시지 기능을 이용해 여러 사람과 교환할 수 있게 되었다. 휴대폰은 우리가 가지고 있는 눈과 뇌의 일부 저장 기능을 확장하기 시작했다. 그 이후에 휴대폰은 더욱 진화하여 피부와 촉각 기능까지 갖추게 되었다. 바로 터치스크린 기능으로, 이 기능은 인간의 피부와도 같은 역할을 한다. 아이폰은 터치스크린이라는, 피부의 감각과 이를 해석하는 뇌의 능력을 합하여 극대화한 제품으로 커다란 히트를 치면서 인간의 능력을 한층 업그레이드시켰다.

과연 스마트폰의 정체는 무엇일까? 기존의 피처폰이 이동통신사에서 정해놓은 규칙에 따라 여러 가지 기능 등을 수행하였기 때문에 그 기능성의 확장이 제한되었다면, 스마트폰은 각 개인이 필요로 하는 기능을 가진 애플리케이션 프로그램들을 공개된 시장에서 구해서 간편하게 확장할 수 있게 만들었다. 즉 필요하다면 어떤 일이든 시킬 수 있는 강력한 하인을 얻게 된 셈이다. 그런 측면에서 스마트폰의 기능확장은 우리 인간 개개인의 능력을 연결하는 개인들, 기업들, 공공기관들 등 사회 전체의 능력으로 확장하는 것과 같은 역할을 한다.

이와 같은 맥락에서 자동차는 인간의 발이 확장한 것이며, 다양한 미디어는 인간의 감각과 신경이 확장된 것이며, 확성기와 마이크는 우리의 성대가 확장된 것이라고 볼 수 있겠다. 루이스 멈포드는 《역사 속의 도시》라는 책을 통해서 성벽 도시 역시 외부의 침입을 막아내고, 인간들이 모여 사는 경계를 짓는 역할을 하기 때문에 인간의 피부가 확장된 것이라고 말했다. 그런 측면에서 기술은 인간과 상호작용을 하면서 인간을 확장시키는 역할을 한다고 말할 수 있을 것이다.

더 이상 생각하지 않는 사람들

니콜라스 카는 기술이 인간을 확장시킨다는 관점에 대해 반론하였다. 그는 기술이 인간을 변화시키는 것이라고 주장했다. 그는 인터넷과 디지털 세계를 중점적으로 다루었지만, 그의 시각을 기술 전반으로 확장해서 생각해볼 필요가 있다. 실제로 기술을 잘 사용하는 사람은 그 기술에 의해 끊임없이 변화한다. 그리고 기술과 도구에 익숙해지면, 해당 기술과 도구를 바꾸는 방법을 찾아낸다.

마샬 맥루한은 미디어를 인간 사회의 중추신경 조직으로 바라보면서, 미디어의 시대가 무의식과 무감각의 시대가 될지도 모른다고 경고했다. 또한 그는 이 시대가 무의식을 의식하는 시대이기 때문에, 이러한 중추신경 조직을 전략적으로 마비시킬 때 의식을 통해 자각하고 질서를 세우는 일을 비로소 인간의 신체활동이 맡을 수 있을 것이라고까지 언급한다. 일상적으로 기술을 사용하게 되면 무의식적으로 감각이 무디어지고, 급기야 마비를 일으키게 될지도 모른다.

나르시스는 이런 종류의 마비를 일으킨 신화 속의 인물이다. 아름다운 외모의 그는 숱한 요정들에게 구애를 받았지만 자신은 그 누구도 사랑하지 않았다. 호숫가에 다다른 나르시스는 물 속에 비친 자신의 모습을 보게 되었는데, 거기에는 난생 처음 보는 아름다운 얼굴이 있었다. 그는 물에 비친 자신의 모습에 반해 그 즉시 깊은 사랑에 빠졌고, 결국 그 모습을 따라 물 속으로 들어가 숨을 거두고 말았다. 나르시스는 물이라는 일종의 거울에 의해 자신의 확장된 모습에 반복적으로 노출되었고, 그 때문에 허상과 실제 사람을 구분하는 자신의 감각이 마비상태에 빠지게 된 것이다. 나르시스의 신화는 어떤 측면에서는 지나치게 도구와 기술에 의존하는 현재의 상황이 우리 자신을 감각이 마비되는 상태로 끌고 갈 수 있음을 잘 보여주는 비유이다.

이런 측면과 맞물려 최근 디지털 테크놀로지가 뇌의 기능을 대체하면서 우리 인간의 뇌를 자꾸 바꾸고 있고, 인간의 생각하는 능력을 자꾸 퇴보하게 만든다는 논지의 책들이 많이 나오고 있다. 이 책에서 계속 언급되고 있는 니콜라스 카의 《생각하지 않는 사람들》을 시작으로 리처드 왓슨의 《퓨처 마인드》도 이런 논지를 담고 있다. 여기에 더해 하루 24시간 인터넷에 연결되어 있지 않으면 불안증세를 느끼는 인터넷 중독자들도 늘고 있다. 우리는 전 세계적으로 연결되어 있고, 초연결 시대가 우리에게 전해주는 마력에 빠져들고 있지만, 동시에 하이퍼링크로 연결된 월드와이드웹과 같이 얄팍하고, 편협하고, 급하고, 피상적이고, 분열되고, 산만한 사고에 너무나 쉽게 젖어 들어가고 있다.

고대 그리스에서 문자와 책이 대중화되려는 조짐이 나타났을 때, 철학자 소크라테스는 "문자가 인간의 기억 능력을 망친다."고 강하게 반발한 바 있다. 그는 문자로 생각을 저장하고 이에 다시 접근할 수 있는 것에 대한 실용적인 이익에 대해서는 동의했지만, 문자가 인간의 기억력을 대체할 것이고 심오한 인간의 학습능력에 해악을 가져올 것이라고 경고했다. 소크라테스의 이러한 견해는 문자체계와 글이 가져다준 장점을 경시하고, 인간의 기억력과 사고력의 변화에 대해 과도하게 우려한 것이지만, 현재의 인터넷과 초연결 시대와 맞물려 음미할 구석이 많다. 그는 기억이라는 인간이 가지고 있는 가장 중요한 능력을 당연시 하지 말라고 경고했다.

실제로 소크라테스의 이런 경고를 최근 피부로 느끼는 사람들도 많을 것이다. 과거 휴대폰에 전화번호부 기능이 없었을 때만 하더라도 많은 사람들이 집 전화번호는 물론 자신들이 자주 이용하는 전화번호는 대부분 외우고 다녔다. 그렇지만 최근에는 친한 친구들의 전화번호는 물론 자신들의 집 전화번호나 직장 전화번호도 외우지 못하는 사람들이 많다. 기억을 아웃소싱하면서 기억의 필요성을 느끼지 못함에 따라 기억이 퇴화하고 있는 것이다. 네비게이션의 보급으로 인해 길을 찾아가는 능력을 상실하는 사람들도 많다. 초창기 네비게이션은 길을 잘 모르는 사람들을 위한 보조수단에 불과했지만, 이제는 네비게이션이 없다면 가까운 동네의 주요 빌딩조차도 찾아가지 못하는 사람들이 많아졌다. 초연결 시대가 가져다주는 편리함이 우리 인간의 뇌에 부정적인 영향을 미치고 있는 것이다.

2001년 한 젊은 일본 여성이 문자메시지 형태의 이야기를 웹 사이트에 올리던 것이 소설의 형태로 확장되면서 하나의 장르가 되었다. 이 소설 양식은 최근 일본의 베스트셀러 소설의 상당수를 차지하는 등 글을 쓰는 방식의 변화까지 가져왔다. 이처럼 인터넷과 디지털 테크놀로지, 스마트폰 등으로 대별되는 초연결 시대가 기억력에만 부정적 영향을 미치고 있는 것은 아니다. 이들의 연결 방식과 인간이 지식을 획득하는 양태는 우리가 글을 바라보는 태도와 선호도에도 영향을 미친다. 일본에서 유행하고 있는 휴대전화 소설이 그 대표격이다.

문자메시지와 같은 짧은 문장에 익숙해진 젊은 세대에게는 전문적인 작가들의 글이 지나치게 길고, 이해하기 어렵게 느껴지며, 핵심적인 것만 간단하게 전달할 수 있음에도 과도하게 늘여서 글을 쓰고 있다고 느끼기 쉽다. 이들은 과거의 방식으로 씌어진 고전들을 읽는 것을 기성세대들에 비해 많이 힘들어 한다.

인터넷 웹페이지에 올라온 글은 또 어떠한가? 인터넷은 링크를 중심으로 문서들이 엮어져 있는 구조를 가진다. 링크를 클릭하면 우리는 새로운 글에 금방금방 접근이 가능하다. 또한 구글과 같은 검색엔진은 간단히 중간중간에 나타나는 잘 모르는 내용에 대한 다양한 정보의 목록을 즉시 제공한다. 이런 글을 읽으면서 가끔은 친구들과 채팅을 하거나 좋은 문장을 트위터 등을 통해 알리는 것도 가능하다. 이렇게 연결을 중심으로 하는 글을 읽는 방식은 보다 다양한 가능성을 전달하고, 참고가 되는 풍부한 외부의 지식 등에 대한 접근을 가능하게 만들기 때문에 인간의 지식과 사고력에 도움을 줄 것 같지만, 실제로는 링크를 중심으로 구성된 하이퍼텍스트 구조는 같은 내용의 글이라도 종이로 인쇄되어 주어진 경우에 비해 사람들의 인지적인 이해도의 깊이를 많이 떨어뜨린다는 연구결과들도 많이 나와 있다. 이런 측면에서 초연결 시대가 가져오는 인간의 인지능력 저하에 대해서는 보다 심각하게 생각할 필요가 있다.

니콜라스 카는 인간이 인터넷을 보편적으로 사용하지만, 웹이 만들어낸 연결은 인간의 것이 아니며, 아무리 많은 시간을 검색과 웹 서핑에 투자한다고 해도 결코 웹의 연결이 인간의 것이 되지 않는다는 것을 강조한다. 기계에 기억을 아웃소싱하였다면, 그것은 어찌 보면 우리는 지성이나 정체성의 가장 중요한 부분을 아웃소싱하는 것과 마찬가지라고 볼 수도 있는 것이다.

인터넷의 보급이 확대되면서 '노하우(Know How)'가 중요한 것이 아니라 '노웨어(Know Where)'가 더 중요하다는 말이 유행한 적이 있다. 이제 더 이상 지식은 개개인이 가지고 있는 것이 아니라, 인터넷을 통해 다 찾을 수 있기 때문에 어디에서 지식을 찾을 것인지가 더욱 중요하다는 의미인데, 실제로 이런 접근방법에 의해 과거에 존재하던 전문가와 일반인, 그리고 공급자와 소비자 등의 지식의 격차는 많이 줄어들고 있다. 그렇지만 우리가 가지고 있는 기초적인 지식과 사고력을 대부분 아웃소싱하는 행위는 결국 개개인의 인지적 능력의 발전을 저해하게 될 것이다.

그렇다면 초연결 시대의 인간은 결국 디즈니-픽사의 애니메이션인 '월-E(Wall-E)'에서 나왔던 미래의 인간과 같이 머리는 크고, 팔과 다리는 힘이 없고, 배가 나온 형태로 진화하고 마는 것일까? 이런 시대가 가지고 오는 변화의 양상에 따라 인간이 가지고 있는 육체적 · 정신적 능력은 지속적으로 퇴화하게 될 것이므로, 과도한 연결을 거부하고 문명에서 떠나서 생활하는 미국의 아미시(Amish) 파(派) 교인처럼 생활하는 운동을 펼쳐야 하는 것일까? 이런 시각에 대한 또 다른 반론에 대해서도 생각해보자.

마우스를 쥐고 태어난 '디지털 네이티브'

교육학자 마크 프렌스키는 주로 1977년에서 1997년 사이에 태어나 디지털 기술과 함께 커오면서 디지털 기기를 능숙하게 다룰 줄 아는 세대를 '디지털 네이티브'라고 명명했다. 마우스를 쥐고 났다는 의미로, 컴퓨터 · 휴대전화 · 인터넷 등 디지털 환경에 친숙하고, 디지털 언어와 장비를 생활 속에서 자유자재로 구사하는 세대를 지칭한 것이다.

프렌스키는 니콜라스 카와 같이 인터넷과 디지털 기술이 가져오는 인간에 대한 부정적인 영향을 강조하는 시각을 부정한다. 그는 이들이 적극적인 창조자이자, 협력자, 그리고 독자이자 작가이며, 심지어는 전략가라고 평가한다.

이집트 피라미드에는 상형문자로 새겨진 '요즘 애들 버릇 없어'라는 기원 전의 낙서가 있다. 고대 그리스 철학자 소크라테스도 당시의 청소년들을 보고 이렇게 말하며 탄식했다.

이렇듯 기성세대들은 새로운 세대들에 대해 부정적인 평가를 많이 내리고는 했다. 오늘날, 젊은이들은 자기들밖에 모르고, 학력 수준도 떨어지며, 인터넷에 중독되어 폭력적이고 자극적인 것만 찾는다며, 기성세대들이 불평하는 것을 자주 듣게 된다. 특히 니콜라스 카는 컴퓨터와 인터넷에 너무 많은 시간을 집중하면 깊고 창조적인 생각을 하지 못한다고 지적하였다. 실제로 요즘 많은 사람들이 인터넷에 의존하게 되면서 일종의 주의력 결핍장애를 겪고 있다.

그런데 따지고 보면 이런 비판을 주로 하는 베이비 붐 세대의 경우 일주일 동안 평균 22시간을 TV 시청을 하면서 보냈다고 한다. TV는 수동적으로 전달되는 것만 보기 때문에 일부에서는 '바보상자'라고 부르면서 당시의 베이비 붐 세대에 대한 걱정을 했던 시기가 있었다. 그런 측면에서 생각하면, 우리들이 접촉하는 미디어와 단말기기의 형태 및 상호작용하는 방식이 달라진 것으로 이해를 해야지, 지나치게 부정적으로 생각하는 것도 확실히 문제가 있다.

특히 부모들은 아이들이 비디오 게임을 하는 것에 대해 부정적인 생각을 가지는 경우가 많으며, 실제로 너무 게임에만 열중하는 것 같아 고민이라는 부모들도 많다. 이런 생각을 가지게 되는 데에는 공부하는 시간을 뺏기는 차원도 있고, 막연하게 비디오 게임이 아이들에게 무엇인가 부정적 영향을 미칠 것이라는 선입견도 한몫 한다.

그런데 이런 선입견이 올바르지 않다는 것을 과학적으로 증명하는 연구결과들이 조금씩 늘고 있다. 최근의 과학적 연구에 따르면, 인간의 뇌는 경험과 환경의 변화에 따라 역동적으로 변한다는 증거가 명확

하다. 이러한 역동적인 변화가 가장 많이 일어나는 시기가 어렸을 때
인데, 아이들이 다중 언어를 빨리 익히는 것도 이러한 이유이다.

보통 비디오 게임이 아이들의 뇌에 좋은 영향을 미칠 것이라고 생각
하는 근거는 게임들이 보여주는 다양한 간접 경험에서 출발한다. 아이
들은 실제 상황은 아니지만 자전거를 타거나 축구를 하고, 비행기를
타고 세계를 여행하는 등의 간접적인 경험을 비디오 게임을 통해 할
수 있다. 그것도 뇌가 정보를 가장 활발하게 받아들이는 시기에 말이
다. 이런 가정하에서 실제로 비디오 게임이 아이들의 뇌에 영향을 미
쳐서 행동발달에 좋은 영향을 주리라는 연구에 대한 관심이 꾸준히 높
아가고 있다.

이미 조이스틱으로 많은 수의 비디오 게임을 플레이 해보고 잘하는
아이들이 자라서 실제 항공 파일럿으로 조종을 잘할 가능성이 많다는
것은 익히 알려진 사실이다. 현재 상당수의 비디오 게임들이 이와 같
은 교육과 재활에 초점을 맞추어 개발이 되고 있다. 하지만 단순히 운
동조작을 좀 더 잘하게 되었다는 것 정도로 비디오 게임의 유용성을
말하기에는 근거가 약하다.

로체스터 대학교의 연구팀은 동체시력을 증진시키는 데 비디오 게
임이 도움이 된다는 것을 밝혀냈다. 또한 비디오 게임이 인간의 뇌의
기능을 전반적으로 발전시키는 것이 아니라 일부 게임이 그런 역할
을 한다는 것도 밝혀졌다. 예를 들어, 시야와 시각 · 운동/협업 능력
을 발전시키는 데에 다른 게임은 큰 영향을 미치지 않았지만 액션 게
임인 '언리얼 토너먼트 2004' 와 '콜 오브 듀티 2' 가 좋은 결과를 주

었다. 아마도 '심즈 2'나 '월드 오브 워크래프트(WOW)' 같은 롤플레잉 게임은 감성이나 사회적인 관계를 맺는 기술과 관련하여 좋은 학습효과를 가져올 수 있을 것이다. 이런 부분은 직접적인 측정이 어렵기에 아직까지 연구가 많이 이루어지지 않았을 뿐 그 가능성은 충분하다. 특히 반사회적인 인격장애나 감성과 인성에 문제가 있는 경우에 이를 치료하는 데 적합한 비디오 게임의 효과는 좋은 연구 주제가 될 것이다.

디지털 몰입과 쌍방향의 빠른 피드백에 익숙한 디지털 네이티브는 기성세대에 비해 평균적으로 여러 가지 일을 더 빠르게 바꾸어가면서 처리하고, 인터넷을 이용해서 필요로 하는 것을 훨씬 빠르게 찾아낸다. 이들은 수동적으로 정보를 받아들이거나 보기만 하는 것에 익숙하지 않다. 전 세계의 정보를 실시간으로 수집하고, 주어지는 정보를 수동적으로 받아들이기보다는 블로그와 유튜브 등의 소셜 미디어를 이용해서 자신의 잠재력을 적극적으로 드러낸다.

마크 프렌스키는 그의 저서《디지털 게임 기반 학습(Digital Game-Based Learning)》을 통해 일반적으로 디지털 네이티브들은 20대가 될 때까지 인터넷에서만 2만 시간 이상을, 인터넷 비디오 게임을 하느라 1만 시간 이상을 쓴다고 밝혔다. 그러다 보니 인터넷과 비디오 게임이 이들의 뇌에 커다란 영향을 미칠 수밖에 없다. 1만 시간은 말콤 글래드웰이 그의 저서《아웃라이어》에서 말한 성공하는 대가에게 필요한 시간이다. 이렇게 보자면 20대 젊은 세대 전체가 게임과 인터넷의 대가가 된다고 할 수 있겠다. 그렇다면 이런 게임과 인터넷의 대가들은

186

무엇을 잘하는 것일까? 이들이 잘하는 능력에 우리 현실의 문제를 푸는 방법을 접목한다면 정말 커다란 의미가 있을 것이다.

최근의 디지털 네이티브들이 즐기는 게임은 과거 최초의 오락실 아케이드 게임에 익숙했던 X세대가 즐기던 게임과는 차이가 있다. 당시의 게임은 대부분 경쟁을 주제로 했다. 게임을 시작하면 게임의 점수가 기록되고, 2명이 하는 게임에서는 한 명은 이기고 한 명은 지는 상황이 연출되었다. 그와 달리 최근의 인기 있는 게임들의 상당수는 육성과 모험, 그리고 미션을 수행하는 것들이다. 또한 다양한 참가자들이 함께 집단적이고 창조적인 행동을 해야 하는 경우도 있고, 과거엔 적이었던 사람들이 협력을 통해 공동의 적과 싸우게 되는 경우도 많다. 이런 커다란 가상의 커뮤니티를 중심으로 하는 세계에서는 혼자서 몰입되어 고독한 취미생활을 즐기는 '고립형 인간' 보다는 사회적 활동을 중심으로 하는 '협업형 인간' 이 더욱 경쟁력을 가지게 된다.

제인 맥고니걸(Jane McGonigal)은 TED 2010에서 '게임을 해서 더 좋은 세상을 만들 수 있습니다' 라는 제목의 강연을 통해 게임이 젊은 디지털 네이티브 세대들이 세상을 바꾸도록 하는 데 커다란 도움이 될 수 있다는 논지를 펼쳤다. 게임을 하는 사람들은 게임에 몰입했을 때, 절박함과 약간의 공포를 가지면서도 강렬한 집중력을 발휘하며 까다로운 문제를 해결하는 데 깊이 주목한다. 특히 성취감을 맛보는 승리의 순간에는 여러 가지 역경에 맞서 이겨냈다는 감동을 느끼게 된다. 이런 성취감과 승리감이 아마도 게임을 하는 사람들이 가장 맛보고 싶어하는 것이고, 게임을 하게 되는 가장 중요한 동기가 아닐까 싶다.

그런데 보통 사람들이 현실에서 어려운 문제를 만날 때에 이렇게 쉽게 몰입하는 모습을 보기는 힘들다. 게이머는 게임 세계에서 비교적 쉽게 많은 것을 이루며, 뭔가 중요한 것을 해야 할 동기가 있으면 협력과 협동을 위한 열의도 아끼지 않는다. 주저 없이 남을 도우려 하고, 끈기 있게 문제에 집중하고, 실패해도 일어나 다시 시도한다. 하지만 현실에서 실패에 직면하고 장애물에 맞설 때에는 그렇지 못한 경우가 많다. 압도당하고, 쩔쩔매고, 불안이나 우울감·당혹감을 느끼고, 비관하는 경우가 많고, 이것이 우리의 삶을 불행하게 만들기도 한다. 그렇다면 게임의 어떤 것이 비관적인 감정을 느낄 수 없게 만드는 것인지를 파악해서, 이런 감정을 실제 세계의 일에 적용할 수 있다면 얼마나 좋을까? 제인 맥고니걸은 이런 문제에 대하여 세계적인 히트 게임인 블리자드의 월드 오브 크래프트의 예를 들어 다음의 4가지 요소를 제시하였다.

즉시적 낙관주의(Urgent Optimism)

즉시적 낙관주의란 어떤 장애물에 대해 성공에 대한 합리적인 희망을 가지고 즉시 도전하려는 욕구를 말한다. 게이머들은 웅대한 승리가 가능하고, 시도할 가치가 있다고 믿는다.

튼튼한 사회망(Social Fabric)

게이머들은 튼튼한 사회망을 엮는 데 대가이다. 누군가와 함께 게임을 즐기면 서로 더 좋아하게 된다는 흥미로운 연구가 많다. 그 이유는 누군가와 함께 놀기 위해서는 많은 신뢰가 필요하기 때문이다. 상대방이 우리와 함께 시간을 보내고, 서로 같은 규칙으로 플레이하고, 같은 목표에 가치를 두고 끝까지 함께할 거라고 믿는다. 함께 게임을 하는 것이 실제로 유대와 신뢰, 협력을 구축하며, 결과적으로 더 강한 사회적 관계를 구축한다.

행복한 생산성(Blissful Productivity)

게이머들은 놀러가거나 휴식을 취하는 것보다 열심히 게임하는 것을 더 행복하게 느끼는 경우가 많다. 우리는 인간으로서 어려우면서 의미 있는 일을 더 잘하며, 게이머들은 적절한 일을 부여받으면 계속 열심히 일할 의향이 있다.

웅대한 의미(Epic Meaning)

게이머들은 행성급 이야기의 장엄한 임무에 연관되는 걸 좋아한다. 위키피디아에 이어 세계에서 두 번째로 가장 큰 위키(WIKI : 웹 브라우저에서 사용자들이 내용 추가 및 수정을 공동으로 할 수 있는 웹페이지)는 8만 항목이 있는 WOW 위키이다. '월드 오브 워크래프트'에 대한 정보가 세계 어느 위키의 어떤 주제에 대한 정보보다 많은 것이다. 그들은 웅대한 이야기를 만들어가며, '월드 오브 워크래프트'에 대한 웅대한 지식의 보고를 만들고 있다.

인터넷을 통해서 지식을 습득하는 방법도 과거의 세대와 디지털 네이티브들 사이에 차이가 있다. 2006년 히샴 메스바(Hesham M. Mesbah)는 〈라디오와 오디오 미디어 저널(Journal of Radio and Audio Media)〉을 통해 인터넷을 통해 습득하는 정보가 신문을 읽으면서 얻는 정보와 어떻게 디지털 네이티브 세대들에게 다르게 영향을 미치는지에 대한 연구결과를 발표하였다. 이 연구에서는 전통적인 라디오 뉴스 방송, 클릭 한 번으로 들을 수 있는 온라인 뉴스 방송, 뉴스 항목을 하나하나 클릭해서 들어야 하는 온라인 뉴스 방송, 상세한 링크가 포함되어 있는 웹 캐스트를 이용해서 똑같은 뉴스에 접근하도록 하고, 어떤 뉴스를 더욱 잘 기억하는지에 대해서 알아보았다. 결과는 클릭을 통해 뉴스를 듣거나, 세부적인 내용을 추가로 알 수 있도록 도와주는 쌍방향 뉴스방송을 들었을 경우가 전통적인 방식으로 처음부터 끝까지 뉴스를 들려주는 방송을 들었을 때보다 훨씬 기억을 잘한다는 것으로 나왔다. 디지털 네이티브 세대는 일방적으로 보고 듣는 것보다는 자신들의 직접 참여하는 것에 더욱 익숙하고 몰입하는 것을 알 수 있다.

디지털 네이티브들이 반응을 잘하는 미디어의 종류에도 차이가 있다. 데이브 루스(Dave Roos)는 〈하우스터프워크(How Stuff Works)〉에 기고한 글을 통해 대학생들을 대상으로 한 실험에서 이들이 문자 기반의 이미지보다는 시각적 이미지로부터 훨씬 더 많은 것을 배운다고 발표하였다. 그는 도서관 이용법 강의를 들은 학생들을 대상으로 조사했는데, 강의 방법을 글보다 이미지를 많이 이용하는 방법으로 바꾸자 성적이 11~16%나 상승하는 결과를 낳았다.

게임과 인터넷, 그리고 디지털 테크놀로지에는 사람들을 몰입하게 만들 수 있는 요소가 많다. 그리고 재미와 몰입이 가능하면 동기부여(Motivation)가 생긴다. 동기부여는 뇌의 변화를 촉진시키는 가장 중요한 요인이기도 하다. 특히 실제와 비슷하면서도 자연스러운 게임들이 늘어나면서 마치 자신이 가상공간에 있는 것처럼 느끼게 되고 몰입도가 증가한다면 뇌에 영향을 미칠 수 있는 가능성이 많아진다. 그런 측면에서 닌텐도 위(Wii)의 성공은 많은 것을 시사한다. 우리들이 실생활에서 하고 있는 동작과 같은 실질적인 요소들이 게임과 결합했을 때 얼마나 많은 변화를 일으킬 수 있는지 단지 몇 개의 게임으로도 충분히 보여주었다. 앞으로 이러한 HCI(Human Computer Interaction : 인간과 컴퓨터의 상호작용) 기술과 UX(User Experience : 사용자 경험) 관련 기술이 발전하면서 게임의 기획 및 하드웨어 등과 결합한다면 정말 무궁무진한 가능성을 끌어낼 수 있을 것이다.

초연결 시대의 부작용

스마트 디바이드

디지털 네이티브들의 부상과 함께 세상이 인터넷과 모바일, 디지털 테크놀로지로 둘러싸인 소위 '스마트 사회' 로 진입하면서 이런 변화에 적응하지 못하는 부류가 생기자 또 다른 양극화 문제가 부상하고 있다. 과거 한자가 지식 전달의 중심에 있었을 때에는 한자를 잘 알아 신문을 쉽게 읽고 이해할 수 있는 세대와 이런 접근이 힘들고 어려운 세대 사이에 정보 격차가 존재했다. 이제는 스마트폰 및 스마트 기기의 사용능력에 따라 실시간 정보에 대한 습득과 활용능력이 달라진다. 모바일 시대에 따라 새로운 정보 격차 현상이 나타난 것이다. 이를 '스마트 디바이드(Smart Divide)'라고 하는데, 초연결 시대를 지향하는 사회의 변화에 있어 반드시 해결해야 하는 문제로 급부상하고 있다.

스마트 디바이드에 앞서 먼저 많은 이슈화가 되었던 것은 '디지털 디바이드'라는 개념이었다. 디지털 디바이드는 주로 정보기기에 대한 접근이나 이용률의 격차라는 관점에서 진행되었기에, 디지털 디바이드의 해소 대책 또한 기기의 보급과 확산, 그리고 이용능력을 증진시킬 수 있는 교육과 훈련이라는 차원에서 접근한 경우가 많다. 그 대표적인 방안 중 하나가 바로 MIT의 네그로폰테 교수가 주도한 저렴한 OLPC(One Laptop Per Child) 사업으로, 개발도상국 아이들을 상대로 100달러 안팎의 저렴한 PC를 공급하는 일이었다.

또한 법률로 인터넷 접속권을 기본권으로 보장해 디지털 디바이드를 해소하려는 움직임도 있다. 2001년 7월, 핀란드 정부는 인터넷 접속권을 국민의 권리로 법적 인정하기로 선언하고, 1Mbps 인터넷 접속망 접속권을 기본 권리로 국민들에게 제공했으며, 2015년까지는 100Mbps 인터넷망에 접속할 법적 권리를 보장했다. 프랑스 역시도

2010년 6월에 한국의 헌법재판소에 해당하는 프랑스 최고 사법기관인 헌법위원회에서 인터넷 접속을 인간의 기본권으로 규정하면서 인터넷 접속에 대해 인권을 도입하기로 했다. 이 같은 움직임은 전 세계로 확대되고 있는데, 디지털 디바이드를 해소하는 데 일조할 것으로 보인다.

디지털 디바이드는 단순히 디지털 기기 및 서비스에 대한 접근과 이를 다루는 이용능력의 차이에서 그치는 것이 아니라, 디지털 미디어를 이용해 개인의 사회경제적 삶의 질을 개선하는 기회로 활용할 수 있는 능력의 격차, 즉 '생산적 활용 수준의 격차' 로까지 확장되고 있어서 더욱 큰 문제다. 닐 셀윈(Neil Selwyn)은 〈뉴미디어앤소사이어티〉(New Media & Society)에 발표한 논문을 통해 디지털 디바이드 개념을 다차원적으로 접근하고 있다. 그는 접근의 격차(공공장소에서의 정보기기 제공 여부 및 개인이 정보에 접근할 수 있는 환경의 차이), 이용의 격차(정보를 어느 정도 사용하는지에 대한 정보 이용량의 차이), 활용의 격차(개인 및 집단의 생산, 소비, 정치, 사회에서의 삶의 질을 향상시키는 정보활용의 유용성 차이)로 나누어 설명하였다. 최근 디지털 디바이드를 연구하는 학자들은 디지털 미디어에 대한 접근성 자체가 개인적·사회적 결과의 격차를 초래하기보다는, 정보활용의 질적 격차가 새로운 가치 창출로 이어지고, 그 결과에 의해 사회적·문화적 불평등을 초래할 수 있다는 점에 주목하기 시작하였다.

최근에는 스마트폰 보급에 따른 '모바일 디바이드' 가 이슈화가 되고 있다. 이와 관련하여 연세대학교 김호기 교수 연구팀은 〈스마트폰 시대의 모바일 디바이드〉라는 연구보고서를 발표하였다. 그 연구에 따르면 최근의 디지털 디바이드 양상에서 최소한 국내에서는 인터넷 이용자와 비이용자 사이의 격차는 더 이상 사회적으로 커다란 문제로 부각되지 않고 있으며, 컴퓨터 기기 및 인터넷 접속 등 정보 접근 격차는 많이 줄어든 것으로 나타났지만, 모바일 디바이드 문제가 새롭게 부각되고 있다고 한다. 초기에는 일반폰을 중심으로 하는 모바일 격차가 미미했으며, 특히 휴대폰 사용을 위한 초기비용이 낮았기 때문에 저소득층과 고령자 등 다양한 계층의 접근이 가능했다는 점에서, 오히려 휴대폰 사용이 컴퓨터 및 인터넷으로 인한 디지털 디바이드를 해소하는 하나의 방안이 될 수 있다는 주장도 많았다. 실제로 아프리카와 같이 유선 인터넷 접근이 어려운 곳에서는 그나마 모바일이 이런 격차를 줄이는 데에 일조했다.

그러나 최근 스마트폰의 등장은 과거와는 다른 양상의 모바일 디바이드를 만들어내고 있다. 스마트폰 보유 여부에 따라 성, 연령, 소득, 학력 등 사회경제적 지위로 인한 격차가 다시 커졌으며, 나아가 스마트폰의 다양한 기능 및 서비스의 확장에 따라 스마트폰의 질적 활용 및 수용 태도, 그리고 스마트폰을 가지고 있는 이용자들 내부에서도 활용에 의한 격차가 크게 부각되고 있다고 한다.

이런 새로운 모바일 디바이드의 문제는 빠르게 사회문제화가 되고 있으며, 스마트폰 보급과 활용능력이 전 국민 수준으로 진행되는 앞으로 몇 년 동안 이를 완화하기 위한 노력에도 많은 신경을 써야 할 것이다. 현재 장·노년층, 저소득층, 농어민, 장애인 등 이른바 정보취약

계층의 스마트폰 이용은 매우 낮은 수준에 머물러 있다. 스마트폰은 개인들에게 새로운 가능성과 사회적 기회를 확대한다. 우리의 일상이 보다 쉽게 인터넷과 연결돼 실시간 정보 접근성이 높아지고, 1 대 1 커뮤니케이션이라는 한계를 넘어 더 개방적이고 폭넓은 사회적 네트워크를 형성할 수 있으며, 다양한 애플리케이션 활용으로 생활의 편리성과 즐거움의 경험을 확장할 수 있다. 하지만 이런 기회를 이들 계층은 아직 누리고 있지 못한 것이다.

김호기 교수 연구팀은 이런 접근성에 대한 격차에 더해서 스마트폰 이용자 내부에서 질적인 활용 격차 및 의식 격차가 동시에 표출되고 있다는 사실에도 주목하고 있다. 앞으로 스마트폰이 빠르게 확산되고 대중화된다면 접근 격차는 많은 부분 해소되겠지만, 활용 및 의식 격차는 그렇게 빨리 해소되기 어렵기 때문에 이 부분이 더욱 문제가 될 수 있다. 스마트폰을 적극 활용해 개인적 · 사회적 생활에서 의미 있는 결과를 이끌어내는 사람들도 있지만, '또 하나의 휴대폰' 정도로만 인식하는 경우도 적지 않다.

본격적으로 스마트폰이 보급된 지 얼마 되지 않았음에도 적극적 사용자와 소극적 사용자 사이에 정보, 관계, 라이프스타일, 참여의 측면에서 여러 가지 격차가 나타나고 있다. 특히 소셜 미디어의 활용 정도는 적극적 사용자와 소극적 사용자를 가르는 가장 중요한 기준이 되고 있는데, 주목할 것은 온라인 공론장의 중심 무대가 인터넷 게시판에서 소셜 미디어로 빠르게 옮겨가고 있으며, 이 과정을 스마트폰이 가속화하고 있다는 점이다. 그런 측면에서 스마트 디바이드에는 소셜을 중심으로 하는 '소셜 디바이드(Social Divide)'도 중요한 이슈가 될 것이다.

소셜 디바이드가 문제가 되는 것은 그것이 사회경제적인 통합이나 집단화 등에 보다 직접적인 영향을 미칠 가능성이 높기 때문이다. 또한 집단적이고 중앙집중적인 관리를 받을 수 있는 구조를 가진 현재의 기술이 가진 한계도 이런 복잡성에 일조를 하고 있다.

정체성 혼란과 연결 단절의 욕구

초연결시대의 또다른 부작용으로 개인의 정체성 혼란문제를 들 수 있다. 이것은 최근 한 개인이 참여하는 연결 집단의 수가 늘어남에 따라 발생하게된 문제이다. 과거와는 달리 더 많은 집단과 관계에 소속되면서 여러 가지 역할을 수행해야 하는 SNS 환경이 보편화 되고 있다. 그에 따라 직장 및 사회 활동을 뛰어넘는 새롭고 다양한 정체성을 필요로 하게 되었다. 가정이나 친구 사이에서의 정체성은 직장 및 사회 활동을 위한 그것과는 다른 형태를 가지게 마련이다. 페이스북과 같은 SNS는 참여자가 그 집단에 어울리는 각기 다른 온라인 정체성을 가지도록 강요한다.

이처럼 디지털 시대에는 칵테일 음료와 같이 서로 다른 자아가 뒤섞인 소위 칵테일 아이덴티티(Cocktail Identities)를 요구하게 되는 것이다. 인터넷의 성장은 많은 가상의 커뮤니티를 생겨나게 하였고, 우리들에게 더욱 다양한 허구의 정체성을 만들어내도록 하였다. 우리는 앞으로 이러한 허구의 정체성 관리를 위해 많은 에너지와 노력을 소모하게 될 것이다. 수많은 허구의 정체성을 위한 가면을 쓰는 일에 익숙해져버린 나머지 마침내는 자신의 앞에서도 가면을 쓰게 되는 일이 발생하게 될지도 모른다.

미국에 살고 있는 14살의 한 소녀는 27개의 페이스북 프로필을 가지고 있다. 하나는 부모님과 선생님에게 공개되는 계정이고, 하나는 진학하기를 희망하는 대학교 학생으로 위장한 계정이고, 하나는 주요 관심사를 나누기 위한 계정이다. 이 밖에도 다수의 친구그룹 관리를 위한 계정들이 존재한다. 이처럼 여러 개의 가상 프로필을 소유하는 것이 미래에는 보편화된 현상이 될 것이다(SNS에 대한 미래 시나리오 - Vodafone, Future Agenda: The World in 2020).

우리는 남 앞에서 가면을 쓰는 일에 익숙해져 마침내는 자신 앞에서까지도 가면을 쓰게 된다. - 라 로쉬푸코

일련의 문제들로 인하여 앞으로는 SNS에 의해 연결된 세상으로부터 단절을 원하는 사람들이 늘어날 것이다. 수십 년간 지속되어온 인터넷의 발달과 진보에 반발하려는 의지, 즉 단절과 여유는 소중한 재화가 될 것이다. 지금도 부유한 사람들은 일상과 온라인으로부터 격리된 휴가를 선호하고 있다. 외진 휴양지나 스파처럼 일상생활에서 완전히 벗어날 수 있는 조용한 장소가 그 대상이다.

미국 뉴욕에서는 인터넷은 물론 외부의 무선 인터넷이나 심지어는 휴대폰 전파까지도 차단해서 디지털 기술과의 접속을 막는 공간인 소위 '블랙 카페' 라는 것이 인기를 끌고 있다고 한다. 2010년 독

일에서는 인터넷과 차단된 상태에서 일상생활을 영위하면서 인터넷이 없던 시절의 멋진 경험들을 재발견하는 과정을 하루하루의 에피소드를 통해 실감나게 기술한 기자의 책이 베스트셀러에 오르면서 초연결 시대에서 되려 '연결의 단절'이 가져다주는 장점이 다시 부각되기도 했다.

금전적·시간적으로 여유가 없는 사람들은 현실 세계의 도피 수단으로 가상 세계를 이용할 수 있다. 그 중심에는 게임산업이 있다. 천만 이상의 유저를 확보한 온라인 게임도 사용자들에게 '일상과의 단절'된 경험을 제공하고 있다. 앞으로는 증강현실 기술을 이용한 가상 휴가를 즐기는 새로운 풍속이 생겨날지도 모를 일이다.

이와 같이 편리하게만 보이는 초연결 시대에도 우리 사회가 아직 대비하지 못한 문제점들이 여전히 존재하고 있다. 스마트 디바이드와 정체성 혼란 등의 문제에 대하여 우리 사회가 적절한 해결책을 내놓지 못하고 문제점이 과도하게 부각이 된다면, 초연결 시대로 진입하는 데 또 하나의 커다란 장애물이 될 수밖에 없을 것이다.

기술과 인간이 함께 만들어 가는 새 시대

결국 기술이라는 것은 우리 인간 사회의 확장이다. 따라서 이를 지나치게 도구적인 관점에서 좋은 점만 부각하는 것도 문제고, 반대로 이들이 인간에게 미치는 영향을 두려워한 나머지 이를 부정하거나 거부하는 것도 역사를 퇴보시킨다. 이런 관점에서 이 시대 최고의 테크 칼럼니스트로 꼽히는 케빈 켈리는 《기술의 충격》이라는 책을 통해서 '테크늄(Technium)' 이라는 독특한 개념을 소개하였다.

케빈 켈리는 실체적으로 느낄 수 있는 하드웨어를 넘어서 문화, 예술, 사회 제도, 법과 철학 및 모든 유형의 지적 산물들을 포함하는 세계적이며 대규모로 상호 연결된 기술들을 7번째의 신종 생물계로 칭하며 '테크늄' 이라고 불렀다. 테크늄은 더 많은 도구, 더 많은 기술을 창안하고, 자기강화의 연결을 부추기며 자기생성적인 일종의 생명체와도 같은 특성을 가지고 있다고 하였다.

그는 "기술이 무엇을 원하는가?"라는 질문을 던지면서, 기술을 살아 있는 생명체처럼 볼 수 있는 13가지 요소를 제시하였다. 효율성, 기회, 창발성, 복잡성, 다양성, 전문화, 편재성, 자유, 상호 의존, 아름다움, 직감력, 구조, 진화 가능성이라는 생명이 가진 욕구를 테크늄도 그대로 가지고 있다는 것이다. 기술은 이미 자기창조, 자기조직화라는 특징을 가지면서 더 이상 부모이자 창조자인 인간의 완전한 통제와 지배하에 있지 않은지도 모른다. 케빈 켈리는 이런 측면에서 기술의 말에 귀를 기울여야 한다고 주장한다. 기술의 자율성을 무섭게 받아들이기보다는, 우리가 가진 가능성을 기술을 통해서 더욱 적극적으로 찾아내고, 우리를 돕고 싶어 하는 기술의 본성을 이끌어내어 이를 이용하기 위해 노력할 필요가 있다는 것이다.

기술, 특히 인터넷과 디지털과 같은 ICT기술이 인간에 미친 부정적인 역할에 대하여 또 하나의 훌륭한 통찰을 보여준 작가로는 리차드 왓슨이 있다. 그는 《퓨처 마인드》라는 저서를 통해 니콜라스 카와 마찬가지로 해박한 지식과 다양한 연구결과들을 인용해서 현재의 디지털 문화에 대한 위험성을 경고하였다. 그러나 그는 이런 문제를 지적함과 동시에 어떻게 하면 디지털 시대의 장점은 이용하되 단점은 최소화할 수 있는지 그 방법을 제시하고 있다. 그의 메시지는 다음과 같다.

> "우리는 행동은 다소 줄이되 반대로 생각은 늘려야 한다. 그리고 가끔은 속도를 줄여야 한다. 또한 행동과 발전을 혼동하지 말고, 모든 커뮤니케이션과 결정을 순식간에 해야 한다는 생각에서 벗어나야 한다."

디지털과 인터넷, 소셜 웹은 정말 많은 것을 바꾸고 있으며, 전반적으로 우리 인간의 삶을 풍요롭고 행복한 방향으로 이끄는 데 기여하고 있다는 것을 부정할 필요는 없을 듯하다. 그렇지만 이런 긍정적인 효과에만 사로잡혀서 우리 사회와 개개인이 과거에 가지고 있었던 장점을 잃어버린다면 그것도 불행한 일이다. 모든 것에는 '균형'이 중요하다. 최근과 같이 바쁘게 변해가는 사회에 동양철학의 고전들이 각광을 받고 '중용'의 미덕이 다시 떠오르는 것은 우연한 일이 아니다. 빠르고 편리한 도구들의 장점을 누리되, 느리고도 진중한 아날로그적인 삶과 감성을 잃지 않는 균형감각을 디지털 시대를 살아가는 우리들은 잃지 말아야 할 것이다.

참고문헌

- 마샬 맥루한, 《미디어의 이해》, 민음사, 2002.
- 니콜라스 카, 《생각하지 않는 사람들》, 청림출판, 2011.
- 케빈 켈리, 《기술의 충격》, 민음사, 2011.
- 리처드 왓슨, 《퓨처마인드》, 청림출판, 2011.
- 돈 탭스콧, 《디지털 네이티브》, 비즈니스북스, 2009.
- 제인 맥고니걸, 〈게임을 해서 더 좋은 세상을 만들 수 있습니다〉, TED 2010 강연, 2010.
- Alvaro Pascual-Leone and Lotfi B. Merabet, 〈Take two video games and call me in the morning〉, Scientific American 2009. 6.30.
- Hesham M. Mesbach, 〈The Impact of Linear vs. Non-linear Listening to Radio News on Recall and Comprehension〉, Journal of Radio and Audio Media, vol. 13, no. 2, December 2006, 187~200
- Dave Roos, 〈How Net Generation Students Learn and Work〉, Hoestuffworks, May 5, 2008
- 김호기 외, 〈스마트폰 시대의 모바일 디바이드〉, KT경제경영연구소 디지에코, 2011.
- Neil Selwyn, 〈Reconsidering Political and Popular Understandings of the Digital Divide〉, New Media & Society, June 2004 vol. 6 no. 3, 341-362
- KT경제경영연구소, 〈Future Agenda: The World in 2020〉, 2011.

| 2부 |

연결경제 시대의 도래

6장

사람을 넘어 사물과도 연결되는 세상
Value Networking

띠리링. 신호음이 울리고 휴대폰에 불이 들어온다. 누군가 카카오톡으로 말을 걸었다. 별로 중요한 내용은 없다. 그냥 '뭐해?', '어디야?' 같은 단순한 일상을 묻는 데 그친다. 그래서 대충 대답해주고 만다.

잠시 후 또 신호음이 울리고 휴대폰에 불이 들어온다. 이번에는 내가 팔로어한 누군가가 트위터에 새 맨션을 올렸다. 어떤 내용일까 호기심이 일어 단숨에 읽어본다. 별건 없다. 기분 나쁜 일이 있었는지 성이 나 있다. 어찌할까 하다가 리플라이를 눌러 '힘내' 라는 두 글자를 보내본다. 나만 그런 대답을 보낸 건 아닌지 연이어 또 다른 팔로어들이 같은 맨션을 보고 날린 리플라이 때문에 신호음이 울리며 휴대폰에 불이 들어온다.

또다시 신호음이 울리고 휴대폰에 불이 들어온다. 이번엔 문자다. 거래처 사람인데, 필요한 자료를 메일로 보냈으니 확인하시고 문제가 있으면 연락해달란다. 얼른 인터넷에 접속해 관련 메일을 살펴본다. 별 문제는 없는 것 같다. 다만 한두 가지 누락된 게 보여서 회신을 누르고 누락된 자료를 다시 보내달라고 요청한 후 문자를 보낸다.

"메일 확인하고 회신 보냈습니다. 확인하시고 회신 부탁합니다."

업무상 생긴 저녁 약속 때문에 오늘 프로야구 경기를 보지 못했다. 집으로 돌아가는 지하철 안에서 프로야구 애플리케이션을 작동시킨다. 오늘의 경기 결과가 세세하게 나와 있다. 내가 응원하는 팀이 이겼다. 기쁜 마음에 휴대폰의 문자판을 두드려 트위터에 맨션을 올렸다. 내가 응원하는 팀뿐 아니라 다른 팀 경기 결과도 살펴보고 순위를 확인한다. 그 사이 승리의 기쁨에 도취된 몇몇 팔로어들이 리플라이를 보내왔다. 그중엔 얼굴을 모르는 누군가도 끼어 있다. 그냥 같은 팀을 응원한다는 이유로 맞팔한 사이인데, 야구에 관련해서는 그 누구보다 나와 잘 통한다. 그 순간 우리는 '같은 가치를 공유' 하는 동지가 된다.

그러다 누가 수훈 선수 인터뷰를 했는지 궁금하다. 그래서 포털사이트에 접속해 스포츠 뉴스란으로 향한다. 대충 이런 식의 인터뷰를 했구나 훑고 몇몇 기사를 더 살펴본다. 더불어 내일 선발투수까지 확인한 다음 내일은 한층 더 흥미진진한 경기가 될 것이라며 기대를 갖는다.

문득 다음 달 연휴에 친구들과 놀러가기로 한 게 생각난다. 어디로 갈 것인지, 어떻게 갈 것인지, 숙소는 어떻게 해야 할지 정해야 할 게 많은데 아직 말도 못 꺼냈다. 급히 카카오톡으로 친구들에게 메시지를 보낸다.

"이제 슬슬 놀러갈 데 정해야 되지 않겠어? 시간 되면 지금 메신저에 좀 접속하시지."

친구들이 속속 메신저에 접속한다. 모두 대화에 초청해 다 같이 메신저로 대화를 나눈다. 어디로 떠날 것인지, 누구 차를 끌고 갈 것인지, 가서 뭘 해먹을 것인지 하나하나 정하다 보니 시간 가는 줄도 모르겠다. 인터넷 세상은 참 편리하다. 우리의 공통의 관심사를 이렇게 한자리에서 다 해결해주다니. 그것도 제각각 있는 곳도 다른데. 뿌듯한 마음으로 고개를 들어보니 어느새 집 주변이다. 그래서 마지막 인사를 날린다.

"나 집에 다 왔다. 나머진 다음에 날 잡아서 다시 이야기하자. 만나서 해도 좋고."

오늘 별다르게 통화 버튼을 누른 일이 없었는데 꽤 많은 일이 해결되었다. 통화 목록을 살펴보지만 길게 통화한 내용도 별로 없고 통화 자체도 그리 많지 않았다. 아마 애인이 생기면 통화 시간이 좀 생길까 싶다.

이제는 굳이 휴대폰의 통화 버튼을 누르지 않아도 된다. 문자로 트위터로 페이스북으로 이메일로 대화가 가능하다. 물론 추가적으로 필요한 사항이 있거나, 확실하게 전달할 사항이 있거나, 혹은 회신이 급한 데 상대가 반응이 없으면 그때에는 통화 버튼을 눌러야 한다. 하지만 실생활에서 통화 버튼을 누르는 일보다는 휴대폰의 키패드를 두드리는 일들이 더 많다.

지금 이 모습이 스마트한 시대를 사는 모바일족의 모습이다.

스마트 혁명을 거치며, 네트워크를 기반으로 다양한 비즈니스가 연결되는 '연결 경제(Connected Economy)의 시대'가 오고 있다. 과거 유일한 원거리 통신수단이던 음성통화는 줄어들지 모르나, 통신은 이제 사람은 물론 각종 사물을 연결하는 보다 막중한 임무를 담당하려고 하고 있다. 스마트 시대의 네트워크는 없어서는 안될 공기와 같은 존재가 될 것이며, 새로운 서비스 창출을 위해 다양한 비즈니스간의 협력을 가능하게 해주는 가치연결(Value Networking) 역할을 하게 될 것이다.

유선전화의 종말

"전화하지 말아요. 나도 하지 않을 거예요(Don't Call Me, I Won't Call You)."

얼핏 드라마 속 헤어진 연인의 진부한 이별 대사를 연상시키는 이 문장은, 사실 더 이상 전화를 걸기도 받기도 꺼리는 미국인들의 통화 행태를 나타낸 〈뉴욕타임즈〉의 기사 제목이다. 언제부터인가 미국인들은 전화통화를 불편하고 어색하게 느끼기 시작했다.

이뿐 아니다. 인류에게 처음으로 전화 서비스를 제공했던 AT&T는 이미 유선전화 서비스를 포기하겠다는 선언을 했고, 미연방통신위원회(FCC: Federal Communications Commission)는 2018년에는 전체 미국

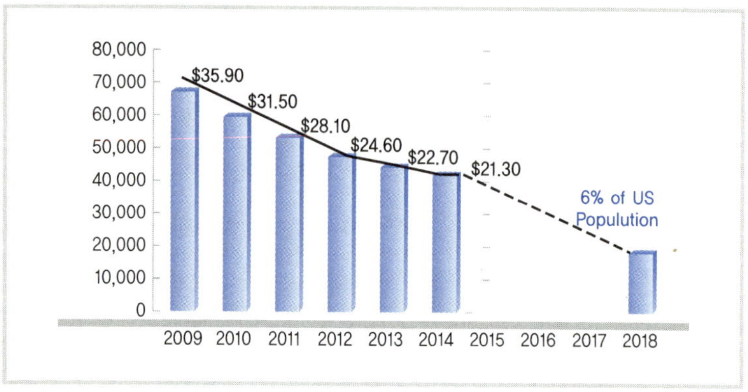

출처 : FCC, July, 2011

인의 8%만이 유선전화를 사용할 것이라고 전망했다. SNS, 스마트폰 등 혁신적인 서비스와 기기의 등장으로 우리의 삶이 몇 년 사이에 빠르게 변화하는 동안 지난 130여 년이 넘게 우리의 가정 한켠을 지키고 있던 유선전화는 소리 없이 소멸의 길로 접어들고 있었던 것이다.

물론 인간의 행동에는 습관 혹은 익숙함이라는 일종의 관성이 존재한다. 따라서 음성통화가 어느 날 갑자기 사라지는 일은 생기지 않을 것이다. 하지만 우리는 어느 날 문득 음성통화가 사라진 것처럼 느끼게 될 것이다. 20여 년 전에는 예견하기 어려웠던 무선 세계를 아무렇지도 않게 받아들이며 빠르게 변화하는 세상에 묻힌 우리들이다. 미래의 어느 날, 친한 사람 혹은 친지간에만 행해지는 음성통화를 우리는 아무런 의심 없이 당연한 현상으로 받아들일지도 모른다. 어쩌면 쓸모도 없는 물건이 자리만 차지한다며 유선전화를 치워버릴지도 모른다. 그리고 그 자리에는 가족의 모습을 담은 디지털 액자가 차지할지도 모

208

른다. 그렇게 소리 소문 없이 유선전화는 우리 곁을 떠나고 있다. AT&T의 전화 서비스 포기 선언과 맞물려 어느 순간에는 사망신고가 접수될지도 모른다.

언제나 접속을 원하는 신(新) 노마드족

2000년대 중반까지만 해도 유선전화는 우리에게 있어 가장 기본적인 생활도구이며 중요한 통신수단이었다.

일단 멀리 1960~70년대로 거슬러 올라가보자. 그때의 집 전화는 부의 상징이었다. 1970년대에는 전화기 한 대 값이 260만 원을 기록한 적도 있다. 당시 서울의 50평형 아파트 가격이 230만 원 정도였다고 하니 현재 가치로 환산하면 전화기 한 대가 10억 원 이상을 호가한 셈이다. 그만큼 요금도 비싸서 '통화는 간단히'가 모토였지만, 최소 3일이 걸리는 편지에 비하면 유선전화는 매우 효율적인 통신수단임은 확실했다. 무엇보다 '급한 용건'은 전화가 최고였다.

때문에 전화기가 있는 집은 마을의 사랑방 노릇을 하기도 했다. 옛날 농촌 드라마를 보면 마을 이장이 "복실이네, 서울에서 전화가 왔어요."라고 방송하는 장면이 나오기도 했는데, 실상이 그랬다. 아직 도시에도 전화기가 널리 보급되지 않았을 때, 도시에서도 이런 장면은 심심치 않게 연출되었다.

이후 점점 유선전화가 서민 가정에도 널리 보급되면서 통화 요금도 저렴해지고, 통화 품질도 좋아지면서 유선전화는 점차 다양한 역할을 담당하기 시작했다. 멀리 있는 사람과 소식을 전하는 것은 물론이요, 친구와의 약속도 전화통화로 정했고, 시간 때우기 수다도 전화를 통해 하고, 그래도 심심하면 전화노래방에 연결해 노래를 부르곤 했다. PC 통신 시절에는 유선전화의 통신망이 컴퓨터와 컴퓨터를 연결해주고, 사람과 사람을 연결해주었다.

이렇듯 유선전화가 없다는 것은 곧 생활의 불편함을 뜻했고, 심지어 뭔가 모자란 집안이 아닌가 하는 인상마저 주곤 했다. 그랬던 유선전화가 지금 찬밥신세가 되어 소멸 직전까지 내몰린 상황은 과연 무엇 때문일까? 가장 큰 이유로는 급격하게 변화하는 통신환경을 따라가지 못한 유선전화의 한계를 들 수 있을 것이다. 무엇보다 유선전화는 급격하게 변하는 현대인의 라이프스타일에 적합하지 못했다.

이동전화의 탄생은 우리의 생활을 급격히 바꿔놓았다. 과거 집 전화 시대 때 우리는 전화통화를 하기 위해서는 집 혹은 사무실에 있어야 했다. 그것도 아니라면 길거리에 있는 공중전화를 찾아야 했다. 하지만 이동전화는 그러한 고정된 유선전화의 공간을 깨뜨렸다. 버스, 지하철, 길거리는 물론 화장실에서까지 통화가 가능하게 된 것이다.

이러한 세상에서 누구든 마음만 먹으면 통화가 가능했다. 바쁜 현대인에게 있어 언제 어느 때고 필요할 때 전화통화를 할 수 있다는 것은 매우 큰 메리트였다. 급하게 처리해야 할 일이 있는데 담당자가 사무실에 없어 통화가 안 되는 답답함을 이동전화는 해결해주었다. 더욱이 여자들도 사회 진출이 활발해지고 있는 때에 집으로 전화를 해도

| 그림 2 | 국내 유선전화와 이동전화의 가입자 수 변화 추이

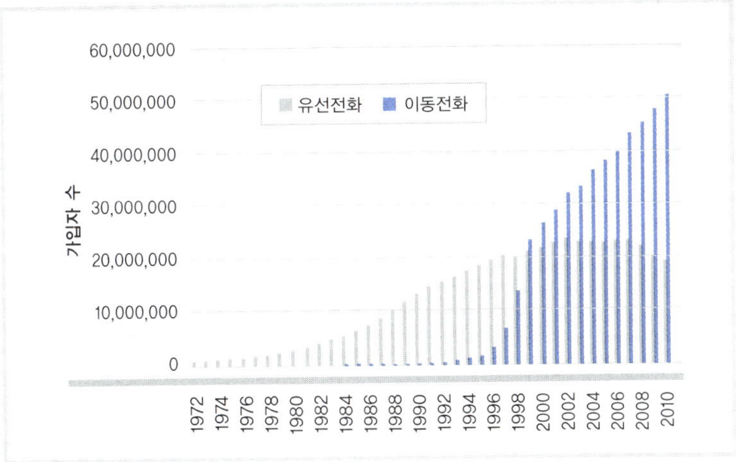

출처 : 방송통신위원회

통화하기 어려운 상황이 생겨나기 시작했다. 무엇보다 이동전화는 고정된 장소에 자리 잡고 있던 유선전화에 비해 사생활 보호도 잘되었다. 사람들이 이동전화에 매력을 느낀 것은 당연한 일이다.

1999년부터 이동전화 가입자 수가 유선전화 가입자 수를 넘어서기 시작했으며, 2010년까지 그 수는 계속 증가했다. 반면 유선전화 가입자 수는 2008년부터 줄어들기 시작했다. 1가구 1전화는 점점 옛 말이 되어버렸다. 대신 가족 구성원 수만큼 이동전화를 보유하기 시작했다. 이동전화가 유선전화를 대체하는 현상이 본격적으로 시작된 것이다.

미국에서는 이러한 현상이 2000년 초반부터 진행되기 시작했다. 미국 내에서 이동전화만을 이용하는 가정의 비율은 2008년에 20%를 넘어섰고, 2011년 현재 27%에 육박하고 있다. 지역별로 살펴보면 인구가 밀집된 동서부 지역은 아직 20% 미만의 비율을 보이고 있지만, 인구밀도가 낮은 중부 지역은 30% 이상의 비율을 보이고 있다. 대략 4가구 중 1가구는 유선전화 없이 이동전화만을 사용하고 있는 것이다. 이러니 AT&T가 유선전화 사업을 종료하려는 것도 일견 이해가 간다. 이동전화만 사용하는 Mobile-only 현상은 젊은 층으로 갈수록 더욱 심화되고 있다. 미국의 20대 중 절반은 이미 집에서도 이동전화만 사용하고 있는 것으로 나타났다.

미국에 비해서 한국은 그 진행 속도가 좀 느리긴 하지만 결국 같은 양상을 보이고 있다. 실외에서는 말할 것도 없고, 가정 내에서도 유선전화 대신 이동전화를 사용하는 인구가 점점 늘어나고 있는 실정이다. 하다못해 음식점 배달도 이젠 이동전화로 하는 세상이다. 이미 이동전화 보급률은 100%를 초과했고, 모두가 손에 하나씩은 이동전화를 들고 있다. 이러한 시대에서 집에서만 쓸 수 있는 유선전화는 저렴한 비용 외에는 아무런 메리트가 없는 서비스가 되었다. 하지만 그 저렴한 비용조차도 따지고 보면 이동전화 요금과 크게 차이가 나는 것도 아니다.

음성통화를 누른 문자메시지

그렇다고 해서 이동전화의 앞길이 그리 무지갯빛만인 것은 아니다. 최근 나타나는 이동전화 가입자의 다양한 행동 변화들은 '이동하면서 통화할 수 있다' 는 메리트가 더 이상 그리 매력적이지 않다는 신호를 보내고 있기 때문이다. 이동전화 가입자들은 이제 통화보다도 다른 기능에 눈을 돌리기 시작했다. 바로 문자메시지 기능이다.

이러한 현상은 특히 어려서부터 문자메시지나 카카오톡에 익숙한 젊은 층과 청소년층에서 두드러지는데, 그 정도나 속도가 사회학에서 일컫는 '문화 이행'이라고 여겨질 만큼 예상을 웃돈다. 미국의 청소년들은 2008년에만 해도 자신의 안전을 위해서, 그리고 언제 어디서나 가족 또는 친구들과 통화하기 위해서 휴대폰을 구매했다. 하지만 2009년 이후부터는 양상이 달라졌다. 청소년 휴대폰 구매 조사 결과에 의하면, 조사 대상자의 43%가 단순히 문자메시지를 하기 위해 휴대폰을 구매하는 것으로 나타났다. 휴대폰의 주 용도가 통화가 아닌 문자 보내기로 바뀐 것이다.

실제로 최근 미국 청소년들의 문자이용 횟수는 다른 그룹에 비해 월등히 높은 것으로 나타났다. 대부분의 청소년이 하루에 깨어 있는 시간 중 매 시간 평균 6통의 문자메시지를 전송하고 있다. 이러한 현상은 연령대가 낮을수록 더욱 뚜렷해졌다. 이들이 음성통화 대신 문자메시지를 이용하는 이유는 단순하다. 훨씬 쉽고 빠르고 재미있기 때문이다.

이와 같은 현상은 스마트폰이 확산되면서 더욱 확대될 것으로 보이며, 앞으로는 단순히 문자메시지 보내기에 그치는 것이 아니라 앱 이용 등 엔터테인먼트를 즐기기 위한 용도로 사용될 것이다. 이러한 미국 청소년들의 통신 이용 행태 변화를 미국의 주요 통신연구 기관인 닐슨연구소는 다음과 같은 말로 표현하고 있다.

"어제는 통화했으나 오늘은 문자하고 내일은 앱을 사용한다."

그런데 통화감소 현상은 단순히 미국 청소년들에게서만 나타나는 특이한 현상이 아니다. 이동전화를 사용하고 있는 대부분의 사람이 전보다 음성통화를 하는 시간이 줄었다. 조사 결과, 이동전화 통화 건수와 한 통화당 이용 시간은 2005년에 비해 각각 50%, 70% 정도 감소했다. 2005년에는 평균 통화 시간이 3분이던 것이 5년 뒤인 2010년에는 2분이 채 되지 않는 90초로 줄어들었다. 더 이상 전화로 할 말이 없어진 것일까? 닐슨의 조사에 따르면 미국인들은 2007년 4분기 이후부터

| 그림 3 | 미국 청소년의 휴대폰 구매 이유

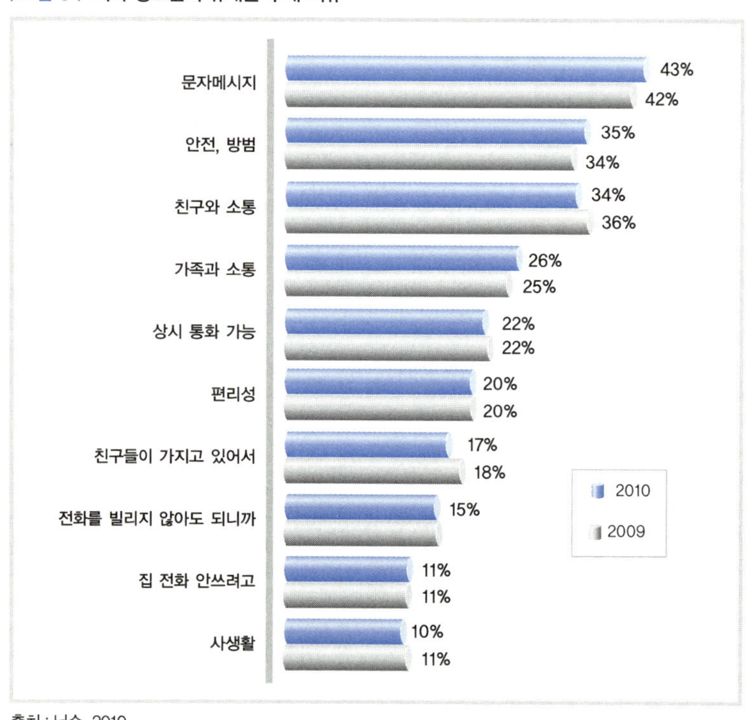

출처 : 닐슨, 2010

는 음성통화보다 문자를 더 많이 사용하는 것으로 나타났으며, 영국에서도 2006년 이후부터는 문자사용 건수가 음성통화 건수를 초과하는 것으로 나타났다.

이렇게 음성통화의 매력이 감소하게 된 현상의 원인은 어디에 있을까? 미국 청소년들의 대답처럼 문자메시지나 SNS 같은 새로운 서비스가 통화에 비해 더 빠르고 더 쉽고 더 익숙하기 때문일까? 이에 대해 미국과 유럽 등의 전문가들은 다음과 같은 심리학적 측면의 해석을 내놨다. 전화 자체가 잘못 디자인된 커뮤니케이션 수단이라는 특성을 갖고 있기에 생긴 현상이라고 말이다.

음성통화는 최근까지 유일한 원거리 통신수단이었다. 그런데 알고 보면 개인의 평온한 일상을 방해할 뿐 아니라 사람을 귀찮게 하는 상당히 무례한 커뮤니케이션 수단이라는 것이다. 생각해보자. 우리는 일상 중 필요 없는 귀찮은 전화를 받아본 경험이 꽤나 많을 것이다. 징징 울던 아이를 겨우 달래서 재웠는데 전화벨이 울리거나, 샤워 도중 거실에서 끊임없이 울리는 전화벨 소리에 급하게 수건을 두르고 나오거나, 음악을 들으며 소설의 클라이맥스에 빠져 있는데 전화벨이 울려 감흥이 깨졌다거나, 급한 일 처리를 하고 있는데 외부에서 온 전화로 집중력이 흐트러지거나 하는 등등. 그중 최고봉은 중요하고 의미 있는 일을 하고 있을 때 걸려오는 광고 전화일 것이다.

전화 거는 사람 입장에서도 전화를 걸기 위해서는 상대방의 상황을 고려해야 하고, 때로는 시간이나 공간적인 제약으로 인해 부담스러울 때도 있다. 단적으로 10시 이후에는 정말 '다급한' 일 아니면 전화를 걸지 않는 일종의 암묵적 예의도 있지 않은가. 신입사원이 되어서 받는 교육 프로그램에서조차 전화예절을 배우는 시간이 있다. 이것만 봐도 전화가 무례한 통신수단이라는 점을 알 수 있다. 상대가 전화를 받지 않을 때 생기는 온갖 부정적인 감정들도 때로는 전화 거는 사람을 당황스럽게 만든다.

사회생활을 하는 데 있어서, 혹은 바쁜 일상 속에서 불쑥 침범하는 전화통화는 달갑지 않은 불청객이다. 전화통화에 시간을 빼앗겨 중요하게 해야 할 일을 처리하지 못할 수도 있다. 이렇듯 집중이 필요한 시간에 불쑥 방해요소로 등장하는 전화통화는, 집중할 시간을 원하는 소비자의 니즈에 부합하기에는 너무 많은 결점을 지니고 있다는 것이 사회심리학자들의 견해다.

하지만 이제는 달라졌다. 인터넷과 스마트폰의 보급이 그런 무례함을 완화시켜주었다. 우리가 전화를 사용하는 목적은 새로운 소식을 주고받거나, 만날 약속을 잡거나, 물건을 주고받거나 하는 등 대부분은 뭔가를 하기 위한 정보 교환을 위함이었다. 그런데 이제는 이런 종류

| 그림 4 | 미국 연령별 월 평균 문자메시지 이용 건수 추이

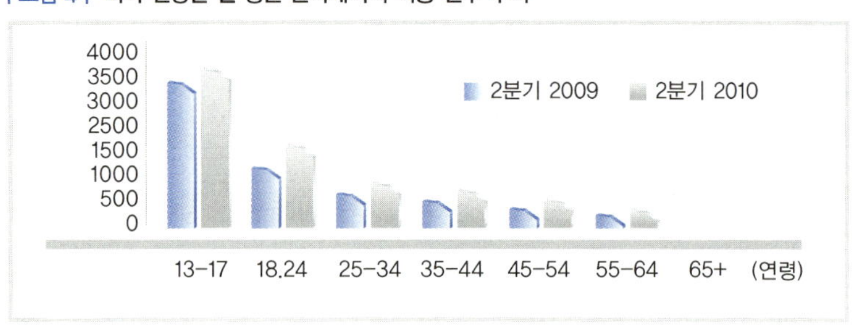

출처 : 닐슨, 2010

216

의 대화를 하기 위해 굳이 두 사람이 동일한 시간대에 하던 일을 멈추고 전화기를 들 필요가 없어졌다. 이메일, 문자메시지, 메신저 등으로도 충분히 가능하기 때문이다.

음성통화는 전화기에 화면이 없던 구시대의 유물이다. 이제 음성통화는 서로의 목소리를 듣고 확인하기 위한 용도를 넘어서서 동일한 가치를 보다 효율적으로 제공하는 다른 서비스로 대체되고 있는 상황이다.

스마트한 시대의 커뮤니케이션

음성통화가 차츰 사라지리라는 또 하나의 근거는 변화하는 커뮤니케이션 방식에서 찾을 수 있다. 미래에는 기존의 전통적인 1 대 1 통신보다는 SNS와 같은 1 대 다수, 더 나아가 다수 대 다수 간 소통이 주를 이룰 것이다. 물론 현재에도 전화회의 서비스가 제공되고 있고 여러 사람이 함께 들을 수 있는 스피커폰이 있기는 하지만, 근본적으로 원거리 소통은 전화가 주도하는 1 대 1 통신이 기본이었고, 이러한 서비스나 기기조차도 1 대 1 통신에 기반한 측면이 크다.

하지만 스마트폰의 탄생과 확산은 새롭고 다양한 SNS를 양산함으로써 이용자들을 단순한 1 대 1 통신에 머물게 하지 않았다. 이제 사람들은 트위터나 페이스북 같은 SNS를 이용해 다양한 사람들과 관계를 맺고 소통을 하며, 어느 개인이 생성한 콘텐츠를 공유하며 공통의 관심사를 함께 나눈다. 그 사람이 내 옆에 있든지 저 멀리 남태평양에 있든지 상관없다. 내가 올린 글을 언제 어느 때고 누구나 볼 수 있으며, 나 역시 누군가가 언제 어느 때고 올린 글을 내가 원할 때 볼 수 있다.

모바일 메신저 프로그램은 이제 더 이상 1 대 1 대화에 머물지 않는다. 대화 초청 기능으로 인해 여러 사람이 한꺼번에 동시에 이야기를 나눌 수 있다. 과거 채팅방 기능이 이제는 모바일 메신저로 옮겨 온 것이다. 굳이 이제 친구들 여러 명과 대화를 나누기 위해 채팅방을 개설할 필요도, 특정 사이트에 가입할 필요도 없다. 프로그램 하나만 있으면 언제 어디서든 가능하다. 심지어 그때그때 생성 가능한 대화 프로그램도 있으며, 하나의 고정된 아이디를 가지고 있을 필요도 없다.

이제 사람들은 내 자유로운 일상을 침해하는 통화를 꺼려하기 시작했다. 되도록 많은 사람과 소통하길 원하지만 그 내용은 가벼운 채팅 정도였으면 하고, 무엇보다 소통은 하되 자신의 일상은 방해받지 않았으면 하는 눈치다. 타인의 일상에도 지나치게 끼어들기보다는 적당한 선에서 스치듯 이야기하고, 어느 정도 상대에게 관심은 있되 무심하지 않다는 정도로 어필하는 선에서 끝내고 싶어 한다.

이러한 개인의 소통방식의 변화가 미디어 이용 패턴에도 반영되고 있다. 요새는 기업이 고객을 위해 다양한 웹 서비스를 제공하고 있는데, 고객들의 이용 시간을 알아본 결과 일반 웹 서비스보다는 SNS를 더 많이 사용하는 것으로 나타났다. 고객들이 SNS에 체류하는 시간은

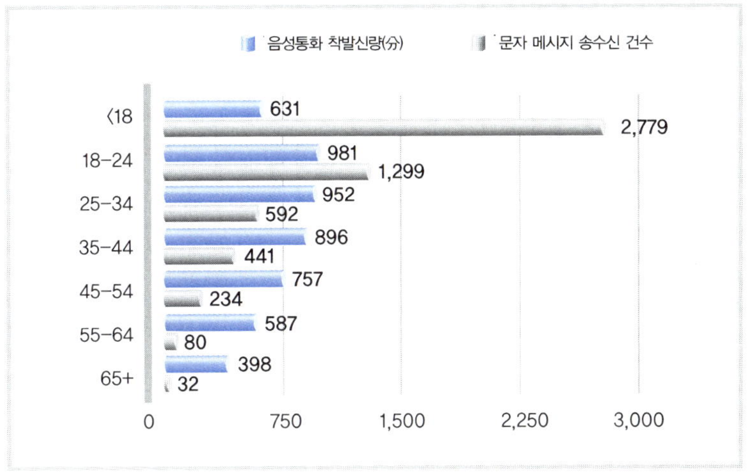

일반 웹 서비스에 체류하는 시간보다 4배 정도 많았다.

이러한 변화의 중심은 단연 젊은 층이 차지하고 있다. 기존의 음성 통화보다 SNS를 보다 적극적으로 이용하고 있으며, SNS를 이용하는 것에 더 큰 가치를 두고 있는 신진 세력이다. SNS 이용 실태를 보면 10대의 78%, 20대의 89%가 SNS를 이용하고 있다. 따라서 통신사업자들에게는 기존 사업모델의 수익이 잠식되지 않을까 하는 위기감마저 안겨주고 있다. 실제 카카오톡 가입자가 증가하면서 스마트폰 가입자의 1인당 하루 평균 문자메시지 사용 건수는 점차 감소하는 추세를 보이고 있다. 특히 20~35세까지의 스마트폰 가입자의 하루 평균 문자메시지 이용 건수는 전년 동기 대비 30%까지 감소했다.

여기에 그치지 않고 카카오톡, 마이피플, 페이스북, 트위터 등의 SNS는 VoIP(Voice over Internet Protocol : 인터넷을 통해 통화를 가능하게 하는 통신기술로, 요금도 저렴함) 기술 등을 바탕으로 음성통화 및 화상통화 기능까지 추가해나가고 있다. SNS와 통화 기능의 결합은 통화를 하는 행위에 개방성, 확장성, 신뢰성과 같은 소셜 네트워크 속성을 결합한 미래 서비스로, 개개인의 인간관계를 무한히 확장시키는 동시에 단순히 SNS로 맺어진 관계보다 더 깊고 긴밀한 관계를 맺을 수 있다는 가능성을 제시한다. 또한 그룹 메시지 서비스가 활성화되면서 SMS를 주고받는 행동방식도 바뀌는 등 사용자들은 다양한 서비스를 통해 점점 더 새로운 통신방식에 적응해가고 있다.

모바일 메신저의 확산은 이러한 현상을 제대로 보여주고 있다. 최근 트렌드모니터 사가 조사한 국내 소비자 통신 트렌드를 보면 모바일 메신저 열풍이 거센 것을 알 수 있다. 2011년 6월 현재, 스마트폰 이용자 중 88%가 모바일 메신저를 이용하고 있는 것으로 응답했으며, 47%는 VoIP를 이용하고 있는 것으로 나타났다(트렌드모니터, 《Catchup》, 2011). 왜 모바일 메신저를 사용하는가 하는 질문에 대해서는(중복 응답 가능) '무료'와 '통화요금 절약' 등 경제적 이유가 각각 70%와 34%로 높게 나타났으나, '주변 사람들이 많이 해서'와 '편리해서'와 같은 답변도 각각 51%, 46%로 차지해 비경제적이고 가치적인 이유도 상당히 작용하는 것을 알 수 있었다.

이동통신사가 제공하는 무료 음성통화 이용량의 50% 미만을 사용하는 사람들의 비중도 약 14%에 달했는데, 그 이유를 물어보니(중복 응답 가능) '모바일 메신저로 주로 연락한다'라고 응답한 사람이 47%로 '원래 통화를 잘 안 한다'라고 응답한 69%에 이어서 2위를 차지했다.

| 그림 6 | 모바일 메신저 사용 이유

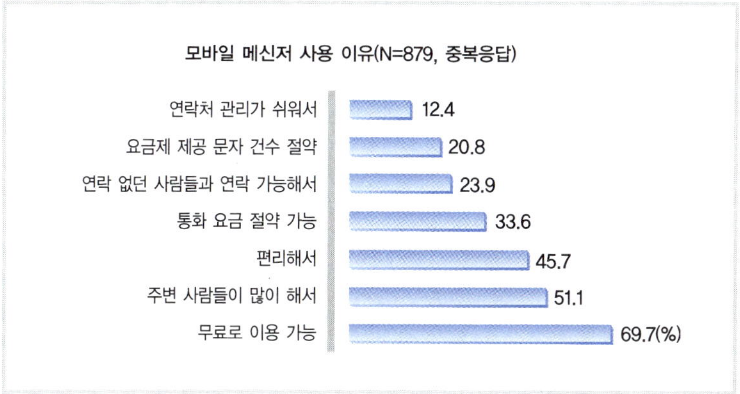

출처 : 《Catchup》, 트렌드모니터, 2011

이와 같이 스마트폰의 확산과 더불어 모바일 메신저가 주요 커뮤니케이션 수단으로 자리 잡아가면서 기존 이동통신사의 음성 및 문자 서비스를 대체하고 있음을 확인할 수 있었다. 시장조사 기관인 주니퍼리서치(Juniper Research) 사의 조사 결과에 따르면, 모바일 메신저는 2016년까지 전 세계 13억 이용자가 사용할 것으로 예상되고 있다. 그 성장배경으로는 스마트폰의 보급 확대, 저가의 데이터 패키지 요금, 강력한 네트워크가 꼽히고 있다.

이러한 모바일 메신저의 대표적 서비스 중 하나가 '와츠앱(WhatsApp?)' 인데, 와츠앱은 아이폰, 안드로이드 폰, 블렉베리 등 OS간 장벽을 넘는 메신저로 인기몰이를 하고 있다. 유료($0.99)임에도 불구하고 UI 면에서의 탁월함(속도 및 서비스 안정성)으로 가입자 4천만을 상회하고 있으며, 사진-동영상-음성노트-음악 공유-연락처 공유-위치 공유 등 기존 통신사의 문자메시지 서비스가 제공하지 못하는 다

양한 서비스를 제공하고 있다.

기존 메시징 서비스가 무료 혹은 저가를 경쟁력으로 내세웠던 반면, 최근의 모바일 메신저 서비스는 이동통신사가 제공하지 못했던 부가 서비스를 이용자들에게 어필하고 있다. 텍스트 중심의 서비스에서 더 나아가 그룹 메시징 기능을 추가하는 것은 물론, 음성통화(VoIP)·SNS 기능·위치 공유 서비스 등이 포함되는 추세다. 또한 페이스북이 그룹 메시징 전문업체인 벨루가 사를 인수한 것처럼 향후 음성/영상 등과 결합된 리치 커뮤니케이션의 확산도 지속될 전망이다. 결국 모바일 메신저가 커뮤니케이션과 관련된 제반 서비스의 플랫폼이 되는 셈이다.

그렇다면 무료 혹은 매우 저렴한 비용으로 메시징 서비스를 제공하는 인터넷 사업자의 수익모델은 무엇이고, 향후 어떻게 발전할까? 대부분의 메시징 사업자들은 특별한 수익모델 개발보다는 우선 가입자 확보에 주력하고 있다. 그러나 향후 가장 유력한 비즈니스 모델은 커뮤니케이션 과정에서 수집된 개인정보를 활용한 타깃 광고일 것이다. 이용자의 현재 위치에 기반한 지역 광고 혹은 딜(Deal) 제안 등을 통한 소셜 커머스 매출의 이익 분배도 가능할 것이다. 실제로 카카오톡은 2011년 10월 12일 사용자가 관심있는 브랜드, 스타, 잡지, 기업 등을 친구로 등록하고, 이 친구가 보내는 정보를 실시간으로 받아 볼 수 있는 '플러스 친구' 서비스 계획을 발표하였다. 예를 들어 소셜커머스 업체인 티켓몬스터를 친구로 등록하면 오늘의 반값상품(Deal) 메시지가 전달되는 식이다.

최근 들어 이러한 변화에 대해 이동통신사들도 그동안 방어적 입장에서 벗어나서 모바일 메신저를 적극 수용하려는 움직임을 보이고 있다. 미국 스프린트(Sprint) 사는 2011년 3월 구글의 음성 서비스인 보이스(Voice)를 지원한다고 발표했다. 쓰고 있는 전화번호 그대로 구글 보이스 서비스를 이용 가능하도록 하고, 구글 보이스 ID와 스프린트 전

| 그림 8 | SMS vs 메시징 서비스 비교

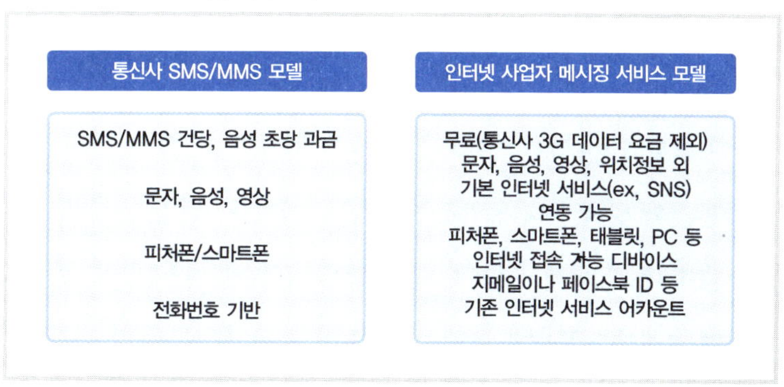

출처 : KT경제경영연구소 성민현

화번호 연동을 무료화하는 것 등이다. 이를 통해 이동통신사의 취약점이던 이용 편의성을 강화할 수 있을 것으로 보인다.

이에 앞서 미국 버라이즌 사는 2010년 3월 스카이프(Skype)와 독점적 제휴를 통해 스카이프 서비스 이용 시 VoIP망이 아닌 3G망을 이용할 수 있는 방식을 도입했다. 그 결과 스카이프 서비스 제공에 만족한 이용자들이 생겼고, 서비스 가입자 이탈률이 전분기 1.1%에서 0.95% 수준으로 낮아지는 성과를 거두었다.

언어의 장벽이 사라지는 신(新) 바벨탑 시대

음성통화를 하는 일이 점차 줄어들고 있다고 해서 음성이 가지는 본래의 속성이나 가치마저 사라지는 것은 아닐 것이다. 여전히 말하고 듣는 일은 우리에게 중요하다. 문자가 아무리 유용하다고 한들, 길을 알려주는 내비게이션이 글로만 길을 안내한다고 생각해보자. 운전자가 운전에만 오로지 신경을 쏟을 수 없어서 있으나마나 한 물건으로 전락하고 말 것이다.

통신문화에 있어서도 마찬가지다. 3G 이전에 휴대폰 광고에 많이 등장했던 말 중에 하나가 바로 '음성인식'이었다. 소녀시대의 유리가 휴대폰에 대고 "꽃게~"를 외치던 광고를 기억하는가? 인터넷 포털사이트에 접속했을 때 굳이 휴대폰의 키패드를 치지 않고 음성으로도 검색 서비스가 가능하다는 것을 알리는 광고였다. 최근의 네이버 앱은 음악을 들려주기만 해도 그 음악을 찾아주는 서비스를 제공한다고 광고하고 있다. 손을 자유로이 쓸 수 없는 상황이 되었을 때 음성으로 필요한 자료를 찾을 수 있다는 건 매우 솔깃한 제안이다.

이처럼 음성통화의 빈도가 점차 줄고 있는 대신, 음성인식의 중요성은 점차 커지고 있는 실정이다. 미래에는 클라우드 컴퓨팅을 통한 실시간 음성인식 및 번역이 본격화될 전망이다. 커뮤니케이션 서비스의 역할이 종래의 신호 전달에서 가치 전달로, 다시 말해 화자와 청자의 사용언어와 상관없이 전달하고자 하는 메시지를 전달하는 서비스로 전환되는 셈이다.

SF영화를 보면 주인공이 컴퓨터와 자판이 아닌 음성으로 명령하고 대화하는 장면을 심심치 않게 볼 수 있다. 먼 미래의 일 같이 느껴질지 모르겠지만 어느 사이에 현실로 다가오고 있다. 얼마전 발표된 iPhone 4S에서 소개된 음성인식 비서기능인 Siri가 그것이다. 아직까지 국내 서비스계획은 미정이며 미국에서조차도 그 성능에 대해서는 검증이 필요하겠으나, 음성인식이 우리생활에 그만큼 가깝게 다가온 좋은 사례라고 볼 수 있다.

하지만 완벽한 음성인식의 실현까지는 시간이 좀 더 필요할 전망이다. 앞서 언급했듯이 포털사이트에서 음성인식을 바탕으로 한 서비스는 이뤄지고 있지만, 아직까지는 제한적이고 복잡한 문장은 인식이 어려운 상황이다. 네이버 뮤직 모바일 애플리케이션이 있긴 하지만, 이는 음악이라는 특성 때문에 가능하다. 음악은 완전한 완성품으로 데이터베이스화가 가능하지만, 사람의 말은 그렇지 못하다. 저마다 쓰는 단어도, 의미하는 뜻도 달라서 그 미묘한 차이를 기계가 다 알아채기란 아직 요원한 일이다. 이에 따라 10장에서 소개할 빅 데이터와 클라우드 컴퓨팅 기술이 문제의 해결사로 등장하고 있다.

구글의 음성인식 팀을 이끌어온 마이크 코엔 박사는 미래의 음성인식의 핵심은 단순히 음성을 텍스트로 바꾸는 것뿐 아니라 음성인식의 상호작용이 가능해지느냐가 관건이라고 한다. 미래의 디바이스는 사람의 억양, 어조 등을 파악해 물음표나 느낌표까지 표현하는 음성인식이 가능해져야 진정한 의미의 음성인식이 될 수 있다는 것이다. 뿐만 아니라 음악과 함께 나오는 영화 속 대사도 컴퓨터가 알아들어야 하는 정도가 되어야 하는데, 이러한 일이 조만간 가능해지리라는 게 그의 견해다.

더 나아가 음성인식 기술은 단순히 사람의 음성을 인식하는 데 그치지 않고, 더 이상 언어가 장벽이 되지 않는 신 바벨탑 시대를 열어갈 것이라고 한다. 즉 상대방과 굳이 통화를 하지 않아도 된다면 외국어를 꼭 잘하지 않아도 된다는 것이다. 한국말로 메시지를 남기면 번역기가 감정까지 고스란히 담아 그 나라의 언어로 번역하여 상대방에게 송부해주니까 말이다. 대표적인 음성인식 기술을 보유한 회사인 뉘앙스 커뮤니케이션즈(Nuance Communications) 사의 드래곤 딕테이션 앱은 초보적 단계이긴 하나, 언어 설정을 통해 12개 언어를 지원하도록 되어 있다. 이 앱이 진화한다면 한국말을 영어로 번역하여 인식할 수 있게 될 것이고, 더 이상 언어가 장벽이 되지 않는 시대가 올 것이다. 그런 시대를 기대해본다.

사물과 커뮤니케이션하는 시대

휴대폰으로 저녁 준비가 가능한 세상

향후 커뮤니케이션 분야에서 예상되는 가장 큰 변화는 사물과의 커뮤니케이션이 본격화되리라는 점이다. 텍스트가 음성을 대체하게 되면 더 이상 통신은 인간관계에만 국한되지 않을 것으로 보인다. 사무실이나 집에 있는 기기들과 문자를 주고받는 시대가 도래할 것이기 때문이다.

한 여배우가 아파트 광고에서 "난 아파트 온도, 그런 것에 신경 안 써."라고 말한 장면도 이와 맥락을 같이 한다. 한마디로 밖에서도 보일러와 대화할 수 있기 때문에 굳이 보일러를 끄고 나왔는지, 온도 설정을 높게 했는지 낮게 했는지 전전긍긍할 필요가 없다는 말이다. 앞으로는 보일러에만 국한되지 않을 것이다. 그때에는 더 이상 가스 불을 끄고 나왔는지, 가스 밸브를 잠갔는지, 형광등은 끄고 나왔는지 걱정할 필요가 없다. 차가 밀려 저녁을 준비할 시간이 늦었다고 해서 언제 가서 밥하나 걱정할 필요도 없다. 지하철이든 차 안이든 있는 곳에서 손 안의 기기로 집 안 내부 기기들을 점검하고 지시할 수 있을 될 테니까 말이다.

이제 통신 네트워크에 접속하는 단말기는 휴대폰만 있는 것이 아니다. 손 안의 PC라고 불리는 스마트폰은 물론이고 아이패드와 같은 태블릿 PC, 킨들과 같은 전자책 단말기로도 네트워크에 연결되고 있으며, TV와 같은 가전제품과 자동차 등도 조만간 네트워크에 연결될 전망이다. 실제로 TV는 상용화 단계에 이르렀다. 최근 삼성에서는 스마트 TV라 하여 TV를 시청하면서도 인터넷을 할 수 있는 제품을 만들어 시판하고 있다. 한마디로 TV와 컴퓨터가 결합된 형태다.

이처럼 다양한 종류의 단말기가 대량생산을 통해서 가격은 점점 하락할 것이고, 통신사 간의 경쟁으로 인해 네트워크 연결 비용도 낮아질 것이다. 1980년대 이후 꾸준히 모든 사물이 네트워크로 연결된다는 '유비쿼터스 네트워크(Ubiquitous Network)' 개념이 논의되어 왔으나 좀처럼 본격화되지는 못했다. 네트워크 접속 비용, 단말기의 크기 및 컴퓨팅 능력 등에 한계가 있었던 탓이다. 이제 이러한 기술적·경제적 장벽들이 서서히 해소되면서 사물통신이 다시 주목받기 시작했다.

사물통신은 우리가 인식하지 못하는 사이에 어느덧 점차 실용화되고 있다. 아마도 가장 친근한 사례는 모바일 버스운행 정보안내 서비스일 것이다. 버스에 위치 정보를 알려주는 센서를 탑재하고, 그 센서를 통해 위치 정보를 실시간으로 받아 스마트폰을 통해 알려줌으로써 인기를 모으고 있다. 매우 간단한 형태이기는 하지만 우리가 버스 운전기사와 직접 통화하지 않고도 버스의 위치를 알 수 있다는 점을 감안하면 분명히 사물통신 서비스의 일종이라고 할 수 있다.

해외에서는 사물통신이 보다 본격적으로 활용되는 사례가 늘어나고 있다. 예를 들어 자동판매기가 많이 설치되어 있는 일본에서는 이곳저곳에 설치된 자동판매기 관리에 사물통신이 활발하게 이용되고 있다. 일일이 수작업으로 자판기 상품의 재고 등을 확인하는 대신 네트워크에 연결해 원격으로 관리함으로써 관리효율을 높일 수 있다.

또한 해외에서는 사물통신을 새로운 비즈니스 기회로 인식하는 기업도 늘어나고 있는데, 그 대표격으로 HP를 들 수 있다. 프린터 제조사인 HP는 프린터 기기뿐 아니라 프린터에 들어가는 토너, 잉크 등 소모품이 주요 매출원인데, 재생 잉크의 등장으로 매출에 타격을 입게 되자 이를 돌파하기 위해 사물통신을 도입했다. HP는 프린터에 통신모듈을 부착하고, 이를 통해 토너나 잉크가 거의 다 소모되면 센서가 자동으로 이를 감지하여 온라인으로 HP에 주문할 수 있는 서비스를 선보였다.

사물통신은 미래의 유망산업으로 주목받으며 미국과 유럽 등 선진국을 중심으로 정책적으로 육성되고 있다. 국내 방송통신위에서도 기기에 센서와 통신모듈을 탑재하여 지능형 서비스를 제공하는 사물지능통신을 국책 과제로 추진 중에 있으며, 스마트 그리드·U-헬스케어 등 응용 서비스에도 적극적으로 나서고 있다. 미국은 사물통신을 6대 와해성 기술 중 하나로 꼽아 약 380억 달러를 투자할 계획이 있다고 발표한 바 있으며, 유럽 및 브라질의 경우는 차량 내에 사물통신 모듈 장착을 의무화하였다. 영국은 2020년까지 에너지 사용량을 자동 계측하는 스마트미터 장치를 모든 가구에 보급할 예정이다.

말하는 자동차 키트의 실현

가까운 장래에 우리 생활과 관련해 사물통신이 가장 빠르게 발전할 것으로 전망되는 분야는 자동차 관련 시장이다. 자동차는 이동수단이라는 특성상 모바일 네트워크로 연결하여 주행 정보, 도난방지 등 안전과 관련된 부가 서비스가 제공되기에 적합한 기기이다. 또한 차량용 음악 서비스 등 네트워크를 통한 엔터테인먼트에 대한 수요도 상당하다. 이러한 이유로 조사기관인 ABI 리서치에 따르면 네트워크에 연결되는 커넥티드 카 시스템을 탑재한 차량이 2011년 말 4,500만 대에서 2016년까지 2억 1천만 대까지 증가할 것으로 예상하고 있다.

그렇다면 자동차가 네트워크에 접속되면 어떠한 변화가 생길까? 먼저 우리에게 익숙한 내비게이션은 실시간 교통정보를 네트워크를 통해 제공받음으로써 단순히 거리에 따른 최단경로가 아니라 실제 교통상황에 따른 최적경로를 안내해줄 수 있다. 실제로 SKT의 T맵, KT의 올레내비 등 스마트폰을 통해 이동통신사가 실시간으로 제공하는 내비게이션 애플리케이션은 높은 정확도로 인기를 얻고 있다. 제너럴모터스는 중앙 콜센터와 연결해 자동차 사고, 도난 시 자동신고, 자동차 상태 진단 등의 서비스를 실시하고 있으며, 브라질의 경우는 빈번하게 발생하는 차량도난을 방지하기 위해 모든 차량에 통신모듈 탑재를 의무화하기도 했다.

이와 같이 자동차와 IT의 결합이 본격화됨에 따라 글로벌 자동차 기업들은 경쟁적으로 스마트카 사업을 구체화하고 있다. 최근에는 특히 전기차/하이브리드차의 등장과 더불어 IT화가 가속화되고 있다.

토요타는 CES2011에서 스마트폰을 차량에 연결하여 차량 내에 엔터테인먼트, 내비게이션, 그리고 정보 서비스 등을 제공하는 차량용 멀티미디어 플랫폼인 '엔튠(Entune)'을 발표했다. 이용자는 스마트폰과 연동해 차량 내에서 인터넷에 접속하고, 인터넷 라디오 판도라를 이용하거나 온라인 사이트에 접속해 영화 티켓과 식당을 예약하며, 음성으로 MSBing을 통해 다양한 정보를 검색할 수 있다. 토요타는 2011년형 일부 모델에 엔튠을 장착할 예정이며, 이는 현재 진행하는 텔레매틱스 프로젝트인 '세이프티 커넥트(Safety Connect)'의 연장선에 있는 서비스라고 할 수 있다. 세이프티 커넥트는 자동 사고통지, 도난차량 위치 추적 및 긴급 출동 서비스 등을 지원하는데, 향후 세이프티 커넥트와 엔튠을 결합해 경쟁 업체와는 차별화된 통합 텔레매틱스 서비스에 주력한다는 방침이다.

또한 토요타는 MS와 손잡고 MS의 클라우드 플랫폼인 '윈도우 애저(Windows Azure)'를 활용해 전기자동차 및 플러그인 하이브리드 차량에 우선적으로 텔레매틱스를 구축할 계획이다. 이를 위해 토요타의 자회사인 '토요타 미디어 서비스(Toyota Media Service)'에 1200만 달러를 공동 투자할 예정이다. 이러한 투자를 통해 전기 이용의 효율성을 높이고, 재생 가능 자원으로부터 동력화를 가능하게 하는 스마트 그리드 기술의 발전을 추진하고 있다.

한편 GM은 자체의 텔레매틱스 서비스 브랜드이자 자회사인 '온스타(On Star)'를 통해 기존 서비스를 확대했는데, 특히 아이폰과 안드로이드 폰과의 호환성을 강화했다. 이에 따라 운전자는 엔진오일 교환시기 등의 차량정보를 다양한 스마트폰을 통해 확인할 수 있으며, 음성조작 기능을 이용해 페이스북으로 상태정보를 업데이트할 수 있다. 또한 GM은 온스타 서비스를 타사 차량에서도 이용할 수 있도록 할 예정이다. 온스타는 미국 버라이존의 이동통신망을 통해 데이터를 전송하는데, CDMA 방식의 2G망을 통해 음성통화를 할 수 있는 기능 외에도 내비게이션, 도난차량 소재 파악 서비스, 그리고 긴급 서비스 요청 등 다양한 기능을 제공하고 있다.

또한 CES2011에서는 버라이즌의 LTE 네트워크를 통해 제공되는 새로운 차량용 인포테인먼트 솔루션의 프로토 타입 애플리케이션이 공개됐다. 이 솔루션은 스마트폰이나 PC로 차량의 내부와 외부에 탑재된 카메라 시스템에 접속해 주차되어 있는 차량의 내부 또는 주변에서 발생하는 상황들을 원격으로 모니터링하는 기능을 제공하며, 반대로 '4홈 서비스(4Home Service)'를 통해 보안 카메라에 접속함으로써 차량 내부에서 집 안 상황을 실시간으로 모니터링할 수도 있다.

이 외에도 차량 내에서 온도조절 장치나 조명 등 주택 내부의 각 시스템을 통제하는 것이 가능하며, 스카이프를 통해 가족 및 친구, 지인들과 영상통화 서비스도 즐길 수 있다. 뿐만 아니라 '트래픽랜드

| 표 1 | 주요 자동차 업체의 스마트카 추진 현황

포드	MS	가정용 스마트 그리드 플랫폼 'Hohm'을 통해 전기자동차 충전 및 관리 서비스 제공
	AT&T	클라우드 기반 MyFord 모바일 앱을 통한 전기자동차 환경 설정 및 변경 지원
GM	구글	전기 자동차에 안드로이드 OS 탑재
	버라이즌	GM 플랫폼 OnStar에 인터넷 기반의 페이스북, 화상 채팅 등 멀티미디어 서비스 제공
도요타	RIM	QNX OS를 탑재하여 안드로이드, 아이폰, 블랙베리 등과 호환(Entune)
	MS	하이브리드 차량의 배터리 상태 모니터링 등 관리 서비스 제공
현대차	삼성전자	양사 기기 간 프로토콜을 맞춰 스마트폰의 멀티미디어 스트리밍 서비스를 내 모바일 기기 화면에서 제공
	KT	아이폰 기반의 차량 진단 애플리케이션 제공

(TrafficLand)’의 전용 카메라에서 실시간으로 촬영된 이미지를 통해 최적경로를 음성 내비게이션 시스템으로 운전자에게 알려준다.

이와 같은 온스타의 솔루션은 GM의 2011년 모델 중 40여 종 이상의 차량에 설치될 예정이며, 동일한 플랫폼을 백미러에 탑재하고, 이를 베스트 바이(Best Buy) 등 로컬 소매가전 유통업체들을 통해 타사 차종에도 설치할 수 있도록 함으로써 서비스 적용 범위를 확대할 예정이다.

한국의 현대자동차도 자체 텔레매틱스 시스템 ‘블루링크(Blue Link)’를 개발했는데, 음성검색 기능을 비롯해 트위터와 같은 SNS, 문자메시지, 그리고 이메일 서비스를 이용할 수 있다. 더불어 가정에서 PC를 통해 자동차의 주행상황을 추적하는 것도 가능해질 전망이다. BMW는 AT&T와 제휴하여 기존 ‘BMW 어시스트로 긴급호출 및 컨시어지 서비스, 교통체증 정보와 기상 정보, 휘발유 가격 및 뉴스 검색 서비스를 제공할 예정이다.

가치전달을 위한 백조의 발짓

그렇다면 장차 사물통신이 본격화되기 위해서 해결해야 할 과제는 무엇일까?

최근 관심이 높아지고 있는 스마트 TV의 경우를 살펴보자. 일반 TV는 제조사 입장에서는 TV를 판매하고 나면 소비자가 케이블 혹은 위성TV 제공 사업자와 별도 계약을 통해 방송 서비스를 받으면 된다. 때문에 공급사슬 측면에서 보자면 수익과 책임이 명확하다. 그러나 스마트 TV는 그 특성상 인터넷 연결이 필수다. 그렇다면 그 네트워크 접속 비용은 누가 부담해야 할까?

TV와 같은 동영상 스트리밍 서비스의 경우는 네트워크 대역폭 소비가 4.5Mbps(HD급)에 달할 정도로 막대하기 때문에 통신사 입장에서는 아무런 수익도 돌아오지 않고 네트워크 투자를 위한 추가비용만 발생하는 현재의 사업모델에 불만이 있을 수밖에 없다. 실제로 통신사와 가전사 간의 스마트 TV 인터넷 접속 관련 분쟁이 표면화되고 있으며, 이는 결국 스마트 TV 활성화에 걸림돌이 될 것이다. 이러한 네트워크 접속 비용 부담 문제는 비단 스마트 TV에만 해당하는 것이 아니다. 전자책, 자동차 등 거의 모든 사물통신 서비스에서도 얼마든지 발생할 수 있다.

그렇다면 이러한 문제에 대해서 여러 이해관계자들이 모두 윈-윈(win-win)할 수 있는 해결책은 없는 것일까? 2007년 전자책 서비스인 킨들을 판매한 아마존의 사업모델에서 그 힌트를 얻을 수 있다. 바로 서비스 중심의 요금체계다. 전자책 다운로드 서비스 요금에 네트워크 접속 비용을 포함시키는 것이다. 아마존은 이동통신사인 스프린트와 계약을 통해 킨들의 대당 이동통신 이용요금을 사전에 지불하여 이용자가 이동통신 요금을 걱정할 필요 없이 전자책을 구매할 수 있게 하였다. 물론 아마존이 책정한 콘텐츠 비용에는 네트워크 접속 비용이 포함되어 있을 것이다.

만약 동일한 사업모델을 스마트 TV에 적용해본다면 어떻게 될까? 영화 콘텐츠를 2000원에 구매하여 시청한다고 하면 그중 200원은 시청자가 의식하지 못하는 사이에 네트워크 제공자에게 지불될 것이다. 이런 방식이라면 통신사도 굳이 네트워크 비용을 문제 삼을 이유가 없고, 서로 윈-윈할 수 있을 것이다. 물론 서비스를 통합하여 제공하는 사업자가 가장 큰 수익을 거둘 수 있겠지만 말이다.

이러한 변화는 통신사업자에게 큰 교훈을 준다. 기존의 통신이 연결 자체를 중시했다면, 미래의 통신은 연결 자체보다는 궁극적으로 소비자에게 어떤 가치를 제공하느냐가 중요해지기 때문이다. 실제로 그러한 방향으로 나아가고 있기도 하다. 그렇다면 그 가치를 제공하기 위해서 관련 사업자들의 서비스를 엮어서 통합적으로 제공하는 사업자가 가장 큰 수익을 거둘 수 있게 될 것이다.

스마트폰, 다른 사물을 움직이는 리모컨

인간과 사물 간 통신이 보편화될수록 스마트폰은 사물통신의 통합 인터페이스 혹은 리모컨 역할을 하게 될 전망이다.

앞서 살펴본 네트워크 비용 문제 이외에도 스마트 TV의 활성화에 걸림돌이 되고 있는 것은 리모컨/키보드 등 입력장치이다. 최근에 출시되었던 구글 TV의 경우 거추장스러운 큼지막 한 키보드가 세간에서 화제가 되기도 했다. 최근에는 닌텐도 위, MS키넥트 등 TV 연동 게임기를 중심으로 동작인식형 리모컨이 주목을 받고 있으나, 보급 비용이 문제가 되고 있다.

| 그림 10 | 아이패드를 TV 리모컨으로 활용하는 컴캐스트 서비스

이러한 문제의 해결을 위해 주목받고 있는 대안이 스마트폰 혹은 태블릿 PC를 TV의 리모컨으로 활용하는 방안이다. 미국 케이블 TV업체인 컴캐스트는 아이패드를 이용해서 채널을 돌리고, 원하는 프로그램을 녹화할 수 있을 뿐 아니라 SNS 기능을 통해 친구를 초청해서 같이 TV를 시청할 수 있는 기능

236

등을 제공하는 모바일 앱을 개발하여 서비스하고 있다.

자동차와의 통신에 있어서도 스마트폰이 중요한 역할을 할 전망이다. 미국 GM은 구글과 손잡고 기존의 텔레매틱스 서비스였던 온스타를 전기자동차용으로 업그레이드해서 서비스할 예정인데, 구글의 안드로이드 스마트폰을 가진 이용자는 온스타 애플리케이션을 설치하면 스마트폰으로 자동차 배터리 상태에 대한 정보를 받을 수 있다. 이외에도 충전 스케줄, 구글 맵과 연동된 충전소 위치 검색, 원격 충전 등의 서비스가 스마트폰을 기반으로 구현될 것으로 보인다.

TV, 자동차뿐 아니라 각종 사물들이 네트워크에 연결되게 될 때, 우리는 사물과 통신할 접점이 필요할 것이다. 특히 자동차 같은 사물과의 통신은 배터리 방전, 도난 등 특정한 사건 발생 시 푸쉬형으로 알람을 받는 것이 유용하다. 이러한 모든 통신을 수행하는 데 있어서는 우리가 항상 몸에 지니고 다니는 스마트폰이 제격이다. 아직 스마트폰을 대체할 만한 기기는 나오지 않았다. 이런 점에서 스마트폰이 사물통신의 허브 역할을 할 공산이 매우 크다.

영화 '마이너리티 리포트'의 실현

미래의 단말기는 형태 자체가 지금의 스마트폰과는 다를 것이다. 전문가들은 TED 컨퍼런스에서 MIT 미디어 랩이 선보인 식스 센스(Six Sense) 기술이 현재의 스마트폰을 잇는 차세대 기기 형태로 진화할 것으로 전망하고 있다.

식스 센스 기술은 증강현실(Angmented Reality)의 일종으로 PC용 카메라, 소형 프로젝트 등을 이용해 영화 '마이너리티 리포트'에서와 같은 형태로 현실 세계와 소통하는 기술을 말한다. 이 장비를 이용하면 벽면이든 공중이든 상관없이 스크린을 비추고 공중에서 손가락으로 정보를 확인할 수 있게 된다. 영화에서나 볼 수 있을 법한 기술이 머지않은 미래에 상용화될 것으로 보인다.

이러한 증강현실이 우리의 실제 생활에 보다 넓게 확산될 수 있었음은 스마트폰 이용 확대에 기인한다. 스마트폰이 갖춘 이동성과 다양한 애플리케이션 활용이 가능한 OS 기술이 이전에는 생각지 못한 증강현실을 가능케 했고, 식스 센스 기술과 결합하면서 이용자는 짜릿한 경험을 하게 된 것이다.

부동산 업계에서는 이미 스마트폰의 증강현실을 이용한 애플리케

이션이 등장해 사용되고 있
다. 스마트폰으로 앱을 실
행시킨 후 카메라로 주변을
비추면 반경 1.5킬로미터
내 아파트에 대한 정보가
제공된다. 이중 특정 아파
트를 선택하면 해당 단지의

시세 및 상세 정보를 볼 수 있다.

이러한 기술이 미래 기술과 접목되면 집을 구하기 위해 부동산 중개소에 전화를 걸 필요가 없어진다. 그저 마음에 드는 동네 아파트 단지 앞 유리문에 대고 손가락을 링크하면 빈 아파트 내부 광경이 눈앞에 펼쳐지고, 관련된 상세 정보 또한 눈앞에 쏙쏙 펼쳐질 것이다. 이렇게 여러 집을 둘러보다가 구매하고 싶은 곳이 생기면 바로 전화통화가 연결돼 거래를 할 수 있을 것이다. 이렇게 되면 부동산 중개업자는 세입자 혹은 구매자와 동행해 집을 보여줄 필요가 없게 될 것이다. 더 많은 정보를 모아 데이터베이스화 해두고, 이를 연결해주기만 하면 될 테니까 말이다. 이처럼 통신의 미래는 보험이나 부동산 같은 다른 산업의 비즈니스 모델에도 영향을 미친다. 음성통화가 더 이상 주 기능이 되지 않는 미래에는 통신기기도 현재와는 다른 양상을 띨 것이다. 그렇다면 미래의 통신기기는 어떤 디자인이고 어떤 기능을 하게 될까?

현재 이에 대한 여러 연구와 전망이 있으나 크게 두 가지로 정리해 볼 수 있을 것 같다. PC, 스마트폰, 태블릿 PC 등이 통합된 기기로 가

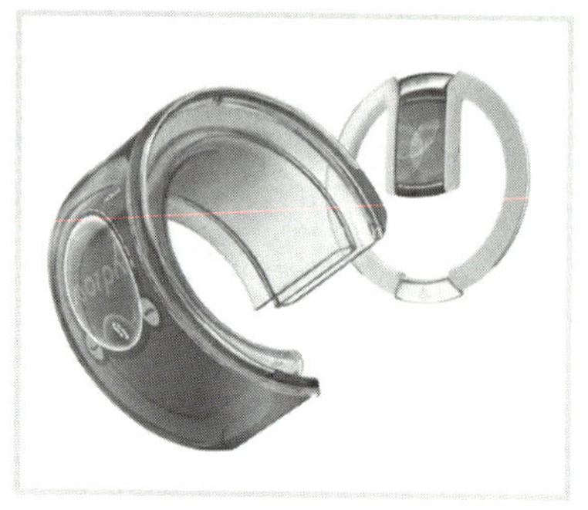

| 그림 13 | 노키아 모르픽(Nokia Morphic)

리라는 전망과 기기가 상당히 유연한 디자인, 즉 시계처럼 몸에 부착할 수 있는(Wearable) 기기로 진화하리라는 전망이 있다. IDC 모바일 디바이스 테크놀로지(IDC Mobile Device Technology)의 수석 연구원인 라몬 라마스(Ramon Llamas)는 향후 몇 년간 통신기기 변화에 있어서 가장 큰 특징은 부착용 폰의 등장이라고 보았다.

실제로 이미 시중에는 '007 시리즈'에서 제임스 본드가 차고 나온 손목시계 폰이 선을 보였다. 국내에서도 엘지전자가 2009년에 음성인식이 되고 영상통화가 되는 3G 손목시계를 발표한 적이 있다. 하지만 당시에는 '스마트한' 기능과는 거리가 조금 있었다. 최근에는 손목시계형 스마트폰 응용기기인 아임왓치가 미국 캘리포니아에서 개최된 ARM테크컨퍼런스에서 선을 보였다. 아임왓치는 스마트폰을 가방이나 주머니에 넣은 채로 손목시계를 통해 스마트폰을 이용할 수 있는 제품으로 아이폰, 안드로이드 폰, 블랙베리 등 모든 종류의 기기에 적용이 가능한 정말 '똑똑한' 액세서리다. 다만 가격이 좀 비싼 게 흠이긴 하지만.

하지만 앞으로는 스마트폰과 연동되는 액세서리의 개념이 아닌 진짜 스마트한 손목시계 폰이 탄생할지도 모른다. 여자들이라면 목걸이형이나 팔찌형도 기대할 수 있겠다. 그렇게 되면 좀 더 다양하고

240

혁신적인 디자인의 제품을 만나게 되지 않을까? 확실한 건 미래의 통신기기는 단순히 우리가 현재 구현할 수 있는 모양에만 국한되지는 않으리라는 점이다. 구부리거나 펼칠 수 있는 형태의 디자인도 가능할 것이다.

현재 가장 비슷한 형태의 기기는 그림 13에서 보이는 노키아의 모르픽을 꼽을 수 있다. 일종의 콘셉트 디바이스인데, 노키아 연구센터와 캠브리지 나노사이언스 센터에서 나노 기술을 적용하여 공동으로 개발한 전자기기이다. 재질은 섬유단백질(Fibril Protein)을 3차원의 그물망 모양으로 엮은 형태인데, 통신용 스크린 장착이 가능하면서도 구부려지거나 움직일 수 있는 재질로 되어 있다. 이에 비추어 보건대, 미래에는 평소에는 반으로 접거나 돌돌 말아 핸드백이나 주머니에 넣고 다니다가 필요하면 펼쳐놓고 자판을 두드릴 수 형태의 통신기기도 얼마든지 탄생할 수 있을 것 같다.

참고문헌

■ 김현경, 홍순호, 〈음성통화의 소멸과 그 이후의 통신미래〉, KT경제경영연구소 디지에코, 2011.
■ 성민현, 〈해외 주요 모바일 메신저 동향 및 전망〉, K-Mobile 세미나 발표자료, 2011년 7월
■ 트렌드모니터, 《Catchup-2011년 소비자 트렌드 읽기(하)》, 2011.
■ 장재현, 〈고객의 필요를 먼저 읽는다-센서 인텔리전스〉, LG Business Insight, LG경제연구원, 2011.
■ 정강현, 〈스마트카와 미래사회 변화〉, KT경제경영연구소 디지에코, 2011.
■ 김욱준, 정승원, 〈m-VoIP 확산 요인 및 패턴에 관한 개괄적 조사연구〉, 방송통신정책 제22권 23호 통권 499호, KISDI, 2010년 12월.
■ 김재경, 〈WiFi 기반 mVoIP 해외사례〉, KT경제경영연구소 디지에코, 2009.
■ 백준봉, 홍범석, 최명호, 〈스마트폰 1천만 시대, 모바일 비즈니스 빅뱅의 서막〉, KT경제경영연구소 디지에코, 2011.

- 온타임즈, 〈[아직도 생생한 추억들…] 백색전화, 청색전화〉, 2008년 12월
- Amanda Lenhart, Kristen Purcell, Aaron Smith and Kathryn Zicker, 〈Social Media & Mobile Internet Use Among Teens and Young Adults〉, Pew Internet Research Center, Feb. 3, 2010
- AT&T,〈Comments of AT&T Inc. On the transition from the legacy circuit-switched network to broadband〉, NBP Public Notice #25, 2009. 12.
- InetDaemon Homepage, 〈History of the Public Switched Telephone Network〉
- Ginny Mies, 〈Smartphones of the future: How they will look, what they will do〉, PC world, August 13, 2011.
- John Leonardelli, 〈What? Can the PSTN be Shut Down? 〉, VOIPGURU, 2011. 2., http://John-voipguru.blogspot.com
- Gary Audin, 〈PSTN closure, the end of POTS, the challenges〉, No Jitter, 2010. 3.
- Nokia, 〈Evolution of voice and beyond in Nokia Nseries multimedia computers〉, White paper, 2007.

7장

똑똑해진 소비자, 소통하는 비즈니스
Social Business

새벽의 사당역. 광역버스도 끊긴 시각에 여러 사람이 분주하게 움직인다. 한쪽에서는 "수원, 15,000원!"을 외치고 있고, 한쪽에서는 "분당 12,000원!"을 외친다. 그 소리를 들은 사람 몇몇이 외치는 사람을 찾아가서 '어디까지 가느냐, 정말 그 가격에 가느냐'고 묻는다. 고개를 끄덕이다 못해 확신을 주는 운전기사의 말에 이끌려 차에 탄다. 그런데 차는 바로 출발하지 않는다. 두세 명이 더 타고 더 이상 탈 사람이 없게 되자 차는 출발한다. 즉 같은 목적지를 가는 사람 서너 명을 싼 가격에 태우고 가는 심야택시다. 타는 사람은 싼 가격에 가서 좋고, 운전기사는 한 사람이 탈 때보다 더 많은 돈을 받을 수 있다. 이러한 풍경은 비단 사당역뿐 아니라 강남역, 영등포역, 서울역 등지에서도 새벽이면 심심치 않게 볼 수 있다.

새벽에 시 경계를 넘는 택시는 혼자 타기 참으로 부담스럽다. 가격 부담이 만만치 않기 때문이다. 더욱이 원하는 목적지로 돌아가는 택시가 아닐 경우, 그 택시가 되돌아오는 비용까지 지불해야 하는 경우도 생긴다. 더군다나 밤 12시부터 4시까지는 할증 요금이 적용되니 비용은 더 뛴다. 그런 면에서 새벽에 집으로 가는 버스를 놓쳐버린 타 도시 사람들에게는 이런 합승택시들이 매우 유용할 수밖에 없다.

그런데 집으로 가는 차가 끊긴 시각 말고도 평소 필요할 때에도 이런 식으로 합승을 해서 요금을 절약할 수 있다면 얼마나 좋을까? 바쁘지 않다면야 버스나 지하철을 타겠지만, 짐이 많아서 장거리를 부득이하게 택시로 이동해야 할 경우, 갑자기 몸이 안 좋아지거나 넘어져서 다리가 불편해 먼 거리를 어쩔 수 없이 택시로 가야 할 경우, 목적지가 같은 사람이 있어 그 비용을 분담해줄 수 있다면 좋지 않을까?

이리하여 '반값택시' 라는 이름의 애플리케이션이 탄생했다. 말 그대로 '반값으로 택시를 이용하는 방법' 이다. 그 원리는 앞서 말한 심야 택시와 원리가 비슷하다. 목적지가 같은 사람이 한데 모여 택시를 함께 이용함으로써 택시 요금을 줄이는 것이다.

예를 들어 인천공항에서 강북까지 택시로 이동할 일이 생겼다고 하자. 공항에서 택시를 타려는 사람들은 짐이 많은데다 여독 때문에 피곤해서 그러한 선택을 하는 경우가 생긴다. 문제는 그렇게 이동하는데 드는 금액이 꽤 크다는 점이다. 일반 택시를 타면 6만 원, 모범을 타면 12만 원 정도 나온다.
이 비용을 혼자 내자니
너무 부담스럽다. 이럴
때 유용한 게 '반값택
시' 앱이다. 먼저 반값택
시 앱을 실행한 후 '홍대
까지 같이 가실 분'을 입
력한다. 그러면 앱이 딩

반값택시 앱은 자신과 같은 곳에 가려는 욕구를 지닌 사람을 찾아준다.

동딩동 하면서 같이 이동할 동지를 찾아서 표시를 해준다. 이렇게 생전 처음 본 네 사람이 인천공항 택시 승차장에서 만나 홍대까지 오면 그 비용이 4분의 1로 줄어든다. 이처럼 반값택시는 비용을 덜 들이면서 택시를 이용하고픈 사람들의 욕구에 최적화되어 있다. 지금은 택시에 불과하지만 앞으로 이런 형태가 발전해서 버스나 비행기를 전세 내는 데 쓰일지도 모른다.

이처럼 '반값택시' 애플리케이션은 소셜 네트워크를 이용하여 생활의 편리함과 효용성을 둘 다 잡은 사례에 속한다. 같은 요구사항을 가진 사람들이 한데 모이게 됨으로써 소비자는 이익을 얻게 되었다. 혼자라면 비싼 값을 지불할 수밖에 없었던 상품을 보다 저렴한 가격에 이용할 수 있게 된 것이다.

하지만 소셜 네트워크를 이용함으로써 얻을 수 있는 이익은 단지 저렴한 가격에 상품을 구매할 수 있는 것에 그치지 않는다. 소셜 네트워크 서비스는 소수의 정보 독점을 어렵게 만들어 정보의 비대칭성을 해소하는 역할도 수행한다. 우리는 언제 어느 때고 어디에서 무슨 일이 벌어지든 소셜 네트워크를 통해 소식을 접할 수 있다. 소셜 네트워크를 통한 정보의 획득과 확산은 기존의 홈페이지, 블로그와는 그 규모 자체가 다르다.

이를 기업의 사업에 적용해보자. 이제 기업들은 더 이상 상품의 하자나 고객 불만을 감출 수 없다. 상품의 하자가 있거나 고객 서비스가 형편없다면 소셜 네트워크를 통해 삽시간에 퍼지기 때문이다. 과거의 '입소문 마케팅'은 소셜 네트워크를 통해 그 영향력이 배가 되었다. 이제는 '네트워크 마케팅'이라는 말이 옳을지도 모르겠다.

이러한 상황에서 기업은 고객과 더 많이 소통하고 더 관리를 잘해야 하는 상황에 맞닥뜨렸다. 최근에 한 보험사는 '고객의 불만 소리를 줄이는 게 아니라 크게 듣겠다'는 광고를 냈다. '입소문 마케팅'이 극대화된 이 시점에 어쩌면 핵심을 잘 파악한 고객관리라는 생각이 든다. 그런데 어떻게 고객과 더 많이 소통하고, 어떻게 고객관리를 잘해야 할까?

소셜 네트워크의 시대, 답은 나왔다. 이제는 소셜 비즈니스 전략이 필요하다.

소셜 미디어가 바꿔놓은 비즈니스 환경

소셜 미디어, 누구에게나 공평한 정보의 신

소셜 네트워크의 확산은 경제의 변화로 이어지고 있다. 소셜 네트워크는 소비자가 경제에 바라는 두 가지 면을 모두 충족시켜주기 때문이다. 소비자가 원하는 두 가지 면이란 바로 '신뢰'와 '가격'이다. 방사능에 오염되거나 농약이 잔뜩 묻은 과일을 사서 먹을 소비자는 없다. 이렇듯 상품이 믿을 만한지가 우선이다. 상품이 믿을 만하다고 판단되면 다음으로는 조금 더 저렴한 가격을 원하게 된다.

20세기에 제품 및 가격 정보는 매스미디어 광고를 통해 일방적으로 소비자에게 전달되었다. 어디를 가야 믿을 수 있으면서도 저렴한 상품을 구할 수 있는지 알 길이 없었다. 그저 광고가 말하는 대로, 혹은 막연하게 광고하는 제품이니까 믿을 수 있겠지 하는 수준에 머무를 뿐이었다. 광고하는 제품이란 일단 회사가 돈이 많다는 증거고, 돈이 많다면 회사가 탄탄하겠다는 생각이 든다. 옳은 판단이라고 할 수는 없지만, 한정된 정보 안에서 나름 근거 있는 판단을 내렸다고는 할 수 있다.

인터넷이 확산되면서 이러한 소비 패턴은 달라지기 시작했다. 좀더 상세하고 많은 정보가 인터넷을 통해 유통되기 시작했고, '사용자 리뷰·사용 후기·오픈마켓·가격 비교 사이트·댓글 평판' 등이 등장하기 시작했다. 소비자 입장에서는 그런 정보를 취합해 내가 적당한 가격에 구할 수 있는 믿을 만한 상품이 무엇인지 골라낼 수 있게 되었다. '입소문 마케팅'이 보다 극대화된 것이다. 물론 그 이전에도 입소문 마케팅은 있었다. 다만 한정적이었을 뿐이다. 아무리 제품이 좋다고 소문이 난들 평가가 확산되는 데에는 제약이 따랐다. 하지만 인터넷은 그러한 제약을 무너뜨렸다.

누군가가 세세하게 올려놓은 상품평과 가격 비교 사이트는 '신뢰'와 '가격' 2가지를 모두 해결 가능하게 만들었다. 즉 과거에는 일방적으로 받아들일 수밖에 없던 상품 정보를 이제는 내가 원하는 방향으로 받아들일 수 있게 된 것이다. 누군가가 시연해놓은 상품평과 그에 동조하는 댓글들은 제품 선택에 있어 믿을 만한 근거를 제시했고, 동일한 기능을 하는 제품의 각기 다른 가격을 비교해주는 사이트는 보다 합리적인 가격에 믿을 만한 제품을 구매 가능하도록 만들었다. 유통업자나 생산업자가 직접 운영하는 오픈마켓은 가격 경쟁을 통해 같은 제품일지라도 조금 더 싸게 구매하거나 혹은 조금 더 이익을 챙길 수 있도록 해주었다.

이렇게 소셜 네트워크가 확산되면서 정보 비대칭 문제가 일정 부분 해소되기 시작했고, 이로 인해 소비자는 신뢰와 가격이라는 두 마리 토끼를 모두 잡을 수 있게 되었다. 우리가 여전히 매스미디어의 일방적인 제품 광고 시대 속에 살고 있어 이러한 정보 비대칭 문제가 계속 남아 있었다면, 아마도 지금 우리는 '믿을 수 있는 제품을 합리적인 가격'으로 구매하지 못하고 저급한 물건을 비싼 돈 주고 구입하면서 '오늘도 속았네' 라며 한탄하고 있었을지 모른다.

2001년 노벨 경제학상을 수상한 UC버클리의 조지 애컬로프 교수는 1970년 '레몬시장(Market for Lemons) 이론' 이라는 논문을 발표해 정보 비대칭성을 논한 적이 있다. 레몬은 겉보기에는 화려하지만 속은 신맛인 과일이다. 하지만 우리가 레몬을 구입할 때에는 겉만 보고 구입할 수밖에 없다. 이처럼 겉은 멀쩡하지만 실속 없는 상품이 거래되는 곳을 애컬로프는 레몬시장이라고 지칭했다.

애컬로프 교수는 이러한 레몬시장의 전형적인 사례로 중고차 시장을 꼽았는데, 중고차는 판매자와 구매자 사이에 현격한 정보의 차이가 있다. 판매자야 자신이 내다 파는 차의 장단점, 결함까지 모두 알고 있지만 구매자는 그렇지 못하다. 이러한 상황에서 비싼 값에 중고차를 팔려는 판매자가 차에 대한 결정적 정보를 감춰버리면 구매자는 결함이 있는 차를 터무니없는 가격에 구매하는 경우가 생긴다. 이처럼 정보 비대칭은 불합리한 소비 패턴을 강요하는 면을 안고 있다.

최근 묻지도 따지지도 않고 가입시켜 주는 무심사 보험상품 광고가 많은데, 무심사 보험이란 소비자가 몇 배의 비싼 비용을 지불하면서 보험에 가입하는 것을 말한다. 원래 보험사업은 자신의 정보를 잘 아는 소비자 쪽에서 역으로 선택할 수 있는 정보 비대칭 사업이다. 이를 막기 위해 보험사는 보험 가입자의 건강상태와 직업 위험도, 일상생활에서의 위험 노출 빈도를 체크한다. 질병에 걸리거나 사고 발생 가능성이 높은 사람을 가려내기 위함이다. 이러한 심사를 통해 건강하고 안전성이 높은 사람만 선별적으로 가입시킨다면, 질병이나 사고로 인해 보험금을 지급해야 할 위험성이 줄어드니 보험료 역시 내려가게 된다.

그런데 질병이나 사고 발생률이 몇 배 높은 사람을 아무런 심사 없이 보험에 가입시켜 주면, 질병이나 사고 발생률이 높아져 보험금을 지급해야 할 위험성이 높아지니 당연히 보험료가 올라갈 수밖에 없다. 따라서 무심사 보험은 건강한 사람이라면 통상의 보험료보다 몇 배를 더 지불해야 하는 불리함을 안고 있다.

보험처럼 소비자가 정보를 더 많이 가지고 있는 경우도 있지만, 이는 드문 경우다. 대개의 비즈니스에서 소비자는 정보 획득에 있어 약자에 속한다. 주식투자를 한다고 하자. 증권사는 직접 기업을 방문해 실사를 하기도 하고, 관계자와의 인맥을 동원해 기업 정보를 알아낼 수 있다. 하지만 개인 투자자라면 이러한 정보를 획득하는 데에 한계가 있다. 신문에 나는 기사를 보고 판단할 때에는 이미 늦었다. 개인 투자자가 기관을 이기기 어려운 이유가 바로 여기에 있다.

오늘 하루도 세상에는 수많은 제품이 생산되고 있다. 하지만 그 제품들이 어떤 원료로 만들어졌고, 어떤 성분이 첨가되었는지는 기업만이 안다. 김치에 이상한 첨가제를 넣었는지, 원 재료가 국산인지 소비자는 알기 어렵다. 언론을 통해 제공되는 제품 광고와 정보도 소비자에게 100% 올바른 정보를 제공해주지 않는다. 광고를 수주해야 하는 언론 특성상 광고주인 기업에게 우호적인 내용으로 왜곡하거나 과장해서 전달하는 경우도 있기 때문이다. 이처럼 매스미디어 시대의 정보 비대칭 상황은 심각했다.

소셜 네트워크는 이러한 정보 비대칭 상황에 변화를 가져오며 균형을 이끌어내기 시작했다. A제품을 사용해본 사람들이 평가를 올리면 A제품에 대한 장단점이 소비자에게 전달된다. 예전에는 갑이라는 사람이 A제품을 써보고 불만이 생기더라도 이 불만을 다른 소비자에게 알릴 방법이 없었다. 기껏해야 동네 사람들, 친척 및 친구들 등 주변 지인들한테 알리는 정도가 전부였다. 물론 해당 사업장에 전화를 걸어 불만을 제기할 수도 있고, 홈페이지 게시판에 불만을 토로할 수도 있다. 하지만 기업이 듣는 척하고 외면하면 그뿐이다. 그런 게시판에 올린 불만은 포털사이트에서 검색도 되지 않는다.

이제는 다르다. 개인 블로그, 홈페이지, 인터넷 카페 등에 올리면 누구나 검색할 수 있고 누구나 볼 수 있다. 트위터나 페이스북 같은 SNS는 그 퍼지는 속도가 한층 더 위력적이다. 1분 전에 올린 간단한 상품 불만이 벌써 100명, 200명에게 퍼지기 시작한다. 기업 입장에서는 더 이상 외면하기 곤란하다. 제품도 제품이지만 기업 이미지도 손상되기 때문이다. 따라서 고객의 의견에 귀 기울이기 시작한다.

제품 구매에 대한 조언은 소셜 미디어에게

소비자는 더 이상 기업이나 기자, 전문가라는 사람이 제공하는 정보에 대해 욕망을 갖지 않는다. 이제는 그런 사람들이 제공하는 정보가 일반 개인이 제공하는 정보의 양이나 질보다 못할 때가 있기 때문이다. 때로는 개인이 블로그에 올린 감상문이나 정보를 가지고 기사를 쓰는 한심한 기자도 보인다. 무엇보다 돈 받고 일하는 전문가보다 열정적인 일반 개인의 시선이 더 정확할 때가 있으며, 정보를 제공하기 위해 열성적으로 노력하는 모습이 더 진정성 있게 느껴지기도 한다.

인터넷이 보급되기 10년 전, 사람들은 영화평론가의 영화 비평에 대한 욕망이 강했다. 영화 잡지를 산 다음에 개봉 영화 목록을 훑으면서 평론가들이 매긴 별점에 따라 볼 영화를 선택하곤 했다. 그중에 정말 유명 평론가라거나 팬인 평론가가 좋은 별점을 준 영화가 있다면 그건 꼭 봐야 하는 영화였다. 따라서 당시의 영화 마케팅은 평론가 마케팅이 강했다. 영향력 있는 평론가에게 술을 사주면서 "이 평론가님, 우리 영화 평 좀 잘 써주세요."라고 부탁하는. 물론 평론가의 평이 언제나 내 입맛과 맞아떨어지는 것은 아니었지만 말이다.

요즘은 확 달라졌다. 요새 누가 영화평론가의 평에 의지해 영화를 선택하는가? 평론가의 비평이나 별점은 여전히 유효하긴 하지만, 영화를 즐기는 하나의 관점으로 고려하지 영화 선택의 절대적 기준은 되지 못한다. 이제 그 자리는 네이버 평점이 차지했다. 개봉 영화가 있으면 사람들이 네이버로 가서 네이버 평점을 우선적으로 살펴본다. 그리고 거기에 남긴 사람들의 한줄 감상평을 보거나 영화 감상평이 올라와 있는 블로그를 살펴본다.

"여보, 여기 블로그에 올라온 글이 있는데, 원빈이 나오는 '아저씨' 재미있다잖아. 이거 봅시다. 그리고 '인베이젼'은 예고편이 전부고 외계인은 나오지도 않는다는데? 이건 보지 맙시다."

이제 사람들은 영화평론가의 평에 연연하지 않는다. 나와 눈높이가 같은 소비자의 평에 더 귀를 기울인다. 그건 아마도 평론가의 평에 의지해 영화를 선택했을 경우 실패한 경험이 많았기 때문일 것이다. 사실 평론가와 일반 관객의 영화 보는 눈이 같을 수는 없다. 평론가는 직업적인 영역이고, 관객은 소비 혹은 취미의 영역이기 때문이다. 따라서 이제는 평론가의 평보다 나와 같은 소비자의 평에 욕망을 가지며 그에 반응한다. 이 때문에 영화 마케팅의 방법도 보다 관객 지향적으로 변했다. 한줄 댓글평, 블로그의 트랙백을 이용한 영화평, 트위터 140자평 등 관객이 보다 영화평을 적극적으로 올릴 수 있도록 하는 것이다. 아르바이트생을 고용해 네이버 평점에 영향을 주는 방식의 마케팅도 행해지고 있다. 그리 옳은 방법은 아니겠지만 말이다.

영화뿐 아니다. 가전제품이든 생활용품이든 이제는 누군가 먼저 사용해본 후기를 보고 상품을 선택하는 일이 많아졌다. 구매하고자 하는 상품이 있을 때 선택의 근거를 얻고자 적극적으로 상품평을 검색하는 일도 많아졌다. 이제는 '내가 원하는 상품의 평을 누가 올려줬으면' 하고 바라는 지경에 이르렀다. 그것이 신상품이면 더욱 그렇다. 따라서 얼리어답터들이 이득을 보는 경우도 생긴다. 어떤 상품 분야의 파워블로거가 되면 신상품 담당자들이 먼저 알아서 연락을 해온다. 그러면 파워블로거는 제품을 먼저 사용해보고 평가를 올리면 된다. 물론 최근엔 이에 대한 부작용도 심심치 않게 언급이 되고 있긴 하지만, 같은 칼이라도 요리사가 쓰면 유용한 도구가 되고, 강도가 쓰면 살인무기가 되듯이 어떻게 이용하느냐의 문제에 가깝지, 그 자체가 잘못된 것은 아닐 것이다.

어쨌건 소비자들은 더 이상 TV나 신문 광고에 매달리지 않는다. 사용 후기나 제품 리뷰를 통해 제품에 대한 추가 정보를 얻고, 네이버 지식 쇼핑·다나와·어바웃과 같은 가격 비교사이트를 통해 최저가로 구매할 수 있는 곳을 확인한 다음에 상품을 선택하고 구매한다. 인터넷 세대에게 있어 매스미디어 광고는 제품에 대한 호기심을 유발하는 단초가 될 수는 있어도 과거처럼 구매 결정의 고려 요소는 되지 않는다. 기업이 제공하지 않은 정보를 소셜 미디어를 통해 얻으면서 정보 비대칭 문제를 해결하기 때문이다. 따라서 더 비싼 돈을 주고 저급한 제품을 사는 어리석음은 범하지 않는다. 자신이 원하는 품질 좋은 제품을 합리적 가격으로 구매하는 똑똑한 소비자로 변신하고 있다.

이처럼 중앙 언론이 제공하던 정보를 소셜 미디어가 일정 부분 담당하면서 소셜 미디어는 새로운 정보 채널로서 파워를 갖기 시작했다. 파워블로거의 등장은 소셜 미디어가 새로운 정보 권력임을 보여주는 사례다. 많은 사람이 신문기사보다는 파워블로거의 사용후기나 추천을 보고 제품을 구매하기 시작했다. 요리 전문 블로거, 여행 전문 블로거, 맛집 소개 블로거의 평가와 추천에 따라 특정 식당으로 손님이 쏠리는 일도 발생하고 있다.

그런데 온라인에서도 소셜 미디어의 권력 크기에 따라 쏠림현상이 발생하고 있는 것도 사실이다. 그리고 이러한 쏠림현상을 우려하는 목소리가 나오기 시작했다. 또 다른 정보 비대칭이 발생하는 것 아니냐는 것이다. 그러나 온라인에서의 쏠림현상은 일시적이다. TV나 신문은 특정 맛집을 한 번만 소개하고 끝이지만, 온라인에서는 또 다른 네티즌의 새로운 평가가 올라옴으로써 정보 비대칭이 다시 조정된다. 맛없고 불친절한 맛집이 파워블로거의 추천만으로 계속 성공을 거두기란 어려운 일이 되어버린 것이다. 매스미디어 시절, 5천만 국민을 대상으로 일방적인 정보를 제공했던 정보 비대칭에 비하면 온라인을 통해 생기는 정보 비대칭은 매우 한정적이라고 볼 수 있다.

공중파 채널이 3개만 존재하고, 모든 국민이 3개 채널의 TV를 보던 시절에는 그야말로 TV의 영향력이 절대적이었다. 하지만 케이블 TV, 위성방송, DMB, 인터넷 방송 등 방송을 볼 수 있는 채널이 수백 개로 증가한 현재 같은 다채널 시대에서는 TV의 영향력이 감소할 수밖에 없다. TV뿐 아니다. 신문 역시 마찬가지다. 기존의 몇 개의 신문에 의존했던 과거와 달리 지금은 수많은 신문사가 존재한다. 인터넷 신문만 해도 벌써 1000개가 넘었다. 각 지방자치단체에서 나오는 신문도 모자라 구별로 혹은 동별로도 신문이 나오고 있으며, 무가지, 창업신문, 독서신문, 군인신문, IT신문, 게임신문, 청년신문 등 종류도 가지각색이다.

따라서 특정 신문이나 TV에 광고를 집행했을 때 얻을 수 있었던 광고 효과는 빠르게 감소하기 시작했다. 결국 기업은 투자 대비 효과가 가장 좋은 마케팅 방법을 찾아내야 했고, 그 대안으로 소셜 미디어를 선택했다. 처음에는 광고와 마케팅을 위해서 소셜 미디어를 활용했지만, 감성 IT 시대로 변화하면서 단순한 PR뿐 아니라 고객의 불만을 듣고 고객의 제안을 받아들이는 소통과 협업의 도구로서의 역할이 추가되었다. 고객관리의 새로운 채널로 소셜 미디어가 활용되기 시작한 것이다.

심지어 문화·예술 분야에도 소셜 비즈니스 바람이 불고 있다. 2008년 3월에 미국의 음악 그룹 나인 인치 네일스는(NIN)는 새 앨범 '고스트 I–IV' 중 1악장 9개 트랙을 이용자들이 자유롭게 공유할 수 있는 크리에이티브 커먼 라이센스(CCL : Creative Commons License)로 공개했다. 즉 무료로 푼 것이다. 얼핏 보면 손해처럼 보이지만 실상은 달랐다. 소셜 네트워크를 통해 무료 음원이 자유롭게 재생되면서 많은 사람에게 알려졌고, NIN의 고스트 I–IV는 발매 첫 주에만 80만 장이 팔리며 160만 달러의 매출을 올리게 되었다. 이러한 인기에 힘입어 아마존닷컴이 집계한 '2008년 베스트셀러 앨범' 순위에서 1위를 차지하기도 했다.

장기하도 이런 방식을 취했다. NIN처럼 장기하도 앨범을 무료로 공개했다. 그리고 소셜 미디어를 통한 입소문 효과로 장기하 신드롬을 만들어내는 데 성공했다.

펩시가 TV 광고보다 페이스북 광고를 선호하는 이유

기업이 광고 및 마케팅 채널을 매스미디어에서 소셜 미디어로 전환하는 사례는 계속 등장하고 있다. 그 대표적인 사례로 펩시의 페이스북 광고를 들 수 있다.

펩시는 23년 동안이나 집행하던 슈퍼볼 광고를 2010년부터 중단했다. 대신 미국 최고의 SNS인 페이스북에 광고를 집행하기로 했다. 여기에 들어간 비용만 해도 무려 2천만 달러다. 경쟁사인 코카콜라도 이미 페이스북 광고에 진출했다. 이런 현상이 비단 슈퍼볼 광고에서만 일어나는 일일까? 아니다. 월드컵이나 올림픽 광고에서도 벌어지고 있다.

그렇다면 왜 이런 일이 벌어지는 것일까? 바로 광고 효과 때문이다. 페이스북과 같은 소셜 미디어의 광고는 TV 광고나 기존의 온라인 배너광고에 비해 지속적인 관계 맺기가 가능하다. 그래서 더욱 광고 효율이 높다.

TV를 보고 있는데 코카콜라 광고가 나왔다. 그런데 깜빡 그 광고를 지나쳐버렸다. 그런데 광고가 지나갔다고 해서 TV를 다시 돌려보지는 않는다. 다음 번 코카콜라 광고가 나올 때까지 기다리지도 않는다. 아니면 광고를 보다가 광고가 마음에 안 들어서, 불현듯 지난번 코카콜라 마개가 제대로 막혀 있지 않아 곤란했던 경험이 떠올라서 뭐라고 한마디하고 싶지만 TV에 대고 그럴 수는 없다. 그렇다고 TV를 보다가 인터넷에 접속하는 것도 귀찮아진다. 결국 그렇게 코카콜라 광고는 뇌리에서 잊혀진다.

하지만 소셜 미디어의 광고는 다르다. 소셜 미디어 자체가 쌍방향 소통이 가능한 성격을 지니고 있어서 업체와 소비자 간의 지속적인 관계 맺기가 가능하기 때문이다. 페이스북에 올라온 광고를 보고서 바로 해당 페이지로 옮겨 자유롭게 의사를 전달할 수 있다. 그 때문에 광고가 더 오래 기억된다. 소비자가 한 의사전달에 업체에서 답변이라도 남기면, 소비자는 그 반응이 고맙기도 하고 즐겁기도 해 업체와 끈끈함을 느끼게 된다. 그렇게 해당 상품과 더 친해지는 것이다.

펩시는 바로 이런 점 때문에 페이스북에 광고를 싣기로 한 것이다. 펩시의 담당자는 "고객은 쌍방향 대화를 원한다. 온라인의 쌍방향 광고는 고객에게 더 잘 전달된다."라고 말했다. 마이크 머피 페이스북 부사장은 "TV는 30초 동안 고객과 연결시켜주지만, 페이스북은 30일 동안 고객과 연결시켜준다."라는 말로 소셜 광고의 위력을 표현했다.

페이스북은 2011년 9월 현재 8억 명의 회원을 보유한 세계적인 SNS 사이트이다. 그리고 이 8억 명의 회원이 제공하는 정보가 페이스북의 힘이다. 페이스북은 이러한 회원정보를 가지고 나이, 성별, 지역, 관심사에 따라 타깃 광고를 할 수 있다. 비단 페이스북뿐 아니라 SNS 사이트라면 이러한 형식의 타깃 광고가 가능하다. 그렇기 때문에 기업들이 소셜 네트워크 경제에 관심을 보이며 공부하기 시작한 것이다.

소셜 브랜드 1위로 손꼽히는 스타벅스는 페이스북에 2천만 명의 팬을 보유하고 있으며, 아이디어 커뮤니티인 '마이 스타벅스 아이디어'에 제안된 아이디어가 10만 건을 넘어설 정도로 효과적인 마케팅을 벌이고 있다. 20세기가 매스미디어 마케팅 시대였다면 21세기는 소셜 마케팅 시대인 것이다. 온라인 시장조사 업체인 이마케터에 의하면, 2010년 페이스북의 광고수익은 18억 6천만 달러(약 2조 원)에 달한다고 한다. 그 결과 페이스북의 가치는 100조 원에 달하는 것으로 평가되고 있다.

놀라운 사실은 페이스북보다 회원이 더 많은 SNS 사이트도 있다는 사실이다. QQ메신저를 서비스하는 중국의 텐센트는 2011년 7월 현재 8억 1천만 명의 회원을 보유하고 있으며, 기업 가치도 46조 원(3200억 홍콩달러)을 넘어설 정도로 성장을 거듭하고 있다.

한국에서도 700만 번째 카페가 등록되고, 800만 회원을 가진 카페가 등장했다. 트위터는 처음 10억 개 맨션 도달까지 3년이 걸렸으나, 이제는 일주일에 10억 개의 맨션이 올라올 정도로 성장했다. 이처럼 전 세계는 소셜 네트워크 열풍에 휩싸이고 있다.

소셜 미디어의 두 얼굴

거스를 수 없는 거대한 정보의 파도

소셜 미디어의 확산은 그라운드스웰(Groundswell)로 표출되고 있다. 그라운드스웰이란 '먼 곳의 폭풍에 의해 생기는 큰 파도' 라는 뜻으로, 쉘린 리와 조쉬 버노프가 그들의 공동 저작인 《그라운드스웰》에서 '사람들이 자신에게 필요한 것들을 기업과 같은 전통적인 조직으로부터 얻지 않고, 정보통신 기술을 이용하여 직접 서로에게 얻어내는 사회적 현상' 이라고 정의한 바 있다. 즉 인터넷의 소셜 미디어는 파도를 일으키는 바람 역할을 하고 있는 셈이다.

물론 그라운드스웰은 인터넷 시대 이전에도 있었고, 인터넷 시대 초창기에도 존재했다. 다만 소셜 미디어의 발달로 인해 정보 공유 및 확산 속도가 빨라지는 현상과 맞물려 그라운드스웰 현상이 보다 강력해지고 있는 것이다.

매스미디어 시절에는 정부와 기업이 정보의 생산 및 유통의 주도권을 쥐고 있었다. 신문이나 방송에서 언급하지 않은 사건은 국민들에게 전달되지 못하고 묻혔다. 혹 소문이 돌더라도 소문의 전파 속도가 느리고, 전파 과정에서 왜곡이 심해지면서 하나의 힘으로 응집되어 표출되기는 어려웠다. 그러나 인터넷 시대는 정보 전파 속도가 빛처럼 빠르고, 원본이 100% 그대로 전달된다. 이 때문에 언론에서 보도되지 않은 작은 사건도 큰 쓰나미가 되어 들이닥치는 일도 생긴다.

트위터와 같은 모바일 SNS의 확산은 전파 속도를 거의 실시간으로 바꾸어놓았다. 허드슨 강에서 있었던 비행기 추락 사고나 강남파이낸스센터에서 발생한 화재 사건만 놓고 봐도 알 수 있다. 이처럼 세계 어느 곳에서 어떤 일이 생기든지 그 소식은 빠르게 전파되고 있다. 기업에 대한 불만 및 국가 정책에 대한 불만도 마찬가지다. 누군가가 한번 불만을 올려놓으면 그에 동조하는 사람들을 통해 의견은 삽시간에 퍼진다. 이 때문에 기업은 물론이고 오바마, 클린턴 및 미국의 국무부까지 트위터를 통해 고객 및 국민과 조직적으로 소통하려고 노력하는 것이다.

소셜 미디어, 어떻게 활용하는 가가 중요하다

그렇다고 소셜 미디어가 기업이나 정부에게 불리하게만 작용하는 것은 아니다. 역으로 소셜 미디어를 잘 활용만 한다면 기업 이미지를 더욱 좋게 만들어 빠른 성장을 이룰 수 있고, 국민에게 필요한 정책을 잘 구성하여 다음 번 선거에서도 승리할 수 있을 것이다. 결국 소셜 미디어가 독이 될 것이냐 약이 될 것이냐 하는 것은 소셜 미디어에 대한 관심과 투자, 활용방법에 따라 달라질 것이다.

2002년 미국 장갑차에 깔려 죽은 미선, 효순 양을 기억하는가? 우발적인 사고였지만 미군의 미흡한 초기 대처와 잘못을 인정하지 않는 고압적이고 강경한 태도 때문에 한국민의 반미 감정을 불러일으켰고, 결국 반미 촛불 시위로 번져 수많은 사람들을 거리에 나오게 했다. 누가 의도한 것도 아니고 누가 시킨 것도 아니다. 기존의 언론매체에서 어떤 정보를 제공하고 부추긴 것도 아니다. 모든 것은 인터넷에서 실시간으로 이루어졌고, 사람들은 인터넷을 통해 소식을 접하고 거리로 나왔다.

당시 주한미군 2사단장이었던 러셀 아너레이는 2009년에 발간한 그의 저서 《생존(SURVIVAL)》에서 이 사건을 언급하며 "사고 발생 시 깊이 사죄하는 자세를 보여야 하는 한국 문화에 비춰볼 때 크나큰 실수였다"며 "사죄하는 태도가 아닌 해명하는 자세를 보여 한국인들에게 잘못된 메시지를 주게 되었다."라고 뒤늦게 자책하는 모습을 보였다. 그러면서 이때의 경험을 교훈 삼아 2005년 미국에 허리케인 카트리나가 강타했을 때에는 구조작업을 펼치는 데 있어서 자리에 앉아 참모들의 브리핑 자료만 읽는 것이 아니라, 이재민과 직접 소통하고 직접 보고 들은 바를 솔직하게 얘기해 이재민들과 지역주민들로부터 큰 호응을 받았다고 기술했다.

소셜 미디어 시대에는 이처럼 작은 실수가 삽시간에 큰 칼날이 되어 돌아올 수 있다. 다행히 뒤늦게나마 큰 깨달음을 얻긴 했지만, 2002년 사건 당시 러셀 아너레이 사단장이 제대로 된 접근법을 보여줬다면 어떻게 됐을까? 더 이상 사람들은 대중매체에 의해 좌지우지되지 않는다. 실시간으로 올라오는 온갖 정보를 자신의 기준에서 취사선택하고, 그 모은 정보의 힘을 바탕으로 움직인다. 그리고 그 행동력은 소셜 네트워크를 통해 더 증대된다.

델(DELL)도 이와 같이 소셜 미디어 시대에 고객 불만에 잘못된 대응을 했다가 호되게 당한 경험이 있다. 미디어 비평 블로그 버즈머신(buzzmachine.com)의 운영자이자 2010년 《구글노믹스》라는 저서를 발간한 제프 자비스와 델 컴퓨터 사이에 있었던 일이다.

2005년 영향력 있는 블로거였던 제프 자비스는 델의 고객 서비스 센터에서 겪었던 불쾌한 경험담을 블로그에서 낱낱이 폭로했다. 1600 달러짜리 델 컴퓨터를 수리하기 위해 고객 서비스 센터에 수십 번이나 이메일을 보내고 전화통화를 했는데도 답변이 없었다는 내용이었다.

그럼에도 델은 별다른 반응을 보이지 않았다. 블로그에 올린 글이 얼마나 영향이 있을까 관심이 없었던 것이다. 하지만 네티즌들 사이에 제프 자비스의 글은 화제가 되었고, 급기야는 관련 내용이 기사로도 보도되었다. 이로 인해 주가가 떨어지기 시작했고, 델은 궁지에 몰렸다. 델 경영진은 직접 제프 자비스에게 전화를 걸어 사과를 했고, 고객 서비스를 강화하겠다고 발표했다.

이 사건으로 인해 델은 소셜 미디어에 대한 재빠르고 올바른 대응이 얼마나 중요한지 깨닫게 되었다. 사건 이후인 2006년에 델은 '델에게 직접(Direct2DELL)'이라는 블로그를 개설하고, 회사 및 제품 정보 제공은 물론이고, 고객과의 쌍방향 소통에 노력을 기울이기 시작했다. 2007년부터는 페이스북과 트위터를 활용한 마케팅에도 투자하고 있다. 델은 총 33개의 트위터 계정과 9개의 블로그, 기타 커뮤니티를 운영하고 있으며, 주요 소셜 사이트를 대상으로 모니터링 도구를 가동하고 있다. 그 결과 델의 고객만족도는 70%를 넘게 되었다. 또한 아이디어 스톰이라는 소셜 채널을 통해 소비자의 의견을 적극 수렴했고, 마침내 미국 PC시장 판매 1위를 탈환했다.

델이 소셜 미디어를 바라보는 관점은 명쾌하다. 조기경보 시스템으로 소셜 미디어를 바라보는 것이다. 델의 소셜 미디어 책임자인 매니시 메타는 "우리에게 소셜 미디어 활용이 의미하는 것은 델과 관련된 조기경보 시스템이다. 일반적으로 얼리어답터들이 소셜 미디어를 많이 활용하기 때문에 델 제품에 대한 문제가 거기서 가장 먼저 나타나기 때문이다."라고 말했다. 델은 소셜 미디어로 혼이 났지만, 이후에는 소셜 네트워크 친화적인 기업으로 변신함으로써 기업의 위기관리와 마케팅에서 탁월한 실력을 발휘하고 있다.

이와 유사한 사례는 또 있다. 이번엔 항공사의 경우다. 사우스웨스트항공과 아메리칸항공의 사례도 한 탑승객의 작은 불만이 얼마나 크게 번질 수 있는지를 보여준다.

2010년 2월 사우스웨스트는 뚱뚱하다는 이유로 승객의 비행기 탑승을 거절했다. 문제는 그가 〈워싱턴포스트〉 지를 구독하는 52만 독자보다 3배나 많은 160만 명의 팔로어를 거느린 유명 영화감독 케빈 스미스였다는 점이다. 케빈 스미스는 자신의 트위터에 불만을 올렸고, 그 불만은 160만 팔로어를 통해 여기저기 전파되며 사우스웨스트항공에 대한 비난이 들끓었다. 결국 사우스웨스트항공은 공식 홈페이지와 트위터에 사과문을 게재해야만 했다.

아메리칸항공의 사례는 단순히 불만과 서비스 개선을 넘어서서 항공업계에 지대한 영향을 끼쳤다. 2006년 12월 29일, 아메리칸항공 소속 비행기 몇 대가 나쁜 날씨로 인해 오스틴으로 회항하는 일이 벌어졌다. 단순히 회항이 문제였다면 좋았겠지만, 그 이후의 사태 때문에 더 큰 문제가 야기됐다. 사람들은 비행기 안에서 기약 없이 기다려야 했다. 점점 대기하는 시간이 길어지자 승객들은 슬슬 짜증도 나고 걱정이 되기 시작했다. 그런데다 음식과 음료수마저 부족해졌다. 화장실은 이미 이용할 수 없는 지경에 이를 정도로 더러워졌다. 착륙 8시간이 넘어서야 승객들은 밖으로 나올 수 있었다.

당시 비행기에 탑승하고 있던 케이트 하니는 이러한 항공사의 대처에 화가 났다. 그녀는 이 사건 이후 승객들의 권리를 대변하는 단체를 만들어 '항공승객 권리장전'을 제안하고 의회에 로비활동을 벌였다. 항공승객 권리장전이란 항공기 출발이 3시간 이상 지연될 경우 항공사들이 승객들에게 각종 편의를 제공해야 할 의무가 있음을 명시한 것이다.

2007년 2월 14일, 이번에는 제트블루의 항공기가 악천후로 활주로에 7시간 넘게 대기하면서 승객들이 물 한 모금 마시지 못하는 사태가 벌어졌다. 앞서처럼 탑승객들이 가만 있지 않았음은 불 보듯 빤한 일이다. 결국 제트블루의 CEO는 사임했고, 회사 자체적으로 항공승객 권리장전을 채택하기에 이르렀다. 그리고 2008년 1월, 미국 뉴욕 주는 항공승객 권리장전을 제정해 발효시켰다. 현재 뉴욕 주 소재 공항 활주로에서 3시간 이상 발이 묶이는 항공기 탑승객은 항공사로부터 식수와 음식 등을 제공받고, 이를 어길 시 해당 항공사는 승객 1인당 1천 달러의 벌금을 내야 한다.

과거에는 공항에서 승객이 항의하다 지치면 그걸로 끝이었다. 승객의 불만은 국지적으로 일어났으며, 매스미디어에서 보도하지 않으면 그러한 사건이 있었는지조차 모르고 넘어갔다. 그러나 소셜 네트워크가 확산되면서 이러한 항공사의 안일한 대응은 기업의 경영 위기까지 초래할 수 있게 되었다.

기업이 소셜 미디어에 끊임없이 관심을 가져야 하는 이유는 이처럼 그라운드스웰이 언제 어떻게 닥칠지 모르기 때문이다. 과거에는 신문이나 방송에 나쁜 기사가 나지 않도록 하는 소극적 대처가 기업의 리스크 관리였다. 하지만 이제는 달라졌다. 이제는 소셜 미디어에 집중해야 하는 상황이다. 그라운드스웰의 대부분이 대중 매체가 아닌 소셜 미디어에서 발생하기 때문이다. 따라서 소셜 네트워크에서 일어나는 작은 사건에도 기업은 관심을 가지고 대응해야 한다.

적이 될 것인가, 친구가 될 것인가

결국 소셜 미디어를 적으로 만들 것이냐 친구로 만들 것이냐 하는 것은 기업의 선택이다. 물론 적으로 만드는 것보다는 친구로 만드는 것이 훨씬 좋음은 두말할 나위가 없다. 다음의 몇 가지 사례를 통해서 보도록 하자.

기업에 큰 손해를 끼친 사례들

크래프트푸드 : 2003년 5월, 미국의 소비자단체인 반 트랜스 팻(Ban Trans Fat)은 맥스웰 하우스와 오레오 쿠키로 유명한 세계 최대 식품회사인 크래프트푸드(Kraft Foods)를 상대로 소송을 제기했다. 크래프트푸드에서 생산하는 과자에 전이지방(일명 트랜스지방)이 함유돼 있어 소비자의 건강을 해친다는 것이었다.

이 무렵 마케팅 리서치 업체 버즈메트릭스(BuzzMetrics)는 몇 개월에 걸쳐 다양한 온라인 포럼, 토론 그룹, 블로그를 추적해 12만 명 이상의 사람들이 쏟아낸 260만여 건의 전이지방 관련 코멘트를 조사했다. 이 중 크래프트가 17%, 크래프트푸드가 생산하는 오레오가 26% 언급된 것으로 조사되어 크래프트푸드가 전이지방의 상징이 되어버렸다.

물론 이 사건 이후에 크래프트푸드는 자사 제품에서 전이지방을 모두 제거하겠다고 발표했지만, 미리 이러한 부분에 대한 관리를 해두었더라면 전이지방이 함유된 식품으로 소비자의 건강을 해치는 식품회사라는 이미지는 생기지 않았을 것이다.

크립토나이트 : 한 블로거가 크립토나이트(Kryptonite) 자물쇠가 볼펜으로 쉽게 열리는 동영상을 인터넷 토론방에 게시했다. 사건 발생 초기 해당 사실을 회사 측에 알렸지만, 회사 측은 대수롭지 않은 사건으로 간주하고 마케팅팀에 통보하는 것으로 마무리했다. 결국 관련 동영상은 10일 만에 1,800만 명에게 노출되었고, 이와 같은 자물쇠의 결함은 언론에까지 보도됨으로써 리콜 요청이 쇄도했다. 회사는 자물쇠 리콜에만 연 이익의 40%인 1천만 달러를 사용했으며, 더불어 제품에 대한 신뢰도 추락으로 매출까지 급감했다.

회사가 평상시에 블로그를 통해 블로거들과 쌍방향 관계를 유지했더라면 자물쇠의 문제점을 사전에 인지할 가능성이 높았을 것이다. 그게 아니라도 초기에 문제점을 알려준 사람들의 말을 듣고 재빨리 대응했더라면 가래로 막을 것을 호미로 막을 수도 있었을 것이다.

네슬레 : 20101년 3월, 그린피스는 동영상 하나를 유튜브에 올렸다.

세계적인 식품회사 네슬레가 초콜릿 바 키트카트(KitKat) 생산을 위해 밀림을 파괴하는 것을 풍자하는 영상이었다. 네슬레는 자사 법무팀을 가동시켜 법원으로부터 가처분 명령을 받아내 12시간 만에 해당 동영상을 삭제했다. 하지만 이 사건이 알려지자 해당 동영상은 더욱 확산되었고, 75만 명 규모를 자랑하는 페이스북의 네슬레 팬페이지 또한 발칵 뒤집혔다. 그러자 네슬레는 페이스북의 팬페이지를 삭제하는 돌이킬 수 없는 실수를 저질렀다. 그 결과 75만 명에 달하던 네슬레의 팬이 안티 팬으로 돌변해서 네슬레를 비난하기 시작했다.

기업에 도움을 준 사례들

한울 : 전통식품 전문몰인 한울은 김치블로그(www.kimchiblog.com)를 개설함으로써 소비자에게 호평을 받았다. 김치블로그를 이용해 한울의 김치 생산 과정을 공개하고, 다양한 김치 요리법을 소개하면서 소비자에게 친근하게 다가간 것이 주효했다. 또한 김치 모니터링 요원을 선정해서 소비자의 의견을 반영한 것도 좋은 성공 요인으로 꼽힌다. 무엇보다 김치 모니터링 요원은 개인 블로그를 가지고 있어야 하며, 한울의 네이버 카페에도 가입해야 한다. 개인의 블로그를 공략한 성공적인 마케팅 방법이다.

프리토레이 : 미국의 식품업체 프리토레이(Frito-Lay)는 2007년부터 슈퍼볼 광고에 크라우드 소싱(Crowd Sourcing)을 이용해 제작한 도리토스 (Doritos) 광고를 내보내기 시작했다. 크라우드 소싱이란 군중(crowd)과

아웃소싱(outsourcing)의 합성어로 소셜 네트워크를 이용하여 일반 대중을 상품 생산이나 서비스 과정에 참여시키는 것을 말한다. 즉 프리토레이는 소비자 참여형 슈퍼볼 광고를 제작해 내보냈다. 네티즌이 직접 광고 제작에 참여하는 형식으로, UCC를 이용한 아마추어 광고 공모전을 열고, 투표를 통해 선정된 작품을 슈퍼볼 광고로 사용하는 것이다.

P&G 비잉걸닷컴 : P&G의 비잉걸닷컴(www.beinggirl.com)은 놀랍게도 제품 사이트도 P&G 기업 사이트도 아니다. 사춘기 소녀들이 모여 서로의 고민을 상담하고 문제의 해결책을 얻을 수 있는 사이트다. 탐폰 및 생리대를 생산, 판매하는 P&G는 이에 대한 이야기를 나누는 대신 한창 예민한 소녀들의 고민을 들어주는 커뮤니티를 만들었다. 이곳에서 사춘기 소녀들은 단순한 고민뿐 아니라 성과 관련된 정보 등 남에게 드러내고 물어보기 어려운 질문에 대한 해답까지도 얻어간다.

이러한 시도는 성공을 거뒀으며 현재 비잉걸닷컴은 200만 명이 넘는 회원을 보유하고 있다. 또한 인기 상승에 힘입어 운영 지역도 미국뿐 아니라 유럽, 아시아, 남미에 있는 국가로 확장되고 있다. 더불어 P&G의 여성 용품의 대한 유대감까지 구축하는 성과를 거두었다. 비잉걸닷컴을 이용하는 소녀들은 앞으로 P&G의 충성고객이 되어 P&G의 제품을 구매하게 될 것이다.

트위터 활용 사례

제트블루 : 미국 항공사 제트블루(@JetBlue)는 트위터에 비행 일정이나 날씨 등을 실시간으로 올리고 고객 불만을 접수한다.

칠드런스 메디컬센터 : 미국 텍사스 주에 있는 병원인 칠드런스 메디컬센터(@ChildrensTheOne)는 수술 진행 상황을 트위터를 통해 환자의 가족들에게 알려주고 있다.

튜즈너와인(Teusner Wines) : 호주에 있는 튜즈너와인은 세 명의 직원이 근무하는 작은 와인 회사로, 트위터를 통해 고객과의 관계를 구축하고 있다.

커피그라운즈 : 휴스턴의 커피샵인 커피그라운즈(@coffeegroundz)는 트위터를 통해 테이블 예약을 받고 테이크아웃 판매 서비스를 실시한다.

이와 같이 다양한 사례를 통해 살펴본 바로는, 매체의 종류나 마케팅 방식보다는 소셜 미디어에 대한 기업의 관심과 대응에 따라 소셜 미디어의 적도 되고 친구도 된다는 것이다. 이건 인간관계에서도 마찬가지다. 관심이 있으면 친구가 되고, 무시로 일관하면 적이 된다. 어차피 시대를 거스를 수는 없다. 현재 우리는 소셜 미디어가 넘쳐나는 세상에 살고 있다. 그런 만큼 소셜 미디어를 멀리 해서는 기업에게 득 될 것이 없다. 같이 갈 수밖에 없는 상황이라면, 아예 적극적인 자세로 소셜 미디어를 친구로 만드는 편이 훨씬 좋은 선택이다.

그렇다면 기업에서는 어떻게 소셜 미디어를 이용할 수 있을까? 이미 소셜 미디어를 이용하고 있다면 어떠한 방식일까?

트위터, 페이스북같이 즉각적인 반응을 얻을 수 있는 SNS는 고객관리용으로 활용하고 있는 반면, 검색 엔진 최적화(SEO)용으로는 블로그 활용이 높아서 블로그 운영 및 블로거를 활용한 마케팅을 적극 추진 중이다.

기업 블로그는 기업 이미지 향상과 제품 마케팅이라는 두 가지 목표를 중심에 두고 진행되고 있다. 기업 이미지 제고는 기업 블로그를 운영하는 것으로 달성하고 있다. 차나 유기농 정보를 제공하는 풀무원 블로그, 사원 근무 모습을 공개한 안철수연구소 등은 블로그를 통해 기업 이미지를 향상시켰다. 제품 마케팅은 블로그 관련 마케팅 예산을 늘려 기존 블로거를 활용하는 방식으로 진행되고 있다. 대개 기업 행사 때 블로거 초대 및 체험단 구성, 제품 제공 및 리뷰, 블로깅 소재 제공, 제품 판매라는 4가지 형식으로 진행된다.

인텔은 센트리노 2 출시 때 블로거 100명을 초대해 제품 설명회를 열었다. 삼성, LG, 소니, 구글, MS 등 굴지의 기업에서도 블로거 간담회를 개최했다. 삼성전자는 '햅틱피플'이라는 블로거 체험단을 통해 햅틱폰에 부정적이던 반응을 긍정적 반응으로 바꾼 것으로 평가받았다. HP는 무려 1215명이라는 사상 최대의 프린터 체험단을 운영해 화제를 모으기도 했다. 비비큐치킨의 제너시스 역시 '올리버단'이라는 블로거 체험단을 운영하면서, 이들에게 블로그에 리뷰를 올리도록 하고 있다. 이 외에도 기아자동차, SK텔레콤, LG전자, 소니코리아 등 다양한 기업이 블로그를 운영했거나 운영하고 있다.

특히 LG전자의 기업 블로그인 '더 블로그(THE BLOG, http://blog.lge.com/)'는 성실한 운영으로 하나의 본이 되었다. 꾸준하게 글을 올리는 것에 그치지 않고, 네티즌과의 관계개선에 지속적인 노력을 기울였다. 다른 블로거를 자사 신제품 발표회 및 각종 행사에 초청하는가 하면, 덧글이나 트랙백을 통해 들어온 의견에 귀를 기울이고 침착하게 대응했다. 블로그에는 양질의 글을 올림으로써 언론에 기사로 노출되는 성과를 거두기도 했다.

돈이나 제품을 제공하고 블로거들에게 리뷰를 작성하도록 하는 마케팅도 크게 증가했고, 기업과 블로그를 연결해주는 프레스블로그나 태터앤미디어가 새로운 마케팅 회사로 성장했다. 이글루스의 렛츠리뷰와 같은 리뷰 서비스도 급증하기 시작했다. 올블로그의 위드블로그, 블로그코리아의 리뷰룸 등 많은 사이트에서 리뷰 서비스를 시작하면서 블로거 리뷰가 새로운 마케팅 방식으로 떠올랐다.

블로거에게 글감이 될 만한 소재를 제공하는 마케팅 방식도 눈에 띈다. 일본 소프트뱅크의 계열사인 모비다엔터테인먼트가 선보인 AFPBB뉴스(www.afpbb.com)는 AFP 통신사의 취재사진 및 일본의 시사통신 뉴스, 미국의 스포츠·연예 기사 등을 자유롭고 합법적으로 사용할 수 있는 서비스다. 블로그코리아는 뉴스룸이라는 서비스를 통해 기업의 보도자료를 블로거에게 제공하고 있다. LG텔레콤의 오즈 서비스 역시 블로거들이 필요로 하는 소재거리를 제공하는 방법을 사용했다. 위젯 마케팅을 통해 블로거들이 자신의 블로그에 자발적으로 오즈 체조위젯을 달도록 유도했고, 성공적인 마케팅으로 평가받았다.

파워 블로거 및 주부 블로거의 영향력이 갈수록 커지면서 단순한 홍보나 리뷰를 넘어서서 실제로 판매와 연계하는 사례도 크게 늘었다. 삼성전자가 100명의 드럼세탁기 주부 블로거 체험단을 구성한 것과 주부 블로거 문성실 씨의 오븐 공동구매가 성공적으로 이루어진 사례가 주목을 받으면서 다양한 연계 마케팅이 실시되었다. 주부 블로거인 베비로즈 현진희 씨가 진행한 몇 차례의 공동구매 이벤트는 순식간에 방문객이 5,000명에 달했으며, 판매사의 업무가 마비될 정도로 주문이 폭주하는 성과를 거두었다. 블로거의 파워를 활용한 제품판매라는 마케팅 방식이 정착하기 시작한 것이다.

소셜 비즈니스의 다양한 형제들

소셜 비즈니스 사례

소셜 네트워크는 홍보나 마케팅 수준을 넘어 새로운 비즈니스의 출발점이 되기도 한다.

소셜 비즈란 소셜 네트워크로 형성된 관계를 활용한 비즈니스를 말한다. 소셜 플랫폼의 확산으로 사람들이 소셜 네트워크 서비스에서 많은 시간을 보내기 시작하면서 소셜 비즈니스가 태동되었다. 이러한 소셜 네트워크의 확산은 쉬운 웹의 보급에 힘입은 바가 크다. 사람들이 모이는 곳에는 주목받는 아이템이 생기고 경제활동이 형성된다.

소셜 비즈니스는 소셜 네트워크를 이용한 상거래인 소셜 커머스, 소셜 플랫폼을 운영하면서 광고수익이나 이용료 등의 이익을 추구하는 소셜 플랫폼, 지식경영과 조직관리 등 기업 활동에 활용하는 소셜 경영으로 구분할 수 있다. 이 중 소셜 커머스란 나와 상관없는 사람 또는 지인과 함께 모여 거래하는 활동을 말하며, 4가지로 분류할 수 있다. '페이스북·트위터·사용자 후기·위젯' 등을 활용한 소셜 마케팅, '오픈마켓·소셜 클럽·블로그몰·커뮤니티 장터' 등과 같은 소셜 마켓, 전혀 모르는 사람이 모여서 공동구매를 하는 소셜 쇼핑, 소셜 커머스를 뒷받침하는 플랫폼과 시스템을 운영하는 소셜 B2B로 분류된다.

그루폰을 비롯한 티켓몬스터, 쿠팡, 위메프 등은 여러 사람이 모여서 쿠폰을 공동구매하는 방식으로 진행되므로 그룹쿠폰인 소셜 쇼핑에 속한다. 엄밀하게 말하면 소셜 커머스는 상거래라는 큰 분야이고, 그룹쿠폰은 상거래의 한 분야인 쇼핑, 그중에서도 일부에 속하는 영역이다. 하지만 현재는 그룹쿠폰의 열풍이 워낙 거세서 특별한 전제 없이 소셜 커머스라고 말하면 그룹쿠폰 방식의 소셜 쇼핑을 가리키는 말로 사용되고 있을 정도다.

소셜 쇼핑의 선두주자는 해외의 그루폰(groupon.com)이다. 그루폰은 시카고 대학교 행정대학원을 중퇴한 스물여덟 살의 앤드류 메이슨이 창업한 사이트다. 국내에서는 티켓몬스터(ticketmonster.co.kr)를 선

두로 쿠팡(coupang.com), 위메이크프라이스(www.wemakeprice.com) 등
3대 사이트가 트래픽의 절반을 찾이하고 있으며, 나머지 군소 업체가
특화된 서비스를 내세우며 치열하게 경쟁하고 있다.

3대 사이트 모두 저마다의 특징이 있다. 티몬은 캐릭터, 사용후기를
통해 선두주자라는 인지도를 강화하고 있으며, 공격적이고 매체를 가
리지 않는 무차별 광고 전략을 쓰고 있다. 티몬이 업자를 선정해 판매
하는 것과 달리 위메프는 소비자가 신청한 상품을 판매하는 회사에 가
서 딜을 제안하는 것이 특징이다. 즉 소비자가 상품을 선택할 수 있는
것이다. 쿠팡은 이메일을 ID로 활용하기 때문에 이메일을 활용한 마
케팅과 지역별 분류가 매우 잘되어 있는 것이 특징이다. 나머지 군소
업체도 전문 품목이나 특정 지역, 특정 계층, 특정 방식을 활용하여 차
별화를 시도하고 있다.

소셜 게임의 부상

소셜 쇼핑과 함께 소셜 플랫폼을 활용하여 새로운 사업을 구축한 분야
는 바로 소셜 게임이다. 세계적으로 비디오 게임 시장은 급격하게 매
출 하락세를 겪고 있으며, 온라인 게임은 무리한 투자와 치열한 경쟁
으로 수익성이 점차 악화되고 있는 실정이다. 이와는 반대로 소셜 게
임은 현재 빠르게 성장하고 있다. 과거 나 홀로 집 안에서 즐기던 게임
에서 소셜 네트워크로 연결된 사람들이 함께 즐기는 소셜 게임으로 옮
겨오고 있는 것이다.

소셜 게임 서비스 회사인 징가(Zynga)의 경우는 순식간에 월간 액

274

티브 유저가 3억 명을 돌파했다. 이는 징가 가 페이스북과 마이스 페이스 회원을 대상으 로 소셜 게임을 제공 했기에 가능한 일이었 다. 징가의 베스트 게 임인 '팜빌(FarmVille)'

| 그림 1 | 징가의 대표적 소셜 게임인 팜빌

은 액티브 사용자가 약 8천만 명, '카페월드(Cafe World)'는 약 3천만 명이다.

징가의 성장은 페이스북의 성장에 힘입은 것이다. 징가 자체적으로 3억 명의 유저를 확보하려고 했다면 어려웠을 것이다. 징가는 페이스북 회원을 상대로 무료로 게임을 제공하지만, 매출은 6억 달러에 이르고 있다. 게임 안의 아이템을 판매해 수익을 올리는 것이다. 팜빌 내에서 트랙터 한 대 값은 3.5달러나 한다. 하지만 게이머는 좀 더 편리한 게임을 위해 기꺼이 돈을 내고 트랙터를 구입한다. 이러한 것들이 징가의 수입원이 되고 있는 것이다. 현재 징가의 가치는 10조 원에 달하는 것으로 평가받고 있다.

소셜 게임은 게임업체만을 성장시키는 것이 아니다. 기존 서비스를 성장시키는 기폭제로도 활용되고 있다. 이미 성장할 대로 성장한 대형 사이트의 페이지뷰를 두 배로 향상시키는 일도 가능하다.

2009년 9월만 해도 일본의 모바일 SNS인 모바게타운의 페이지뷰는 174억 8,300만으로 전달인 8월의 195억보다 떨어진 상태였다. 그런데 10월이 되자 238억으로 급증하더니 11월에는 327억으로 무려 두 배로 증가했다. 어떻게 이런 일이 가능했을까? 바로 소셜 게임의 도입 때문이었다. 운영사인 디엔에이(DeNA)는 2009년 8월부터 오픈 플랫폼 정책을 발표하고 시범적으로 소셜 게임을 제공했는데, 생각보다 엄청난 효과를 이끌어낸 것이다.

이처럼 소셜 게임은 단순히 게임으로 끝나지 않는다. 게임의 형식을 취했을 뿐 핵심은 게임에 참여하는 사람들의 관계다. 따라서 소셜 게임 방식을 차용한 교육 프로그램이나 쇼핑몰 등을 개발한다면 새로운 형식의 인터넷 서비스로 발전될 가능성이 높다.

소통이 곧 경쟁력, 소셜 경영

소셜 플랫폼을 활용한 경영사례

기업에서는 소셜 플랫폼을 활용한 마케팅 방법 이외에도 소셜 플랫폼을 활용한 소셜 경영에도 관심을 보이고 있다.

싸이월드 이전에 초창기 국내 소셜 네트워크를 이끌었던 커뮤니티는 프리챌이었다. 프리챌은 삼성그룹의 인사 시스템을 개발하던 조직이 나와 만든 서비스였다. 온라인을 통해 사람을 관리하는 사이트가 프리챌이었고 SNS였던 셈이다. 이처럼 프리챌의 사례를 통해 우리는 조직의 사람관리와 소셜 네트워크가 크게 다르지 않다는 점을 알 수 있다. 결국 소셜 네트워크의 확산은 기업 활동에도 분명 변화를 주게 될 것이다.

무엇보다 최근 기업 비즈니스 전반에 영향을 주고 있는 것은 소셜 경영이다. LG CNS는 모든 임직원이 개인 블로그를 운영하고 교류하도록 했는데, "지식경영의 기본은 개개인이 일하며 얻은 경험과 지식을 전 구성원이 공유하는 것"이라는 생각에서 비롯되었다. 이런 소셜 경영 도입 후 LG CNS의 영업이익은 2.7배로 늘었다.

이러한 가시적인 성과에 힘입어 기업용 소셜 소프트웨어 도입이 활발해지고 있다. 특히 트위터형 도구의 도입이 늘고 있는데, 빠르고 쉽게 정보를 공유할 수 있으며 소통을 통한 협업이 가능하기 때문이다. SK의 틱톡(Tiktok), LG CNS의 트위트토크(Twittalk), LG전자의 야머(Yammer) 등은 트위터와 같은 마이크로 블로그를 소통의 도구로 도입한 사례다. 사내 SNS는 위에서 아래로 내려오는 상명하달식의 문화를 수평적 소통문화로 바꾸는 데 기여하면서 기업의 소통문화를 긍정적으로 변화시키는 효과를 가져오고 있다.

세계적으로 볼 때 소셜 경영에서 사내 소통 도구로 가장 각광받는 소셜 소프트웨어는 야머다. 한국에서도 포털사이트인 다음을 비롯하여 하나금융지주, LG디스플레이, CJ GLS 등 야머를 도입해 사용하고 있는 기업이 늘고 있다. 〈포춘〉 선정 500대 기업 중 70%가 사내 소셜 경영 플랫폼으로 야머를 도입해 사용하고 있는 것에 비하면 한국 기업은 많이 늦은 편이다.

39개 중앙 정부 부처 역시 블로그를 운영하면서 국민과의 소통에 나서고 있다. 보건복지가족부의 블로그인 '따스아리'는 주간 30만 명 정도가 방문하는 파워 블로그로 성장했고, 국방부의 블로그인 '동고동락'도 전국의 군인들과 군인 가족들의 수적인 힘을 등에 업고 파워 블로그로 성장했다.

직원의 경험은 기업의 발전 동력

기업이 자꾸 소셜 경영을 도입하려는 이유는 향후 기업의 경쟁력을 확보하기 위해서다. 앞으로 기업의 경쟁력이 강화되기 위해서는 직원의 암묵지(暗默知, 학습과 경험을 통하여 개인에게 체화되어 있지만 겉으로 드러나지 않는 지식) 활용이 중요해진다. 과거에는 누구나 공유할 수 있는 형식지(形式知, 형식을 갖추어 표현되고 전파와 공유가 가능한 지식)를 중심으로 기업 경영이 이루어졌으나, 앞으로는 소통을 통한 직원 개개인의 암묵지를 활용하는 방식으로 기업 경영이 이루어질 것이다. 그에 따라 기업의 경쟁력이 갈릴 것이기 때문이다.

따라서 회사 내 지식경영은 물론 개인의 자기계발도 암묵지 계발에 좀 더 치중하고 있는 경향을 보이고 있다. 기업으로서는 앞으로 직원의 눈에 드러나지 않는 암묵적 활동(Tacit activity)의 지원이 필요해질 것이므로, 과거처럼 관리방식이 아닌 개인의 경험을 직업적 역량으로 승화시키는 활동을 지원해주는 쪽으로 소셜 경영의 축을 잡는 것이 좋을 것이다.

컴퓨터 제조회사였던 애플을 가전회사이자 음향기기 회사로 변신시킨 아이팟 역시 직원의 암묵지를 경영에 도입해 얻은 혁신의 결과였다.

2000년 아이맥의 매출 하락세로 애플은 위기에 처했다. 당시 냅스터라는 P2P 프로그램을 접한 스티브 잡스는 충격을 받고, 음악시장으로 눈을 돌렸다. 2001년 2월, 스티브 잡스는 애플에서 가장 음악을 좋아하는 두 명의 직원을 뽑아 '스컹크 워크(Skunk works : 비밀업무)'를 주었다. 시중에 나온 모든 MP3플레이어를 사용해보고, 음악을 좋아하는 팬의 입장에서 기기의 불편한 점과 개선해야 될 점, 더불어 시장 진출 가능성의 여부를 조사해보라는 것이었다. 두 사람은 3개월 동안 시장조사를 했다. 그리고 시장에 나온 제품들에 대해 불만이 많다며, 자신들이 더 좋은 제품을 만들 수 있다고 보고했다.

이 두 사람은 스탄과 토니였다. 특히 스탄은 첼로에 바이올린, 기타를 배웠으며, 오케스트라에 참가해 밴드도 결성한 적도 있으며, 합창단 단원과 DJ로도 활동한 경험이 있는 음악인이었다. 이 두 사람을 불과 몇 개월 만에 아이팟을 만들어 내었고, 2001년 크리스마스 시즌에 출시된 아이팟은 실용성과 심미성 모두를 충족시키며 미국을 넘어 한국에서도 인기 상품이 되었다.

우리나라였다면 아마 본부장을 통해 시장조사 지시를 내렸을 테고, 음악에는 관심도 없는 부

| 그림 3 | 음악을 좋아하는 직원이 만든 아이팟

장, 차장, 과장, 대리 순으로 지시가 내려갔다가 일선에서 시장조사를 끝낸 다음 다시 위로 올라오는 보고서를 회장님께 바쳤을 것이다. 아니면 시장조사라는 말에 숫자에만 치중한 나머지 마케팅팀에게 시장 진출 시 예상되는 매출을 뽑아오라고 하거나 연구개발팀으로 하여금 기기를 분석해보고 더 좋은 기능의 기기를 만들 수 있는지 알아보라고 했을지도 모른다. 그렇게 해서 얻어진 결과가 과연 좋은 선택을 이끌어낼 수 있을까?

스티브 잡스는 달랐다. 스티브 잡스는 단순히 겉으로 드러난 현상에만 집중하지 않았다. 그는 '음악을 즐기는 사람'이라는 보다 본질적인 주제로 접근해 시장에 진입하려 했다. 그렇기 때문에 음악을 좋아하는 사람에게 일을 맡겼다. 평소에 음악을 좋아하고 즐겨 듣는 사람이 음악과 관련된 기기에 대해 더 잘 알 것이라는 지극히 상식적인 판단에 의해서였다. 심지어 개발마저도 그 두 사람에게 맡겨버렸다. 직원이 가진 잠재력을 이용해 애플은 또 한 단계 발전한 것이다.

경험의 공유와 교류, 새로운 인재의 기준

앞서 본 것처럼 직원 개개인이 지닌 암묵지가 기업 경영에 있어 중요한 요소로 인식되면서, 직원들의 자기계발도 그 양상이 달라졌다. 종래에는 형식지 계발에 치중했다면, 이제는 형식지와 더불어 암묵지도 함께 계발하는 방향으로 바뀌고 있다.

형식지는 책과 강의, 교육을 통해 쉽게 축적이 가능하지만, 암묵지는 수많은 사람을 만나고 경험하면서 쌓인다. 이 때문에 소셜 네트워크를 통해 만나는 사람과의 정보 공유가 자기계발에 중요한 요소로 작용한다. 소셜 네트워크를 좋아하는 삼성전자의 송인혁 선임은 정식업무는 소프트웨어 기획이지만, 소셜 네트워크를 통한 사람들의 집단지성 활용에 흥미를 느꼈고, 삼성에서는 '테드엑스삼성(TEDxSamsung)'이라는 행사의 진행을 송인혁 선임에게 맡겨 사내 소통에서 좋은 결과를 얻어냈다. 자기가 잘할 수 있는 일, 자기가 좋아하는 일을 열심히 한 것도 주효했지만, 시대 흐름에 맞춰서 자기계발을 잘한 측면도 맞아떨어진 것이다.

지금까지는 토익 900점에 지식을 많이 아는 인재가 회사를 이끌었지만, 앞으로는 많은 사람을 만나고 많은 경험을 쌓고 변화하는 세상에 유연하게 대처할 줄 아는 인재가 회사를 이끌어갈 것이다. 그리고 이러한 인재가 기업의 경쟁력을 높여줄 것이다.

과거에는 명문대를 나오고, 토익 900점을 맞아야 유능한 직원이라고 여기고 떠오르는 시장인 인도에 출장을 보냈다. 하지만 앞으로는 인도에 관심이 많고, 인도를 좋아하고, 인도에 대해 많이 연구한 직원을 보내게 될 것이다. 여기에 인도 여행 경험이 많고, 인도에 아는 친구가 있다면 금상첨화다. 기업이 사내 소셜 플랫폼을 이용해 "어, 김 대리 자전가 타는 거 즐겨하나? 여행도 좋아해? 몰랐는데, 인도는 언제 다녀왔어?"라는 감성적 소통이 필요한 이유는 바로 이 때문이다.

따라서 직장인들의 자기계발도 외국어 공부, MBA 취득의 일변도인 현재의 형식지 중심에서 탈피할 필요가 있다. 트위터나 페이스북을 통해 만나게 된 사람들과 적극으로 정보를 공유하고, 더불어 오프라인

만남을 통해 자신의 암묵지를 다른 사람과의 교류를 통해 확대하고 개인 역량을 끌어올릴 필요가 있다. 트위터 등으로 원하는 사람과 연결이 쉽지 않다고 한다면 인맥 전문 사이트를 이용하는 것도 좋은 방법이다. 소셜 네트워크 서비스를 이용할 경우 자연스럽게 다른 사람의 노력에 자극을 받고 자기계발에 관심을 갖게 된다.

무엇을 계발할 것이냐 하는 것은 다음 문제다. 먼저 해야 할 일은 자기계발의 동기를 이끌어내는 것이다. 소셜 네트워크는 기업 내 직원들의 자기계발 동기를 이끌어내는 키가 될 것이다. 또한 소통을 통해 서류상으로는 보이지 않았던 개인의 잠재력을 발견하는 기회가 될 것이다. 정보 공유와 협업을 이끌어내어 생산성 향상에 도움이 될 것이다. 그래서 소셜 네트워크 활용은 기업이나 개인 모두에게 인재관리 및 개인 능력 향상에 있어 중요한 요소이다.

온라인 인맥, 기업의 경영 속으로

인맥 사이트도 기업 경영에 새로운 요소로 작용하고 있다. CEO의 사적인 인맥관리부터 기업의 직원 채용까지 다양한 용도로 활용되기 때문이다. 일반인이라면 싸이월드, 페이스북을 사용하면서 자연스럽게 인맥을 확대하지만, CEO라면 인맥 관리 전문 사이트를 이용하는 것이 시간과 비용 면에서 유리하다. 현재 인맥관리 전문 사이트로는 해외에는 링크드인(www.linkedin.com)이 있고, 국내에는 링크나우(www.linknow.kr)가 있다.

링크드인은 회원 수가 1억 명이 넘는 대규모 인맥 서비스 사이트로,

미국인이 전체 회원 수의 절반인 4400만 명을 차지하고 있다. 링크드인은 새로운 직장을 구하려는 직장인이나 새로운 사업 기회를 발굴하기 위해 인맥이 필요한 사람들을 대상으로 서비스를 제공하고 있다. 특히 IT 계열에 몸담고 있는 사람이라면 링크드인을 이용한 구인구직의 자연스러울 정도로 많이 이용하고 있는 서비스다. 해외 CEO와 교류를 하고 싶다거나 국내외를 막론하고 인재를 발굴하고 싶다거나 사업 투자자를 찾고 있다면 링크드인 활용에 관심을 가져야 한다. 창업자가 아닌 월급 사장의 경우에는 자신의 경력관리 및 이직을 위해 링크드인을 활용하기도 한다. 링크드인의 단점은 해외 서비스라서 국내 사용자의 오프라인 교류가 쉽지 않다는 점이다.

링크나우는 처음부터 인맥관리와 사교를 목적으로 탄생한 국내 서비스로 관련 업계와 전문 분야의 인재와 인맥을 확장할 수 있다. 2007년 7월에 오픈한 링크나우는 2010년 3월에 회원 수 10만 명을 돌파하며 꾸준히 성장하고 있다. 링크나우의 신동호 대표는 "링크나우를 통해 인재를 채용하거나 직장을 구하거나 좋은 비즈니스 파트너를 만나 사업에 성공을 거둔 사례가 늘고 있다."라고 밝혔다.

링크나우에는 다양한 그룹이 있는데, CEO 그룹에 가입해 온라인으로 활동하면서 종종 오프라인 모임을 통해 인맥을 강화하기도 한다. 오프라인 포럼보다 편리한 점은 자신의 구미에 맞는 그룹을 취사선택하기가 쉽고, 가입과 탈퇴가 자유롭다는 점이다. 국내 CEO와 교류를 원한다거나 알맞은 투자자를 찾는다거나 필요한 인재를 채용해야 할 때 활용하면 좋은 서비스다.

인맥 전문 SNS의 가장 기본적인 기능은 회원들이 작성하는 프로필에 의해 작동한다. 회원들이 자신에 대해 꼼꼼하게 기록하고 공개해놓은 프로필을 바탕으로 인물 검색, 인맥 연결, 인재 채용, 행사, 클럽 활동 등으로 확장한다. 따라서 인맥을 효과적으로 확장하고 싶다면 우선 자신의 정보부터 상세하게 적어서 공개해야 한다. 자신의 트위터나 블로그 주소가 들어가면 더욱 효과적이다. 정보가 많이 공개되면 공개될수록 나에 대해 관심을 가지고 접근할 사람과 기업이 많아질 것이다. 이곳에서는 공개된 개인정보가 자신의 중요한 자산이 된다. 비밀에 쌓인 사람에게는 접근하기 싫은 게 사람 심정이다.

SNS에서 프로필은 일반적인 이력서나 개인정보라는 의미를 넘어 좀 더 복잡한 의미를 담고 있다. 개인의 정체성인 동시에 시작 페이지이기도 하고 관계의 출발점이기도 하다.

세계 최고의 SNS인 페이스북 역시 프로필 관리가 중요하다. 링크드인, 링크나우, 페이스북 모두 프로필을 기반으로 관련 인맥을 찾아준다. 자신의 프로필에 적은 이메일이나 학교를 바탕으로 연락이 끊어진 동창 등을 찾는 것이 우선이다. 기존의 지인이야말로 가장 훌륭한 인맥이기 때문이다. 다음으로 자신의 지인을 통해 지인과 관계 맺고 있는 사람을 소개받는 것이 좋다. 온라인이라고 해서 직접 사귀자고 요청하는 것보다는 지인을 통해 한 단계 거쳐 소개받는 형식이 신뢰 면에서 유리하다. 또한 온라인 사이트라고 해서 온라인으로만 만나면 관계가 끈끈하지 않고 필요한 사람인지 제대로 파악하기 어렵다. 게다가 관계를 1 대 1로 형성하려면 시간이 많이 걸리므로 각종 포럼이나 그룹 활동에 참여해서 많은 사람을 한꺼번에 만나는 편이 좋다. 또한 오프라인 모임에도 참석해 직접 대면하는 것이 좋다. 링크나우가 조사한 온라인 설문조사에 의하면, 회원의 61%가 온라인을 통해 알게 된 사람을 오프라인에서 대면을 했고, 47%가 사업상 또는 개인적 이유로 사람을 찾는 데 SNS를 활용한 적이 있다고 답했다.

CEO의 인맥관리라고 하면 외부 CEO와의 교류만 생각할 수 있는데, 사내 직원 및 고객과의 소통을 위한 인맥 형성 또한 중요하다. 어쩌면 기업 경영에 있어서는 직원 및 고객과의 소통이 더 중요하게 작용할 수도 있을 것이다.

지금까지는 대체적으로 학연, 지연, 직장 인맥 등을 통해서 인맥을 확장해나가는 형태였다. 즉 직접 대면한 사람들을 기반으로 하여 직접 소개를 받아서 맺어진 인맥이었다. 사실 가장 좋은 인맥은 지인의 소개를 통해 직접적으로 연결되는 인맥이다. 하지만 인간관계의 폭이 넓지 않은 사람들에게는 이런 식의 인맥 확장은 어려울 수 있다.

이런 문제를 보완하기 위해 등장한 것이 각종 CEO 포럼이다. 경제단체나 신문사의 회원, CEO 문화 아카데미, CEO 독서모임 등에 가입하면 각종 포럼이나 조찬 모임에 초청받게 되는데, 이런 모임을 통해 다른 분야의 CEO들과 교류를 확대할 수 있다. 다만 조찬 모임이나 각종 포럼을 통한 인맥 확장은 참가비를 내야 하거나 직접 참석해야 한다는 점에서 비용과 시간이 많이 들고, 비슷한 계층의 인맥으로만 한

정된다는 아쉬운 점이 있다.

이 때문에 소셜 네트워크가 기족의 인맥관리를 보완할 수 있는 새로운 인맥 형성 도구로 각광받고 있다. 소셜 네트워크는 직접 만나지 않아도 인맥 형성이 가능한데다가 시간과 비용이 덜 들면서도 다양한 계층의 사람을 만나 교류할 수 있다는 장점이 있다. 페이스북이나 트위터처럼 활동하다 보면 자연스럽게 생기는 인맥도 있지만, 링크드인처럼 노골적으로 서로의 이익을 위해 형성하는 인맥도 존재하며, 이러한 인맥관리용 서비스를 활용하는 사례도 지속적으로 늘고 있다.

경영자가 소셜 네트워크를 이용해 인맥관리를 할 경우 얻을 수 있는 효과는 다음과 같다.

CEO가 얻을 수 있는 소셜 네트워크 인맥

❶ CEO : 오프라인의 CEO 포럼처럼 타 기업의 CEO와 교류하면서 인맥을 확장할 수 있다.

❷ 직원 : 자사 직원과의 교류를 통해 사내 결속을 다지고 빠른 의사결정을 하는데 도움을 받을 수 있다. 뿐만 아니라 인맥 전문 사이트를 통해 우수한 인재를 찾아서 채용할 수 있다.

❸ 고객 : 고객과 직접 소통함으로써 기업의 문제점을 파악하고 위기관리에 도움을 받을 수 있다.

무엇보다 SNS가 CEO에게 중요한 진짜 이유는 SNS를 통해 들어오는 다양한 아이디어와 의견이 기업의 경쟁력을 향상시킬 뿐 아니라 기업의 위기를 알려주는 경보 시스템의 역할을 하기 때문이다. 회사 내부 구조를 거쳐 CEO에게 올라오는 보고서는 필터링된 의견이 전달되기 때문에 현장의 문제점이나 소비자의 불만이 그대로 전달되지 않는다. 그러나 SNS를 활용하면 비싼 돈 들여서 오랜 시간 설문조사를 하지 않아도 회사가 가진 문제점이 무엇이고 개선해야 할 점이 무엇인지 직접 들을 수 있다. 또한 가감 없이 그대로 전달되는 각종 정보의 취합으로 앞으로 있을 경제 및 정세 변화를 추측할 수 있다. 따라서 기업이 처할 수 있는 위기를 미리 예견하고 대비할 수 있다. 따라서 CEO는 SNS를 단순한 인맥 확장 도구로만 볼 것만이 아니라, 인재를 선발하고 기업의 위기관리에도 활용하는 인력관리 및 경보 시스템이자 지식경영의 한 분야로 받아들여야 할 것이다.

소셜 비즈니스의 미래

소비자 파워, 온라인을 넘어 오프라인으로

최근 소셜 비즈니스가 기존 비즈니스에 던지는 변화와 충격은 단순히 변화와 충격에 그치지 않고 우리의 삶을 완전히 바꿔놓았다. 이전보다 강력해진 온라인 파워는 오프라인에도 영향을 끼쳐 온라인과 오프라인의 경계를 허물었다. 또한 하루가 다르게 변화하는 온라인 세상은 사회 및 경제적 구조에도 영향을 끼쳤다. 우리는 당장 내일의 경제 변화도 예측하기 어려운 상황에 놓여 있다. 이처럼 온라인의 오프라인 전이현상은 하루가 다르게 빨라지고 있다. 보다 포괄적인 온라인과 오프라인 경제의 결합에 대해서는 9장에서 살펴보기로 하고 여기서는 소셜 비즈니스와 관련된 현상을 위주로 살펴보자.

싸이월드나 네이버 블로그가 한창 유행하던 시절이 있었지만, 제품 가격을 반으로 할인시키는 변화는 없었다. 그저 온라인상에서 파도타기를 하며 새로운 정보를 즐기고 퍼뜨리는 수준이었다. 그렇지만 포스퀘어, 그루폰 등의 서비스가 보여준 것처럼 소셜 비즈니스 플랫폼은 갈수록 온라인의 욕망을 오프라인으로 전이시키고 있다. 어째서 이러한 현상이 벌어지는 것일까? 2가지 이유를 들 수 있다. 하나는 온라인 정보가 오프라인에 오버랩되기 때문이고, 다른 하나는 사람들이 자신과 같은 욕망을 가진 사람을 찾아내는 방법을 알아냈기 때문이다.

과거에는 강남의 한 성형외과에서 의료사고가 나더라도 다른 사람에게 전달하기가 어려웠다. 공중파는 개인의 사연을 모두 실어주지 않는다. 그나마 인터넷이 활성화되면서 이런 개인의 사정을 알릴 수 있는 방법이 생겼다. 회원 수가 많은 미용 카페에 가서 글을 올리면 된다. 그런데 글이 올라오는 속도가 빠르면 몇 분 뒤 내가 올린 글은 다음 페이지로 밀려서 보이지도 않는다. 인터넷에 존재하는 카페만 수천만 개다. 게시판은 수억 개에 이르며 게시물은 수천억 개에 이른다. 따라서 내 글은 순식간에 묻힐 수도 있고, 경우에 따라서는 관심을 얻지 못할 수도 있다.

그런데 포스퀘어 앱을 실행시키면 "강남의 모 성형외과에서 수술을 받았는데 흉터가 생겼어요. 보상도 안 해주는 악질입니다."라는 정보가 바로 뜬다. 온라인 어딘가에 있던 정보가 오프라인 건물 위로 오버랩되는 것이다.

더 중요한 변화는 소비자들이 자신과 같은 욕망을 가진 사람들을 찾아내는 방법을 알았다는 것이다. 사람들은 '모이면 가격이 내려간다' 라는 사실을 알고 있다. 다만 이전에는 그 방법을 몰랐거나 실행하기가 어려웠을 뿐이다. 그런데 소셜 네트워크는 이를 가능하게 했다. 모이는 방법과 모이는 곳을 제공했을 뿐 아니라 사람들이 자발적으로 나서서 모일 수 있도록 했다. 그루폰과 소셜 쇼핑을 통해 얼굴 한 번 본 적 없는 사람 수백만 명이 모여 피자를 절반 가격에 산다. 항공료나 여행상품, 식당 및 커피숍의 음식값이 모두 반값으로 떨어지기 시작했다.

'같은 욕망 찾아내기' 원리를 적용하자면 끝이 없다. 여기 애인을 사귀고 싶은 솔로가 있다. 과거라면 주변 사람에게 "좋은 사람 있으면 소개시켜 줘."라고 소개팅을 부탁해야 한다. 하지만 이제는 그럴 필요가 없다. '작업의 정석 뻐꾸기' 라는 앱을 실행한 다음 "오늘 저녁에 저와 함께 술 드실 분!"이라는 메시지를 띄우면 반경 1킬로미터 이내에서 "저도 오늘 저녁 같이 술 마실 이성친구 구해요."라는 답이 뜬다. 적당한 사람이 1킬로미터 이내에 없다면 반경을 확장하면 된다. 이처럼 소셜 네트워크를 이용하면 같은 욕망을 가진 남녀가 한 동네에서 만날 수도 있다. '부엉이' 라는 앱은 부엉이가 쪽지를 전달해주는 방식으로 남녀의 만남을 주선해주고, '두근두근 우체통'은 엽서라는 방식을 통해 불특정 다수를 연결시켜 준다.

소비자들이 자신과 같은 욕망을 가진 사람을 찾아내는 방법을 알기 시작했다는 것은 기업에게 있어서는 큰 부담이다. 소비자가 "그 로션, 천만 명이 살 거에요. 그러니 50%만 할인해주세요."라고 요구하면 기업은 거절하기가 어려워진다. 만약 아모레 퍼시픽이 이 요구를 거절한다면, 소비자는 LG생활건강에 가서 로션 천만 개를 사버리면 되기 때문이다. 기업 입장에서는 천만 명의 소비자를 빼앗긴 셈이 된다.

'흩어지면 살고 뭉치면 죽는다'는 오랜 명언이다. 이제는 '흩어지면 비싸고, 뭉치면 싸진다'라고 바꿔도 무방할 것이다. 이처럼 소셜 네트워크는 '뭉치면 강해진다'라는 명제를 현실에서 실행 가능하도록 만들었다. 과거에는 각자의 욕망이 온라인상 어딘가에 분산되어 있거나, 각자의 마음 속 혹은 올린 글 속에 머물러 있었다. 하지만 소셜 플랫폼을 통해 온라인상에 흩어져 있던 각자의 욕망들이 한데 모이기 시작했고, 오프라인을 움직이는 파워를 획득하게 되었다. 지금은 이러한 전이현상이 물건을 구매하는 단순한 경제 행위에 머물러 있지만, 앞으로 정치 및 문화·예술에까지 영향을 미치게 된다면 우리의 삶은 더 큰 변화의 물결에 맞닥뜨리게 될 것이다.

소셜네트워크가 가져온 승자독식 현상

이처럼 소비자들이 소셜 플랫폼을 이용해 자신과 같은 욕구를 가진 사람을 모아 힘을 만들어냄으로써 가격을 획득하기 시작했다. 단순히 가격뿐일까? 이제는 신뢰마저도 소셜 미디어를 통해 획득하는 세상이 되었다. 앞서도 말했지만 소셜 미디어는 정보 비대칭 문제를 해결해줌으로써 소비자의 가장 큰 2가지 문제 '신뢰'와 '가격'을 모두 획득 가능하게 만들었다.

20세기까지 맛집에 관한 정보는 신문과 방송에서 내보내는 일방적 정보에 의존해야 했다. 인터넷이 보급되면서 네이버 지식인이 뜨기 시작했고, 사람들은 지식인이나 각종 게시판에 질문하기 시작했다.

"제주도에 갈치가 맛있는 집은 어디인가요?"

"MTB 자전거는 어느 회사 것이 좋아요?"

그러면 이를 본 네티즌들이 답변을 해준다. 그런데 시간이 지나자 부정(어뷰징)이 생기기 시작했다. 식당 주인 혹은 업체 주인들이 일반 네티즌인 것처럼 답변을 달기 시작하면서 신뢰성에 문제가 생기기 시작했다. 어느 순간 사람들은 인터넷에 올라온 답변을 믿어야 할지 말아야 할지 고민에 빠졌다.

그러나 소셜 플랫폼은 이러한 문제를 해결해주었다. 사람들은 더 이상 네이버 지식인에 질문하기보다는 트위터에 멘션을 올린다.

"내일 제주도에 출장 가는데 갈치가 맛있는 집 좀 알려주세요."

그러면 "원장님, 제가 제주도 출신이잖아요. 제주 시내 연동에 있는 홍길동네 갈치가 맛있어요."라고 내가 잘 아는 팔로어가 답변해준다. 식당 주인이 답변했는지도 모를 네이버 지식인의 답변과 내가 잘 아는 트위터 친구, 그것도 제주도 출신의 친구가 추천한 맛집 중 누구의 말을 믿고 선택할 것인가?

과거에는 주변 지인들 모두에게 전화를 걸어 "너 혹시 제주도 출신이야? 제주도에 맛있는 집 좀 알아?"라고 물어봤어야 했다. 실제로는 그렇게 하지 않았더라도, 이런 식으로 정보를 획득할 수밖에 없었던 시절이 분명 있었다. 통화에 드는 시간과 노력에 통화 요금까지. 그야말로 시간과 비용을 허공에 뿌려야만 했다. 지금은 소셜 플랫폼 덕분에 한결 간단해지고 시간과 비용 모두 획기적으로 줄이면서 원하는 답변을 얻을 수 있다. 트위터나 페이스북에 한 줄 올리면 그것을 본 수십, 수백 명의 사람들이 응답을 보내오기 때문이다.

비단 맛집뿐 아니다. 의상 한 벌, 컴퓨터 한 대, 읽을 만한 책 한 권도 이런 루트를 통해 추천받고 선택한다. 아기 기저귀, 믿을 만한 병원, 펌을 잘하는 미용실까지도 소셜 플랫폼에 글을 올려 정보를 획득하고 선택한다. 즉 믿을 만한 내 온라인 친구들로부터 어떤 제품에 대한 신뢰를 얻기 시작한 것이다. 이와 같이 소셜네트워크를 통해서 평판정보까지 공유되는 현상이 기업에게 시사하는 바는 무엇일까? 비즈니스 세계에서 승자독식 현상이 가속화 될 것이라는 점이다. 예를 들어 맛있다고 인정받은 맛집은 설사 입지조건이 좋지 않더라도 대기손님이 줄을 설 것이고, 반대로 평판이 좋지않은 가게는 곧 문을 닫을 수밖에 없을 것이다. 외지손님들이 많은 관광지에서 조차도 과거처럼 입지조건만 좋다면 적당히 장사해도 버티던 시절은 저물고 있는 것이다.

단순히 소비적 측면뿐 아니다. 개인의 일상적인 삶도 바뀌었다. 1~2년 전만 해도 우리는 저녁 약속이 있을 때 뭘 먹을지 음식 종류부터 고민했다.

"뭐 먹을까? 일식, 중식, 한식? 일식 좋지. 그런데 일식 중에 뭐? 초밥, 회, 덮밥? 그런데 초밥 잘하는 집 알아?"

이런 식으로 저녁 메뉴를 좁혀갔다. 그런데 소셜 쇼핑이 확산된 이후 이러한 양상은 바뀌었다.

"언니, 오늘 저녁엔 초밥 먹자. 나 반값 쿠폰 사놨어."

"오빠, 이번 일요일에는 연극 보러 대학로 가자. 내가 대학로에서 하는 연극, 반값 쿠폰 사놨어."

"야, 이번 주 토요일에 나랑 네일샵 가자. 내가 10회 이용권 싸게 구매해놓은 거 있는데 나 혼자 다 못 써."

과거에는 무엇을 할지 좁혀가면서 선택을 했다. 그런데 이제는 먼저 돈을 내고 상품을 구입한 다음, 그 상품에 맞추어 하루의 생활을 결정하는 형태로 도치된 것이다. 이렇게 소셜 비즈니스의 확산은 우리의 자잘한 일상생활마저도 바꾸어놓았다.

거스를 수 없는 대세, 소셜 비즈니스

앞서 본 것처럼 소비자의 선택과 결정에 있어서 소셜 플랫폼은 중요하게 작용하지만 긍정적인 면만 있는 것은 아니다. 소셜 플랫폼의 확산이 던진 또 다른 숙제는 미래 경제를 예측하기가 힘들어졌다는 점이다. 과거에는 "A기업의 작년 매출이 5억이니 올해는 6억 하겠군."이라고 오차 범위 수준에서 예측이 가능했다. 그런데 이제는 내일의 매출도 예측하기 어려운 상황이다.

만약 SK나 신세계에서 소셜 쇼핑 사이트를 만들고, 론칭 당일 날

"SK 주유소 상품권 10만 원짜리 8만 원에 1인당 10장씩 팔아요." 혹은 "스타벅스 10만 원짜리 쿠폰 5만 원에 팔아요."라고 슈퍼 딜 상품을 내놓으면 어떻게 될까? 순식간에 이 소식은 SMS, 메신저, 트위터를 타고 여기저기 퍼지며 그야말로 난리가 날 것이다. 그날로 회원 가입자 수가 2천만 명을 돌파하는 일이 생길 수도 있다. 2천만 자가용 운전자가 주유소 상품권을 10장씩 사면 16조 원이라는 현금이 단 하루 만에 SK로 흘러들어간다. 1인당 1장씩만 팔아도 1조 6천억 원을 단 하루에 모을 수 있다. 스타벅스가 5만 원짜리 쿠폰을 하루에 2천만 장을 판다고 치면 스타벅스의 하루 매출은 1조 원이다.

그런데 그 다음 날은? 이미 필요한 만큼 구매한 사람은 더 이상 구매하지 않을 수도 있고, 이미 구매 한도가 찼기 때문에 더 이상 구매할 수가 없다. 론칭 기념 행사라서 그 다음 날은 가격이 조금 더 올랐을 수도 있다. 그러면 론칭 날과 같은 폭발적인 관심이나 어마어마한 금액의 현금을 얻지 못할 수도 있다. 또는 다른 소셜 쇼핑 사이트에서 더욱 파격적인 가격으로 비슷한 상품을 내놓을 수도 있다. 그렇게 되면 하루 매출은 전날보다 떨어지게 될 것이다.

이런 식이니 내일의 매출을 예측하기가 어려운 것이다. 이것이 경제 전반적으로 확대되면 내일의 경제도 어찌 될지 모르는 상황에 맞닥뜨릴 수 있다.

이처럼 소셜 비즈니스는 우리에게 여러 숙제를 안겨주며 확산되고 있다. 결국 미래 경제는 소셜 비즈니스를 누가 좀 더 잘 이해하고 활용하느냐의 싸움이 될 것이다. 소셜 비즈니스를 기반으로 한 창과 방패의 싸움이 시작된 것이다.

소셜 비즈니스는 이제 더 이상 작은 현상이 아니다. 21세기는 관심경제(Attention Economy : 소비자 개개인에 맞는 재화 및 서비스를 제공해 시장을 형성하는 것)의 시대이다. 소셜 비즈니스는 이미 이 관심경제를 우리 실생활에 퍼뜨리고 있다. 우리가 이미 앞서 언급한 모든 소비자 현상이 관심경제 안에 있음을 보여주고 있다. 따라서 기업은 사람들이 가장 많이 몰리고 있는 소셜 네트워크게 주목해야 한다. 또한 소셜 비즈니스의 어떤 분야에 집중할 것이지 선택해야 한다.

무엇을 선택하건 21세기에는 기업이 소셜 비즈니스를 끌어안아야 한다는 사실만은 선택의 여지가 없다. 이미 소비자의 물결이 그렇게 움직이고 있기 때문이다. 이것을 외면하는 기업은 살아남기가 어려울 것이다.

참고문헌

- 쉘린 리, 조쉬 버노프, 《그라운드스웰》, 지식노마드, 2008.
- 토머스 데이븐포트, 존 벡, 《관심의 경제학》, 21세기북스, 2006.
- 에델만코리아, 〈소셜 브랜드 : 소셜 미디어를 통해 고객과 소통하는 조직〉

8장

플랫폼 경쟁
Platform Hegemony

"시장에 먼저 들어가는 것보다 기억 속에 먼저 들어가는 것이 더 중요하다."

잭 트라우트와 알 리스가 그들의 저서 《마케팅 불변의 법칙》에서 강조한 내용이다. 소비자는 일견 이성적이고 합리적인 선택을 하는 듯하지만 실제로는 감성적이고 순간의 이끌림에 선택을 하는 경우가 많다. 제품의 효용보다는 왠지모를 이끌림에 반응하는 것이다. 할리 데이비슨 이전에 오토바이가 없었을까? 애플의 아이맥 이전에 컴퓨터는 없었을까? 지금도 차도에는 수많은 자동차가 질주한다. 그럼에도 신차는 계속 출시되고, 마음을 움직이는 광고로 소비자를 현혹한다. 신차의 기능보다는 '왜 그 차를 선택해야 하는지'에 대한 이미지를 주고 있는 것이다.

오랜 시간 동안 쌓아온 사람의 기억이나 사고는 일순간 바꾸기 어렵다. 오랫동안 몸에 배인 습관을 한순간에 바꾸기란 어려운 것처럼. 하지만 일단 그 머릿속에 들어가고 나면 이후 상황은 달라진다. 소비자의 마음을 움직이면 시장은 저절로 따라온다. 현재 쏟아지는 갖가지 광고가 사람의 마음을 뒤흔드는 문구로 치장된 것은 바로 그 때문이다.

이렇게 사람의 마음을 먼저 장악한 뒤 시장을 선도하게 된 제품이 있다. 바로 애플의 아이팟이다. 아이팟이 등장하기 전 MP3 플레이어 시장의 강자는 아이리버였다. 아이리버는 국산 MP3 플레이어의 신화를 쓴 기업이다. 1999년에 창업한 이 회사는 1년도 되지 않아 국내뿐 아니라 미국에서까지 MP3 플레이어 돌풍을 일으켰다. 이랬던 아이리버에 불운의 그림자가 닥친 것은 바로 아이팟이 출시되고 나서였다.

MP3 플레이어 기기만을 판매했던 아이리버와는 달리 애플은 스티브 잡스의 지휘 아래 디지털 음원 시장의 판도를 바꾸는 전략을 택했다. MP3 플레이어 기기만 만드는 제조회사가 아니라 인터넷으로 저렴한 가격에 음악을 살 수 있는 음원 유통 플랫폼(아이튠즈)을 만들어 기존의 음반시장을 바꾸어놓은 것이다.

그 이전에는 불법 복제로 유통되는 음원이 대부분이어서 MP3 추출 기술은 음반업자들에게 골칫거리였다. 아이리버와 삼성전자 등 국내의 MP3 플레이어 제조 업체에서는 기기를 만들어 파는 것에만 급급했고, 불법 유통 음원에 대한 어떤 조치나 해결방안을 제시하지는 못했다.

그런데 애플은 자사의 음원 유통 플랫폼인 아이튠즈에서 노래 한 곡당 99센트에 다운로드받게 했다. 불법 유통 음원으로 디지털 음원 영역에 대한 수익이 전무했던 당시의 음반업체들은 이 제안을 거절하기 힘들었다. 소비자 입장에서도 원하는 음원을 일목요원하게 정리된 마켓 플랫폼을 통해 빠르고 쉽게 노래를 다운로드받을 수 있는 아이튠즈 서비스에 매료되기 시작했다. 아울러 애플이 내놓은 아이팟의 동글동글하고 예쁜 디자인 역시 소비자들의 감성을 자극했다. 이에 힘입어 애플은 MP3 음원 유통 및 플레이어 기기 시장 모두를 석권한 절대적 강자가 되었다.

음원 유통 플랫폼을 장악한 애플은 이를 토대로 애플리케이션 유통으로까지 사업 영역을 확장했다. 아이폰을 내놓으면서 동시에 아이폰용 애플리케이션 유통 플랫폼을 론칭한 것이다. 기존의 아이팟과 아이튠즈가 MP3 기기와 음원 유통 시장을 장악한 것처럼 휴대폰 애플리케이션 시장에 공세적 진출을 도모한 것이다. 향후 결과가 어떻게 전개될지는 시간이 지나야 알게 되겠지만, 현재까지 애플이 사용한 플랫폼 전략은 매우 효과적이었다.

MP3 기기 시장에서도 후발 주자였고, 휴대폰 단말기 시장에서도 신규 진입자였던 애플이 지금처럼 강력한 입지를 차지할 수 있었던 것은 바로 플랫폼 전략에 있었다. 보다 나은 서비스 제공을 위해서는 하드웨어, 소프트웨어, 콘텐츠 등 각 분야의 긴밀한 협력이 중요한데, 플랫폼이 이를 위한 협력의 장이 된다. 플랫폼 경쟁의 승자인 애플, 그리고 또 다른 플랫폼 헤게모니를 두고 다투는 안드로이드, 그리고 삼성전자 등을 비롯한 플랫폼 후발 경쟁 주자들. 이들의 관계는 앞으로 어떻게 전개될까?

플랫폼을 지배하는 자가 연결 경제의 승리자

플랫폼이란 용어는 원래 IT 분야뿐 아니라 다양한 분야에서 사용되는 용어이다. 예를 들어 자동차 업계에서 지칭되는 플랫폼은 다양한 디자인의 차를 보다 효율적인 비용으로 생산하기 위해서 공통으로 사용되는 기본 부품 전반을 의미한다. 국내에서 기아자동차와 현대자동차에서 나오는 제품이 같은 프레임을 사용하는 기종의 경우는 외부 디자인에 상관없이 동일한 엔진과 거의 유사한 내부 부품을 많이 사용하는 것을 볼 수 있다.

유사하게 IT 분야에서도 플랫폼이란 용어는 여러 소비자 제품이나 애플리케이션을 개발할 수 있도록 기반이 되는 하드웨어/소프트웨어를 부르는 데 사용된다. 예를 들어 PC업계에서도 인텔은 노트북에 필요한 핵심 부품만을 공급하는 것이 아니라, 하드웨어 보드 설계도를 플랫폼으로 제공한다. 이를 기반으로 다양한 제조사들이 기구 설계를 하고 차별화된 구성을 함으로써 다양한 제품이 나오고 시장이 확대되는 것이다.

MS는 윈도와 오피스라는 패키지 소프트웨어를 직접 판매하기도 하지만, 다른 개발사가 윈도용 소프트웨어를 만들수 있도록 플랫폼 기술을 공개하고 있다. 우리가 PC에서 사용하는 모든 소프트웨어는 MS가 제공한 표준 플랫폼 기술을 사용하기 때문에 어떤 개발사가 만들어도 호환성이 보장되는 것이다.

중요 화두는 스마트폰 분야의 플랫폼 경쟁

현재 IT 분야의 화두는 바로 스마트폰과 스마트 패드의 플랫폼 경쟁이다. 여기서의 플랫폼은 하드웨어와 소프트웨어가 하나의 제품으로 통합된 형태를 의미한다. 아이폰과 안드로이드 스마트폰 등이 대표적인 예이다. 이러한 플랫폼이 중요한 이유는 특정 플랫폼에서 동작하는 애플리케이션의 다양성과 품질이 다시 그 제품의 시장 확대에 영향을 미치기 때문이다.

주목할 것은 아이폰 출시 전후로 휴대폰 업계의 게임의 규칙이 달라지고 있다는 점이다. 기존에는 다양한 하드웨어 디자인이나 몇 개의 내장 기능만을 차별화하여 충분히 시장을 선도할 수 있었다. 하지만 아이폰이 출시된 이후에는 제조사 외의 독립 개발사가 만든 앱들이 지속적으로 공급되는 콘텐츠 마켓을 만들지 못하면 경쟁할 수 없는 세상이 되었다. 스마트폰 시장에서는 음성통화만 되는 독특한 디자인의 제품만으로는 경쟁할 수 없고, 아이폰만큼의 다양한 앱들이 공급되어야 하는 기준이 생긴 것이다.

아이폰은 하드웨어/소프트웨어 플랫폼이 모두 독점적이기 때문에 아이폰용으로 개발된 앱은 다른 제조사의 스마트폰에서는 동작하지 않는다. 따라서 만약 고객이 필요한 앱이 아이폰용으로만 개발되어 있다면 고객의 선택도 아이폰일 수밖에 없다. 이것이 바로 플랫폼의 힘이다.

애플이 주도하는 스마트폰 생태계

사실 2007년 6월에 발표된 애플의 아이폰은 3G가 아닌 2G 네트워크용이었다. 주로 하드웨어만으로 경쟁하던 기존 제조사 입장에서 보면 경쟁력 없는 사양의 단일 모델 제품이었지만, 놀랍게도 1년 만에 600만 대의 판매고를 올렸다. 더군다나 애플의 독점 공급 정책으로 각 국가별로 한 곳의 통신사만 아이폰을 도입할 수 있게 되면서 그렇지 못한 통신사는 상대적으로 다른 플랫폼의 제품을 찾을 수밖에 없었다.

애플은 각 국가별로 주로 2위 사업자에게 아이폰을 공급하면서 자신들에게 유리한 계약을 체결할 수 있었다. 그리고 결과적으로 기존에 통신사가 통제하고 있던 휴대폰 시장의 주도권을 애플이 가지게 된 것이다. 초기에 애플의 아이폰을 공급받았던 미국의 AT&T와 한국의 KT는 모두 자국내 2위 사업자였다. 당시 이들 사업자들은 기존 통신사 입장에서는 도저히 수용할 수 없었던 불리한 조건으로 아이폰을 공급받았다. 반대로 1위 사업자였던 미국의 버라이존과 한국의 SK텔레콤은 아이폰의 대항마로 안드로이드 제품을 적극적으로 마케팅할 수밖에 없는 상황이 되었다.

기존의 통신산업은 휴대폰부터 네트워크, 서비스 플랫폼, 콘텐츠와 서비스까지 모두 통신업자가 통제하는 생태계였다. 하지만 애플은 외부 개발사가 앱을 공급하는 생태계를 앱스토어를 직접 운영하고 관리하기 시작했다. 다시 말해 그 이후 아이폰이 판매되는 국가에서는 통신사업의 생태계 통제력이 점차 애플로 전이되는 상황이 만들어졌다.

이런 상황에서의 경쟁을 위해 구글은 제조사에게 안드로이드라는 소프트웨어 플랫폼의 원천 기술을 모두 공개하기에 이른다. 그에 힘입어 스마트폰 플랫폼 기술이 없었던 제조사들은 모두 안드로이드를 탑재한 제품을 출시하기 시작했다.

PC업계를 예로 들어보자. 최근 PC업계의 이익 대부분이 하드웨어 플랫폼 업체인 인텔과 소프트웨어 플랫폼 업체인 MS의 몫으로 돌아가고 있다. 그리고 결국 HP나 IBM 같은 제조사가 PC부분의 사업을 포기하기에 이르렀다.

소프트웨어 플랫폼이란 다양한 앱을 만들기 위한 '공통의 구조' 라서 필연적으로 제품의 디자인 자체가 유사해질 수밖에 없다. 이는 곧 제조사 입장에서 제품의 차별성이 없어짐을 의미한다. 현재 시장에서 안드로이드 기반 제품이 유사한 디자인으로 출시되는 이유가 여기에 있다. 앞으로 스마트폰 제조사도 HP나 IBM와 같은 미래를 맞이하게 될지 모른다.

독자적 생태계 구축의 어려움

최근 노키아의 CEO인 스티븐 엘롭이 직원들에게 보낸 '불타는 갑판 (Burning Platform)' 이라는 제목의 이메일에서도 지적했다시피, 스마트폰 시장은 이제 단순히 디자인이나 하드웨어 사양 또는 내장 소프트웨어만의 경쟁을 넘어서서 핵심 서비스와 외부 개발사의 참여에 기반한 생태계 경쟁이 되어버렸다. 그리고 그 중심에는 플랫폼이 있다. 결국 스마트폰 제조사에게 주어지는 질문은 다음과 같다.

"자체 플랫폼으로 독자적인 생태계를 만들 것인가, 아니면 다른 회사의 생태계에 협력사로 참여할 것인가?"

하지만 스마트폰 시장에서 점유율 1위를 차지했던 노키아마저도 자체 플랫폼 기반의 생태계 구축을 포기했다. 이는 웬만한 수준의 경쟁력으로는 독자적인 플랫폼을 가진다는 것이 얼마나 어려운지를 보여준 것이다.

기존 제조사의 경쟁력은 내장 소프트웨어를 더욱 빠르고 높은 품질로 전 세계 통신사의 요구사항에 맞춰서 빠르게 공급하는 것이었다. 그때는 내부의 역량만으로도 경쟁이 가능했다. 그러나 이제는 수많은 외부 개발자의 요구사항을 맞게 플랫폼을 개발해야 하고, 기술 지원을 하여 그들이 해당 플랫폼용으로 다양한 앱을 개발하도록 생태계를 만들 수 있어야 한다.

문제는 국내의 어떤 제조사도 이런 경험이 없다는 점이고, 이런 경험과 기술력이 단기간 내에 쌓을 수 있는 성질의 것도 아니라는 점이다. 더욱 큰 문제는 시장과 외부 개발자의 수가 한정적이라는 것이다. 만약 전 세계의 제조사가 각자 독자적인 플랫폼을 구축할 예산과 기술이 있다고 해도 외부 개발자에게 특정한 제품을 위해서 3개 이상의 플랫폼을 지원하기란 어려운 일이다.

플랫폼 격투장의 강력한 경쟁자들

독립적이지만 제한적인 애플의 플랫폼

아이폰을 구매한 소비자는 자신이 소유하고 있는 모델과 무관하게 앱을 설치할 수 있으므로 앱 구매에 대한 걱정을 거의 하지 않는다. 더군다나 아이패드까지 거의 동일하게 동작하도록 하위 호환성을 제공했기 때문에 아이패드 출시 초기에 제한적인 앱의 숫자는 그리 문제가 되지 않았다.

하지만 애플의 이런 수직 통합형 접근으로 인해서, 소비자는 애플의 판단에 의해서 결정된 서비스와 앱만을 선택할 수밖에 없게 되었다. '고객에게 혼란을 주지 말아야 한다' 라는 명분으로 '선택의 자유'가 제한되고 있는 것이다. 아이폰 고객은 기본적으로 내장된 앱스토어 외에는 다른 앱 판매처를 설치할 수가 없다. 또한 애플이 직접 제공하는 서비스, 즉 아이튠즈와 경쟁하는 혹은 경쟁할 만한 프로그램 역시 설치할 수 없다. 게다가 전 세계적으로 단일 모델에 단일 디자인만 제공하는 애플의 전략 때문에 각 국가별 통신사는 고객에게 차별화된 서비스를 제공할 수 있는 방법 자체가 원천적으로 봉쇄되었다. 결국 이러한 면은 애플이라는 독점적인 공급사로 인해 생기는 폐해인 것이다.

반면, 안드로이드가 가진 개방성은 여러 제조사들로 하여금 다양한 제품들을 만들 수 있는 여건을 마련해 주었다. 따라서 통신사 입장에서는 '구매력'을 통해 시장 주도권을 유지할 수 있음을 의미하므로, 아이폰과 윈도폰7과 같이 플랫폼 제공사가 주도권을 갖고 있는 제품

보다는 협상의 여지가 남아 있는 안드로이드가 매력적인 대안으로 여겨졌을 것이다. 따라서 아이폰과 윈도폰7의 '폐쇄성'에 당분간 큰 변화가 없다면 안드로이드에 대한 통신사들의 러브콜은 당분간 지속될 것으로 보인다.

애플의 차세대 플랫폼, 아이클라우드

'아이클라우드(iCloud)'는 애플이 클라우드 서비스를 점유하기 위한 전략으로 오랫동안 준비한 야심작이다. PC를 서비스 플랫폼의 핵심으로 활용했던 기존 전략에서 완전히 탈피하여 본격적으로 클라우드를 핵심에 배치한 것이다.

사실 구글의 모든 서비스가 안드로이드와 완전히 수직 통합된 형태라고는 볼 수 없으며, 대부분 안드로이드 플랫폼에 비종속적이다. 구글의 유튜브가 안드로이드뿐 아니라 아이폰용으로도 계속 제공되는 것이 그 증거이다. 이에 비해 아이클라우드는 플랫폼마저도 철저하게 아이폰 플랫폼과 수직 통합하여 기존의 통제력을 더욱 강화하려 하고 있다. 즉 최근까지 아이폰 플랫폼이 하드웨어, 소프트웨어, 아이튠즈와 같은 서비스를 수직 통합하여 생태계의 주도권을 잡았다면, 이제는 아이클라우드와 아이폰의 내장 앱들과 매우 긴밀하게 연동하도록 제공해서 고객 충성도를 더욱 높일 것으로 예상된다.

아이클라우드의 핵심은 '간편한 클라우드'

아이클라우드의 전신이라고 할 수 있는 애플의 모바일미(MobileMe)와 아이클라우드를 비교해보면 다음과 같은 차이가 있다. 이메일과 주소록, 일정관리, 사진 보관 기능은 동일하게 들어 있지만, 더 이상 '아이디스크(iDisk)' 가 제공되지 않는다는 점이다. 심지어 스티브 잡스는 "하늘에 있는 드라이브가 고객이 원하는 클라우드는 아니다."라고 언급하며, 기존의 모바일미를 부정함과 동시에 현재의 일반적인 클라우드 서비스로 여겨지는 웹하드 개념을 비난하고 있다.

단순한 기능만으로 전 세계 2500만 명의 고객을 확보한 드롭박스(Dropbox)나 기능면에서 뛰어난 슈거싱크(SugarSync) 모두 웹하드가 핵심 개념이다. 이러한 웹하드 산업은 전 세계에서도 우리나라에서 가장 먼저 대중화되었고, 국내에서만 매년 1천억 원 이상의 시장을 형성하고 있다. 스티브 잡스의 주장대로라면 네이버의 엔드라이브(NDrive)나 다음의 클라우드, KT의 유클라우드(uCloud), LG 유플러스의 유플러스박스(U+ Box) 모두 동일한 개념의 복잡한 웹하드 제공 서비스이다.

이에 비하면 아이클라우드는 완전히 다른 개념이다. 단순히 파일 보관 공간을 확보하기 위한 웹하드 개념이 아닌 것이다. 소비자가 쉽게 이해할 수 있는 특정한 목적을 위한 앱들(음악, 오피스, 연락처, 캘린더)이 클라우드와 연동되면서 다양한 크기의 스크린을 가진 애플 제품 간에 콘텐츠가 간편하게 공유되는 경험을 제공한다.

고객은 클라우드 기반의 아이튠즈(iTunes in Cloud)를 사용하기 위해서 아이클라우드가 인터넷 어딘가에 있는 디스크 드라이브라는 것을 인식할 필요가 없다. 우리가 IP TV를 시청하면서 클라우드 인프라의 존재를 인식하지 못하는 것과 마찬가지다. 소비자 입장에서는 기존에 아이튠즈 앱에 단순히 '다운로드' 버튼이 추가된 것뿐이다.

이제 아이튠즈 클라우드를 처음 사용하는 고객은 컴퓨터에 대해서 전혀 몰라도 상관없다. '디스크 드라이브' 라는 개념도 알 필요가 없다. '파일' 이라는 용어 자체가 서비스에서 전혀 보이지 않는다. 소비자가 원하는 건 그냥 노래를 듣는 것이지 '음악 파일' 을 관리하는 '기능' 이 아니다. 즉 음악을 편하게 들을 수 있도록 하기 위해서 PC의 복잡한 개념과 관리의 필요성을 완전히 제거한 것이 아이튠즈 클라우드이다. 이것이 진정한 아이클라우드가 주는 혁신의 의미이다. 이제 PC 없이도 아이튠즈를 사용할 수 있게 되는 것이다. IP TV를 보기 위해 PC가 필요 없는 것과 마찬가지이다.

아이클라우드의 내장 기능인 '포토 스트림(PhotoStream)' 도 마찬가지다. 아이폰의 내장 카메라로 찍은 사진일지라도 복잡하게 웹하드에 올리거나 하면서 사진 관리를 따로 할 필요가 없다. 고객이 사용하는 모든 기기 간에 자동적으로 복사되어 소비자는 언제 어디서든 간편하

| 그림 1 | 아이클라우드의 사진 보관 기능, 포토 스트림

게 이용이 가능하기 때문이다. 물론 이는 어디까지나 애플 제품끼리만 가능한 일이다.

'개방성'이 돋보이는 구글의 안드로이드 플랫폼

안드로이드의 시작은 그리 성공적이지는 않았다. 그 첫 번째 제조사는 당시에 잘 알려지지 않았던 HTC였다. HTC는 안드로이드의 가능성을 알아보고 G1이란 제품을 시장에 출시했지만, 예상대로 안드로이드 1.0은 안정성이나 기능성에서 아이폰에 비해 경쟁력이 떨어지는 게 사실이었다.

한편 일반 휴대폰 시장에서 이미 시장의 주도력을 상실하고 있었던 모토로라 역시 회생의 기회로 야심차게 안드로이드를 선택했고, 안드로이드 1.5를 기반으로 한 클리크(CLIQ)를 내놓았다. 자체 UI로 차별화를 꾀한 클리크였으나 결과는 그리 성공적이지 못했다. 그러다 결국 소비자의 관점에서는 핵심적 차별성이라고 할 수 있는 무료 내비게이션 기능을 탑재한 안드로이드 2.0 기반의 드로이드(Droid)가 버라이존의 마케팅 지원을 받게 됨으로써 본격적인 시장 확대의 길로 들어서게 되었다.

이러한 스마트폰과 안드로이드 시장의 급격한 성장을 예측하지 못했던 삼성전자와 LG전자는 뒤늦게 경쟁에 뛰어들었고, 안드로이드 기반의 스마트폰 시장 점유율을 더욱 확대시키는 결과를 가져왔다. 그 결과 안드로이드폰은 2011년 현재 북미 스마트폰 점유율 50%를 차지하고 있다.

현재 안드로이드가 이룬 성공을 보자면, 오픈 소스를 기반으로 한 '개방형 플랫폼'을 핵심 전략으로 채택한 것이 주효했음을 알 수 있다. 이것이 의미하는 바는, 기존의 시장 상황에서 다양한 업체가 필요로 했던 전략적 요구를 안드로이드가 충족시켰다는 점이다.

안드로이드의 시장 확대, 제조사의 위기감

하지만 안드로이드가 발전할수록 기존 제조사에게는 위기가 다가온다. 그렇다고 현 상황에서 안드로이드를 대체할 만한 대안이 그리 많지 않은 것도 사실이다. 현재 삼성전자 정도가 '바다 OS'로 그 대안을 준비하고 있고, HP의 웹 OS 정도가 대안으로 제시되고 있긴 하지만 쉽지 않은 선택이다.

아직 스마트폰 시장이 성숙하지 않은 시점에서 하드웨어의 성능 경쟁과 저가 경쟁은 제조사 입장에서는 손쉽고 빠르게 결과를 얻을 수 있는 전략이다. 경쟁사보다 빠르고 다양한 하드웨어를 가진 제품을 출시하기 위해서 오픈 소스는 전략적으로 매우 매력적인 요소이다. 심지어 구글에서 권장하는 앱 호환성 테스트를 포기해서라도 시장에 제품을 하루 빨리 출시할 수만 있다면 각 제조사 입장으로는 도전해볼 만한 게임이다.

삼성전자가 구글의 하니콤이라는 태블릿 전용 OS의 출시 이전에 기존 OS를 가지고 갤럭시 탭을 출시할 수 있었던 것도 바로 안드로이드가 오픈 소스이기 때문에 가능한 일이었다. 반스앤노블이 자체적인 전자책 제품을 출시하면서 안드로이드를 선택한 이유도 기존에 이미 검증된 소프트웨어 플랫폼이라는 장점을 취할 수 있기 때문이었다.

결국 제조사 입장에서 안드로이드의 '오픈 소스'란 양날의 검과 같다. 누구나 사용할 수 있기 때문에 소프트웨어 플랫폼의 차별화를 이루려는 시도는 포기할 수밖에 없다. 반대로 구글이 안드로이드의 단일화를 포기한다면 누구라도 안드로이드를 기반으로 독자적인 플랫폼을 만들 수 있는 가능성이 생긴다.

안드로이드의 개방성, 개발사의 기회

독립적으로 서비스나 앱을 개발하는 개발사 입장에서 안드로이드의 '개방성'은 다양한 시장에 진출할 수 있는 기회를 의미한다. 이는 통신사나 제조사가 안드로이드에 바라는 '개방성'과는 완전히 다른 의미이다. 개발사가 플랫폼에 바라는 것은 통신사나 제조사가 바라는 '개방성'과 반대되는 개념이다.

통신사는 '구매력'을 기반으로 시장의 주도권을 높이기 위해 다양한 제조사가 필요하다. 한편 제조사는 각자의 차별화를 위해 통신사에 다양한 휴대폰 모델을 제안한다. 그러나 개발자 입장에서는 현재 안드로이드 기반의 스마트폰 모델이 너무 많다 보니 개발비가 증가될 수밖에 없다. 최소한 5년 이내에 아이폰과 안드로이드를 포함해 최소 3개 이상의 플랫폼이 존재한다고 가정하면, 안드로이드 휴대폰끼리만이라도 호환성이 보장되는 것은 개발사 입장에서 매우 중요하다. 하지만 현실은 그렇지 못하다. 제조사가 다르면 이미 호환성에 한계가 있으며, 심지어 한 제조사에서 만든 스마트폰끼리도 호환성을 보장하지 못하는 게 현실이다.

반대로 아이폰의 경우, 애플의 정책을 생각하면 외부 개발사도 포기해야 할 것들이 많다. 어찌 보면 소비자의 선택의 권리까지 제한하고 있는 애플의 스토어 정책에 따르자면 아이폰 내에서 독자적인 유통 정책을 제공하는 것은 쉽지 않다. 더군다나 애플이 제공하는 결제 솔루션만을 사용해야 하며, 애플이 정한 수수료를 무조건 따라야 하는 것은 말할 것도 없다. 애플은 그들이 만든 '상점'에 외부 개발사는 '제품' 공급만 충실히 하면 된다는 자세다. 당연히 일방적 계약관계로 비춰질 수 있고, 애플의 플랫폼 주도권이 강화될수록 개발사 입장에서는 자신들의 비즈니스가 위협받고 있다고 느낄 수밖에 없다.

이에 비해 아직까지 안드로이드는 비즈니스 모델 자체가 상당히 개방적이다. 안드로이드 마켓 말고도 모든 통신사와 제조사가 각자의 상점을 제공할 수 있다. PC에 인터넷을 공급하는 업체가 인터넷상에서 다양한 회사가 유통 서비스를 제공하는 것에 제한을 걸지 않는 것과 비슷하다. 이러한 면이 '개방형 비즈니스 모델'의 장점이다.

야심차지만 불안한 도전자, 윈도폰7

MS의 윈도폰7은 차별화된 UI나 MS의 서비스와 간편하게 연동되는 점을 고려하면 매우 훌륭한 플랫폼임이 분명하다. 문제는 제품의 출시가 아니라 통신사의 '마케팅' 지원에 있다.

사실 안드로이드가 이렇게 빠르게 시장에 안착할 수 있었던 것도 기술적으로나 서비스적으로나 안드로이드가 좋은 측면도 있었지만, 통신사의 마케팅 지원 때문이었다. 미국에서 버라이존이 안드로이드 기반의 스마트폰을 '드로이드'라는 자체 브랜드까지 만들어서 대대적으로 마케팅을 해준 까닭은 바로 그 시점에 '아이폰'에 대한 대항마가 필요했기 때문이었다. 국내에서도 유사하게 SKT가 KT의 아이폰에 대항하기 위해 미래의 경쟁사일 수도 있는 구글의 브랜드인 '안드로이드'를 직접 광고해주는 모습을 보여줬다.

따라서 이제 통신사가 아이폰의 대항마로 안드로이드를 열심히 밀었던 것처럼 윈도폰7에도 그렇게 해줄 것인지가 관건이다. 현재로서는 그렇게 될지가 의문스럽다. 이미 안드로이드 기반의 다양한 스마트폰이 출시되어 있는데, 또 다른 플랫폼을 적극적으로 마케팅할 이유가 없어 보이기 때문이다.

다만 노키아는 상황이 달라서 MS와 강력한 제휴 관계를 맺고서 자체 플랫폼은 모두 포기하고 윈도폰7을 적극적으로 탑재하겠다는 입장이다. 이제 다른 제조사의 윈도폰7에 대한 대응 방안은 복잡해질 것이다. 삼성전자나 LG전자 입장에서는 안드로이드 시장이 이미 충분히 성장한데다가 고객도 플랫폼의 브랜드를 인지하고 있는 상황이라 쉽게 포기할 수 없는 카드다. 물론 삼성, LG, HTC 등 주요 안드로이드 탑재 스마트폰 제조회사도 윈도폰7의 출시 계획을 가지고 있다. 하지만 경쟁 플랫폼인 안드로이드 탑재 제품 역시 공존한다. 심지어 삼성전자는 자체 플랫폼에 대한 투자도 계속 하면서 최근에는 바다 2.0 SDK(소프트웨어 개발 키트)를 공개한 상태이다.

이러한 점을 고려해 현재 상황을 분석해보면, 기존의 휴대폰 제조사가 현재의 안드로이드 제품 라인업을 모두 포기하고 윈도폰7에 전념할 가능성은 없어 보인다. 당분간은 윈도폰7과 안드로이드에 대한 분산 투자가 이루어질 것으로 예상된다. 결국 한동안 윈도폰7의 최대 원군은 노키아뿐일 것이다.

MS가 윈도폰7 플랫폼을 통제하는 방법은 GED나 넥서스 원과 유사하다. 하드웨어 사양부터 UI까지 대부분의 하드웨어 규격과 소프트웨어의 핵심을 모두 MS가 결정하고 제조사에게는 그다지 차별화의 여지를 주지 않는다. 이미 PC산업과 비슷한 길을 걷고 있으면서도 외려 PC보다 하드웨어의 차별화가 어려운 것이 현재 스마트폰의 상황이다.

애플의 아이폰에 대항하는 생태계의 경쟁력을 높이기 위한 MS의 전략적 접근이 쉽지는 않을 것처럼 보인다. 단일 제조사로서 단일 디자인의 하드웨어를 구성할 수 있는 애플, 오픈 소스로 다양한 디자인의 안드로이드와 경쟁하기 위해서는 아무리 MS가 하드웨어 규격을 제한한다고 해도, 하드웨어 차별화를 핵심 전략으로 생각하는 제조사가 아이폰 생태계만 한 플랫폼의 단일화를 이룬다는 것은 근본적으로 불가능하기 때문이다.

개발사의 동상이몽

플랫폼과 독립적으로 소프트웨어를 개발하는 앱 개발사는 통신사나 제조사와는 입장이 많이 다르다. 회사의 규모를 고려한다면 개발사 입장에서 다양한 플랫폼을 지원하는 것은 비용의 증가를 의미하며, 단기간의 투자수익을 우선적으로 고려해야 한다. 현재 업계의 예측으로는 전 세계 앱스토어 시장 규모는 2015년까지 매년 성장할 것으로 보이며, 국내도 유사하리라고 전망되고 있다. 이제 개발사는 투자비용을 고려해 플랫폼의 우선순위를 가려야 한다.

국내라면 첫 번째가 아이폰이고, 두 번째가 안드로이드일 것이다. 미국이라면 고객 점유율에 따라 안드로이드, 아이폰, 블랙베리 순일 것이다. 결국 아직 윈도폰7을 지원해야 하는 상황은 아니다. 즉 지금 당장 윈도폰7용 소트웨어를 개발해야 할 이유는 없다.

물론 윈도폰7의 개발도구인 실버라이트(Silverlight)로 앱을 개발하기 쉬워서, 또는 PC에서 C#으로 개발된 게임을 포팅하기 쉬워서, 엑스박스 라이브용으로 개발된 XNA 기반의 게임을 포팅하기 쉬워서 윈도폰7을 지원할 수도 있다. 하지만 대부분의 개발사는 당분간은 시장 현황을 관망할 것이다. 가장 큰 이유는 초기부터 윈도폰7용 앱을 개발할 예산이 없기 때문이다. 삼성전자의 바다폰이 출시가 되었지만 바다용 앱이 빠르게 증가하지 않는 이유도 이와 같다. 당분간 일정 수량의 앱이 출시되긴 하겠지만, 작은 개발사가 3개 이상의 플랫폼을 지원한다는 것은 현실적으로 쉽지 않은 결정이다.

안드로이드는 세상을 지배할 것인가

모든 플랫폼은 개방적이다. 그와 동시에 모든 플랫폼은 폐쇄적이다.

플랫폼 제공사가 플랫폼을 제공하면서 얻는 핵심 수익모델에 대해서는 폐쇄적이지만, 나머지 사업모델에 대해서는 개방적인 것이 플랫폼 전략의 핵심이다.

안드로이드가 시작 시점에는 완전한 개방을 모토로 현재의 모습을 만들었지만, 그 개방성이 완벽한 답은 아니기 때문에 의견이 분분하다. 한편에서는 구글의 플랫폼에 대한 통제력 강화가 필요하다는 의견이 나오고 있고, 다른 한쪽에서는 제조사별 차별화가 없어지면 결국 가격 경쟁밖에 남지 않는 PC업계의 모습을 반추하고 이를 막기 위해 독자 플랫폼화하자라는 의견을 제시하고 있다.

이미 안드로이드는 스마트폰뿐 아니라 구글 TV를 정식 출시하기도 전에 TV업계에 적용시켰고, 태블릿 PC는 물론 MP3, PMP, 카 네비게이션, 전자액자, 자동차, 카메라, 네트워크 저장장치(NAS : Network Attached Storage), 셋탑박스 등을 구글의 홈 오토메이션 플랫폼, ‘안드로이드앳홈(Android@Home)’과 연결해 다양한 시장으로 적용을 확대하고 있다.

하지만 이 책에서는 우선 모바일 기기 시장을 위주로, 현재의 안드로이드 플랫폼의 개방성으로 인한 파편화가 향후 안드로이드 경쟁에 핵심 사항이라고 판단하고, 이 관점에서 미래 시나리오를 3가지로 예측해보겠다. 그러면 먼저 안드로이드의 개방성으로 인한 파편화 상황을 구체적으로 알아보고, 앞으로 전개될 모습과 장단점에 대해서 살펴보도록 하자.

장점이자 단점인 안드로이드의 개방성

현재 안드로이드 플랫폼의 파편화는 개발사 관점에서 3가지로 나누어 볼 수 있다.

첫째, 안드로이드 OS 버전 차이로 인한 파편화이다. 사실 2008년 안드로이드 1.0이 출시된 이후 거의 1년에 한 번 이상씩 업그레이드를 해왔기 때문에 상대적으로 다양한 OS 버전을 탑재한 스마트폰이 시장에 혼재해 있을 수밖에 없다. 그림 2에 나타난 시장에 출시된 안드로이드 OS 버전별 비율을 보면 2.1 이상이 94% 이상을 차지하고 있음을 알 수 있다. 이는 일단 안드로이드 2.1을 기반으로 앱을 만들면 시장에 출시된 안드로이드 탑재 휴대폰의 94% 이상에서 작동이 가능함을 의미한다.

이런 OS 버전의 파편화는 아이폰에도 있는 현상이긴 하지만 아이폰은 상대적으로 OS 업그레이드를 간편하게 할 수 있는 반면, 안드로이드는 이에 대한 지원이 최근까지 미흡했던 것이 사실이다. 그래도

| 그림 2 | 안드로이드 버전별 배포 점유율(2011년 5월 기준)

플랫폼	APL Level	점유율
Android 1.5	3	2.3%
Android 1.6	4	3.0%
Android 2.1	7	24.5%
Android 2.2	8	65.9%
Android 2.3	9	1.0%
Android 2.3.3	10	3.0%
Android 3.0	11	0.3%

최근 삼성전자가 갤럭시S II부터 무선으로 업그레이드를 제공하면서 시장의 요구에 대응하고 있고, 모토로라나 LG전자도 이러한 서비스를 적극적으로 제공하기 시작했기 때문에 관련된 이슈는 빠른 시간 내에 줄어들 것으로 보인다.

둘째, 화면 해상도에 대한 논란이다. 안드로이드의 해상도별 시장 점유율 자료에 의하면, 현재 WVGA(480×800 픽셀) 해상도에 4.0인치 이하 제품이 시장 전체의 4분의 3 이상을 차지하고 있다. 아이폰4도 이전 모델이 서로 해상도가 다르다. 2011년 5월 현재 시장에 1억 대 이상 판매된 아이폰 중에서 아이폰4의 비율이 40% 이하라고 한다면, 아이폰도 두 가지 해상도에 대한 파편화가 존재하는 상황이다. 안드로이드의 문제는 이보다 다양한 해상도와 다양한 크기의 LCD 모델이 존재하고 있다는 사실이며, 결국 판매량에 의해서 시장이 선택될 것으로 예상된다.

셋째, 안드로이드 개발사 입장에서 가장 어려운 점이 바로 하드웨어 플랫폼의 파편화다. OS 버전이나 해상도 차이는 줄어들 것으로 예상되지만, 아이폰과는 달리 다양한 디자인 자체에서 오는 차이는 개발사에게 중대한 문제로 다가온다. 특정 하드웨어 디자인에 최적화되도록 서비스나 앱을 개발하는 것이 사업에 도움이 될 것인가, 아니면 이와는 무관하게 개발할 것인가 하는 문제다.

물론 하드웨어 디자인과 무관하게 앱을 개발하는 것이 개발비를 절약할 수 있긴 하다. 하지만 반대로 생각해보면 하드웨어 디자인에 최적화되어 앱의 사용성이 올라간다면 투자 가치가 있다. 하드웨어 파편화는 비단 스마트폰만의 문제는 아니다. PC업계에서도 오랫동안 여러 제조사가 다양한 하드웨어 디자인을 시도했고, 그러한 도전을 통해서 남아 있는 것이 현재 PC의 하드웨어 디자인들이다.

요약하면 OS 버전이나 화면 크기의 파편화는 조만간 해결될 가능성이 높다. 하지만 하드웨어 디자인에 의한 파편화는 PC의 사례를 돌이켜볼 때 개방형 플랫폼에서 피할 수 없는 상황이며, 이를 얼마나 효율적으로 이용하느냐가 그 생태계 진화의 성공을 결정한다 할 수 있다.

안드로이드의 미래 시나리오

안드로이드의 '개방성'으로 인한 '파편화' 관점에서 안드로이드의 미래를 3가지 시나리오로 예측해 볼 수 있다. 첫 번째는 구글에 의한 단일 플랫폼화 방향이고, 두 번째는 제조사 중심의 플랫폼 세분화 확대이며, 세 번째는 제조사에 의한 컨버전스 플랫폼 강화 방향이다.

❶ 구글에 의한 단일 플랫폼화 : 단일 플랫폼화를 위한 구글의 통제 강화

플랫폼 단일화를 위한 구글의 전략

외부 개발사 입장에서 아이폰에 비해 안드로이드의 플랫폼 파편화에 대한 불만이 증가하는 것은 당연하다. 이론적으로 OS 버전과 스크린 해상도가 큰 차이가 없다면 제조사와 상관없이 하나의 앱으로 작동해야 한다. 하지만 현실은 그렇지 못하다.

첫 번째 원인은 안드로이드 스마트폰을 구현하는 방식 자체에 있다.

구글이 제공하는 안드로이드 오픈 소스는 일종의 기본적인 결과물이라 할 수 있다. 각 제조사에서 사용하는 다양한 CPU나 부품에 대해서 구글이 모든 해결책을 제공할 수는 없다. 즉 하드웨어 디자인과 칩셋 구성의 차이에서 나오는 플랫폼 파편화는 피하기 어렵다.

두 번째 원인은 구글이 배포하는 오픈 소스를 자사나 통신사의 요구사항에 맞게 UI와 기능을 변경하는 데서 발생한다. 제조사는 각자 설계한 하드웨어와 기능에 맞게 '최적화' 작업이 필요하다. 따라서 같은 안드로이드 OS 버전도 출시되는 제조사에 따라 어느 정도 성능 차이가 날 수밖에 없다. 이것은 안드로이드의 장점이자 단점이다.

이런 문제를 해결하기 위해, 즉 플랫폼의 통일성을 높이기 위해 구글이 취할 수 있는 최선의 전략은 직접 하드웨어부터 내장 소프트웨어까지 모두 개발하는 것이다. 그런 전략으로 나온 제품이 넥서스 시리즈이지만 시장에서 그리 성공적이지는 않았다. 안드로이드 생태계에서 구글이 애플처럼 서비스–소프트웨어–하드웨어를 수직 통합하여 제공하는 역할을 담당하기란 그리 쉽지 않다는 사실을 의미한다. 또한 이러한 접근은 안드로이드 생태계의 장점인 '개방형 모델'을 스스로 파괴하는 것이라서 향후 구글이 이런 접근방식을 전략적으로 확대하기는 어려울 것이다. 그러나 가능한 방법으로 노력하고 있고, 그 방법은 다음과 같다.

첫째는 GED(Google Experience Device) 방식으로 모토로라의 '드로이드', 삼성전자의 '넥서스S'에서 보듯이 최신 OS 버전 모델에 대해서 구글이 기획한 UI와 기능만 일체의 가감 없이 탑재하는 형태이다. 이러한 제품은 '구글과 함께(With Google)' 라는 상표와 함께 출시되며, 내장 기능은 구글의 책임과 검수하에 제공된다.

둘째는 앱 호환성 테스트를 통해서 제조사에게 개발자 API(Application Programming Interface : 응용프로그램 개발환경) 수준의 호환성을 요구하고, 나머지 요소는 차별화의 여지를 제공하는 것이다. 이때 구글은 '안드로이드 호환 제품' 이라는 정책을 세워 호환성 테스트를 통과하지 못한 제품은 '안드로이드 마켓' 앱을 포함한 GMS(Google Mobile Service) 앱을 제공하지 않는 방식으로 제조사별 파편화를 막으려 한다.

하지만 현재 GED 기반의 제품이 시장을 주도하지 못하고 있고, 현실적으로는 두 번째 방식만이 현재 시장에서 적용되고 있음을 알 수 있다. 그렇다면 구글이 안드로이드에 바라는 전략적 목표는 무엇일까를 살펴볼 필요가 있다.

구글이 바라는 안드로이드

안드로이드의 전략은, '개방형 플랫폼' 이라는 당근을 제시함으로써 전 세계의 다양한 통신사 및 제조사, 개발사를 협력사로 끌어들이는 것이다. 결과적으로 안드로이드 스마트폰의 판매가 증가하면 구글의 고객 또한 자연스럽게 늘어난다. 따라서 구글은 핵심 서비스인 GMS(구글 검색, 유튜브, 구글 싱크, 구글 맵, 지메일, 구글 토크 등) 앱을 제조사에 사전에 탑재하도록 권장하고 있고, 제조사와 통신사는 안드로이드 플랫폼을 무료로 사용하는 대가로 구글에게 고객 제공이라는 역할을 수행하고 있다. 이는 대부분의 플랫폼 비즈니스에서 통용되는 전략으로, 플랫폼은 가능한 저렴하게 배포하고, 그 플랫폼을 통해 유통되는 제품(서비스나 콘텐츠) 중에서 핵심적인 것은 직접 제공해서 플랫폼의 가치를 올리고 다시 그 제품에서 이익을 취하는 방식이다.

구글은 안드로이드라는 단말 플랫폼을 무료로 제공하고, 이를 통해 고객에게 가장 빠르게 그들의 제품(구글 서비스)을 제공할 수 있는 채널을 확보했다. 이런 방법을 통해 기존의 PC 기반 광고 사업모델도 지킬 수 있고, 핵심 사업인 광고수익을 더 증대할 수 있게 되는 것이다.

끼워 팔기를 위한 안드로이드

아이폰으로 대변되는 스마트폰 이전의 통신업계의 상황을 보면, 휴대폰에 탑재되는 모든 서비스에 대한 통제권은 제조사와 통신사가 갖고 있었다. 하지만 스마트폰 시대가 되면서 통신사의 통제권은 어느 정도 느슨해졌지만 여전히 남아 있다. 따라서 구글 입장에서는 이런 통제권을 애플처럼 수직 통합으로 완전히 가지지 못할 바에야 누구도 갖지 말자고 주장하는 것이 다른 참여자를 설득할 수 있는 전략이 된다.

아이폰에 이은 후발주자로서 구글의 안드로이드가 취할 수 있는 전략은 '완전에 가까운 개방성' 뿐이다. 어설픈 수준의 개방성으로는 시장에 충격을 줄 수 없고, 다른 참여자의 관심도 받을 수 없다. 안드로이드는 '오픈 소스'라는 전략적 결정을 통해 개발사, 제조사, 통신사 모두에게 관심을 받을 수 있었다. 여기서 '오픈 소스'라는 말의 의미를 각자에게 유리하게 해석하면, 자신들이 원하는 것을 저렴한 비용으로 만들 수 있으리라는 '아전인수'격 해석이 가능하게 된다. 아마도 구글은 전 세계에 안드로이드 정도의 기술력 있는 모바일 플랫폼을 진화시킬 수 있는 회사가 그리 많지 않고, 오픈 소스로 공개해도 사실상 그들의 통제력을 유지하리라고 예상했던 것 같다. 현재까지 그 예측은 맞아떨어지고 있다.

구글 중심의 플랫폼 통합의 미래를 예견해보면 다음과 같은 시나리오가 예상된다.

첫째, 고가 시장을 위해서 시장의 주요 제조사를 대상으로 플랫폼 단일화를 더욱 강화하는 것이다. 구글 TV나 GED와 같은 수준으로 이용자 경험(UX)까지 완전한 단일화는 힘들겠지만, 현재보다는 좀 더 하드웨어 디자인의 구성과 성능을 강화하는 쪽으로는 가능하다.

둘째, 앞으로 급격하게 증가할 신흥 시장, 중저가 스마트폰 시장을 위해서는 아예 하드웨어 플랫폼까지 구글이 직접 디자인해서 참조 모델 형태로 개방하는 것도 생각해볼 수 있다. 첫 번째 접근에 비해서 보다 많은 제조사를 끌어들일 수 있으면서 플랫폼의 단일화도 보다 빠르게 꾀할 수 있다. 신흥 시장에 물량 위주로 접근하는 제조사끼리 완전 가격 경쟁을 하도록 유도하기 위해서 그들이 더욱 빠르게 시장에 접근할 수 있는 기술을 무상으로 제공하는 것이다. 최근 구글이 MODU라는 제조사의 특허를 5백만 달러에 인수한 것이나, 과거 앤디 루빈(구글이 인수하기 전 안드로이드 사의 CEO, 현재 구글의 모바일 부문 수석 부사장)과 함께 사이드킥(SideKick)이라는 스마트폰 제품을 만들었던 핵심 인력을 다시 구글로 영입하는 상황을 볼 때 충분히 예상되는 시나리오이다. 이 경우 안드로이드는 점점 윈도폰7과 유사하게 하드웨어 사양의 규격화로 제조사에게 제안될 것이고, 하드웨어 디자인의 차이는 거의 없어져 독립 개발사 입장에서는 하나의 플랫폼으로 인식하고 개발할 수 있을 것이다.

구글이 모토로라를 인수한 배경과 그 미래

최근에 구글이 모토로라를 인수한 배경이 이러한 전략적 방향을 확대하기 위해서라는 예측이 일부에서 나오고 있지만, 이것은 특허 전쟁에서 안드로이드 생태계를 지키기 위한 목적이 우선이지 수직 계열화를 위한 것은 아니라고 생각한다. 현재의 특허 분쟁에서 구글이 적극적인 방어를 펼치지 않는다면, 어렵게 구축한 안드로이드에 협력적인 제조사들이 안드로이드 제품의 출시를 포기할 확률도 높기 때문이다.

물론 구글이 모토로라를 통해서 위에서 언급한 2가지 전략적 방향을 모두 추진해볼 수도 있다. 고가 제품군은 모토로라를 통해 플랫폼 단일화를 추진할 수도 있다. 하지만 현재 시장의 판도를 볼 때 모토로라의 시장점유율을 가지고는 힘들 것으로 예상된다. 그렇다고 두 번째 접근을 모토로라에 적용하기에는 모토로라의 시장 위치가 맞지 않다. 따라서 IBM이 PC사업을 레노버에게 넘긴 것처럼 구글이 특허를 제외한 모토로라를 다시 다른 제조사에게 매각할 것이 유력하다고 여겨진다.

❷ 제조사 중심의 플랫폼 세분화 : 전용 기기별 세분화로 시장 확대

두 번째 시나리오는 다양하게 세분화될 시장별로 최적의 하드웨어 디자인이 나오면서 전문 기기별로 안드로이드 플랫폼이 개발되고 시장은 확대되는 것이다.

이미 이러한 방향으로 제조사들의 다양한 시도가 진행되고 있다. 제조사로서는 안드로이드에 기본적으로 내장되는 구글 앱만으로는 차별화를 이룰 수 없고, 경쟁사와 플랫폼이 동일하다면 가격 경쟁을 하거나 약간의 하드웨어 디자인만으로 경쟁해야 한다고 여길 수밖에 없다. 이는 곧 경쟁력 하락을 의미한다.

중장기적 전략적 관점에서 보자면, 고가 시장을 목표로 하는 안드로이드 기반의 스마트폰 및 태블릿 PC 제조사들은 하드웨어와 소프트웨어가 수직 통합된 형태로 어느 정도는 독자성을 가지는 안드로이드 기반의 플랫폼을 시장에 제공해서 자사만의 차별화된 제품을 고객에게 판매할 수 있어야 한다. 결과적으로 이미 생성된 고객을 기반으로 독립 개발사들과의 관계에 있어서도 각 제조사에 친화적인 파트너를 만들어야 한다.

이는 HP의 웹 OS처럼 완전한 독자 OS를 가지고 다른 플랫폼과 호환성이 거의 없는 생태계를 구축하는 것보다는 상대적으로 투자 대비 효과가 높고, 기본적으로 안드로이드 플랫폼을 활용해 안드로이드 마켓 대부분의 앱에 기본 호환성을 제공하면서 자사만을 위한 앱 개발을 유도해서 제품과 생태계의 차별화를 지향하는 것이다. 현재 소니는 전용 기기별로 시장 세분화가 진행되고 있다. 소니에릭슨의 게임기 스마트폰, 소니의 태블릿 PC 사례를 통해 그들의 생태계 구축 현황을 알아보고 그 미래를 예측해보겠다.

플레이스테이션 생태계를 활용하려는 소니의 전략

소니는 최소한 게임업계에서만큼은 대단한 브랜드 파워와 개발사에 신뢰를 주는 생태계를 가지고 있다. 과거 닌텐도가 독주하던 가정용 게임 시장에서 혁신을 일으켜 빠르게 플레이스테이션 1으로 시장이 넘어오게 만들었고, 그 명성을 플레이스테이션 2와 3으로 이어갔다. 현재 플레이스테이션은 가정용 게임기 시장에서 세계 3대 플랫폼 중 하나로 자리를 지키고 있다.

물론 스마트폰/태블릿 PC 시장에서는 하드웨어와 소프트웨어의 수직 통합형으로 독자적인 생태계를 구축하는 것이 애플 이외에는 쉽지 않다. 소니와 소니에릭슨도 이 사실을 잘 알고 있고, 새로운 시장에서는 기존의 접근과는 달리 안드로이드를 활용하면서 제한적으로 그들만의 생태계를 구축하려 하고 있다. 이것이 바로 소니의 플레이스테이션 스위트(PlayStation Suite) 플랫폼 전략이다.

이러한 전략은 소니의 기존 접근법과는 많은 차이가 있는 것에 주목할 필요가 있다. 과거 소니의 플랫폼 전략은 모든 하드웨어와 소프트웨어의 유통을 소니가 통제하여 제공하는 것이었다. 플레이스테이션이 그랬고, PSP 또한 마찬가지였다. 하지만 플레이스테이션 스위트는 계열사인 소니에릭슨의 스마트폰을 통해서 제공될 뿐 아니라 소니가 직접 제조하는 S1, S2라는 태블릿 PC에서도 제공되며, 심지어는 폐쇄적인 수직 통합 플랫폼이던 PSP 게임기의 차세대 제품인 피에스비타(PS VITA)에서도 제공된다.

이것은 결국 소니가 혼자서는 모바일 게임 생태계를 만들 수 없다는 사실을 인정한 것이다. 더군다나 경쟁사까지도 '플레이스테이션 서티파이드(PlayStation Certified)'라는 하드웨어 인증을 통해서 플레이스테이션 스위트 플랫폼을 탑재할 수 있고, 결과적으로 경쟁사 스마트폰이나 태블릿에서도 플레이스테이션 스위트 플랫폼용 게임이 공급될 수 있게 했다.

소니의 이런 접근은 아이폰의 생태계와는 사뭇 다른 결과를 만들어낸다. 원칙적으로 아이폰용 게임은 모든 아이폰 플랫폼 기기에서만 동작하며, 이는 단일 플랫폼으로 게임 개발사에 제공되고 있다. 하지만 소니의 플레이스테이션 스위트 플랫폼은 모든 안드로이드 스마트폰에 탑재되는 것도 아니고, 구글의 안드로이드 기본 플랫폼에도 포함되지 않을 것이다.

플레이스테이션 스위트는 오픈 소스 형태가 아니라서 해당 게임들은 소니가 인증한 하드웨어에서만 작동된다. 결국 플레이스테이션 스위트는 안드로이드의 전체 생태계 관점에서는 상당히 제한적인 시장이 될 수밖에 없다.

그러나 소니가 판매하는 피에스비타가 의미 있는 규모 이상의 초기 시장을 형성하면 게임 개발사는 플레이스테이션 스위트 호환 게임을 개발할 가능성이 높아지고, 이에 따라 플레이스테이션 스위트가 탑재된 제품의 판매가 증가할 것이다. 그러면 자연스럽게 경쟁사도 플레이스테이션 스위트 플랫폼 탑재를 검토하게 될 것이고, 결국 플랫폼 생태계의 선순환이 시작될 가능성이 있다. 즉 핵심은 플레이스테이션 스위트가 탑재된 제품이 얼마나 빨리 의미 있는 시장 규모를 가지느냐에 있다.

전용 기기가 만드는 시장 규모가 핵심

결국 안드로이드 기반의 시장이 확대되면서 각 제조사는 차별화된 시장에 자리 잡기 위해서 다양한 시도를 할 수밖에 없다. 어느 제조사의 안드로이드 플랫폼이 살아남느냐 하는 것은 누가 초기에 시장 규모를 만들 수 있느냐에 있다. 소니의 게임기 스마트폰이든 반즈앤노블의 e북 리더이든 적절한 규모의 고객 기반을 만들 수만 있다면, 어느 정도 기존 앱과 호환성을 제공해서 안드로이드 생태계를 활용하면서 각자 시장을 만들 수 있을 것이다.

개발사 입장에서는 안드로이드 생태계의 파편화라고 볼 수도 있지만, 각자 다른 고객층을 위해서 차별화된 하드웨어 디자인과 커스

터마이즈된 안드로이드 플랫폼으로 시장을 세분화하는 것이 전략적으로 옳은 방향일 수도 있다. 결국 세분화된 시장의 규모가 문제이지 시장 세분화 자체는 문제가 아니다.

이는 결국 아이폰도 마찬가지여서 초기에는 아이폰 앱이 아이패드에서 동작하는 것이 관심을 받았지만, 지금은 아이패드 전용 앱이 별도로 개발되고 있다. 즉 안드로이드 기반으로 독립적인 태블릿 PC 시장을 만드는 것이나, 애플에서 아이폰과 아이패드가 별도의 플랫폼으로 발전하고 있는 것은 사실상 마찬가지라는 뜻이다.

❸ 제조사 중심의 컨버전스 플랫폼화 : 클라우드 기반의 서비스 플랫폼화

세 번째 시나리오는 제품 시장별로 세계 1, 2위를 하는, 다양한 제품군을 가진 삼성이나 LG와 같은 기업에게 필요한 방향이다. 전 세계적으로 가전제품부터 TV, PC, 모바밀 기기까지 다양한 제품을 공급하는 회사는 그리 많지 않다. 이렇게 넓은 사업 영역과 제품군을 가진 회사의 고민은 그들의 다양한 제품군을 품을 수 있는 플랫폼 전략의 부재다. 이런 전략을 엔스크린(N-Screen) 전략 또는 컨버전스 전략이라고 한다.

최근 급격하게 클라우드 기술이 발전되고 확산됨에 따라 클라우드 인프라의 유지비는 더욱 저렴해졌고, 이것은 다시 모바일 시장에서 서비스 제공 구조에 영향을 끼치고 있다. 과거 10년 전부터 업계가 꿈꿔왔던 미래 시나리오는 사용자가 원하는 콘텐츠를 각 제품에서 보관하다가 서로 쉽게 연결하고 이를 전달하는 방식이었다면, 클라우드 시대에는 이 구조가 완전히 달라지고 있다.

클라우드 기반의 서비스 시대로

IT에서 연결(Connectivity) 기술의 목표는 제품 간의 '연동'과 '미디어 파일'의 전달이다. 앞으로는 '클라우드'를 기반으로 '콘텐츠와 서비스'를 제공해주는 형태가 인기를 끌 것이다. 사용자가 훨씬 이해하기도 쉽고 이용하기도 쉬울뿐더러 서비스 개발도 단순해서 개발비도 저렴해질 것이다.

이미 음악 서비스는 대부분 클라우드 기반으로 변하고 있다. 애플의 아이튠즈와 같이 과거 10년 동안 PC를 통해서 음악을 내려받고 스마트폰으로 보내는 방식은 이미 구시대적인 방법이다. 소니는 이미 '큐리오시티(Qriocity)'라는 클라우드 기반의 서비스 플랫폼을 통해서 '무제한 음악(Unlimited Music)'이라는 음악 스트리밍 서비스와 VOD 서비스를 제공하고 있다.

아마존은 클라우드 기반의 음악 서비스에서 보다 진보적인 모델을 제공하고 있다. 클라우드의 음악 저장 공간에 소비자의 파일을 올리고 언제 어디서든 즐길 수 있도록 하고 있다. 구글의 뮤직 서비스도 거의 유사한 모습을 보여주고 있다. 미국에서 유명한 VOD 서비스인 넷플릭스, 훌루 또한 마찬가지이며, 국내의 IP TV나 VOD 서비스 모두 사실상 클라우드 기반이라고 볼 수 있다.

더 이상 우리는 PC의 하드디스크에 메일 내용을 보관하지 않는다. 다양한 제품에서 이메일을 사용하고 있지만, 실제 대부분의 이메일은 인터넷 속 가상공간인 클라우드에 보관되어 있다. 즉 콘텐츠 자체를 내 기기에 직접 보관하고, 기기를 서로 연결하고 전달하는 과거의 방식을 벗어나, 클라우드에 대부분의 자료를 보관해두고 다양한 스크린 기기를 통해 여기에 '접근(Access)' 하는 것이다. 즉 콘텐츠를 개인이 직접 보유하고 관리하는 방식이 점차 줄어들고 있다.

클라우드 기반의 서비스는 본질적으로 멀티스크린 제품을 위한 것이다. 이런 서비스를 통해 전 세계로 어떤 미디어든지 손쉽고 저렴하게 제공할 수 있다. 따라서 다양한 제품군을 가진 제조사에게 클라우드 기반의 서비스 플랫폼 구축은 피할 수 없는 흐름이다. HTC는 2011년 클라우드 기반의 비디오 서비스 플랫폼 회사인 사프론 디지털(Saffron Digital)에 500억 원 이상을 투자했으며, 삼성전자도 2010년 소셜 허브 서비스를 시작으로 2011년 9월에는 삼성 메신저인 '챗온(ChatOn)' 을 출시했다. 또한 올해 안에 애플의 아이클라우드와 유사한 '웹센트리(Web-centry)' 를 준비하는 것으로 알려졌다.

서비스 플랫폼이 필요한 이유

사실 5년 전까지만 해도 PC나 스마트폰을 제외한 제품들은 전자제품이라고는 부를 수는 있어도 '정보기기' 라고 부르기에는 민망할 정도로 단순했다. 하지만 최근 기술의 발전과 제품 간의 컨버전스 경향으로 시장 간의 경계가 점차 모호해지고, 기술도 업계의 영역을 넘어 사용되면서 기존의 전자제품이 똑똑해지기 시작했다. 휴대폰과 태블릿 PC에 이어서 TV가 스마트해지고 있고, 냉장고와 청소기, 에어콘, 자동차가 차례로 순서를 기다리고 있다. 이렇게 다양한 하드웨어 디자인을 가진 제품들이 모두 '정보기기'화 된다면, 개발 효율성을 위해서는 이들 간에 단말 플랫폼이 통일되어 있는 것이 개발비 관점에서는 제일 좋은 환경일 것이다.

하지만 앞서 말했듯, 동일한 안드로이드 OS를 가지고도 전용 기기를 위한 플랫폼 세분화가 진행되고 있다. 구글이 스마트폰/태블릿 PC와 구글 TV 간의 플랫폼을 다시 통합하려고 노력하고 있지만, 전 세계 어느 회사도 아직 모바일 제품과 TV를 하나의 플랫폼으로 제공하는 곳은 없는 상황이다.

플랫폼 경쟁의 후발주자인 다른 제조사가 자체적으로 엔스크린을 위한 단일화된 단말 플랫폼을 개발한다는 것은 쉽지 않은 도전이다. 물론 노키아도 이를 목적으로 자체 OS '미고(Meego)' 개발에 힘썼지만 결국 포기한 상태이다. 유일하게 TV와 PC 그리고 스마트폰까지 통합된 플랫폼을 제공하는 MS도 3가지 플랫폼을 통합하는 데 어려움을 겪고 있다. 그나마 엑스박스 기반의 게임 플랫폼 정도가 가능성이 높다.

따라서 제조사가 세계적 규모로 서비스를 제공하기 위해서는 클라우드를 구축하고, 다음 단계로 이를 플랫폼화하여 내부의 다양한 제품에 제공하고, 이를 공통으로 사용해야 한다. 이러한 서비스 플랫폼을 외부 개발사에 개방한다면 생태계 내에서 리더십도 확보할

수 있다. 이러한 클라우드 기반의 서비스 플랫폼의 장점은 단말 플
랫폼의 종속성을 줄일 수 있다는 점이다. 만약 이렇게 서비스 플랫
폼으로 생태계 내에서 리더십을 확보할 수 있다면, 굳이 단말 플랫
폼 회사에 운명을 맡기지 않아도 될 것이다.

플랫폼 전략으로 성공을 거둔 페이스북

플랫폼 개방으로 싸이월드를 누른 페이스북

미국에서 페이스북이 인기를 끌기 전 한국에서는 싸이월드가, 미국에
서는 마이스페이스가 SNS 시장에서 먼저 자리잡고 있었다. 2003년에
서비스를 시작한 마이스페이스는 음악 콘텐츠로 인기를 끌기 시작해
2006년도에는 가입자 수를 기준으로 보자면 페이스북과는 비교도 안
될 정도로 우위를 점하고 있었다. 그러나 이후 페이스북의 가입자 수
가 늘어나면서 두 SNS는 자연스럽게 경쟁하는 관계가 되었고, 마침내
페이스북이 역전하는 상황이 연출되었다.

페이스북은 대학생 전문 커뮤티니로 시작되었다. 그런데 어떻게 마
이스페이스를 누르고 더 큰 SNS 사이트로 성장할 수 있었을까? 그 성
공 요인은 바로 페이스북의 플랫폼 개방에 있었다.

마이스페이스는 우리나라의 싸이월드와 비슷한 구조를 지녔다. 마
이스페이스는 더 많은 가입자를 확보하기 위해서 그들의 서비스 플랫
폼을 공개하지 않았다. 즉 자신들의 서비스 플랫폼을 다른 업체가 활

용하는 것을 반기지 않았다. 당연히 외부 개발사에 자신들의 서비스 플랫폼을 개방하는 전략은 고려되지 않았다.

후발주자였던 페이스북은 다른 노선을 선택했다. 페이스북은 기본적인 기능은 자신들이 개발해서 제공했지만, 다양한 부가적 기능이나 게임들은 외부 개발사가 만들 수 있도록 지원했고, 그들의 핵심이라고 할 수 있는 고객들의 친구관계 정보를 외부 개발사가 활용할 수 있도록 했다. 마침 마이페이스를 기반으로 다양한 부가 사업을 하려고 했던 외부 개발사 입장에서는 페이스북의 플랫폼 개방이 아이폰의 앱스토어와 유사한 구조를 제공하게 된 것이다.

외부 개발사에 의해서 페이스북에 다양한 기능과 게임들이 제공되기 시작하자 페이스북의 가입자 수가 늘기 시작했고, 마침내 마이스페이스 가입자 수를 넘어서기 시작했다. 페이스북은 자체가 서비스이면서, 이를 플랫폼화하여 다른 개발사들에게 사업할 수 있는 공간을 열어줌으로써 시장을 더욱 확대하는 선순환을 만들어냈다. 싸이월드나 마이스페이스가 페이스북에 자리를 내준 결정적 이유는 바로 플랫폼 전략의 유무 차이였다.

페이스북의 친구관계가 페이스북 성공의 힘

여기서 주목할 것은 페이스북이 아이폰이나 안드로이드와는 달리 어떠한 하드웨어나 소프트웨어적 성격의 플랫폼을 가지고 있지 않다는 사실이다. 현재 업계에서는 모두들 이런 플랫폼 경쟁력을 가지고 있지 못하면 미래가 어둡다는 식으로 이야기하고 있다. 그런데 어째서 그런 플랫폼 하나 가지고 있지 않는 페이스북이 시장 가치가 100조 원에 달할 정도로 성장할 수 있었을까? 그 이유는 바로 본질적인 플랫폼의 경쟁력은 양면시장의 핵심인 참여자의 네트워크 효과에서 비롯되기 때문이다.

예를 들면 애플 생태계의 핵심 경쟁력은 단순히 아이폰이나 OS 소프트웨어 기술력보다는 2억 명의 고객 기반과 30만 개의 앱을 개발하는 외부 개발사의 협력관계에서 비롯된다. 유사하게 안드로이드도 플랫폼 자체의 기술력도 중요했지만, 초기에 구글의 고객 기반이 2억 명(2011년 5월 지메일 고객 기준)이었고, 이 고객들이 초기 안드로이드 제품을 구매해줌으로써 시장의 선순환을 만들어냈다는 점이 성공 요인으로 해석되고 있다. 이처럼 아이폰이나 안드로이드 플랫폼의 핵심 경쟁력 중 하나는 바로 일반 고객과의 관계이다. 그 경로가 앱스토어와 안드로이드 마켓이기 때문에 개발사들이 몰려들고 있는 것이다.

마찬가지로 페이스북은 2011년 9월 현재 전 세계적으로 8억 명의 회원 수를 확보해 고객관계를 만들었다. 페이스북과 고객의 1 대 1 관계도 중요하지만, 고객들의 친구관계가 보다 중요하게 적용했다. 마케팅적으로 매우 중요한 네트워크 관계이기 때문이다. 기존에 구글의 지메일이나 검색과 같은 인터넷 서비스가 갖고 있던 관계는 고객과 1 대 1 관계였고, 이를 기반으로 광고 등을 수주하면서 수익을 창출했다. 하지만 페이스북에 있는 친구관계는 실질적인 친구관계로서, 이러한 관계를 기반으로 콘텐츠나 제품을 추천하게 되면 소비자 입장에서는 이를 훨씬 능동적으로 받아들일 가능성이 높다. 다시 말해 지메일의 일방적인 광고는 잘 받아들이지 않게 되지만, 친구가 '좋아요' 버튼을 누른 제품이라면 한 번 더 보게 된다는 것이다.

결국 구글과 애플이 고객과의 관계 네트워크인 앱스토어를 활용하여 생태계를 주도하듯이, 페이스북은 친구관계를 기반으로 다양한 앱 개발사들을 불러 모으게 되었고, 이제 거의 독립적인 생태계를 만들 수 있었다.

플랫폼, 미래 경쟁력의 핵심

핵심 경쟁력은 플랫폼 기반의 생태계 구축 능력

PC업계에는 다양한 제조사가 존재하고 있지만, 크게 두 업체에 의해 주도되고 있는 실정이다. 하나는 인텔이고, 다른 하나는 MS다. 이 두 업체 모두 하드웨어와 소프트웨어에 대한 플랫폼 업체로서 PC업계에서 가장 많은 수익을 올리고 있으며, 가장 핵심 기술을 플랫폼이란 형태로 제조사들에 제공하고 있다.

결국 플랫폼 업체의 핵심 역량이란 다양한 외부 개발사들이 그들의 부가 제품을 만들 수 있도록 플랫폼을 잘 만드는 것이 그 첫 번째고, 부가 제품이 팔리도록 고객을 확보해주는 것이 그 두 번째다. 따라서 향후 어떤 업계든지 특정 제품이 단순히 판매만으로 그치지 않고 부가적인 콘텐츠나 서비스가 형성돼 판매될 수 있다면, 그 시장에서는 플랫폼 기반의 생태계 구축 능력이 핵심 경쟁력이 될 것이다.

전자책을 손에 쥔 아마존의 돌진

전자책으로 대변되는 향후의 출판시장에서도 플랫폼 경쟁력이 시장을 주도할 핵심 경쟁력이 될 것이다. 이미 킨들로 전자책 시장의 선두 플랫폼 사업자가 된 아마존은 지난 9월 킨들 파이어를 출시하며 태블릿 PC경쟁에 뛰어 들었다. 이미 출시한 자체 앱스토어와 2억 명 규모의 고객 데이터 베이스, 음악, 책 등 콘텐츠 마켓은 향후 태블릿 PC경쟁에서 유리하게 작용할 것이다.

자동차의 플랫폼화를 기다리며

이제 다음 세대의 플랫폼 전쟁은 자동차 산업으로 이어질 것이다. 자동차는 현재 우리가 사용하고 있는 많은 디지털 제품과의 연동이 중요한 또 하나의 플랫폼이다. 이미 많은 내장 부품들이 전자 제품화되어 가고 있고, 고객 기반이 넓다.

휴대폰이나 MP3 플레이어와 같은 제품과의 연동으로 자동차 자체가 하나의 플랫폼적인 속성을 이미 갖고 있지만, 단순히 자동차 내장 스피커에서 휴대폰의 음악이 나오는 수준의 연동이 아닌 자동차의 내장 스크린이 또 하나의 스마트 제품이 될 수 있다. 이미 전 세계 주요 자동차 회사들은 이러한 플랫폼 경쟁을 대비하기 시작했고, 노키아와 주요 자동차 회사들은 미고라는 플랫폼을 기반으로 이에 대한 실험을 진행하고 있다. 이런 기술 연합체에 국내 자동차 제조사도 참여하고 있다.

모바일 소셜 플랫폼을 기다리며

페이스북이 PC 기반의 인터넷 서비스로 시작해서 하나의 플랫폼으로 발전하고 생태계를 만들었다면, 아마도 다음에는 스마트폰 기반의 모바일 소셜 네트워크가 플랫폼화되지 않을까 싶다.

휴대폰 안에 들어 있는 연락처는 사실상 훌륭한 소셜 네트워크라고 볼 수 있다. 그 관계의 힘을 활용하면 빠르게 새로운 서비스나 콘텐츠를 추천할 수 있다. 이러한 접근은 이미 페이스북을 통해 검증된 전략이기도 하다. 최근에는 카카오톡이 그런 노력을 시작했고, 다음의 마이피플이 그 뒤를 추격하고 있다. 삼성전자의 챗온도 단순한 메시징 서비스가 아니라 플랫폼화를 계획하면서 시작한 것으로 보인다. 따라서 바로 내년부터 시작될 본격적인 경쟁은 스마트폰에 쌓여 있는 소셜 네트워크인 주소록을 누가 제대로 소셜 서비스화하느냐가 관건이 될 것이다.

9장

융합경제의 탄생
Augmented economy

현대인은 매우 바쁘다. 발달된 기술은 생활의 편리함을 불러왔지만 그만큼 일 처리 속도도 빨라져 더 많은 일을 처리하고 있다. 게다가 여성의 사회 진출이 활발해져 맞벌이족, 싱글맘, 워킹맘이 늘고 있으며, 가족 형태의 변화로 나 홀로 사는 족도 늘고 있다. 이렇다 보니 시간이 돈이다. 같은 일일지라도 시간과 동선을 줄이는 게 돈을 버는 일이다.

장보기도 그중 하나다. 장보기는 상당히 귀찮은 일이긴 하지만 또 중요하긴 하다. 나 홀로 족들이나 싱글맘, 워킹맘에게는 더욱 그렇다. 사람이 굶고 살 수는 없으니까 말이다. 맞벌이족에게도 상 차리는 일은 문제다. 하지만 이들 모두 주중에는 바빠서 시장에 갈 시간을 낼 수가 없다. 그래서 보통 주말을 이용해 일주일치 장을 보는 게 최근의 보편적 현상이다. 금요일 저녁부터 일요일 저녁까지 대형마트에는 사람이 무진장 붐빈다.

하지만 스트레스가 만만치 않다. 너무 많은 상품 속에서 무엇을 골라야 할지도 고민이고, 사람들의 홍수 속에서 부딪히는 카트도 문제다. 원스톱으로 원하는 물건을 모두 구매할 수 있지만, 쾌적하고 편리한 쇼핑은 거리가 멀다. 그런데 이러한 고민과 상황을 해결해줄 새로운 시스템이 등장했다.

출근길 지하철역. A씨는 지하철을 기다리며 스크린도어 옆면에 진열된 상품을 이리저리 둘러보며 고르고 있다. 그러다 한 코너에서 원하는 물건을 발견했다. A씨는 즉시 스마트폰을 꺼내들고 관련 앱을 실행시킨 다음 상품 아래 부착된 QR 코드에 갖다 댄다. 이렇게 읽힌 QR 코드는 A씨의 상품 구매 주문으로 이어진다. 즉 A씨는 지금 스마트폰과 QR 코드를 이용해 지하철역에서 물건을 주문한 것이다. 이렇게 주문한 물건은 A씨가 퇴근하는 시각에 맞춰 집으로 배송된다.

2011년 8월부터 서울 지하철 2호선 선릉역에서 심심치 않게 볼 수 있는 장면이다. 지난 8월, 홈플러스는 지하철 2호선 선릉역에 홈플러스 가상 스토어를 1호점을 열었다. 이 가상 스토어는 제품 사진들이 스크린도어 벽면에 부착되어 있고, 각 제품마다 QR 코드가 등록되어 있다. 관련 앱을 다운로드받고 실행시켜서 스마트폰으로 QR 코드를 읽어 들이면 제품 구매와 동시에 원하는 곳으로 배송 신청을

할 수 있다.

이것은 모바일 환경을 이용한 새로운 쇼핑 시스템이다. 효율적인 라이프스타일을 추구하는 현대인의 모바일 생활에 딱 알맞다. 소비자는 더 이상 장을 보기 위해 전전긍긍할 필요가 없다. 지하철로 출근하고 퇴근하면서 원하는 상품을 간편하게 주문하고 간편하게 받아볼 수 있다. 이제는 쇼핑을 하러 가는 것이 아니라 '쇼핑이 나를 찾아오는' 것이다.

영국의 컨설팅 업체인 '트렌드워칭닷컴'은 오프라인 소매업체들이 온라인 기술을 결합시켜 '소매 르네상스(retail renaissance)' 시대를 열고 있다고 분석했다. 온라인 쇼핑의 성장으로 소매점이 몰락하리라는 예측은 빗나갔다는 것이다. 오프라인 업체들은 온라인과의 결합을 통해 전용 쇼핑몰에서는 제공할 수 없는 차별화된 서비스를 선보이면서 성장을 지속하고 있다는 얘기다.

이처럼 이종 영역의 경제활동 융합은, 온/오프라인 경제의 결합을 넘어서 가상경제와 실물경제의 융합 현상으로까지 발전하고 있다.

온/오프라인의 경계가 사라지다

약세를 보이고 있는 오프라인 매장들

유통업계에서 온·오프라인의 경계가 빠른 속도로 무너지고 있다. 하루 종일 발품을 팔아 질 좋으면서도 저렴한 물건을 찾아다니던 얘기는 이제 추억이 되어버렸다. 이제 전 세계 소비자들은 물건에 대한 정보와 구매 장소를 획득하기 위해서 전전긍긍하지 않는다. 상점이 문을 연 시간에 가기 위해 애쓰지 않는다. 소비자는 더 이상 이런 조건에 얽매이지 않는다. 언제 어디서든 내가 원하는 시간에 구매 정보를 얻을 수 있으며 구매할 수 있기 때문이다.

시내의 대형서점에 가보자. 요즘 문 닫는 서점이 많다지만, 시내의 대형서점엔 늘 사람이 붐빈다. 그런데 유심히 보고 있으면, 이 책 저 책 읽어보고 책을 한참 고르던 손님들이 빈손으로 나가는 것을 적지 않게 볼 수 있다. 이들 가운데 상당수는 집이나 사무실에서 온

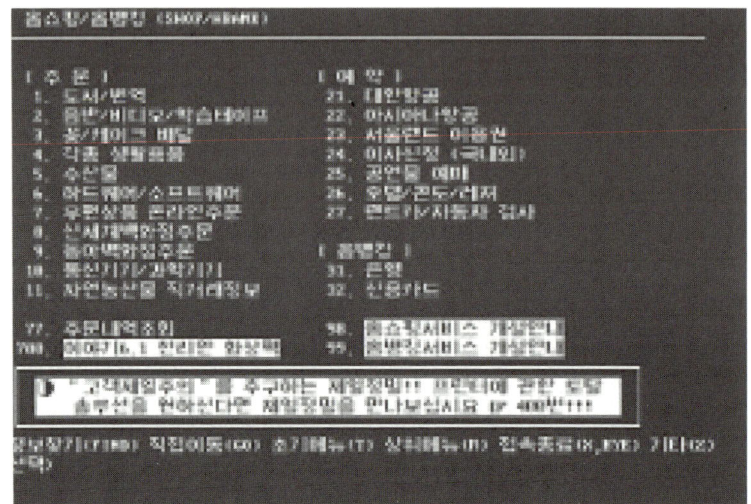

라인 서점에 접속해 오프라인 서점에서 보고 골라놓은 책을 주문한
다. 적게는 10%, 많게는 절반 가까이 할인된 값에 책을 구입할 수
있기 때문이다.

문화관광부와 한국출판연구소가 2007년에 조사한 바에 따르면, 응
답자의 32.2%가 온라인 서점을 이용해 책을 구입한다고 답했다. 특히
'온라인 서점을 이용한다' 는 응답 비율은 나이가 어릴수록 높았다. 이
러한 추세는 점점 심화되어 왔으며, 앞으로도 지속될 것이다.

온라인 상거래의 발전은 비단 인터넷 서점에만 국한되지는 않는다.
책 말고도 많은 상품이 인터넷 쇼핑몰을 통해 판매가 되고 구매가 되
고 있다.

우리나라에서 온라인 상거래는 1980년대 후반, PC통신 시절 홈쇼

342

핑 서비스 형태로 처음 시도되었다. 1989년 10월에 데이콤이 교보문고, 환은신용카드와 공동 개발한 도서주문 시스템을 천리안에서 서비스한 것이 첫 사례다. 그 후 PC통신의 홈쇼핑은 인터넷 환경을 이용한 전자상거래로 진화되었고, 점차 대중화의 길을 걸었다. 열린 인터넷망을 이용해서 상품을 저렴하고 편리하게 구매할 수 있는 장점으로 국내 전자상거래 이용 인구는 급격히 증가했다.

2010년 국내 온라인 쇼핑 총 거래 규모는 25조 1550억 원으로 2005년 10조 6760억 원보다 약 2.4배 성장했다. 전자상거래의 규모는 계속 성장했고, 최근에는 소셜 커머스의 영역으로 확대되고 있다. 이에 따라 전자상거래, 소셜 커머스의 경제적인 영향력 또한 확대되고 있는 추세다.

오프라인 시장을 잠식하고 있는 온라인 시장

인터넷 쇼핑을 이용하는 사람이 늘어나고 온라인 전자상거래가 대중화되자, 오프라인 매장에서는 구경만 하고 실제 구매 행위는 온라인에서 하는 경우가 늘었다. 특히 스마트폰을 비롯한 개인용 디지털 기기가 확대 보급됨으로써 오프라인 매장에서 상품을 구경하는 것과 동시에 자신의 무선 인터넷 디바이스로 즉시 온라인 주문을 할 수 있게 되었다.

소비자가 이러한 쇼핑 형태를 보이는 이유는 간단하다. 인터넷 쇼핑몰에서 구매할 경우 같은 상품이라도 가격이 저렴하기 때문이다. 이처럼 인터넷 쇼핑몰이 오프라인 매장보다 가격이 저렴한 이유는 오프

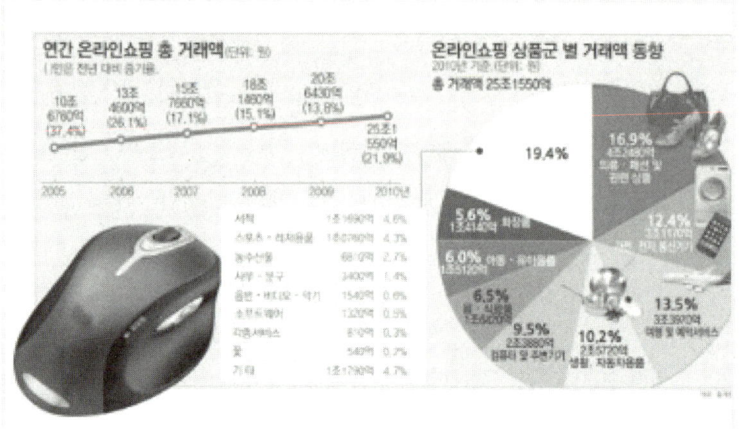

라인 유통 체계에서 필요한 인력 채용 및 확충, 매장 유지 보수에 드는 비용이 발생하지 않기 때문이다.

인터넷 서점의 경우는 오전에 온라인 주문을 한 책을 수도권 지역에 한해서지만 당일 배송을 받을 수 있는 서비스를 제공하고 있다. 급하게 구매해야 하는 책일지라도 오프라인 매장에 가서 직접 구매할 필요가 없다. 오전에 온라인으로 주문을 넣으면 그날 오후에 바로 집에서 책을 받아볼 수 있기 때문이다. 오히려 오프라인 매장에서 구입한 무거운 상품을 직접 운반할 필요 없이 집에 앉아 편하게 받아볼 수 있다는 점에서 더욱 매력적이기까지 하다.

이처럼 오프라인 유통 매장과 온라인 쇼핑몰 간의 경쟁이 치열해지면서, 점차 오프라인 매장의 경쟁력은 약화되는 경향을 보이고 있다.

이에 따라 덩치를 키워오던 오프라인 소매상들의 전략도 점차 무용지물이 되고 있다. 온라인상에서 소비자의 자유로운 선택은 이제 온라인 쇼핑몰 간의 무한 경쟁으로 치닫고 있고, 젊은 세대들은 더 이상 오프라인의 거대 상점들이 매력적인 경험을 제공하지 않는다고 느끼며 멀리 한다. 미국에서는 유수의 백화점들이 인터넷 사이트를 통한 구매 서비스를 강화해나가면서 대규모 상점들을 재조정하는 움직임이 일어나고 있다.

이전에는 쇼핑몰이 세상의 중심이었다. 쇼핑몰이 시내 중심가에 자리를 잡고 있으면 사람들이 그곳으로 쇼핑을 하러 갔다. 그러나 이제는 소비자가 세상의 중심이 되었다. 소비자는 이제 시내 중심에 자리 잡은 대형 쇼핑몰을 찾아갈 필요가 없다. 내가 필요한 물건이라면 저기 산골짜기에도 알아서 보내준다. 소매상, 도매상들도 새로운 상품과 획기적인 유통 기술로 소비자의 눈도장을 받기 위해 애쓰고 있다. 덩치만 큰 쇼핑몰을 세워놓는 것만으로는 이제 소비자들을 끌 수 없다. 더 많은 정보의 바다, 인터넷에서의 무한한 선택이 소비자를 기다리고 있기 때문이다.

온라인 상거래의 확대로 인해 오프라인 유통 구조가 위축되고 있는 것은 사실이지만, 전통적인 오프라인 유통망이 완전히 사라지지는 않을 것이다. 오히려 유통 강자로 군림하고 있는 오프라인 대형매장과 온라인이 결합하는 형태로 진화하게 될 것이다.

실제로 이런 현상이 나타나고 있다. 오프라인에 기반을 둔 백화점, 대형마트 등은 이미 자체적인 인터넷 쇼핑몰을 구축하거나 대형 인터넷 쇼핑몰과 제휴를 통해 다양한 이벤트를 펼치며 소비자들을 불러 모으고 있다. 반대로 온라인 오픈마켓들은 오프라인 매장을 구축하는 데 큰 관심을 쏟고 있다. 사진상으로는 아무래도 정보가 부족해 상품 선택을 꺼리는 소비자들에게 직접 와서 보고 만지게 함으로써 선택을 강화하는 것이다. 이 같은 온/오프라인 융합 현상은 소비자 입장에서는 제품을 직접 보고 선택할 수 있으며, 같은 제품을 온/오프라인 모두에서 구입할 수 있다는 점에서 장점으로 작용한다.

국내의 한 대형서점은 자사의 인터넷 쇼핑몰에서 도서를 구매할 경우 여느 인터넷 서점에 뒤지지 않는 할인가와 적립금 혜택을 제공하고 있다. 이는 어차피 인터넷 서점을 이용할 의도를 가지고 단지 구경을 위해 오프라인 서점을 찾은 고객이라면, 이왕이면 자사의 인터넷 상점을 이용하도록 유도하는 것이 합리적이라고 생각했기 때문일 것이다.

이 서점은 또한 고객의 요구에 맞춰 바로 드림 서비스라는 것을 제공하고 있다. 온라인으로 도서를 구입한 후 1시간 이후에 가까운 오프라인 매장에서 상품을 직접 수령할 수 있는 서비스다. 책이 당장 필요

| 그림 4 | 국내 대형서점인 교보문고의 오프라인 매장과 인터넷 교보문고 사이트

하다든가, 좋아하는 작가의 신작을 빨리 보고 싶은데 마침 시내에 나갈 일이 있는 사람들에게 매우 유용한 서비스다. 고객의 동선에 맞춰 오프라인 지점을 선택할 수 있기 때문에 시간과 비용도 절약된다. 1시간 이후라는 시간적 제약이 있지만, 이는 책을 찾아서 준비하는 데 걸리는 시간 때문이니 결국 오프라인 매장에서 직접 도서를 찾아 구입하는 것과 크게 다르지 않다. 인터넷 할인가로 상품을 지불하고 1시간 후에 바로 매장에서 상품을 받을 수 있다니, 소비자 입장에서는 당연히 매력적이다.

대형 할인마트도 이와 비슷한 서비스를 제공하고 있다. 이마트, 홈플러스, 하이마트 등도 별도의 온라인 매장을 개설하고 마케팅에 나서고 있다. 온/오프라인이 동시에 판촉에 나설 경우 제품의 진열과 판매에 이르는 회전이 빨라지는 장점이 있어 소비자 편의 증진과 마케팅 시너지 효과를 얻을 수 있기 때문이다. 또한 이들 온라인 매장 역시 당일 배송 프로그램을 운영하고 있다. 온라인으로 주문을 하면 오프라인 매장에서 상품을 구성해 집으로 배달해주는 것이다. 클릭 하나로 상품을 싸게 주문을 하면서도 집에 앉아 있으면 상품이 알아서 온다. 소비자 입장에서 보자면 이보다 합리적인 쇼핑이 있을 수 없다.

이처럼 기존의 오프라인 매장이 온라인 마케팅 및 판매 영역으로 영향력을 확장하고 있는가 하면, 반대로 온라인 매장이 오프라인으로 진출하는 사례도 나타날 것이다. 특히 온라인 서점의 경우에는 어떤 형식으로든 오프라인 영역으로 진출을 도모하게 될 것으로 보인다. 오프

라인 매장 운영에 필요한 비용절감을 통해 저렴한 가격이라는 장점을 부각시키고 있는 온라인 서점이 오프라인 매장을 개점한다는 것은 다소 역설적이겠지만, 이런 식의 전개가 예상된다.

물론 대부분의 판매 실적은 온라인상에서 달성되겠지만, 오프라인 매장의 개점을 통해 통합 마케팅 활동을 펼칠 수도 있고, 더 나아가 오프라인 매장을 문화공간으로 인식하게 하여 온라인 서점에 대한 홍보 효과도 톡톡히 볼 수 있을 것이다. 애플도 이와 비슷한 시도를 했다. 바로 애플 스토어다. 애플 스토어는 단순히 제품을 판매하는 애플의 매장이 아니다. 애플의 다양한 제품을 직접 보고 만지고 시연해볼 수 있도록 하는 체험 공간으로써의 목적이 더 크다. 이런 서비스를 통해 소비자는 애플의 제품에 더 친근하게 다가갈 수 있으며, 쉽게 선택할 수 있는 요인으로 작용한다. 또한 고객의 체험후기를 직접 들을 수 있으니 고객 의견이나 아이디어 수렴 차원에서도 유용하다.

쇼핑의 새로운 바람, 크로스 채널 커머스

한편 미국에서는 크로스 채널(Cross Channel)이라는 새로운 쇼핑 트렌드가 부상하고 있다. 크로스 채널 쇼핑은 상품에 대한 객관적이고 상세한 검색이 가능한 온라인 커머스의 장점과, 배송비 및 운송기간을 줄일 수 있는 오프라인 커머스의 장점을 연계한 쇼핑 형태이다. 미국의 시장조사 기관인 포레스터 리서치는 미국의 크로스 채널 커머스 시장 규모가 2015년까지 1조 5500억 달러로 성장해 전체 소매시장의 44%를 차지할 것으로 전망했다.

크로스 채널 쇼핑은 상품의 무한 검색 및 비교, 최저가 구매가 가능한 온라인 커머스 장점과 상품을 직접 확인한 후 구매의사를 확정하는 오프라인 커머스의 장점을 모두 충족하길 원하는 소비자들의 요구가 반영되어 탄생했다. 기술의 발전으로 온라인 커머스와 오프라인 커머스의 경계를 넘나드는 쇼핑이 가능해지면서 기존 '웹 기반 판매(Web-based sales)'에서 '웹의 영향을 받은 판매(Web-influenced sales)'로 커머스 플랫폼이 진화하고 있는 것이다.

크로스 채널 커머스는 소비자의 만족도를 상승시키는 동시에 판매자의 매출 증대도 가져온다. 크로스 채널 쇼핑을 통해 소비자들은 상품을 온라인상에서 검색만 하는 것이 아니라 상품을 직접 확인하고 체험할 수 있으며, 구매의사를 확실히 결정할 수 있다. 따라서 반품의 가능성과 이중 배송비 지출의 가능성을 대폭 줄일 수 있다.

판매자는 온라인 홍보를 통해 소비자가 직접 오프라인 상점을 방문(Foot traffic)하도록 유도함으로써 더 높은 단가의 상품을 구매

크로스 채널 쇼핑 형태를 취하고 있는 용산의 한 컴퓨터 매장. 오프라인 매장임에도 불구하고, 데스크의 컴퓨터를 통해 상품 검색과 주문을 한다. 상품을 현장에서 즉시 받아간다는 점 외에는 온라인 쇼핑몰에서 주문을 넣는 것과 별 차이가 없다

(Upselling)하도록 하거나 추가구매(Cross-selling)도 기대할 수 있다. 포레스터 리서치에 따르면, 실제로 소비자의 45%가 오프라인 상점에서 추가 구매를 한 적이 있으며, 직접 사러 오기 전까지는 알지 못했거나, 불필요하거나 원하지 않았던 품목에 대한 추가구매 비용으로 평균 154달러를 지출했다고 응답했다.

앞서 살펴본 온/오프라인 융합형 쇼핑 업체가 생겨나는 것과 마찬가지로, 앞으로는 소비자 역시 온라인과 오프라인을 구별하지 않게 될 것이다. 과거에는 전통적으로 매장에서 소비를 하는 계층과 집에서 편안하게 온라인 쇼핑을 즐기는 계층이 명확히 구별되었다면, 앞으로는 그러한 구분 없이 오프라인과 온라인을 불문하고 필요에 따라 자유롭게 원하는 상품을 구매하는 패턴으로 나아갈 것이다. 스마트폰을 비롯한 다양한 휴대용 디지털 기기로 인터넷 상시 접속 환경이 전혀 낯설지도 않고 거부감도 없는 디지털네이티브 세대가 주역이 되고 있는 이 시점에 더 이상 온라인과 오프라인 쇼핑의 구분은 필요하지도 않고 의미도 없을 것이다.

융합으로 확대되는 비즈니스 기회

IT 기술의 발전이 비즈니스 환경에 끼친 영향은 비단 IT산업 영역에만 국한되지는 않는다. 온라인 인프라 및 IT 환경은 기존의 전통산업, 즉 오프라인 비즈니스의 성장을 돕는 역할을 한 측면도 있다. 온라인화로 대표되는 IT 기술과 그 인프라가 IT 산업뿐 아니라 기존의 전통적 비즈니스 영역에 있어서도 시너지 효과를 가져왔다.

위치 기반 서비스, 상품을 넘어 일상의 변화로

이동통신망 등을 통해 얻은 위치 정보를 활용하여 이용자에게 유용한 기능을 제공하는 서비스를 위치 기반 서비스(LBS : Location Based Service)라고 한다. 원래 군사용으로 개발된 GPS는 그 효용성이 입증되었고, 최근에는 수신 칩의 소형화와 가격 하락, 통신망의 발달과 신기술에 의한 측위 오차 감소로 인해 활용범위가 더 넓어졌다. 현재는 상업용 서비스에도 널리 활용되고 있다.

LBS는 개인의 일상생활에도 깊숙이 파고들었다. 휴대폰, 모바일 단말, 차량용 네비게이션 등 다양한 분야에 응용되어 생활 속의 서비스로 활용되고 있다. 또한 물류 및 자산 관리 시스템에도 적용되어 기업의 효율성을 높여주고 있을뿐더러 차량의 위치 정보를 활용해 도로교통 및 차량 안전에 대한 정보를 제공하며, 대중교통의 효율적 운영을 위한 지능형 교통 시스템의 기반으로도 활용되고 있다.

최근 많은 IT 기업들이 LBS를 이용한 새로운 사업 영역을 개척하고 있다. 그 대상은 사람이 될 수도 있고 사물이 될 수도 있다. 먼저 사람의 위치 정보를 통해 비즈니스 기회를 창출하고 있는 사례들을 살펴보자.

네이버의 '거리뷰'는 모바일 웹에 지도를 이용해 위치 기반 지역 검색 서비스를 도입했다. 네이트 역시 LBS와 지도를 결합해 '360도 액션 뷰' 서비스를 제공하고 있다. LBS는 단순한 지도 서비스뿐 아니라 다양한 부가 서비스 개발을 위한 소재로도 활용할 수 있는데, SNS 중 하나인 '후즈 히어(who's Here)'와 '1킬로미터'는 위치 기반의 인맥 쌓기 서비스로서, 나와 가까운 곳에 위치한 사람과 새로운 관계를 맺을 수 있도록 여러 기능을 제공하고 있다.

이처럼 LBS는 생활 속에서 우리에게 여러 혜택을 가져다주고 있다. 무엇보다 본인의 위치와 장소에 연계된 비즈니스 기회를 제공한다는 점에서 과거보다 더 많은 경제적 가치를 창출할 수 있을 것이다.

미국 콜로라도에 있는 최대 스키 리조트 회사인 베일 리조트(Vail Resorts)는 위치 기반 서비스인 에픽믹스(EpicMix)를 오픈했다. 이 서비스는 슬로프에서 페이스북의 위치 기반 서비스인 플레이스를 이용해서 체크인을 하고, 슬로프를 내려오면서 존재하는 여러 핀들을 획득하면서 보너스도 받고 다양한 스키 관련 기술을 익힐 수 있다. 또한 자신이 내려온 슬로프 경로를 타인과 공유할 수도 있다.

| 그림 6 | 1킬로미터와 후즈히어 서비스

그렇다면 왜 이렇게 LBS가 주목받는 것일까? 전문가들은 점차 온라인에서 모바일로 패러다임이 옮겨가면서 '공간'이란 개념이 새로운 사용자 경험을 가능케 한다는 점을 든다. 기존 인맥이나 랜덤 추천 방식으로 만들어진 가상의 친구가 아닌 '위치'를 기준으로 새로운 인연을 만드는 데 이용자들이 호감과 흥미를 느낀다는 것이다. 특히 LBS는 플랫폼 효과를 극대화하는 매력적인 장치로 작용할 뿐 아니라 기능적인 재미 요소로 작용하기 때문에 이러한 서비스가 인기를 얻고 있다.

한편 사람의 위치 정보를 활용하는 일은 실외에서뿐 아니라 실내에서도 일어날 수 있다. 최근 들어 옥내 위치 정보를 활용할 수 있는 기술들이 속속 소개되고 있다. 실내에서는 일반 GPS에 의한 위치 정보

탐색이 불가능함에 따라 다른 다양한 IT 장비가 위치를 파악하기 위해 활용될 수 있다. 이런 서비스가 일상화된다면, 이제 백화점 내에서 원하는 매장이 어디 있는지, 내가 차를 어디에 주차해뒀는지 위치를 찾지 못해 헤매는 경우는 사라질 것이다.

2011년 초에 KT와 롯데백화점은 '와이파이 기반 실내 위치 정보 시범 서비스 추진을 위한 제휴협약'을 맺었으며, 롯데백화점 내 올레 와이파이존을 활용하여 위치 기반 정보 제공 서비스를 선보일 예정이라고 밝힌 적이 있다. 이 시범 서비스는 KT의 실내 위치 정보 서비스 플랫폼을 기반으로 하는 것으로, GPS가 수신되지 않는 실내 공간에서 와이파이를 통해 실내 위치를 인식해 이동 경로 안내 서비스를 제공하고, 실내 지도 및 증강현실 기능을 통해 매장, 각종 행사 정보, 편의시설, 주차장 위치 등을 스마트폰에서 한눈에 찾아볼 수 있게 했다. 또한 주요 장소에 부착될 QR 코드를 통해 해당 매장의 상세 홍보 내용 및

이벤트 등을 안내받을 수 있게 하였다.

다음은 LBS와 결합한 신규 서비스 '다음 스토어 뷰'를 공개했는데, 스토어 뷰는 온라인 지도상의 길 위에서 사용자가 직접 실내로 들어가 360도 파노라마로 구성된 '실내 뷰'를 볼 수 있는 서비스를 제공해주고 있다.

이번엔 사물의 위치 정보를 이용한 사례를 보도록 하겠다. 사물의 위치 정보를 이용한 사례는 더욱 무궁무진하다. 사물의 위치 정보를 활용하게 되면 여러 가지 편리한 서비스를 만들 수 있다.

자가 운전자라면 낯설고 넓은 주차장에 세워둔 차를 찾기 위해 리모컨 키를 눌러서 차량에서 삑삑 소리가 나도록 하여 차를 찾아본 경험이 있을 것이다. 반대로 생각해보자면, 자동차 키가 어디론가 사라졌을 때 키에서 삑삑 소리가 난다면 사용자 입장에서는 아주 편리할 것이다. TV 리모컨의 경우도 마찬가지다.

"리모컨 찾으려다가 초가삼간 다 태운다."

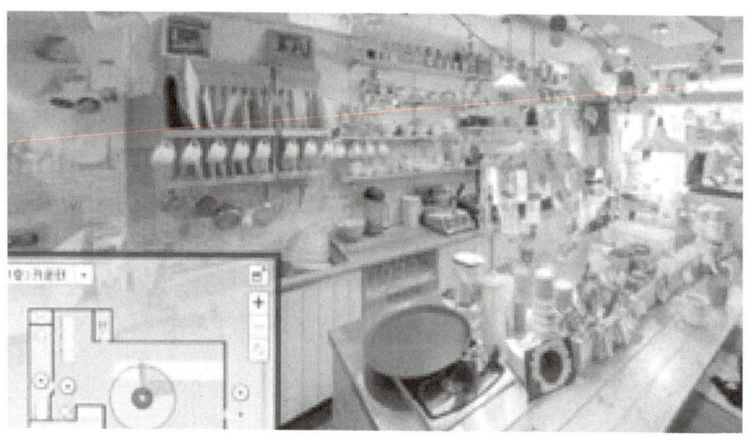

이 말은 원래 '빈대 잡으려다가 초가삼간 다 태운다' 라는 속담을 TV 리모컨을 찾는 일에 빗대어 표현한 것이다. 누구나 한 번쯤 TV를 보려는데 리모컨이 사라져 온 집 안 구석구석을 뒤져본 경험이 있을 것이다. TV 리모컨은 왜 그리 자주 사라지는지, 리모컨을 찾기 위해 애를 먹은 적이 한두 번이 아니다. 이때 TV 본체에 리모컨 찾기 버튼이 있다면 얼마나 좋을까? 이 버튼을 누르면 리모컨에서 벨소리가 울리고, 그 소리를 듣고 대번에 리모컨을 찾을 수 있다면 매우 편리하지 않을까?

과거에는 가정용 무선전화기가 출시되었을 때 이와 같은 기능이 포함되어 있었다. 무선전화기 본체에 부착된 수화기 위치 찾기 버튼을 누르면 수화기에서 알람벨이 울려 '나 여기 있어요' 하고 알려주곤 했다. 만약 무선전화기에 이런 기능이 없었다면 이불 속에 묻혀서 장롱 속으로 들어가버린 수화기를 찾느라 여기저기 뒤져보는 등 여간 고생이 아니었을 것이다.

물론 전화기 본체와 수화기가 본래 통신기기로서의 역할을 수행하는 제품이기 때문에 이러한 위치 찾기 기능이 비교적 쉽게 적용될 수 있었을 것이다. 그러나 TV 리모컨은 그렇지 않다. TV 리모컨은 본체와 양방향 통신을 하는 게 아니라 단지 리모컨에서 본체로 단방향 신호를 보내기만 할 뿐이다. 만약 비용이 더 들더라도 양방향 통신 기능을 리모컨에 내장한다거나, 그 외 사물의 위치를 알릴 수 있는 기능을 포함한다면 매우 편리할 것이고, 리모컨을 찾기 위해 초가삼간을 다 태우는 일은 없게 될 것이다. 다행히도 이러한 비용은 계속 내려가고 있기 때문에 앞으로 충분히 그렇게 될 것이라고 본다.

이처럼 어떤 사물의 위치를 실시간으로 확인할 수 있으면, 금전적이든 정신적이든 우리는 혜택을 얻게 되고 생활은 더욱 편리해질 것이다. 스마트폰이나 DSLR 카메라처럼 값비싼 물건을 잃어버렸을 때 느꼈던 당혹스런 기분, 누구나 경험해봤을 것이다. 이렇게 분실된 제품이 스스로의 위치를 실시간으로 물건 주인에게 알려온다면 분실 물품을 되찾기가 매우 용이해질 것이다.

택배회사는 이미 LBS를 이용해 고객에게 배송 추적 시스템을 제공하고 있다. 택배회사에서 제공하는 배송 추적 시스템은 내가 주문한 물품의 이동 현황을 상세하게 파악할 수 있도록 해준다. 따라서 언제 원하는 물품이 도착할지 예측 가능하게 해주며, 주문한 물건이 제대로 오고 있다는 사실에 안도감마저 느끼게 해준다.

세계적인 택배회사인 페덱스(Fedex)는 1986년부터 수하물의 위치, 선적 상황, 기타 배송 관련 정보를 고객에게 수시로 전송해주었다. 이는 물품을 주고받는 고객을 안심시켰고, 고객은 자신의 물품 상태를 실시간으로 확인할 수 있는 페덱스를 신뢰하게 되었다. 이 때문에 페덱스는 세계적인 택배회사로 성장할 수 있었다. 현재는 국내외를 막론하고 대부분의 택배회사에서 이러한 서비스를 제공하고 있다.

사물의 현재 상태나 위치를 추적 가능하게 하는 일은 기업의 경쟁력으로 작용한다. 공항에서 접수한 수화물에 RFID와 같은 추적용 칩을 부착하여 실시간으로 수화물의 현재 상태나 이동 위치를 알려준다면, 탑승자는 안심하고 여행을 즐길 수 있을 것이다. 이러한 서비스를 제공하는 공항과 그렇지 않은 공항이 있다면 어느 쪽이 서비스 만족도가 높을지는 굳이 비교해보지 않아도 명백히 알 수 있다.

그 밖에 고장이 난 차 위치를 보험사에서 파악할 수 있는 시스템이나, 자동차의 위치 및 상태를 보험사에 전송하여 과거에는 불가능했던 다양한 부가서비스를 개발할 수 있게 되었다.

영국의 아비바(Aviva) 보험사는 운전자의 운행 기록을 분석하여, 혼잡 시간대와 사고 다발 지역을 피해 다니는 운전자에게 보험료를 할인해주는 '운전한 만큼 보험료 내기(Pay-as-you-drive)'라는 상품을 출시한 바 있다. 또한 맥킨지의 분석에 따르면, 자동차의 위치 정보와 교통량 분석만 활용하더라도 출퇴근 교통 혼잡 및 이산화탄소 발생을 줄여 전 세계적으로 약 6천억 달러를 절감할 수 있을 것이라고 한다. 이처럼 위치 정보를 활용함으로써 얻을 수 있는 이익은 경제적 부가가치 창출을 넘어서서 공공의 이익 증대로까지 이어질 수 있다.

온라인과 현실 세계의 경계가 사라지는 라이프 웹의 시대

인터넷을 이용해 정보를 검색하고 습득하는 일은 이미 우리의 일상생활 깊숙이 파고들었다. 이러한 경향은 더욱더 심화돼 앞으로는 정보를 둘러싼 인터넷 환경에서의 활동과 현실의 일상생활을 구분 짓기 힘든 시대, 이른바 라이프 웹(Life Web)의 시대가 도래할 것이다.

라이프 웹 시대를 앞당기는 핵심적인 역할을 하는 기술 분야는 바로바로 증강현실이다. 증강현실은 가상현실의 한 분야로 실제 환경에 가상의 사물이나 정보를 합성하여 실제 환경에 존재하는 사물처럼 보이도록 해주는 기법을 말한다. 기존의 가상현실이 현존하지 않는 인공의 장소를 체험하기 위한 기술이었다면, 증강현실은 이와는 달리 현실 세계를 가상 세계로 보완해주는 개념으로 사용자가 실제 환경을 볼 수 있게 하여 보다 나은 현실감과 현실 환경에 필요한 부가정보를 제공해준다. 증강현실에서는 실제 환경이라는 현실감과 부가 정보의 편의성을 동시에 제공할 수 있다는 것이 장점이다.

초보적인 증강현실은 이미 일부 영역에서 사용되고 있었다. 자동차

| 그림 10 | 증강현실의 사례

앞 유리창에 속도를 비롯한 주행 정보가 비춰지는 기능이나, 전투기에 HUD(Head Up Display)라고 불리는 투명한 유리판에 비행 정보와 전투 상황이 나타나는 것이 그 대표적인 사례이다.

증강현실 기술은 2010년 스마트폰의 대중화가 이루어지면서 주목 받기 시작했으며, 스마트폰 애플리케이션 형태로 제작되어 기업 마케팅용으로도 이용되고 있다. 증강현실은 고객의 TPO(Time, Place, Occasion)에 기반하여 실시간으로 고객의 개인화에 대응할 수 있을 뿐 아니라, 다양한 쌍방향적 정보를 부가해 색다른 체험을 할 수 있다는 것이 장점이다.

예를 들어, 스캔 서치라는 애플리케이션 이용하면, 책 표지를 스캔 하는 것만으로 그 책에 대한 정보를 즉시 알아낼 수 있다. 실제 책 표지를 스캔한 현실의 화면과 검색 결과물로 나타나는 정보들이 결합 되었다는 점에서 증강현실 서비스의 한 사례로 볼 수 있다.

영국의 런던박물관은 증강현실을 통해 런던의 생생한 역사 현장을

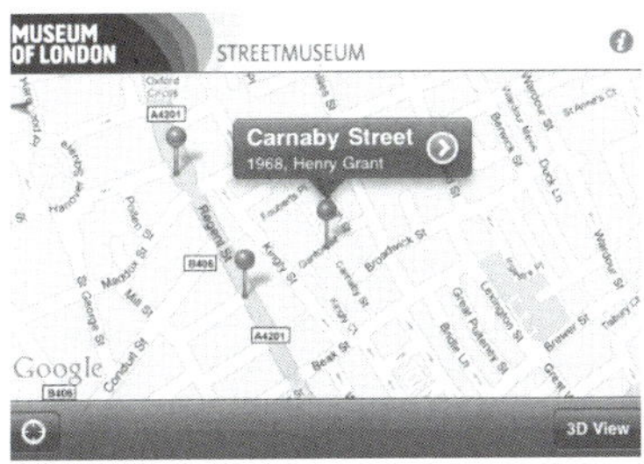

탐방할 수 있는 애플리케이션 '스트리트 뮤지엄(Streetmuseum)'을 선보였다. 이 애플리케이션은 스마트폰 화면을 통해 현재 유저가 위치한 주요 런던 거리의 현재 모습에 과거 역사 속 런던의 사진들이 절묘하게 겹쳐 보이도록 하여 런던의 역사를 생생하고 흥미롭게 확인할 수 있도록 정보를 제공한다. 스트리트 뮤지엄 앱을 실행시키면 구글 맵 또는 GPS 기능을 통해 스마트폰 유저의 현재 위치가 화살표로 나타나고, 증강현실을 통해 역사 체험을 할 수 있는 런던의 주요 장소들이 스마트폰 화면에 핀 포인트로 나타난다.

　간혹 지도를 보고도 길을 잘 찾지 못하는 사람들이 있다. 예전에는 '길치'라고 놀림을 받으며 스트레스를 받아왔지만, 앞으로는 길치라고 해서 생활에 불편을 겪는 일은 없어질 것 같다. 스마트폰에서 이용이

 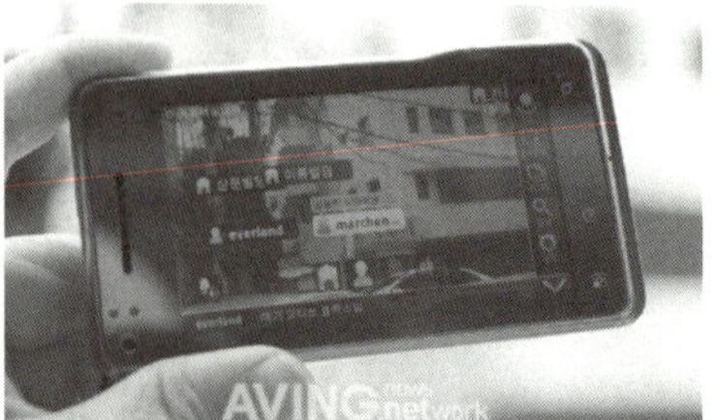

가능한 길 찾기 애플리케이션이 있기 때문이다. 일례로 길 찾기 서비스인 '오브제'는 바로 증강현실 기술을 통해 쉽게 원하는 장소를 찾거나 부가 정보를 제공한다. 오브제 서비스는 스마트폰으로 상가를 비추면 바로 눈앞에 있는 건물이 무엇이며, 어떤 업종인지 등의 정보가 상세하게 안내된다.

앞으로 우리 눈앞에 보이는 사진과 영상들, 머지않아 활용하게 될 RFID 칩이나 물리적으로 존재하는 QR 코드 등이 모두 증강현실 또는 라이프 웹을 구성하는 핵심 역할을 수행하게 될 것이다. 그리고 이러한 기술을 손쉽게 활용할 수 있는 스마트폰의 보급이 확대되면서 증강현실은 누구나 이용할 수 있는 보편적인 서비스로 발전해나갈 것이다. 향후 증강현실을 활용한 비즈니스 사례는 점점 늘어날 것이다.

현실 경제 속의 가상 세계, 신(新) 호접지몽

스마트 혁명은 온/오프라인의 경계를 허문 것도 모자라 현실 세계와 가상 세계의 경계 또한 모호하게 만들 것이다. 최근 SNS에서 작동하는 소셜 화폐의 개념에서 이러한 변화를 감지할 수 있다.

소셜 화폐란 SNS를 통해 유통되는 가상 재화로서 사용자가 글, 사진, 동영상을 올리거나 친구를 추천하는 등의 일상적인 활동을 하면 받게 되는 유/무형의 경제적 보상이다. 최근 SNS와 LBS 결합을 통한 마케팅이 늘면서 각광받고 있는 재화 체계로, 스마트폰을 사용해 특정 매장에 방문했다는 글을 등록하면 할인 쿠폰을 발급하는 형태로 나타나고 있다.

특히 소셜 화폐는 SNS의 위치 기반 서비스와 결합하면서 그 효용성을 높이고 있다. 단순히 온라인을 통해 메시지를 전달하는 것이 아니라, 사용자가 직접 매장에 방문하는 것을 독려하기 때문이다.

미국의 의류 브랜드 갭(Gap)은 전국 매장에 직접 들러서 위치 기반 SNS인 '포스퀘어(Foursquare)'로 매장에 들렀다는 글을 올리면 제품 가격을 25% 할인해주는 이벤트를 개최했다. KTH도 미스터 피자와

제휴하여 '사랑의 피자 이벤트'를 위치 기반 서비스인 '아임인'에서 개최했다. 미스터 피자 매장에서 아임인의 발도장을 찍은 고객에게 피자 가격의 20%를 할인해주는 혜택을 제공한 것이다. 이처럼 SNS 사용자가

| 그림 14 | 아임인과 미스터 피자가 함께 벌인 사랑의 피자 이벤트

글을 쓰고, 사진 및 동영상을 올리고, 친구를 추천하는 것과 같은 일상적인 활동이 일종의 화폐와 같은 효용 가치를 가진 것으로 인정받을 수 있는 일들이 벌어지고 있다.

가상 세계와 현실이 연계되는 일면은 온라인 게임에서 가장 잘 나타난다. 여기는 게임 화폐를 비롯해 다른 경제적 활동이 모두 포함될 수 있다.

게임 내 경제 활동 규모를 짐작하게 해주는 연구 사례가 있다. 카스트로노바는 온라인 게임의 하나인 '에버퀘스트'를 대상으로 한 연구에서, 가상 세계인 에버퀘스트의 경제지표를 실제 화폐 가치로 환산하여 제시하였다. 그에 따르면 '에버퀘스트' 게임 속에서의 시간당 명목임금은 3.42달러이고, GNP 규모는 당시 러시아와 불가리아의 GNP 규모를 넘어서고 있었다.

국내의 경우, 게임 아이템 거래 규모는 연간 1조 5000억 원에 달한다고 추정된다. 국내 온라인 게임 시장 규모의 절반 수준이다. 실로 어마어마한 규모라고 평가할 만하다. 이는 게임 내 자산에 대한 현물적

| 그림 15 | 국내의 대표 가상 아이템 거래 중계 회사인 아이템베이의 마케팅 사례

364

가치에 대해 많은 사람들이 인정하고 있으며, 그에 수반한 경제적 거래가 일어나고 있음을 방증하는 것이기도 하다.

그림 15는 국내의 대표적 가상 아이템 거래 중계 회사인 아이템베이의 최근 마케팅 사례를 보여준다. 톱스타를 활용한 광고를 내보내거나 인기 스포츠인 프로야구 경기에 광고를 할 만큼 국내 가상 아이템 거래의 시장 규모가 커졌음을 간접적으로 보여준다.

국내에서는 아이템 현금 거래에 대해 대법원의 무죄 확정 판결이 난 바 있다. 이용자가 시간과 노력을 투자하여 사냥, 전투, 동맹 등 가상 세계의 경제활동을 수행하는 과정에서 획득 및 축적한 가상 세계의 자산을 개인 자산과 비슷한 개념으로 인정했다는 뜻이다. 앞으로는 가상 세계를 통해 실질 소득을 얻는 신종 노동자가 등장할지도 모른다.

참고문헌

- 김중태, 《대한민국 IT사 100》, e비즈북스, 2009.
- 김중태, 〈위치기반 서비스와 신규 비즈니스 아이템〉, KT경제경영연구소 디지에코, 2010.
- 정지훈, 〈인터넷과 현실이 만나는 물리적 웹, 라이프 웹 시대를 준비하라〉, KT경제경영연구소 디지에코, 2010.
- 정지훈, 《오프라인 비즈니스 혁명》, 21세기북스, 2011.
- 권용한, 이상록, 〈컨버전스 서비스로 부각되는 위치 기반 서비스(LBS)〉, KT경제경영연구소 디지에코, 2009.
- Edward Castronova, 《Synthetic Worlds: The Business and Culture of Online Games》, University of Chicago Press, 2005.
- 박상우, 허준석. 〈MMORPG 현금거래 시장의 발생 동기와 경제적 기능〉, 정보과학회지, 23(6), 42-49. 2005.

10장

빅 데이터 혁명
Big Data

그야말로 정보의 홍수다. 포털사이트에서 검색어만 치면 관련된 정보가 주르륵 뜬다. 쉽게 접근할 수 있는 사전 속 정보부터 개인이 올린 블로그 내용, 전문가가 올린 전문 문서 및 최신 뉴스까지 종류도 다양하며, 분류까지 잘되어 있다. 이처럼 인터넷상에는 수많은 양의 데이터가 존재하고, 이용자 취향에 따라 취사선택할 수 있다.

지금 이 시간에도 정보의 양은 늘어나고 있다. 누군가가 지식인에 올린 질문으로 인해서, 블로그에 올린 글로 인해서, 새로 올린 기사로 인해서. 여기에 SNS 및 모바일 환경의 확산은 정보의 양을 더욱 폭발적으로 증가시켰다. 트위터에, 페이스북에 개인이 올리는 글은 한두 개에 불과할지 모르겠지만, 이용자 전체로 확산하면 그 양은 어마어마하다. 이러한 어마어마한 양의 데이터는 기존의 관리 분석 체계로는 감당하기 어려운 수준에 이르고 있다. 이런 거대한 데이터 집합을 빅 데이터(Big data)라고 한다.

| 그림 1 | Barackobama.com의 데이터 분석 팀 구인 광고

지난 9월, 미국 대통령 오바마의 재선 캠프는 데이터 과학자를 구한다는 구인광고를 냈다. 유권자들의 소셜 미디어 활동을 분석하는 빅 데이터 분석 팀을 강화하기 위해서였다. 지난 2008년에 있었던 대선에서 SNS를 통한 선거활동으로 대통령에 당선된 오바마가, 2012년에 있을 대선에도 유권자들의 거주 지역, 소득 수준, SNS 활동 내역과 같은 웹 서비스 이용 기록 등을 분석한 자료를 바탕으로 재선을 노리고 있는 것이다.

2009년 1월, 오바마는 대통령 취임 연설에서 이전 대통령들이 한 번도 언급한 적 없는 '데이터(DATA)' 라는 단어를 사용했다. 사실 오바마는 역대 미국 대통령 중에서 많은 데이터를 가장 효과적으로 활용한 대통령이다. 오바마 선거 팀은 500만 명의 SNS 친구, 1300만 명의 확보된 이메일 주소를 통해 10억 개의 이메일을 발송하고, 대선 자금 7억 5천만 달러 중 5억 달러를 온라인에서 모집했다.

데이터 분석, 보다 정확하게 말해 대규모의 무작위적인 데이터 속에서 일정한 패턴을 찾아내는 데이터 마이닝은 최근 들어 기업들이 마케팅 과정에서 자주 이용하는 기술이다. 데이터 마이닝은 기업에서 타깃 시장에 최적의 마케팅 공략을 하는 것과 마찬가지로, 정계에서도 지지층이 불분명한 부동층에 속한 개개인의 지지를 이끌어낼 수 있는 최적의 메시지를 전달하는 데 이용된다. 정치권에서도 빅 데이터를 이용한 개인 맞춤 마케팅이 활용되는 것이다.

미국의 지난 대선에서 오바마를 지원했던 스포트라이트 애널리시스(Spotlight Analysis) 사는 1억 8천만 명의 유권자들에 대한 인구통계 조사자료, 신용평가 정보, 차량등록 정보, 잡지구독 정보 등 다양한 정보를 분석하여 10개의 집단으로 구분했다. 이전에 해왔던 방식과 차이가 있다면 인종, 소득 수준, 거주 지역 등 일종의 태그 정보로 구분한 것이 아니라 웹에 게시한 글, 차량과 미디어의 소비 기록과 같은 생활 속 행동 기록을 기준으로 구분했다는 점이다. 또한 개개인의 행동 데이터를 기반으로 구분했기 때문에 그룹별 타깃팅이 아니라 개인별 타깃팅을 시도했다. 같은 선거구에 있다고 해서 럭셔리한 자동차를 운전하는 사람과 10년 넘게 한 차종을 몰고 있는 사람에게 동일한 메시지를 전하는 매스미디어 홍보는 더 이상 통하지 않는다는 것을 간파한 것이다.

유권자에게 접근하기 전에 정당은 유권자의 자녀 수, 즐겨 보는 잡지, 소유한 차종, 금융 대출 현황, 심지어 애완동물의 종수까지 조사한다. 분석에 따르면, 고양이를 기르는 사람은 민주당을 선호하는 경향이 있고, 개를 기르는 사람은 공화당을 선호하는 경향이 있다고 한다.

현재 2300만 명의 페이스북 유저가 오바마의 프로파일에 '좋아요'를 표시했고, 트위터 팔로어는 1천만 명을 넘어섰다.

이처럼 스마트 혁명으로 인한 데이터의 폭발적 증가는, 단순히 양적인 증가에서만 머물고 있는 게 아니라 그를 이용해서 보다 고차원적인 정보를 얻어내려는 다양한 시도로 이어지고 있다. 오바마의 대선 운동 전략과 재선 캠프의 데이터 분석 팀 구인공고는 그중 한 사례다. 앞으로는 네트워크에서 다뤄지는 수많은 이용자 정보와 행동 기록들은 더 큰 영향력을 발휘하며, 빅 데이터의 시대를 열게 될 것이다.

현재 빅 데이터는 클라우드 컴퓨팅과 결합해 BI(Business Intelligence)에 새로운 에너지를 제공하며, 비즈니스 지형뿐 아니라 정부의 공공 서비스, 나아가 일반인의 일상적 소비 방식까지 바꿀 미래 변화의 핵심적 요인으로 급부상 중이다. 빅 데이터는 그 안에 커다란 경제적 가치가 있는 '정보'를 담고 있으며, 이를 추출할 수 있는 역량을 보유한 구글, 아마존, 넷플릭스 등과 같은 인터넷 기업들은 전례가 없을 만큼 빠른 속도로 성장하고 있다.

빅 데이터에 숨은 '정보'를 추출하여 제품 개발, 마케팅 및 제품의 사후관리에 활용하려는 기업들의 움직임이 활발해지면서 기존의 비즈니스에 일대 혁신이 일어나고 있으며, 클라우드 컴퓨팅이 가시화 되면서 빅 데이터 서비스를 전문적으로 제공하는 업체들도 우후죽순으로 생겨나고 있다. 바야흐로 빅 데이터가 제반 경제활동의 근간을 구성하는 새로운 혁신의 시대가 도래하고 있는 것이다.

정보의 대폭발, 빅 데이터의 탄생

커뮤니케이션 기술의 발전은 인터넷의 폭발적 확산과 함께 정보화 시대를 열었다. 미국의 NII(국가 정보 인프라) 계획과 각국의 초고속 네트워크 구축이 인터넷의 확산을 지탱했던 물리적 토대였다면, 빅 데이터 현상은 그 결과물이라고 할 수 있다. 하지만 빅 데이터에 대한 일반인의 인식은 아직 뚜렷하게 정립되어 있지 않다. 따라서 빅 데이터에 대해서 먼저 알아보도록 하자.

빅 데이터란 무엇인가

빅 데이터에 대한 정의는 다양하다. 빅 데이터 현상을 부르는 용어조차도 가지각색이라 'very large databases', 'extremely large databases', 'extreme data', 'total data' 등이 함께 통용되고 있는 상황이다.

먼저 세계적 컨설팅 회사인 맥킨지는 빅 데이터를 규모에 초점을 맞춰 '일반적인 데이터베이스 소프트웨어가 저장, 관리, 분석할 수 있는 범위를 초과하는 규모의 데이터'라고 정의한다. 반면 IDC는 데이터베이스의 규모가 아니라 업무 수행에 초점을 맞춰 '다양한 종류의 대규모 데이터로부터 저렴한 비용으로 가치를 추출하고 데이터의 초고속 수집, 발굴, 분석을 지원하도록 고안된 차세대 기술 및 아키텍처'라고 정의하고 있다.

기가옴(GigaOm : IT 관련 전문뉴스 블로그)은 좀 더 구체적으로 빅 데이터를 용량과 복잡성, 속도 등 세 가지 차원으로 나누어 정의한다. 용량 측면에서는 어느 정도 이상이 빅 데이터라고 규정하기는 어렵지만, 일반적으로 페타바이트(Petabyte : 10^{15}, 1페타바이트는 약 1백만 기가바이트) 이상을 말한다. 복잡성 측면에서는 사람과 센서 등 수많은 자료원에서 수집된 정형적, 비정형적 데이터를 기존 데이터와 결합할 때 발생하는 기술적 어려움을 특징으로 들고 있다. 속도 측면에서는 수집된 데이터를 저장해두었다가 필요에 따라 분석, 가공하여 활용하던 기존의 방식과 달리 실시간으로 대용량의 데이터를 처리하여 활용해야 하는 신속함이 요구된다.

이러한 의견들을 종합하면 빅 데이터란 '데이터의 규모, 성격이 기존의 통념을 뛰어넘을 만큼 크고 복잡하며, 신속한 실시간 분석을 위해 클라우드 컴퓨팅에 상응하는 처리 시스템이 필요한 현상'을 일컫는다고 할 수 있다.

빅 데이터가 출현한 까닭

빅 데이터는 언제 어떻게 왜 탄생했을까? 그리고 어째서 지금도 계속 만들어지고 있는 것일까? 그에 대한 답은 다음의 4가지로 볼 수 있다.

　첫째, 기업들의 고객 데이터 트래킹(추적) 및 수집 행위의 증가이다. 기업들은 온/오프라인 모두에서 소비자 행동 방식에 대한 정보를 집요하게 수집하고 있다. 영국의 유통업체인 테스코는 매달 15억 건 이상의 고객 데이터를 수집하고 있다. 온라인 기업들은 고객 정보 취득에 더욱 적극적이다. 〈월스트리트저널〉이 미국 상위 50대 사이트를 대상으로 쿠키, 비콘(Beacons) 등 방문객들의 컴퓨터에 인스톨된 트래커(추적 장치)의 수와 추적 능력(Capability)을 조사한 결과에 따르면, 50대 사이트가 3180개의 트래킹 파일을 컴퓨터에 인스톨하고 평균 64개 파일을 설치하여 사용자 정보를 취득하고 있는 것으로 나타났다.

　둘째, 멀티미디어 콘텐츠와 콘텐츠 사용에 관한 정보의 증가이다. CT 스캔, CCTV 카메라 등 다양한 기기에서 대용량 멀티미디어 콘텐츠 생산이 증가하고 있다. 고화질 동영상은 이미 인터넷 전체 트래픽의 50% 이상을 차지하고 있으며, 2013년에는 70%로 증가할 전망이다. 나아가 오리지널 콘텐츠뿐 아니라 사용자 정보나 사용자의 선호도 같은 콘텐츠 소비에 관한 정보도 대량 생산되고 있다.

　셋째, SNS의 급격한 확산과 비정형 데이터의 폭증이다. SNS는 스마트폰의 확산과 더불어 젊은 층에서 중장년층으로까지 빠르게 확산되고 있다. 페이스북에서만 매월 한 이용자당 평균 90개 이상의 콘텐츠가 업로드되고 300억 개의 콘텐츠가 공유되며, 유튜브에서는 1분마다 24시간 분량의 비디오가 업로드된다. SNS에서 유통되는 정보는 숫자로 되어 있지 않은 비정형 데이터로서, 이를 처리하기 위해서는 추가적인 데이터 처리가 필요하여 데이터의 복잡성을 증가시킨다.

넷째, M2M(Machine-to-Machine : 사물 간 통신)의 확산에 따른 센서의 증가를 들 수 있다. 현재 약 3천만 개 이상의 사물 인터넷 센서가 설치되어 있고, 이는 향후 5년 동안 연 평균 35%씩 증가할 것으로 전망된다. 환자의 상태를 체크하기 위한 원격 헬스 모니터링 센서, RFID를 이용한 유통업, 스마트미터 기술을 활용한 전기 및 수도 사업에서도 데이터 발생량이 급증할 것으로 전망되고 있다.

이렇게 온/오프라인에서 기업들이 취득한 사용자 정보, SNS에서 발생하는 복잡한 비정형 데이터, M2M의 확산에 따른 센서 정보, 대용량의 고품질 콘텐츠 등이 빅 데이터 현상을 빠르게 확산시키고 있다.

빅 데이터가 중요해진 이유

그렇다면 왜 '현 시점'에서 빅 데이터가 중요해졌을까? 먼저 우리가 이미 빅 데이터 시대에 살고 있다는 점을 들 수 있다. IBM 수석 엔지니어 제프 조나스에 따르면, 미국에서만 하루 6천억 건에 달하는 온라인 거래가 발생한다고 한다. IDC 보고서에 따르면, 2010년을 기점으로 매년 생산되는 정보의 양이 제타바이트(Zettabyte : 10^{21}, 1제타바이트는 약 1조 기가바이트)를 넘어섰다. 2009년에 800엑사바이트(Exabyte : 10^{18}, 1엑사바이트는 약 10억 기가바이트)에 이르렀던 정보의 양이 2010년에는 1.2제타바이트로 증가했고, 2011년에는 1.8제타바이트의 정보가 생산될 전망이다.

제타바이트의 정보량은 2011년 4월 기준으로 미국 의회도서관에 저장된 정보의 총량인 235테라바이트(Terabyte : 10^{12}, 1테라바이트는 약 1천 기가바이트)의 4백만 배에 해당한다. 유사 이래 2003년까지 생산된 모든 정보의 양이 5엑사바이트, 즉 0.005제타바이트에 불과하다는 점을 상기하면 우리가 살고 있는 시대를 빅 데이터 시대라고 부르기에 부족함이 없음을 실감할 수 있다.

무엇보다 현 시점에서 빅 데이터가 중요해진 이유는 지금까지 여러 경로로 취득한 빅 데이터의 양적 팽창이 질적 변환을 가져올 수 있는 임계점에 도달했다는 데에 있다. 많은 기업들이 보유한 데이터 양은 이미 '거대한 가치 추출이 가능할 만큼' 충분한 규모에 도달했다.

| 그림 2 | 산업별 데이터 보유량 비교(미국)

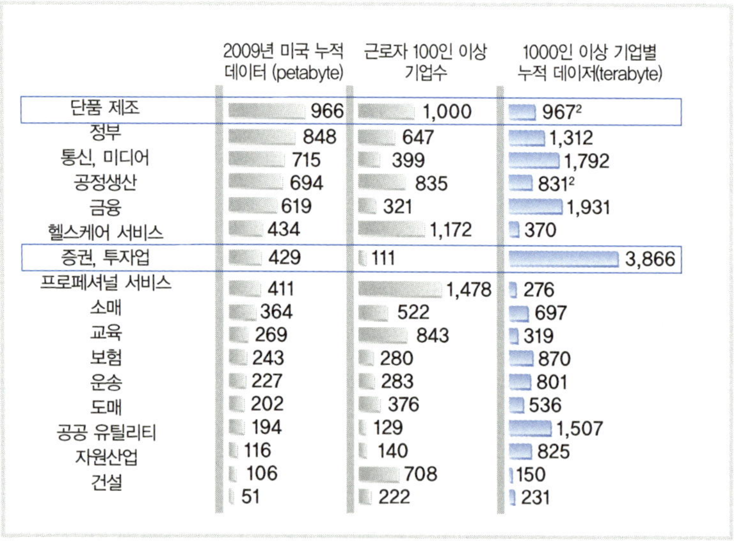

	2009년 미국 누적 데이터 (petabyte)	근로자 100인 이상 기업수	1000인 이상 기업별 누적 데이저(terabyte)
단품 제조	966	1,000	967[2]
정부	848	647	1,312
통신, 미디어	715	399	1,792
공정생산	694	835	831[2]
금융	619	321	1,931
헬스케어 서비스	434	1,172	370
증권, 투자업	429	111	3,866
프로페셔널 서비스	411	1,478	276
소매	364	522	697
교육	269	843	319
보험	243	280	870
운송	227	283	801
도매	202	376	536
공공 유틸리티	194	129	1,507
자원산업	116	140	825
건설	106	708	150
	51	222	231

출처 : IDC, Bureau of Labor Statistics, McKinsey Global Institute analysis

미국의 경우 거의 모든 기업이 100테라바이트 이상의 정보를 보유 중이며, 상당수는 1페타바이트 이상을 보유하고 있다. 산업 부문별 총합으로 보면 제조업 부분이 보유한 데이터 양이 가장 많고, 1천 명 이상의 직원을 보유한 기업별로 보면 증권/투자 서비스업 부문의 기업들이 가장 많은 정보 보유하고 있는 것으로 나타났다. 이제 중요한 것은 '누가 먼저 그 가치를 추출해 내느냐'가 되었고, 이것이 향후 기업의 성패를 좌우하는 시대로 들어서고 있다.

빅 데이터가 만들어내는 양질 전환의 마술을 보여주는 대표적 사례로는 구글의 자동 번역 프로그램 개발 프로젝트를 들 수 있다. 하지만 구글이 이룬 성공을 평가하기 위해서는 먼저 IBM의 실패 사례를 살펴볼 필요가 있다.

1990년대 초, IBM은 새로운 방식의 자동 번역 시스템 개발에 착수했다. 기존의 번역 시스템은 컴퓨터에게 명사와 동사 같은 언어의 구조와 문법을 이해하는 시스템을 개발하는 것이 일반적인 접근법이었지만, IBM은 전문가들이 번역한 문건을 데이터베이스화한 다음 비슷한 문장과 어구를 대응시키는 통계적 기법을 활용하는 접근법을 취했다. 이를 위해 IBM은 캐나다 의회에 보관 중이던 '수백만 건'의 문서를 활용해 영어–불어 자동 번역 시스템을 개발했다. 그러나 IBM의 자동 번역 시스템 프로젝트는 실패로 끝을 맺었다.

그로부터 약 10년 뒤 구글은 동일한 방법으로 자동 번역 시스템을 개발하는 프로젝트에 착수했다. 달라진 것은 데이터베이스의 규모였다. IBM과 달리 구글은 20여 개의 언어로 번역된 EU의 문건을 데이터베이스화하고, 자체적으로 수행하고 있었던 수천만 권 분량의 책에 대한 디지털화 작업 결과를 데이터베이스에 추가했다. 이렇게 데이터베이스의 양이 '수백만 건'에서 '수억 건'으로 증가하자 구글의 자동 번역 시스템은 일상적 목적으로 사용하기에 '충분한' 성능을 발휘하는 성공적 프로젝트가 되었다. 애플의 앱스토어에 올라와 있는 구글의 자동 번역 앱은 음성까지 지원한다.

빅 데이터를 활용한 구글의 비즈니스 기회는 여기에서 끝나지 않았다. 사용자들의 반복적 사용 경험 자체도 데이터베이스화되고 상품의 품질 개선에 이용된다. 구글의 자동 번역과 음성지원 시스템은 최근 2.0으로 업그레이드되면서 글자당 번역료를 받는 유료 모델이 되었다. 미래에는 구글의 새로운 수익원이 될 것으로 보인다.

다양한 경로로 취합된 빅 데이터에서 숨은 금맥을 발굴하여 혁신을 도모하려는 움직임이 경제 전반으로 확산되면서 빅 데이터가 차세대 산업혁명을 지탱할 핵심 자원으로 부상하고 있다. 과거 산업혁명에서 석탄과 철이 주요한 역할을 수행했던 것처럼 앞으로는 빅 데이터가 그 역할을 수행할 것으로 기대된다.

빅 데이터는 차세대 경제를 지탱하는 에너지원이 되고, 개별 기업의 경쟁력 향상 및 성장에 핵심 기반이 되며, 빅 데이터를 활용한 새로운 성장 기회 포착과 산업정보 분석을 전문으로 하는 전혀 새로운 기업을 창출해내기도 할 것이다. 빅 데이터가 경쟁력의 핵심 요소가 되는 시대가 오고 있는 것이다.

빅 데이터가 촉발할 산업혁명

〈뉴욕타임스〉는 인터넷 규모의 데이터를 분석, 가공하여 새로운 비즈니스 기회를 발굴하고 소비자 행동과 시장 변동을 예측하는 것이 혁신을 폭발적으로 증가시킬 것이라고 평가하면서, 데이터가 정보 경제(Information Economy)의 핵심적인 원자재 역할을 할 것이라고 전망한 바 있다(May 13, 2011).

기업들은 빅 데이터를 투입 요소로 활용하여 소비자 행동과 시장 변동을 예측하고 사업모델을 혁신할 수 있다. 이를 통해 원가절감 · 제품차별화 · 투명성 증가 등, 경쟁력을 강화할 수 있고, 나아가 산업 부문 전반의 생산성을 향상시켜 GDP 증가에 기여할 수 있다. 이에 대한 구체적인 사례들을 살펴보기로 하자.

기업의 생산성 향상 및 경쟁력 강화

빅 데이터를 활용하여 사업모델을 혁신한 사례로는 먼저 2008년 네덜란드에서 창업한 스파크드(Sparked)의 경우를 들 수 있다. 이 회사는 소에 센서를 부착해 소에 대한 정보를 실시간으로 수집한다. 이렇게 축적한 연간 약 200MB의 정보를 이용하여 축산업자가 소에 대한 움직임, 건강 등을 수시로 확인 가능하게 해주며, 기후 변화 등 외부 빅 데이터와 결합하여 소의 사육 밀도를 높여 더 많은 소를 건강하게 키울 수 있도록 지원한다. 이런 시스템 덕분에 축산업자들은 소 한 마리당 세계 최고 수준의 우유 생산량을 기록하고 있다.

빅 데이터를 활용한 경쟁력 강화의 또 다른 사례로는 월마트의 실시간 재고 분석 시스템인 소매 링크(Retail Link)와 유통전문 업체 리앤펑(Li & Fung) 사의 실시간 관리 시스템인 SRM(Supplier Relationship management)을 들 수 있다. 월마트와 리앤펑은 내부의 빅 데이터 분석 결과를 외부 협력 업체에 공개하여 공급 사슬망의 효율적 관리를 도모하고 있다. 특히 리앤펑의 경우 40개국 1만 2000여 공급자와 해외 의류 브랜드에 실시간 IT 시스템을 구축해 중개함으로써 프로세스의 효율성을 개선하고 있으며, 클라이언트가 주문·생산·선적 전 과정을 실시간으로 모니터링하면서 발생 가능한 리스크를 최소화할 수 있도록 도와준다.

생산성 향상을 위해 빅 데이터가 활발히 활용되어야 할 분야로는 의료산업이 꼽히고 있다. 2011년 맥킨지 보고서에 따르면, 미국의 의료

| 그림 3 | 의료 부분에서 발생하는 빅 데이터의 가치

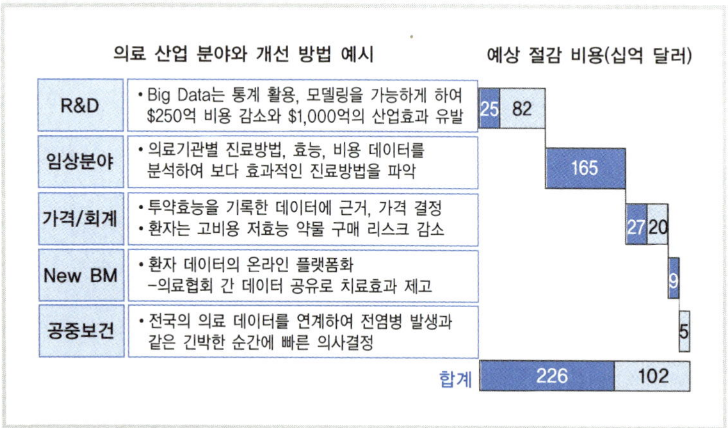

출처 : 맥킨지(Mckinsey). 2011. 5.

부문에 빅 데이터가 활용될 경우 직·간접적인 비용 개선 효과가 약 3300억 달러에 이를 것으로 추정된다. 이는 미국 정부의 총 의료 예산의 8%에 해당하는 금액이다. 직접적 빅 데이터 활용 효과는 임상 분야에서 가장 크게 발생하며 그 효과는 약 1650억 달러에 이르고, 간접적 빅 데이터 활용 효과는 연구개발(R&D) 분야에서 가장 크게 발생하며 그 효과는 820억에 이른다. 의료계 전체로 따지면 약 1000억 정도가 발생하는 것으로 보고되고 있다.

빅 데이터가 경제 활동에 기여하는 방식

빅 데이터는 구체적으로 경제 활동에 어떻게 기여하는가?

첫째, 조직 내에서 빅 데이터에 대한 즉각적이고 용이한 접근을 허용하면, 조직 내에는 투명성이 창출되고 이는 궁극적으로 연구개발과 관리 성과를 향상시킨다.

둘째, 대규모의 다양한 거래 데이터를 기반으로 한 실험 설계가 가능해지고, 이를 통해 고객의 수요를 포착할 수 있게 된다. 나아가 변수들을 통제, 조합하여 다양한 시장 상황을 시뮬레이션해봄으로써 최고의 성과를 거둘 수 있는 전략 수립이 가능해진다.

셋째, 정밀하게 타깃팅된 고객 정보의 양도 충분히 확보할 수 있어서 대(對) 고객 분야에서 고객 세분화를 바탕으로 맞춤형 서비스 제공이 가능하며, 이를 실시간으로 활용할 수 있는 수준까지 기술이 발달해 있는 상황이다.

넷째, 자동화된 알고리즘을 활용하여 의사결정이 이뤄지고 숨은 인

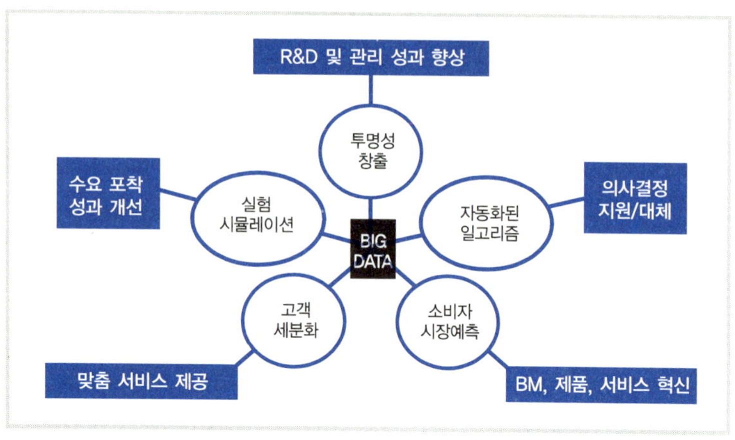

사이트(Insight) 발굴도 가능해진다. 세금 징수 기관에서는 자동화된 알고리즘을 활용하여 심층 분석이 필요한 대상자들을 걸러내기도 하며, 제조업체들은 효율성이 극대화되도록 생산라인을 유연하게 조정할 수도 있다. 많은 분야에서 이미 '실시간 데이터 기반의 의사결정' 시스템 도입 실험이 진행되고 있으며, 온/오프라인 유통에서 판매 극대화를 위한 지속적인 가격 할인과 프로모션 제시도 시도되고 있다.

마지막으로 빅 데이터 활용은 신제품이나 서비스 개발, 기존 제품의 개선 및 새로운 사업모델 발굴을 가능하게 해준다. 의료 분야에서는 진료 기록을 분석하여 예방을 위한 관리 프로그램을 제공해주기도 하고, 유통 분야에서는 실시간 가격비교 서비스를 통해서 가격의 투명성을 높인다.

빅 데이터가 불러오는 경제적 효과

빅 데이터가 발생시키는 경제적 가치는 산업 분야별로 차이가 존재한다. 잠재 가치가 높은 산업 부문은 정보통신, 전자 및 컴퓨터, 금융 및 보험, 그리고 정부 관련 업무 등이다. 이런 분야에서는 대용량 데이터에 대한 접근이 용이하며, 빅 데이터 분석을 통한 혁신의 속도도 상대적으로 빠르게 달성된다. 반면에 부동산, 자연 자원 등과 같이 빅 데이터를 활용한 경제적 가치 발생이 어려운 분야도 있다.

맥킨지는 빅 데이터 활용이 발생시키는 경제적 효과를 분석하기 위해 의료/건강, 공공 행정, 개인의 위치 정보를 활용한 서비스, 소매업, 제조업 부문을 분석하는 보고서를 발간한 적이 있다. 이 보고서에 따르면, 빅 데이터는 산업 부문별로 약 0.5~1% 정도의 산업생산성을 증가시킬 수 있다고 한다. 보다 빅 데이터를 본격적으로 활용할 경우에 의료 부문에서 발생할 가치는 약 3300억 달러로 평가되며, 유럽의 공공 행정 분야에서는 약 2500억 유로의 절감 효과가 발생하고, 개인 정보를 활용한 서비스 공급자의 매출은 1000억 달러 이상, 사용자 혜택은 7000억 달러 정도가 발생할 것으로 전망되었다. 소매업의 경우 이윤이 60%가 증가하고, 제조업의 경우는 제품 개발비를 50% 줄일 수 있다고 한다.

빅 데이터는 개별 기업의 생존에 관한 문제일 뿐 아니라, 향후 국가 및 정부의 효율성과 재정에도 적지 않은 영향을 미치게 될 막대한 경제적 가치를 보유하고 있는 귀중한 혁신 자원이라고 할 수 있다.

빅 데이터 활용에 꼭 필요한 것들

경제 활동 전반과 일반인의 일상생활, 정부와 관련된 공공 영역에까지 빅 데이터가 본격적으로 영향을 미치는 시대가 오면 많은 면에서 지금과는 다른 모습을 띠게 될 것이다. 빅 데이터 활용을 가능하게 해주는 인프라가 필요하고, 데이터 수집과 분석을 가능하게 하는 다양한 소프트웨어도 필요하며, 각종 행정 및 비즈니스 프로세스도 달라질 것이다.

빅 데이터 활용 주체는 아무래도 개인 및 소비자보다는 상품과 서비스를 제공하는 업체 쪽이 될 것이다. 그런 의미에서 특히 기업들은 비즈니스 혁신을 위한 빅 데이터 환경 조성에 필요한 요소들을 점검해볼 필요가 있다. 만약 한 나라의 빅 데이터 활용 환경이 다른 나라보다 뛰어나다면, 그러한 환경에서 비즈니스 활동을 하는 기업의 경쟁력이 그렇지 않은 환경에서 활동하는 기업보다 글로벌 경쟁에서 앞서 나가게 될 것이다.

빅 데이터 활용을 위해서는 데이터 수집부터 분석, 적용에 이르는 전 과정에 걸쳐 다양한 인프라와 역량이 필요하다. 데이터의 규모와 복잡성, 실시간 분석 속도가 기업 경쟁력에 결정적 차이를 유발한다는 점에서 빅 데이터 활용에는 3가지 핵심 요소가 필요하다. 바로 클라우드 컴퓨팅, 네트워크 환경, 그리고 실시간 활용성이다.

데이터의 저장 · 보관 · 속도를 담당하는 클라우드 컴퓨팅

빅 데이터는 그 규모가 기존의 분석 도구로는 처리가 어려울 정도로 크기 때문에 클라우드 기술이 대거 활용된다. 빅 데이터의 저장 · 보관 · 처리 속도와 관련된 비용은 기업에게 새로운 과제로 다가오는데, 클라우드 컴퓨팅은 기존의 IT 환경에 비해 신속성과 유연성, 규모의 경제를 통해 이를 해결해준다.

예를 들어 클라우드 컴퓨팅 기술의 일종인 하둡(Hadoop) 기술은 분산 소프트웨어 플랫폼으로서 대량 데이터 처리 애플리케이션 제작을 지원한다. 거대한 데이터베이스를 페타바이트 단위로 저장하며, 컴퓨터 클러스터 간 데이터 분산 및 처리를 가능하게 하고, 데이터를 보관 노드에서 병렬 처리함으로써 고속 처리도 가능하게 해준다. 나아가 대용량 데이터를 자동 백업하며 복원 및 자동 배치도 수행한다.

클라우드 컴퓨팅 기술이 빅 데이터 관리에 핵심적 도구로 활용된다면 클라우드 자체는 데이터의 생산, 저장, 유통의 중심 공간이 된다. IDC의 전망에 따르면, 2015년에 생산되는 정보의 양은 7.9제타바이트로 이 중 0.8제타바이트(10%)가 클라우드에서 생산될 것으로 보이며, 2020년에는 전체 정보 생산량 35제타바이트 중 5제타바이트(14%)로 증가할 것이라고 한다. 클라우드에서 만들어지지는 않았지만 유통 과정에서 클라우드를 거쳐가는 데이터까지 포함하면 2015년에는 1.5제타바이트(20%), 2020년에는 12제타바이트(34%)로 증가할 것으로 보인다.

빅 데이터 수집과 분석에 클라우드 분산 처리 컴퓨팅 기술이 전방위적으로 활용되고 보다 많은 데이터가 클라우드에서 생성 및 유통되면, 클라우드는 빅 데이터 활용을 위한 기본 환경이 될 수밖에 없을 것이다. 그러면 이 부문에서 뒤처진 기업은 경쟁에서 점점 밀릴게 될 것이다. 기업 경쟁력이 국가 경쟁력과 맞물리는 현 상황을 볼 때, 클라우드 컴퓨팅 환경과 역량은 기업뿐 아니라 국가 경쟁력과도 밀접히 연계될 것이다.

클라우드 서비스 제공자는 클라우드를 통해서 유통되는 중요 데이터의 흐름과 콘텐츠를 수집하게 되며, 빅 데이터와 관련된 모든 영역에서 중요한 역할을 담당하게 된다. 클라우드 정책 입안 시 이러한 점도 유념해야 한다.

빅 데이터 분석 결과를 집행하기 위한 네트워크 환경

클라우드 컴퓨팅 기술을 이용한 실시간 분석 결과의 즉각적인 집행을 위해서는 네트워크 인프라 구축이 무엇보다 중요하다. 기존의 유무선 네트워크 및 주파수 인프라 관리 또한 복잡다단한 빅 데이터의 수집, 분석, 적용에 맞도록 재정립할 필요성도 증가한다.

이와 같은 맥락에서 미국의 대통령 과학기술자문위원회가 2010년 12월에 오바마 대통령에게 '디지털 미래의 디자인(Designing a Digital Future)' 이라는 보고서를 통해 미 연방 정부기관들에게 빅 데이터 전략이 필요하다고 제시한 것은 시사하는 바가 크다. 이 보고서에서 위원회는 네트워크 강화 3대 축을 제시했는데, 그 내용은 다음과 같다.

첫째, 다양한 빅 데이터의 원활한 처리를 위한 프로세서, 네트워크,

스토리지 시스템의 용량 및 속도를 강화하는 네트워크의 스케일 업(Scale up).

둘째, IT를 모든 곳에 적용하고 모든 서비스를 연결할 수 있는 모든 것의 인터넷(Internet of everything)을 장려하고, 기존의 센서 시스템과 온라인 상거래, 커뮤니케이션, 컴퓨팅의 활성화를 촉진한다는 네트워크 스케일 아웃(Scale out).

그리고 중소 규모의 연구소 및 기업의 혁신적 빅 데이터 활용을 장려하기 위한 저렴한 가격대의 심플한 시스템과 애플리케이션을 구축하는 네트워크 스케일 다운(Scale down).

위원회는 이와 같은 네트워크 정비를 통해 미국의 중소기업, 공공 기관이 빅 데이터를 활용하여 생산성을 향상시키고 업무 효율성을 증가시킬 수 있는 환경을 구축해야 한다고 강조하고 있다. 빅 데이터가 단순히 기업의 경쟁력 부문에만 머무르지 않고 공공 분야에까지 적용되어 국가 경쟁력을 좌우하는 핵심 요소로 부상한다는 점에서, 빅 데이터를 처리하고 활용할 수 있는 인프라를 국가적 차원에서 구축하고 정비하는 것은 더 이상 미루어서 안 될 사안이다.

수집된 데이터를 바로 적용할 수 있는 실시간 활용성

실시간 활용성은 빅 데이터의 처리 속도 측면에서 다루었던 내용과 관련이 있다.

기존에는 대규모의 데이터를 수집하여 전문적인 분석을 거쳐 활용하는 데 상당한 시간이 소요되었지만, 앞으로 전개될 빅 데이터 시대에는 이러한 대규모 데이터 처리와 활용은 실시간으로 이뤄질 것이다. 생산된 데이터 자체를 모두 저장한다는 것이 불가능한 상황이 도래하고 있기 때문이다. 2007년을 기준으로 이미 데이터 생산량이 데이터 저장량을 추월했으며, 해마다 이 간극은 벌어질 것으로 보인다. IDC 보고서에 따르면, 2011년에 생산된 데이터는 약 1800엑사바이트(Exabyte)로 저장량인 800엑사바이트의 두 배에 달할 전망이다.

빅 데이터의 실시간 활용의 중요성은 모바일 라이프의 확산과도 밀접히 연관되어 있다. 사용자의 위치 정보가 실시간으로 모니터링되고 스마트폰을 사용한 SNS가 활성화되면서, 위치 정보와 사용자의 선호를 반영한 마케팅이 실시간으로 집행될 수 있는 환경이 이미 조성되어 있다.

예를 들어 코카콜라의 경우, 트위터와 페이스북을 통해 발생하는 코카콜라 관련 데이터를 글로벌 단위로 수집한 후 소셜 미디어 분석 전문 기업인 시스모스(Sysmos)의 분석 툴을 이용하여 데이터를 분석하고, 그 결과를 의사결정에 실시간으로 반영한다. 만약 특정 국가나 지역에서 코카콜라에 대한 비우호적인 정보가 증가하면 국가별 지사에 별도의 정보를 제공하여 그에 상응하는 홍보와 대응책을 실시간으로 집행한다.

이처럼 빅 데이터를 활용하여 수시로 변하는 시장 상황에 적절하게 대응할 수 있는 실시간 활용 능력은 비즈니스 경쟁력의 핵심이 될 것이며, 그 적용 범위도 로컬을 넘어 글로벌 단위까지 확장될 것이다. 애플, 구글, 아마존 등 인터넷에 기반한 기업들은 이미 실시간으로 글로

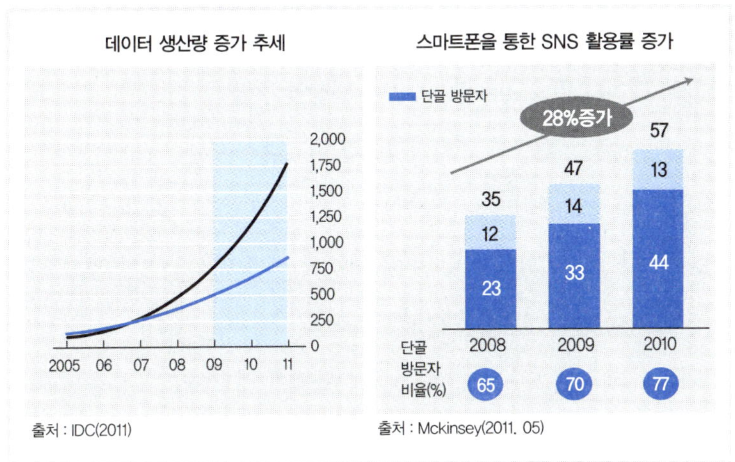

벌 서비스가 가능한 클라우드 시스템을 구축해서 가동하고 있으며, 많은 글로벌 기업들도 그러한 시스템을 구축해 운용하고 있다. 같은 맥락에서 향후 출현할 신생 기업들 역시 그에 필적하는 역량을 갖추지 않고서는 차별화되는 경쟁력을 확보하지 못할 것이다.

거대 정보의 활용, 성장하는 산업

앞으로 빅 데이터는 많은 영역에서 큰 변화를 가져올 것으로 보인다. 데이터에서 추출한 상관관계만으로도 하나의 산업계를 평정할 수도 있으며, 프로그래밍된 의사결정 방식과 방대한 정보를 기반으로 하는 개인 맞춤형 서비스가 일반화될 것이다. 나아가 기업의 상품 개발, 마케팅, 사후 관리 방식도 크게 변할 것이다.

축적된 데이터 활용으로 광고산업을 평정한 구글

롱테일(Long tail) 현상과 프리미엄이란 비즈니스 모델을 소개한 것으로 유명한 크리스 앤더슨은 〈와이어드〉 지에 '이론의 종말(The End of Theory)'이라는 제하의 글을 실어 빅 데이터가 지식의 발굴과 발전에 어떻게 기여하고 있는지를 설명한 바 있다.

기존의 과학적 연구방법은 이론적 모델을 정립하고 표본을 추출해 엄격히 통제된 상황에서 실험 및 분석을 실시하고, 여기서 수집된 데이터를 처리하여 통계적 유의미성을 판정한 다음, 유의미한 결과가 도출되면 이를 바탕으로 이론과 모델을 정립하는 절차를 밟아왔다. 상관관계(Correlation) 분석은 과학적 연구방법 중에 비교적 주목을 덜 받아왔지만, 데이터 양이 충분히 거대해지면 한 산업계를 평정하는 데 인과관계(Causation) 추론이나 모델보다 훨씬 더 많은 기여를 할 수 있다. 대표적인 사례로는 구글의 광고 시스템인 애드센스(AdSense)를 들 수 있다.

구글은 검색 관련 매출이 전체 매출의 95%를 차지하는 기업이다. 그 전에는 광고에 대해 아는 바도 없고, 광고 효과에 대한 이론이나 운용 경험도 전무한 회사였다. 어떤 블로그의 내용을 어떤 광고와 연계시켜야 보다 많은 사람이 그 광고를 클릭할지에 대한 이론적 지식도 없었다. 그러나 구글은 특정 블로그의 내용을 분석한 뒤 특정 키워드와 연계된 광고를 게재하는 알고리즘을 만들고, 다양한 경로에서 추출

388

된 키워드와 게재 광고 사이의 상관관계를 분석하여 기존 알고리즘에 피드백시켜 알고리즘을 계속 개선해갔다.

이러한 과정이 반복되면, 가령 '애플 전략 분석'이라는 블로그에 처음에는 '애플'이라는 단어 때문에 사과를 파는 사람의 광고가 게재될 수도 있다. 그러다 방문자 수가 증가하고 유사한 키워드를 가진 사이트의 클릭 정보와 해당 사이트의 클릭 정보가 알고리즘에 피드백되는 횟수가 증가하면 할수록 애플 사의 컴퓨터나 단말기기 등 애플 사에 호감을 가진 사람들이 구매할 만한 제품의 광고가 게재될 가능성이 점점 커지게 된다. 구글은 이와 같은 방식으로 장기간에 걸쳐 발전되어온 과학적 이론과 모델에 대한 인과관계적 지식 없이도 거대한 데이터에서 추출한 상관관계를 이용해 인터넷 광고계를 평정하였다.

크리스 앤더슨은 이렇게 상관관계만을 가지고도 인터넷 광고를 평정한 구글의 사례와, 상관관계로 구성한 시뮬레이션으로 새로운 생물학적 종의 존재를 예측하는 새로운 발견법 등과 같이 상관관계가 인과관계를 대체해나가고 있는 현상을 '이론의 종말'이라고 했다.

빅 데이터 실시간 활용으로 업계를 평정한 기업들

빅 데이터를 실시간으로 다뤄 비즈니스에 적용하기 위해서는 기계적인 의사결정이 필수적 요소다. 그리고 이러한 의사결정 문제를 해결해주는 것이 바로 알고리즘이다.

빅 데이터를 활용해서 성장한 대표적 기업으로는 구글을 꼽을 수 있다. 구글은 검색 알고리즘으로 인터넷을 평정했고, 앞으로도 상당한 기간 동안 영향력을 유지할 것으로 보인다. 아마존 역시 추천 알고리즘으로 유명한 회사이다. 특정 책이나 제품을 구입하면 동일한 제품을 구입한 사람들이 추가로 어떤 물건을 구매했는지를 보여준다. 이렇게 추천을 통한 추가구매가 아마존 매출을 30%를 차지하고 있다.

페이스북은 빅 데이터 처리 기술 개발을 둘러싸고 구글과 선두 다툼을 하고 있는 회사이다. 친구 추천 시스템과 서비스 가입자가 좋아할 만한 콘텐츠를 추천해줄 뿐 아니라 실시간으로 빅 데이터를 처리하여 광고주가 원하는 타깃 광고 집단을 실시간으로 제시해주는 역량까지 확보하고 있다.

뛰어난 고객 서비스로 동일 서비스를 제공했던 전통적 강자 블록버스터를 파산에 이르게 했던 영화 대여 업체 넷플릭스 역시 추천 알고리즘으로 유명한 회사이다. 넷플릭스 역시 아마존과 유사하게 특정 DVD를 선택한 회원에게 동일한 DVD를 골랐던 다른 사람들이 선택한 영화를 추천해주는 서비스를 했다. 이러한 추천 알고리즘을 통해서 넷플릭스는 DVD 출시와 함께 특정 영화에 몰리는 고객의 수요를 분산시켰을 뿐 아니라 잊힌 고전 영화의 유통까지 촉진했다. 덕분에 원본 영화를 제공하는 할리우드의 메이저 영화사에게도 혜택이 돌아가는 윈-윈 효과를 거두었다.

빅 데이터 기반의 알고리즘을 잘 활용하게 되면 금융회사의 고객 상담 창구의 모습도 상당 부분 바뀔 것이다. 미국의 신용카드 회사 캐피탈원(CapitalOne)은 전체 1만 1000명의 직원 중 10%에 달하는 1000명

Google	가장 정교한 검색결과 제공. Big Data처리 핵심 기술인 MapReduce를 공개
facebook	Big Data처리 최고 자리를 두고 Google과 치열한 경쟁 중
amazon.com	사용자 정보처리를 통해 제안되는 '추천' 시스템에서 전체 매출 30% 발생
NETFLIX	사용자 기호, 이용 행태 기반 추천 시스템으로 DVD 수요 분산과 롱테일 정착

빅 데이터와 알고리즘으로 성장한 대표적 기업들.

의 직원이 다양한 데이터 수집 업무에 종사한다. 이 회사는 이렇게 수집된 고객 데이터를 다각적으로 분석하여 불만 고객을 응대하거나 신규 고객을 유치할 때 활용함으로써 큰 성과를 거두고 있다. 고객에게 맞는 최적의 대안 상품(Next-best offer)이나 교차판매를 제시하는 것이다. 즉 빅 데이터를 활용해 고객의 불만을 신규 매출 기회로 전환하고 있는 것이다.

데이터 분석과 그 결과에 상응하는 솔루션을 자동 제공하는 알고리즘이 작동하는 상황을 가장 잘 보여주는 사례는 아마도 미국의 에너지 회사인 PG&E의 스마트미터(SmartMeter)일 것이다. 1905년에 캘리포니아 주에 설립된 이 회사는 현재 약 1천만 가구에 스마트미터를 설치하고 전기와 가스를 공급하고 있다. PG&E는 스마트미터를 이용해 45초마다 전기와 가스 사용 정보를 실시간으로 수집하고, 이를 미국 전체의 에너지 정보와 결합하거나 일반 가정과 기업용 고객 정보를 카운티(우리나라의 '군'에 해당하는 행정구역) 단위로 분리하여 다루기도 한다. 나아가 실시간으로 전기를 절약한 고객에게 리베이트를 제공하여 에너지 소비 절감을 유도하는 알고리즘을 적용하고 있다. 이 모든 것이 기계적 알고리즘에 따라 자동으로 작동한다.

제품에 담긴 경험을 판매하는 회사들

새로운 경제 환경에서 빅 데이터의 활용성은 대규모의 사용자 정보를 바탕으로 한 개인 맞춤형 상품 및 서비스를 제공할 때 가장 극대화된다. 머지않아 빅 데이터 활용이 일반화되는 경제 환경을 맞이할 것이다. 그런데 빅 데이터 활용이 일반화될 경제 환경은 어떤 환경일까? 이를 살펴보기 위해서 먼저 경험경제 논리에 대해서 알아보고, 아울러 소비경험 만족도 극대화를 위해 개인 맞춤화가 어떻게 발전할지 전망해보자.

경험경제(Experience Economy)라는 개념은 《제3의 물결》로 유명한 미래학자 앨빈 토플러가 처음 도입했다. 이후 조셉 파인, 제임스 길모어, 그리고 롤프 옌센 등이 이론으로 발전시켰다. 경험경제에서 고객은 상품을 사는 것이 아니라 상품에 담긴 스토리와 경험을 구매하게 된다. 따라서 상품의 가치는 상품에 녹아 있는 무형의 가치, 즉 스토리 및 상품과 결부된 주관적 경험과 감성, 창의적 아이디어 등에 의해 창출된다.

파인과 길모어가 1999년에 출간한 《경험경제(The Experience Economy)》에 따르면, 경제구조는 일상재화, 맞춤화를 거듭하면서 새로운 국면으로 진화해간다. 각 시대별로 거래되는 대상들은 경쟁이 심화됨에 따라 일상재화화(Commoditization)되어 차별성을 상실하게 되고, 이를 극복하기 위한 새로운 맞춤화(Customization)를 통해 경제적 가치가 진보하며 새로운 경제 패러다임으로 발전해간다.

책의 저자인 파인과 길모어는 서비스 경제는 맞춤화된 서비스인

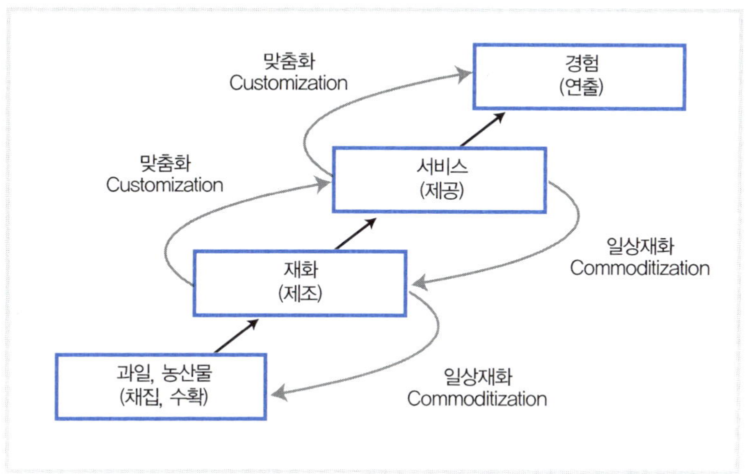

출처 : Pine & Gilmore(1999), The Experience Economy : Work Is Theater & Every Business a Stage

'경험재'를 제공하는 경험경제 시대로 진화할 것이라고 전망한다. 새로운 재화인 경험재는 판매를 목적으로 '연출된 경험'을 소비자에게 제공하는 것으로서, 특정한 의도를 가지고 다른 서비스나 재화를 보조적으로 활용하여 소비자에게 '기억에 남을 만한 무언가'를 제공할 때 탄생하는 특성을 갖는다. 이때 소비자가 느끼게 되는 경험재의 진정성(Authenticity)은 소비자의 감성이자 소비의 기준이 된다. 소비자는 경험재의 소비를 통해 '진정한 경험'을 누리기 원하며, 진정성을 효과적으로 전달하는 경험재 디자인은 기업의 성공요소로 부각된다는 것이 파인과 길모어가 전달하고자 하는 주요 메시지다.

빅 데이터는 이러한 경험경제라는 측면에서 소비자의 소비경험을 특별한 수준으로 끌어올리는 데 크게 기여한다. 이에 소비자의 현재 위치와 기존의 소비 정보, SNS를 통해서 표명한 특정 상품에 대한 평가 및 친구들의 기호 등을 결합하여 실시간으로 프로모션을 진행하는 비즈니스들이 속속 등장하고 있다.

예를 들어 영국의 통신사 O2는 플레이스캐스트(Placecast) 사와 협력하여 모바일 폰 사용자의 위치 정보를 활용한 스타벅스 커피 판촉 행사를 하고 있다. 즉 모바일 폰 사용자가 가까운 스타벅스 매장 근처에 도달하면 문자메시지와 함께 행사 쿠폰이 전송되는 것이다.

뿐만 아니라 그루폰처럼 SNS와 결합된 위치 기반 모바일 서비스도 급증하고 있다. 실제로 스마트폰 사용자의 50% 이상이 이미 이러한 서비스를 통한 쇼핑을 경험했다고 밝혔다.

1장에서 이미 살펴 본 바와 같이, 이러한 맞춤형 서비스 추세는 더욱 가속화 될 것이다. 앞으로 빅 데이터 분석과 개인별 맞춤화가 결합되면서, 같은 공간에 있는 사람들이 동일한 네트워크에 연결된 스크린을 통해서도 각기 다른 콘텐츠를 소비하게 될 날이 올 것이다. 이러한 전망은 터무니없는 것이 아니며 실제 그러한 서비스가 벌써 선을 보이고 있다.

1969년 미국의 알칸사스 주 리틀락(Little Rock)에서 설립된 데이터베이스 마케팅 전문업체인 액시엄(Acxiom)은 미국의 9.11 테러 직후 미 연방 정보부처 전체가 보유한 테러리스트 정보보다 더 많은 정보를 제공한 것으로 유명하다. 이 회사는 미국인 96%를 포함해 전 세계 5억 명에 대한 개인정보를 보유하고 있다. 가족 이름, 주소, 신용카드 사용 내역은 물론 애완동물의 종류와 복용 중인 약품에 대한 정보 등 1500

여 종에 이르는 데이터베이스를 확보하고 있다고 한다.

미국의 사우스웨스트항공은 액시엄과 협력하여 특별한 기내 광고를 송출한다. 기내의 좌석 앞자리에 부착된 모니터를 통해 광고를 내보내는데, 자리마다 재생되는 광고가 다르다. 항공사는 액시엄의 DB와 개인정보를 맞춰보고 탑승자가 어떤 사람이고 무엇을 좋아하는지 파악한 후에 최적의 맞춤형 광고를 내보내는 것이다(엘리 프레이저 저 《생각 조종자들》 참조).

이러한 기법이 일반화된다면 한 집 안에서조차 같은 시간대에 동일한 TV 프로그램을 시청한다고 해도, 각기 다른 방에서 다른 TV로 방송을 시청한다면 TV 모니터에 재생되는 광고는 저마다 다를 것이다. 머지않아 이런 날이 현실로 다가올 것이다.

더욱 공고해지는 개인 밀착형 서비스

빅 데이터가 클라우드 컴퓨팅과 결합하면 그 자체만으로도 비즈니스 패러다임을 바꿀 수 있는 중요한 도구가 된다. 인터넷 게시판과 페이스북, 트위터 등과 같은 소셜 네트워크에 떠다니는 의견 및 정보와 사용자들을 활용하면, 상품의 개발 과정부터 크라우드 소싱을 통하여 다양한 집단의 다양한 아이디어를 제품 개발에 반영할 수 있는 '분산형 공동개발(Distributed co-cration)' 이 가능하게 된다.

제품의 마케팅과 사후 관리에도 SNS를 적극 활용할 수 있다. 모바일 기기의 확산에 따라 폭발적으로 증가하고 있는 SNS에는 고객의 행동 패턴, 고객의 경험을 파악하게 해주는 상황인지(Context Awareness),

사용자의 감정까지 반영된 정보가 담겨져 있다. 이러한 SNS의 비정형 데이터를 분석하기 위해서 텍스트 마이닝, 소셜 네트워크 분석, 군집 분석 등이 더욱 정교해지고 있으며 이를 전문으로 하는 기업들도 속출하고 있다. 한국에서도 다음소프트가 소셜 메트릭스(SocialMetrics)라는 서비스를 이미 제공하고 있다.

빅 데이터가 클라우드와 결합되어 나타나는 현상은 비단 여기에서 그치지 않는다. 일례로 미국의 자동차 회사 포드(Ford)사는 구글의 클라우드 프레딕션(Prediction) 기능을 적용하여 최적화된 운전 환경을 제공하기 위한 테스트를 진행 중이다. 운전자가 아침에 출근하기 위해 차량에 탑승하면 차량은 목적지를 묻는다. 운전자가 '회사'라고 답하면 차량은 클라우드와 교신을 한다. 클라우드에서는 운전자의 운전습관, 자동차 부품들의 마모 정도와 같은 정보, 현재의 교통상황, 기후 정보 등이 실시간으로 모니터링되어 조합된다. 이렇게 다양한 이질적 데이터를 처리하여 운전자가 집에서 회사까지 도착하는데 가장 효율적인 최적화된 경로가 제시된다.

나아가 빅 데이터와 클라우드의 다양한 조합은 비즈니스의 성격도 크게 변모시킬 것이다. 제레미 리프킨이 그의 저서 《소유의 종말》에서 묘사한 것처럼 전 세계 소비자가 클라우드에 접속하여 거래를 하고, 이 데이터를 실시간으로 처리하여 각각의 소비자에게 최적화된 프로모션이 다시 제시되는 비즈니스가 일반화되게 될 것이다. 모든 소비자가 동시에 소비하지만 각자 다른 소비경험을 하는 시대가 오는 것이다.

개인 정보의 활용일까, 사생활 침해일까

빅 데이터가 경제 전반과 정부의 공공 서비스, 개인의 소비 행태에까지 폭넓게 영향력을 행사하는 것은 거스를 수 없는 흐름이 되고 있다. 따라서 미래 비즈니스 환경 변화를 전망해보는 것은 기업의 미래 대응 전략 수립이라는 측면해서 중요한 의미를 갖는다.

빅 데이터가 만들어가는 미래를 위해서는 네트워크의 진화, 클라우드 컴퓨팅의 보편화 등과 같은 물리적 환경이 구축되어야 한다. 네트워크 측면에서는 현재 인터넷 외에도 센서들로 연결된 사물통신망의 확산이 필요하고, 클라우드 컴퓨팅이 보편화되어 대규모의 정보가 클라우드에 집적되어 용이한 접근과 분석이 가능해져야 하며, SNS와 같은 소비자의 감정까지 포함된 데이터가 더 많이 제공되어야 한다.

그러나 이러한 빅 데이터 분석 시스템을 분석하여 실제 비즈니스에 적용할 수 있는 경제적 자원을 가진 기업은 많지 않다. 따라서 데이터 수집과 분석을 전문으로 하는 기업이 다수 출현해야 하며, 빅 데이터 서비스를 사용량에 따라 과금하는 구조가 정착되어야 진정한 빅 데이터 인프라가 구축되었다고 할 수 있을 것이다. 빅 데이터가 국가의 미래 경쟁력까지 좌우한다는 측면에서 정부는 이러한 환경이 구축되는 데 필요한 정책적 지원을 아끼지 않아야 할 것이다.

빅 데이터 활용이 일반화된 미래에는 소비자에게 다양한 혜택이 제공될 것으로 보이지만, 긍정적인 효과만 발생하는 것은 아니다. 무엇보다 개인정보의 '과도한 남용'이 불러올 수 있는 부정적 측면이 존재하며, 여기엔 반드시 정부의 역할이 필요하다.

구글의 CEO였던 에릭 슈미트는 2010년 〈월스트리트저널〉이 주최한 올싱스디지털(Allthings Digital)에 참석하여 구글이 보유한 정보를 가지고 특정 개인이 한 시간 뒤에 할 일을 예측할 수 있다고 말한 적이 있다. 또한 사진 16장만 있으면 그 사진의 인물이 누구인지 식별이 가능하다고 했다. 페이스북 사용자 한 사람이 평균 135장의 사진을 보유하고 있다는 점을 상기하면, 페이스북과 구글의 정보가 결합되었을 때 길을 걷고 있는 당신이 한 시간 뒤에 무슨 일을 할 것인지 구글이 예측할 수 있다는 말이다. 동일한 맥락에서 IBM의 연구원인 제프 조나스 역시 기업들이 보유한 빅 데이터를 활용하면 특정 인물이 다음 주 목요일 오후 5시 35분에 어디에 위치해 있을지를 87%의 정확도로 예측할 수 있다고 주장한 바 있다.

개인 정보는 빅 데이터 시대의 핵심 정보 역할을 한다. 개인 정보의 추가 여부가 빅 데이터의 경제적 가치를 크게 좌우할 것이기 때문이다. 따라서 정부는 빅 데이터의 활용이 주는 혜택과 사생활 침해가 주는 폐해를 고려하여 적절한 균형점을 제시해야 한다. 이와 관련된 입법이나 규제 방향 제시가 지체 될수록 빅 데이터 시대의 개화도 지연될 수밖에 없기 때문이다.

빅 데이터는 일반 국민의 복지에도 큰 영향을 미칠 수 있다. 가령 길을 가다 쓰러지는 사람이 발생할 경우, 빅 데이터 공공 시스템이 잘 구축되어 있다면 그 사람의 신원과 병력 등이 실시간으로 제공되어 가장 적합한 응급처치가 가능할 것이기 때문이다. 따라서 빅 데이터는 기업

의 미래뿐만아니라 국가의 경쟁력과 국민 생활의 질까지 연계된 시급

한 정책 현안이라고 할 수 있다.

참고문헌

- 엘리 프레이저, 《생각 조종자들》, 알키, 2011.
- 제레미 리프킨,《소유의 종말》, 민음사, 2001.
- 채승병, 〈정보홍수 속에서 금맥 찾기 : '빅 데이터(Big Data)' 분석과 활용〉, 삼성경제연구소, 2011.
- Chris Anderson, 〈The End of Theory: The Data Deluge Makes the Scientific Method Obsolete〉, Wired Magazine, 2008.
- The Economist, 〈The data deluge〉, 2010.
- Executive Office of the President, 〈Designing a Digital Future: Federally Funded Research and Development in Networking and Information Technology〉, 2010.
- GigaOm , 〈Putting Big Data to Work: Opportunities for Enterprises〉, 2011.
- GigaOm , 〈Big Data 2011 Preview〉, 2011.
- IDC, 〈2010 Digital Universe Study〉, 2010.
- IDC, 〈2011 Digital Universe Study〉, 2011.
- McKinsey Global Institute, 〈Big data: The next frontier for innovation, competition, and productivity〉, 2011
- McKinsey Quarterly, 〈Clouds, big data, and smart assets: Ten tech-enabled business trends to watch〉.2010.
- Steve Lohr, 〈New Ways to Exploit Raw Data May Brings Surge of Innovation, a Study Says, 〉, New York Times, May 13, 2011.
- Wall Street Journal, 〈Tracking the Trackers〉, July 31, 2010.

스마트 혁명, 그 이후의 세상

2011년 10월 5일 스티브 잡스가 사망하면서 그 달에 출시된 아이폰4S는 스티브 잡스의 유작이 되었다. 그리고 아이폰4S의 인공지능 비서 기능인 시리(Siri)가 세간의 주목을 받기 시작했다. 스티브 잡스가 인공지능을 웹의 미래라고 믿고 인간과 기기의 소통방식에 또 한 차례 혁신을 가져왔다는 분석 때문이다.

스티브 잡스가 내놓은 아이폰 때문에 우리는 마침내 본격적인 스마트 시대를 맞이하게 되었다. 그런데 정작 아이폰을 개발한 그는 스마트폰과 인공지능 기술이 가져올 사회·경제적 변화에 대해서 어떻게 예견했을까? 그가 그리는 미래의 모습은 어떠했을까?

우리는 그 미래상을 '접속의 시대'와 '연결 경제의 시대'로 보았다. 이제 그 특징들을 차분히 되짚어보며 책을 마무리하고자 한다.

접속의 시대가 되면서 DVD 대여점이 사라지고 있다. 이제는 영화를 보기 위해 DVD를 직접 건네받을 필요가 없어졌기 때문이다. 이제는 네트워크 접속을 통해 간편하게 콘텐츠를 소비할 수 있다. 심지어 케이블, IP-TV를 통해서도 영화 관람이 가능하다. 더 나아가 음악, 뉴스 등의 콘텐츠는 앞으로 내 기호에 맞춘 맞춤형 서비스로 한 단계 더 진화하게 될 것이다. 고객들이 구입하는 상품 및 서비스 등에 관한 모든 정보가 오프라인 상점에서도 기록되고 분석되어, 그 고객이 다시 방문할 때에는 더 선호할 만한 상품을 제작해 내놓는 데 사용될 것이다.

문제를 혼자 고민하지 않고 함께 풀어나가는 현상 역시 접속의 시대에 나타나는 변화이다. 스마트 IT 기술은 서로 모르는 사람들끼리도 손쉽게 아이디어를 내고 집단지성을 발휘할 수 있는 여건을 제공해주었다. 전국 각지에 흩어져 있는 개인들이 직접 폭우피해 상황 및 누출 방사선량 측정 수치를 공유함으로써 만든 피해지도가 그 예이다. 이처럼 스마트 기술을 통해 개인이 사회문제 해결에 참여할 수 있는 창구는 보다 확대되었고, 더불어 협력적 소비도 가능하게 되었다. 다수가 함께 문제를 풀어나감으로써 과거에는 불가능했던 많은 일들을 해낼 수 있게 된 것이다. 앞으로는 더 많은 문제를 이런 식으로 해결하게 될 것이다.

접속의 시대는 또 안전의 시대를 의미하기도 한다. 에너지, 전염병, 안전관리 등 사회적 문제 해결에도 스마트 기술이 본격적으로 이용될 시대가 곧 올 것이다. 네트워크로 연결된 센서가 사람 대신 사회 곳곳을 감시해주는 안전한 사회가 도래하는 것이다.

성인이 되어서야 인터넷을 처음 접하게 된 기성세대들에게 인터넷이 가져온 변화의 파장은 대단했다. 게다가 지금은 인터넷 세상도 모자라 모바일 세상이 되었다. 기성세대들에게는 변화의 속도가 매우 빠르게 느껴지며, 과연 변화에 맞춰갈 수 있을지 불안하다. 하지만 기성세대들이 변화를 겪는 시기에 탄생한 디지털 네이티브 세대들은 다르다. 기성세대와 달리 어린 시절부터 인터넷을 경험하고 디지털 기기에 능통한 디지털 네이티브 세대들은 양방향적인 미디어 활용, SNS를 통한 소통에 능하며 다가올 미래 사회의 새로운 주역으로 등장하고 있다. 이들이 기술과 상호작용을 하며 만들어나갈 미래의 모습은 지금과는 사뭇 다를 것이다.

말 그대로 스마트한 시대다. 세상은 점점 더 편리해지는 방향으로 변화 혹은 진화하고 있다. 하지만 개인정보 보호 문제, 사생활 감시, 스마트 디바이드 등 해결해야 할 과제도 존재한다. 편리함과 안전을 위해 수집된 개인정보와 관리 시스템은 감시와 구속을 위한 도구로 전락하게 될지도 모르고, 노년층 등 스마트폰 소외 계층에 대한 배려도 필요하다.

과거 온라인 상거래가 국내에 처음 소개되었을 때 안정성에 대한 우려의 목소리가 높았다. 어떻게 물건을 눈으로 확인하지도 않고 돈부터 입금하느냐며 불안감과 거부감을 가진 사람들이 많았다. 실제로 이런 우려에 대해서 문제가 생긴 것도 사실이다. 하지만 공인인증제도, 안전구매 체계 등 제도적인 장치가 완비되면서 온라인 상거래는 보다 믿을 만하고 안정적이 되었고, 점차 자리를 잡아 지금에 이르렀다. 이처럼 스마트 사회로 가는 데 있어서도 사회적 합의를 만들고 편리하고 안정적인 세상으로 나아가도록 준비를 해나가면 될 것이다.

비즈니스 측면에서는 연결을 통해 가치가 증대하고 서비스의 질적 변환을 일으키는 연결 경제의 시대가 될 것이다.

연결 경제의 시대에는 통신의 역할이 변화한다. 통신은 이제 사람은 물론 사물까지도 연결해 관계에 참여시키는 사물 커뮤니케이션 시대를 열고 있다. 연결의 대상만 늘어났을까? 연결을 통해 유통되는 내용물도 질적으로 변화했다. 과거 통신이 음성·데이터 등 단순히 신호를 전달하던 역할이었다면, 미래에는 다양한 사업자가 네트워크를 통해 연결되고 각자 가치를 부가해가면서 고객에게 새로운 서비스를 제공하게 될 것이다.

연결 경제의 시대에는 플랫폼의 역할이 중요하다. 보다 나은 서비스 제공을 위해서는 하드웨어, 소프트웨어, 콘텐츠 등 각 분야의 사업자가 긴밀하게 협력하는 것이 중요하다. 그리고 이러한 협력의 장으로서 플랫폼이 부각되고 있다. 스마트폰 OS 경쟁으로 촉발된 애플과 구글의 플랫폼 경쟁은 이제 SNS, 클라우드 서비스, 스마트 카 등 다양한 분야로 확대되어 가고 있다.

연결 경제는 소통의 방식 또한 바꾸고 있다. 소셜 네트워크는 기업과 고객 간의 소통은 물론이고, 기업 내부에서 각 직원들의 암묵지까지 공유하고 활용할 수 있는 환경을 만들었다. 게다가 소셜 네트워크를 통해 제품 가격 및 정보가 신뢰할 만한 수준으로 소통되면서, 공급자와 소비자 간에 존재하던 정보비대칭 현상이 해소되고 있다. 이제

어설픈 눈속임과 어영부영한 대처는 통하지 않는다. 기업이 감추려는 약점은 만천하에 공개되고, 잘못된 정보는 그 즉시 수정된다.

온/오프라인 비즈니스가 융합되는 현상 역시 연결 경제의 특징적인 변화이다. 인터넷 사용이 늘어나고 온라인 상거래가 활성화되면서 한때 오프라인 비즈니스의 몰락이 점쳐지기도 했다. 그러나 위치 정보, 공간 정보, 증강현실 기술들은 이러한 예견을 물리치고 온라인과 오프라인 영역을 결합시키고 있다. 온/오프라인 융합으로 이제 기업은 고객에게 더 나은 경험을 제공할 수 있게 되었고, 소비자는 경험을 구매하고 소비한다.

연결 경제의 핵심 자원은 '빅 데이터'이다. SNS, 블로그 등 인터넷을 통해서 소통되는 텍스트 정보뿐 아니라 GPS, 카메라 등에서 나오는 각종 센서 정보가 지금 이 순간에도 엄청나게 생성되고 있다. 이 빅데이터를 그냥 흘려보내는 것이 아니라 잘 분석하고 의미를 발견해서 기업 경영에 활용하고 새로운 비즈니스 기회를 만드는 것이야말로 미래 비즈니스의 핵심 경쟁력이 될 것이다. 스마트 시대의 고객은 더 이상 천편일률적인 서비스에 만족하지 않는다. '나'라는 개인 고객의 특별한 니즈에 맞춘 서비스를 제공하는 기업만이 살아남을 것이다. 그것을 가능하게 해주는 것이 바로 네트워크와 빅 데이터다.

2000년대 초, 우리는 '산업화는 늦었지만 정보화는 앞서가자'라는 목표 아래에서 국가 차원의 정보화를 추진해왔다. 남들보다 먼저 준비하고 앞서나간 노력에 힘입어 우리나라는 한때 세계 최고의 IT 강국으로서 세계가 주목하는 대상이 되었다. 심지어는 벤치마킹 대상으로 꼽히기도 했다. 그런데 자만했던 탓일까? 최근 모바일 인터넷 중심으로 재편되는 정보화 흐름에는 잠시 뒤처지고 말았다.

흔히 말하는 정보화 시대는 이전과는 달리 '누가 먼저 정보를 획득하느냐'에 따라서 승부가 갈린다. 왜 '스마트'일까? 이 단어가 함의하고 있는 바는 단순히 '똑똑함'이 아닐 것이다. 옛말에 머리가 모자라면 수족이 고생한다고 했다. 즉 지식과 지혜의 필요성을 일깨우는 말이다. 현재의 '스마트'도 이 같은 맥락에서 파악이 가능하다. 더 빨리 더 많은 지식을 지혜롭게 응용할 줄 아는 사람 혹은 기업이 더욱 앞서 나가게 될 것이다. 우리가 앞으로 다가올 미래 사회에 대비하여 끊임없이 고민하고 준비해야 하는 이유가 바로 여기에 있다.

이 책은 KT경제경영연구소가 다년간에 걸쳐 IT분야의 전문가들과 함께 한국의 IT산업은 물론 세계 IT산업을 진단 · 분석하여 스마트 혁명 이후의 세상을 예측한 결과물이다. 그동안 디지에코를 통해 각 분야의 IT 전망에 대해 참신한 아이디어를 제공해주신 김진영, 김지현, 정강현, 성대훈, 고찬수, 윤상진, 김현경, 홍순호, 이선재, 허정욱, 김미점, 박장혁 님께 이 자리를 빌어 다시 한번 감사의 말씀을 드린다.

2011년초 'IT의 미래'를 주제로 프로젝트를 성립한 이후 유태열 소장님의 주도하에 KT경제경영연구소 연구원들과 각계 전문가들이 모여 여러 차례 토론이 이루어 졌다. 때로는 서로 의견이 엇갈리거나, 아이디어가 막혀서 답답해 하던 경우도 다반사였으나, 그때마다 예리한 통찰력으로 조언을 해주신 엄기용 박사님께 진심으로 감사의 말씀을 드린다. 이 책이 혹시라도 독자 여러분에게 조금이라도 도움이 되었다면, 그것은 엄기용 박사님의 도움 덕분이라는 점을 꼭 밝혀두고 싶다.

그리고, 이 책이 대중에게 소개될 수 있도록 출판에 도움을 주신 한
경BP에 감사의 뜻을 전하고 싶다.

마지막으로 어려운 여건 속에서도 이 책의 출간을 위해서 저와 함께
고락을 같이 해준 류성일, 권기영님께 감사의 말을 전한다.

필자들을 대표해

조성원

한국의 미래를 바꿀 10가지 혁명
애프터 스마트

지은이 | KT경제경영연구소
펴낸이 | 김경태
펴낸곳 | 한국경제신문 한경BP

제1판 1쇄 인쇄 | 2011년 11월 10일
제1판 1쇄 발행 | 2011년 11월 20일

주소 | 서울특별시 중구 중림동 441
기획출판팀 | 3604-553~6
영업마케팅팀 | 3604-595, 555 FAX | 3604-599
홈페이지 | http://www.hankyungbp.com
전자우편 | bp@hankyungbp.com
등록 | 제 2-315(1967. 5. 15)

ISBN 978-89-475-2824-5   03320
값 16,800원

파본이나 잘못된 책은 구입처에서 바꿔 드립니다.